SV

Philipp Sarasin

Darwin und Foucault

Genealogie und Geschichte im Zeitalter der Biologie

Suhrkamp

Bibliografische Information der
Deutschen Nationalbibliothek
Die Deutsche Nationalbibliothek verzeichnet diese
Publikation in der Deutschen Nationalbibliografie;
detaillierte bibliografische Daten sind im Internet
über http://dnb.d-nb.de abrufbar.

Erste Auflage 2009

Druck: Memminger MedienCentrum AG
Printed in Germany
Erste Auflage 2009
ISBN 978-3-518-58522-1

1 2 3 4 5 6 – 14 13 12 11 10 09

»Es besteht Freundschaft der Geschichte mit den Naturwissenschaften. Sie beide allein haben (oder können haben) ein objektives, absichtsloses Mitleben an den Dingen …«

Jacob Burckhardt, *Weltgeschichtliche Betrachtungen* (1868/70)

Inhalt

Vorwort ... 9

I. Darwin und Foucault ... 21
1. Reisen, sammeln, klassifizieren ... 23
2. Von Linné zu Darwin ... 56
3. Entstehung der Arten ... 78
4. Wir kalten Systematiker ... 96

II. Genealogie und Geschichte ... 129
5. Serien und Ereignisse ... 133
6. Diagramme ... 187
7. Genealogie und Geschichte ... 222

III. Das Zeitalter der Biologie ... 265
8. *Sexual selection* und die Kulturgeschichte der Körper ... 272
9. Die Genealogie der Moral und die Wissenschaft ohne Gott ... 316
10. Das Neue Testament der Biologie und die Freiheit des Subjekts ... 373

Schluss: Biologie und Kultur ... 413

Quellen- und Literaturverzeichnis ... 427

Namenregister ... 453

Vorwort

Dieses Buch ist ein Experiment. Wie zwei korrosive Säuren, die man unter Laborbedingungen zusammenrührt, um eine chemische Reaktion auszulösen, sollen zwei Autoren miteinander in Verbindung gebracht werden, die bei aller scheinbaren Verschiedenheit zuerst die ätzende Schärfe ihrer Dekonstruktionen gemeinsam haben. Wenn sie Gegenstände ins Säurebad ihres kritischen Denkens tauchten, dann geschah dies bei Charles Darwin (1809-1882) wie bei Michel Foucault (1926-1984) durch historische Analyse. Was als stabil und seit jeher gegeben galt, erhielt unter ihrem Blick eine Geschichte, die die Gewissheiten des Soseins auflöst. Darin waren sie spezifisch modern: Darwin erschütterte wie kein anderer vor ihm den Glauben, dass die Welt aus der Hand des Schöpfers hervorgegangen sei und die Natur einem großen Plan, einer seit Anbeginn der Zeiten schon wirksamen Absicht folge. In einer damit verwandten Weise untergrub Foucaults Kritik rund hundert Jahre später auch noch das Vertrauen in die beruhigend geschichtsfernen Wahrheiten des Wissens, des Körpers und des Subjekts. Gemeinsam ist beiden Autoren auch die illusionslose Einsicht, dass die Herkunft der Dinge ein verschlungener Weg voller Konflikte ist, bei dem kein Stein auf dem anderen, keine Gestalt sich ähnlich und keine Wahrheit unwandelbar bleibt und der alle Dinge in ebenso unauflösliche wie konstitutive Abhängigkeiten verstrickt. Das Verfahren schließlich, mit dem unsere Autoren diese dunkeln Pfade des geschichtlichen Herkommens erforschen, nannten sie Genealogie.

Diese Ähnlichkeiten sind kein Zufall, sondern selbst Hinweis auf eine Genealogie, die einem dunkel vorkommen mag: *Foucault stammt von Darwin ab*. Das bedeutet nicht, dass Foucault »gleich« wäre wie Darwin, dass er gar »Darwinist« gewesen sei oder eine »evolutionäre« Idee von Geschichte vertreten hätte. So einfach, wie heutige »evolutionäre« Geistes- oder Sozialwissenschaften es sich zuweilen machen, liegen die Dinge bei Foucault nicht. Sein Herkommen von Darwin wird sich im Gegenteil nicht zuletzt darin erweisen, dass er jederzeit gegen die verführerischen Gewissheiten des »Darwinismus« und einer bis zur Unkenntlichkeit popularisierten Evolutionstheorie Stellung bezogen hat. Dieses Herkommen zeigt sich daher nicht als eine geistesgeschichtliche »Tradition« im Sinne eines »Erbes«, das bewusst angetreten und gepflegt worden wäre – im Gegenteil: Foucault erwähnt Darwin in seinem ganzen Werk nur selten. Dennoch fällt Darwins Name in Momenten, die aufhorchen lassen; aber auch wenn er nicht fällt, ist die Ähnlichkeit von Foucaults Argumenten und Sichtweisen mit jenen Darwins zuweilen so frappant, dass sich der Verdacht einer genealogischen Abhängigkeit förmlich aufdrängt (obwohl er von der Foucault-Forschung bisher kaum wahrgenommen wurde[1]).

Dieser Essay, aus dem ein Buch wurde, unternimmt den Versuch, diese stille Referenz zu rekonstruieren. Ich bediene mich dabei nicht der philosophiegeschichtlichen Methode des metikulösen Nachzeichnens der vielen Einflüsse, Verbindungslinien und intellektuellen Zwischenglieder zwischen zwei Positionen, und ich unternehme auch keine Diskursanalyse. Ich konstruiere vielmehr ein kleines »Experimentalsystem«, das darin besteht, Foucault und Darwin parallel zu lesen und sie direkt miteinander zu konfrontierten: eine Petrischale mit zwei Säuren, deren Charakteristika durch diese ungewohnte Vermi-

1 Seltene Ausnahmen sind Lawrence Birken: »Developmentalism and Its Discontents: From Darwin to Foucault and Wallerstein«, in: *Annals of Scholarship* 6 (1989), Nr. 2-3, S. 249-265; Peter Atterton: »Power's Blind Struggle for Existence: Foucault, Genealogy and Darwinism«, in: *History of the Human Sciences* 7 (1994), Nr. 4, S. 1-20; Ellen Spolsky: »Darwin and Derrida: Cognitive Literary Theory as a Species of Post-Structuralism«, in: *Poetics Today* 23 (2002), Nr. 1, S. 43-62. Keiner dieser Texte allerdings nimmt Foucaults Verhältnis zu Darwin ernsthaft unter die Lupe.

schung zur Kenntlichkeit gesteigert werden sollen. Zwar gelten kaum zwei Autoren als so bekannt wie unsere Protagonisten, doch in beiden Fällen drohen Clichés das intellektuelle Potenzial ihrer Werke zu überwuchern. Gerade Darwin scheint angesichts der banalisierten und jedermann bekannten Binsenwahrheiten von der »Evolution« und vom »Überleben des Tüchtigsten« kaum mehr wirklich gelesen zu werden (auch von Biologen nicht). Ein Teil des hier unternommenen Experiments besteht deshalb darin, Darwins alte, etwas längliche Texte voller farbiger Schönheit und intellektueller Brillanz einem heutigen Blick auszusetzen, und ja: sie nicht zuletzt von Foucault her zu lesen. Das aber gilt und funktioniert genauso *vice versa*. Denn auch viele von Foucaults Einsichten sind längst zum unverzichtbaren Bestandteil des gehobenen Zitierkanons geworden (Alles ist Diskurs! Wissen+Macht! Der Sex wurde nicht unterdrückt!), und einige seiner Begriffe gehören heute ebenso wie die darwinschen Maximen zur Alltagssprache. Jenseits dieser wohlfeilen Wahrheiten aber und selbst angesichts einer weltweiten Foucault-Rezeption, die das kritische Potenzial seines Denkens offenhält, lässt sich das zerklüftete Textgebirge »Foucault« nochmals anders vermessen, wenn man einige der weniger beachteten Vorträge, Aufsätze und Interviews und speziell seine Aussagen zur Biologie in den Blick nimmt. Auch dieses Monument der Moderne beginnt, wie ich meine, in neuartiger Weise zu schillern, wenn man es – nun, von Darwin her betrachtet.

Zwei Lektüren also, doppelt über Kreuz, im ersten Teil dieses Buches abwechselnd von einem Kapitel zum anderen, danach, im zweiten und dritten Teil, von Abschnitt zu Abschnitt wechselnd oder ganz ineinander verschoben, bis am Schluss ein Kapitel über das Verhältnis Foucaults zur Genetik folgt, in welchem Darwin naturgemäß nur noch als ferne – dabei aber bestätigte – Referenz vorkommen kann. In diesem in zehn aufeinander aufbauende Kapitel gegliederten Experimentalsystem fungiert mein eigener Text als die hoffentlich nicht allzu wässrige Lösung, in welcher die Verbindungen zwischen den beiden korrosiven Säuren aufleuchten können, oder vielleicht auch als eine Zentrifuge, die es erlauben soll, ähnliche Elemente unterschiedlicher Provenienz nach ihrem spezifischen Gewicht zu sortieren.

Bei diesem Experimentieren mit verschiedenen Texten wird sich – wenn zumindest eine allgemeine These hier schon formuliert werden soll – ein Grundmuster abzeichnen: Foucault erscheint als ein Autor, der gleichsam im Lichte Darwins schreibt, weil er weiß, dass diejenige Linie der Moderne, der er sich verwandt fühlt, mit Darwin beginnt, und dass alles, was seither über den Menschen und menschliche Gesellschaften gesagt werden soll, Darwins genealogischer Frage nach der Herkunft dieses Menschen nicht mehr entgehen kann. Selbstverständlich bedeutet das nicht, Foucault in irgendeiner Weise »auf Darwin zu reduzieren«, »von Darwin her« vollständig »zu erklären« oder Ähnliches; Foucaults Gesamtwerk ist zu komplex und von zu vielen »Einflüssen« und Bezugnahmen geprägt, um eine solche allzu simple Deutung zu erlauben. Und es ist nicht einmal nötig, zu behaupten, dass dieser Bezug auf das Denken Darwins Foucault immer in einem einfachen Sinne »bewusst« gewesen wäre. Ich schreibe nicht über Foucaults »Bewusstsein«, sondern über seine Texte. Hier aber zeigt sich: *Ohne* Darwin ist Foucault nur schwer zu verstehen – oder vielleicht genauer: erscheinen viele seiner Thesen bloß als »dunkle« Setzungen. Ob diese Geste, hinter Foucault die Umrisse Darwins zu entziffern, am Schluss plausibel erscheint, muss ich den Leserinnen und Lesern zu entscheiden überlassen; jetzt schon klar ist einzig, dass genau diese Frage nach Foucaults Referenzen überhaupt ziemlich verwirrend ist (während sie für Darwin besser erforscht wurde[2]). Foucault hat sich seine intellektuellen und philosophischen Gewährsleute sorgfältig ausgesucht (und unzählige Möglichkeiten buchstäblich

2 Siehe dazu z.B. Peter J. Bowler: *Evolution. The History of an Idea*, Berkeley: University of California Press 2003 (3. Auflage), sowie Thomas P. Weber: *Darwin und die neuen Biowissenschaften. Eine Einführung*, Köln: DuMont 2005.

»getestet«); dezidiert und explizit aber war er vor allem bei der Nennung seiner philosophischen Gegner: keinen Hegel bitte und nicht (mehr) Marx, nicht de Saussures Linguistik und nicht Freuds Psychoanalyse, nicht den Strukturalismus von Lévi-Strauss und vor allem nicht Lacans »Rückkehr zu Freud«, von Sartres existentialistischem Marxismus ganz zu schweigen.[3] Sehr viel unklarer hingegen ist bis heute, auf wen er sich positiv bezogen hat (viele Möglichkeiten gab es für einen französischen Intellektuellen in der Mitte der 1950er und zu Beginn der 1960er Jahre unter diesen Voraussetzungen nicht mehr). Dass Foucault als jemand, der sehr viel las und verarbeitete, nicht alle Referenzen seines Denkens und seiner Arbeit nannte, ist notorisch,[4] und sein Spiel mit anwesenden und abwesenden Geistern gehört zum Vergnügen, das seine Texte bereiten. Erklärtermaßen wichtig aber waren für ihn seine philosophischen und wissenschaftstheoretischen Lehrer Alexandre Kojève und Georges Canguilhem sowie, neben einer ganzen Reihe von Schriftstellern (von de Sade über Raymond Roussel bis Maurice Blanchot und Georges Bataille), die deutschen Philosophen Kant, Nietzsche, Husserl und Heidegger. Während er allerdings Kant ausführlich kommentierte und übersetzte,[5] sich mit Husserls Phänomenologie im Hinblick auf seine eigene »Archäologie des Wissens« intensiv auseinandersetzte, erwähnte er Heidegger kaum, um ihn aber kurz vor seinem Tod 1984 als den für ihn »wesentliche[n] Philosoph[en]« zu bezeichnen.[6] Durch sein ganzes Werk hindurch ausdrücklich

3 Vgl. als Einführung in Leben und Werk Foucaults immer noch Didier Eribon: *Michel Foucault. Eine Biographie*, Frankfurt/M.: Suhrkamp 1991; ders.: *Foucault und seine Zeitgenossen*, München: Fink 1998.

4 Vgl. das entsprechende Eingeständnis in Michel Foucault: »Die Rückkehr der Moral«, in: Foucault, *Schriften, Band IV*, S. 859-875, insb. S. 868.

5 Vgl. dazu die erstmalige Ausgabe von Emmanuel [sic] Kant, Michel Foucault: *Anthropologie du point de vue pragmatique. Introduction à l'Anthropologie*, Paris: Vrin 2008.

6 Foucault, »Die Rückkehr der Moral«, S. 867; vgl. zu Foucaults Ver-

als philosophischer Gewährsmann und vertrauter Begleiter präsent ist hingegen Friedrich Nietzsche. Nietzsches »Einfluss« auf Foucault steht außer Frage, und er wird uns speziell als jener Vermittler beschäftigen, dessen Name Foucault zuweilen dort einzutragen scheint, wo er Darwin selbst nicht zitiert. Damit will ich keine hermeneutischen Spekulationen darüber nähren, was Foucault »eigentlich« gemeint haben mag: Das unklare »Verhältnis« von Darwin (der von alldem nichts wusste), Nietzsche (der Darwin sehr genau gelesen hat) und Foucault (der Darwin ebenso genau las und Nietzsche zitierte, ohne je alle Karten auf den Tisch zu legen) lässt sich kaum entwirren, und es ist auch nicht meine Absicht, dies zu versuchen. Vielmehr möchte ich Darwin als jemanden vorstellen, der – selten als direkt zitierter Autor, manchmal offenkundig als stille Referenz, zuweilen vermittelt über Nietzsche – für Foucaults Denken das »historische Apriori«[7] darstellt: Darwins Texte (und nicht allein Nietzsches Philosophie) strahlten für ihn, wie man sehen wird, jenes kalte Licht aus, welches jede Frage nach dem Wesen »des« Menschen als ebenso veraltet wie sinnlos erscheinen ließ und ihn dazu zwang, den Blick auf diesen Menschen der Unerbittlichkeit der Historizität zu unterwerfen.[8]

Über den damit skizzierten Versuch hinaus, mein Experimentalsystem zum Funktionieren zu bringen, verfolgt dieses Buch ein weitergehendes, doppeltes Ziel. Es wendet sich zum einen gegen den *Biologismus*, der gegenwärtig – und in ähnlicher Weise wie der sogenannte Monismus um 1900 – uns glauben zu machen versucht, dass alles menschliche Fühlen, Denken, Sprechen und Handeln auf genetisch »angelegte« oder sonst wie unausweichliche, biochemisch determinierte und neurologisch positivierbare Prozesse zurückgeführt werden

hältnis zu Heidegger vor allem Gilles Deleuze: *Foucault*, Frankfurt/M.: Suhrkamp 1992, S. 152-161, wichtig vor allem S. 184.

7 Michel Foucault: *Die Ordnung der Dinge. Eine Archäologie der Humanwissenschaften*, Frankfurt/M.: Suhrkamp 1978, S. 453.

8 Ulrich Brieler: *Die Unerbittlichkeit der Historizität. Foucault als Historiker*, Köln: Böhlau 1998

könne; der neue Biologismus behauptet überdies, es gebe eine Natur des Menschen, die bedauerlicherweise nicht nur unveränderlich, sondern auch der modernen Zivilisation reichlich unangepasst sei, weil sie in der Jungsteinzeit vor mindestens 10 000 Jahren ihre finale Ausformung erhalten habe.[9] Gegen eine solche Auffassung schlage ich eine erneute Lektüre Darwins vor, für welchen die Natur das Nichtgegebene, bis heute Veränderliche und daher das Historische war. Zum anderen aber und gleichermaßen wendet dieses Buch sich gegen den heute ebenso verbreiteten *Kulturalismus*, der ziemlich selbstsicher in jeder Aussage über die Welt und die Natur bloß einen weiteren »Diskurs« zu erkennen glaubt und sich darin gefällt, die Analyse von Zeichenprozessen bis ins Verspielte zu verfeinern – selbst um den Preis, kaum mehr zur Erkenntnis der Wirklichkeit beizutragen. Gegen diesen Kulturalismus (oder sollte man von »Spätkulturalismus« sprechen?) möchte ich einige eher übersehene Texte und Textstellen aus dem Werk Foucaults in den Blick rücken, um zu zeigen, wie sehr dieser die heute so selbstverständliche und für uns Kulturwissenschaftlerinnen und Historiker so überaus bequeme Schranke zwischen »Natur« und »Kultur« unterlief. Der Trennung von Zeichen und außersprachlicher Referenz setzte Foucault seine genealogische Kritik entgehen, die jedes Zeichen mit dem Blick auf sein Herkommen aus sehr realen Konfrontationen dekonstruierte. Was das genau heißt, werden wir sehen. Die Genealogie jedenfalls könnte sich als jener »Hammer« erweisen (wie Nietzsche sagte), der die sterile Pattsituation zwischen Kulturalismus und Biologismus zumindest so weit zu erschüttern vermag, dass ein paar Risse in den fest gefügten Gewissheiten erscheinen mögen. Darwin, so wird sich zeigen, hat wesentlich »kulturalistischer« argumentiert, als das dominierende Verständnis der Evolutionstheorie uns bis heute glauben lassen

9 Vgl. dazu Maria E. Kronfeldner: »Trigger me. Evolutionspsychologie, Genzentrismus und die Idee der Kultur«, in: *Nach Feierabend. Zürcher Jahrbuch für Wissensgeschichte* 4 (2008), S. 31-46.

will, und Foucault hat nicht zuletzt von Darwin her einen Begriff von Geschichte entwickelt, der nicht nur radikal antihegelianisch, sondern zuallererst antisemiotisch und letztlich – realistisch war.

Die Text- und Quellenbasis für eine parallele Lektüre von Darwin und Foucault ist mit wenigen Einschränkungen sehr komfortabel zu nennen. Was Darwin betrifft, so liegen seine Hauptwerke – was bei einem so produktiven Wissenschaftler allerdings eine grundsätzlich problematische Kategorie ist – in der »klassischen«, wenn auch nicht fehlerfreien Übersetzung von Victor Carus in einer neuen und zudem preisgünstigen Ausgabe vor: Als »Gesammelte Werke« im Verlag Zweitausendeins, welche Darwins Reisebericht aus Südamerika,[10] weiter sein zweifellos wichtigstes Buch *Entstehung der Arten* von 1859,[11] sein zwölf Jahre später verfasstes, ursprünglich zweibändiges Werk *Abstammung des Menschen*[12] sowie das davon abgeleitete, ein Jahr später publizierte kleinere Buch *Ausdruck der Gemütsbewegungen bei dem Menschen und den Tieren* von 1872[13] enthalten. Zudem kann sich die Darwin-Forschung auf staunenswerte, kaum noch Wünsche offenlassende Online-Ressourcen stützen: Da ist zum einen das von der Universität Cambridge ins Netz gestellte elektronische Archiv *The Complete Work of Charles Darwin online*[14] mit gegenwärtig 56 000

10 Charles Darwin: »Reise eines Naturforschers um die Welt«, in: ders.: *Gesammelte Werke. Nach Übersetzungen aus dem Englischen von J. Victor Carus*, Frankfurt/M.: Zweitausendeins 2006, S. 7-346 (nachfolgend zitiert als: Darwin, *Reise*).

11 Charles Darwin: »Über die Entstehung der Arten durch natürliche Zuchtwahl oder die Erhaltung der begünstigsten Rassen im Kampfe ums Dasein«, in: ders.: *Gesammelte Werke*, S. 347-691 (nachfolgend zitiert als: Darwin, *Entstehung der Arten*).

12 Charles Darwin: »Die Abstammung des Menschen«, in: ders.: *Gesammelte Werke*, S. 693-1162 (nachfolgend zitiert als: Darwin, *Abstammung des Menschen*).

13 Charles Darwin: »Der Ausdruck der Gemütsbewegungen bei dem Menschen und den Tieren«, in: ders.: *Gesammelte Werke*, S. 1163-1370 (nachfolgend zitiert als: Darwin, *Ausdruck der Gemütsbewegungen*).

14 ⟨http://darwin-online.org.uk/⟩.

Textseiten von allen Publikationen Darwins (mit allen Erstausgaben, den von ihm verbesserten Neuauflagen und vielen Übersetzungen), weiteren älteren Veröffentlichungen zu Darwin, rund 20000 Faksimiles von den Manuskripten aus der Cambridge University Library (darunter die wichtigen *notebooks*) und anderen Sammlungen weltweit sowie rund 157000 Bildern! Alle Publikationen und viele andere Dokumente sind jeweils in Textform wie auch als Faksimile abrufbar und erlauben Volltext-Recherchen im gesamten Korpus. Dazu kommt das ebenfalls von der University of Cambridge geförderte *Darwin Correspondence Project*,[15] das den gesamten Briefverkehr mit seinen rund 2000 Korrespondenten ebenfalls in einer Online-Datenbank erschließt und schrittweise auch als Volltexte zur Verfügung stellt.

Davon kann die Foucault-Forschung nur träumen. Doch immerhin liegen nicht nur seine zu Lebzeiten publizierten Werke und ein Großteil der am Collège de France gehaltenen Vorlesungen in verlässlichen Ausgaben und Übersetzungen vor, sondern auch die mit einem besseren Register als das Original versehene deutsche Übersetzung der *Dits et Écrits*, der »verstreuten«, »kleineren« Schriften und Interviews, der Vorträge und Gesprächsmitschnitte von 1954 bis zu den letzten Publikationen 1988.[16] Dazu kommt, dass das Repertorium der »Michel Foucault Achives« im IMEC (Institut Mémoire de l'édition contemporaine) in Caen online zugänglich ist;[17] dort sind auch einzelne Manuskripte als Faksimile einsehbar, doch der Erschließungsgrad ist mit jenem auf darwin-online.org.uk leider in keiner Weise vergleichbar; zudem sind Briefe von und an Foucault meines Wissens bislang nicht ediert worden.

---

15 ⟨http://www.darwinproject.ac.uk/⟩.

16 Michel Foucault: *Schriften in vier Bänden (Dits et Ecrits). Band I (1954-1969)*, *Band II (1970-1975)*, *Band III (1976-1979)*, *Band IV (1980-1988)*, hg. von Daniel Defert und François Ewald unter Mitarbeit von Jacques Lagrange, Frankfurt/M.: Suhrkamp 2001-2005 (nachfolgend zitiert als: Foucault, *Schriften* mit dem jeweiligen Band).

17 ⟨http://www.michel-foucault-archives.org/⟩.

Was das Angebot an Sekundärliteratur zu Darwin und Foucault betrifft, bleiben gleichfalls nur wenige Wünsche offen – abgesehen davon, dass man keine Chance hat, sie jeweils zu überblicken, von einem Überblick über *beide* Diskussionsfelder ganz zu schweigen. Insbesondere in Bezug auf den Einfluss Darwins nicht nur auf die Biologie, sondern auf eine ganze Palette von Wissenschaften seit 150 Jahren bedarf dies keiner weiteren Erklärung;[18] aber auch Foucaults vielfältige »Wirkung« in den Geistes-, Kultur- und Sozialwissenschaften ist mittlerweile so groß, dass eine Gesamtdarstellung und -einschätzung eine eigene Forschungsarbeit erfordern würde. Erwähnen möchte ich jedoch die beiden bei Cambridge University Press erschienenen Sammelbände *Companion to Darwin* und *Companion to Foucault*, die in konziser und verlässlicher Weise zumindest wichtige Teile des Forschungsstandes zusammentragen (für Darwin allerdings aktueller als für Foucault).[19] Sehr informativ sind auch die neueren zu Darwin erschienen Biographien und Werkdarstellungen, so namentlich die große Biographie von Janet Browne[20] oder die neuen deutschsprachigen Darstellungen von Eva-Marie Engels und Julia Voss.[21] Diese beiden Arbeiten zeigen, wie lohnend es ist, sich in Bezug auf Darwin nicht aufs Hörensagen und alte Gewissheiten zu verlassen, sondern seine Texte einer neuen Lektüre zu unterzie-

---

18 Vgl. dazu als neueren Versuch eines Überblicks Philipp Sarasin, Marianne Sommer und Thomas P. Weber (Hg.): *Handbuch Evolution*, Stuttgart: Metzler Lexikon, erscheint 2010.

19 Jonathan Hodge, Gregory Radick (Hg.): *The Cambridge Companion to Darwin*, Cambridge: Cambridge University Press 2003; Gary Gutting (Hg.): *The Cambridge Companion to Foucault*, Cambridge: Cambridge University Press 1994.

20 Janet Browne: *Charles Darwin. Voyaging (Volume I of a Biography)*, London: Jonathan Cape 1995; dies.: *Charles Darwin. The Power of Place (Volume II of a Biography)*, London: Cape 2002; vgl. auch dies.: *Charles Darwin, Die Entstehung der Arten*, München: dtv 2007; Adrian Desmond, James Moore und dies.: *Charles Darwin*, Oxford: Oxford University Press 2007.

21 Eve-Marie Engels: *Charles Darwin*, München: C. H. Beck 2007; Julia Voss: *Charles Darwin zur Einführung* Hamburg: Junius 2008.

hen – obwohl das Grundgerüst seiner Theorie zwar noch gegen den Kreationismus verteidigt werden muss, sonst aber als allgemein akzeptiert gelten darf. Foucault als der jüngere unserer beiden Autoren hingegen ist noch weit weniger kanonisch. Auch wenn schon seit einiger Zeit einflussreiche und grundlegende Deutungen Foucaults vorliegen (etwa von Gilles Deleuze und Paul Veyne[22]), ist das unruhige und vielfältige Denken Foucaults noch nicht abschließend »begriffen«; die existierenden Gesamtdarstellungen und Einführungen bemühen sich daher immer noch um eine allgemeine Einschätzung seines Werks.[23] Im Ganzen jedenfalls erweist es sich spätestens an diesem Punkt, weshalb das Vorliegende lieber ein Essay sein möchte als eine irgendwie »umfassende«, gar »erschöpfende« Untersuchung: Die systematische Referenz auf die Forschungsliteratur zu Darwin und Foucault in allen von mir diskutierten Aspekten hätte ebenso jeden Rahmen gesprengt wie der noch weitergehende Versuch, meine Thesen und Resultate in irgendeiner systematischen Weise auf die philosophische, die geschichtstheoretische und die (evolutions)biologische Diskussion zu beziehen – und solche Bezüge jeweils genau nachzuweisen. Auch wenn ich diese Bezüge zum Teil anstrebe, muss in dieser Hinsicht vieles eine Skizze bleiben. Dieses Buch ist deshalb nicht mehr als eine freundliche Aufforderung, den Ball aufzunehmen und ihn weiter im Spiel zu halten.

Dank

Die hier vertretenen Ansichten habe ich in den letzten Jahren in verschiedenen, leider wohl eher noch konfusen Vorträgen entwickeln dürfen. Ich habe bei diesen Gelegenheiten von den

---

22 Deleuze, *Foucault*; Paul Veyne: *Foucault: die Revolutionierung der Geschichte*, Frankfurt/M.: Suhrkamp 1992.

23 Vgl. dazu meinen Versuch in Philipp Sarasin: *Michel Foucault zur Einführung*, Hamburg: Junius 2008 (3. Aufl., 1. Aufl. 2005), sowie die dort genannte Forschungs- und Überblicksliteratur.

Diskussionsbeiträgen und kritischen Anmerkungen viel gelernt und danke für die Geduld, die mir überall beim Verfertigen meiner Gedanken entgegengebracht wurde. Danken möchte ich auch den Studierenden in zwei meiner Lehrveranstaltungen zu Texten von Michel Foucault: Sie haben mich wie niemand sonst gezwungen, mich klar auszudrücken. Ebenso zu danken habe ich meinem Kollegen Bernd Stiegler, der damals noch als Lektor beim Suhrkamp Verlag mich freundlich genötigt hat, dieses Buch zu schreiben, sowie seiner Nachfolgerin Eva Gilmer, die mit ihrem Enthusiasmus diesem Projekt den fürs Schreiben notwendigen Schwung verlieh. Für diese Arbeit neben dem normalen Semesterbetrieb durfte ich auf vielfältige Unterstützung bei Recherchen oder durch die kritische Lektüre und Kommentierung von Teilen oder auch des gesamten Manuskripts zählen. Für diese wichtigen Beiträge zu meiner Arbeit danke ich insbesondere Christina Ratmoko, René Scheu, Onur Erdur, Pascal Germann, Carmen Richard, Elisabeth Albrecht und Sarah Reimann. Danken möchte ich ebenso herzlich meinen Kolleginnen und Kollegen vom Zentrum »Geschichte des Wissens« der Universität Zürich und der ETH Zürich für das anregende intellektuelle und freundschaftliche Umfeld, das sie bieten: So insbesondere Michael Hagner, von dem ich in unseren gemeinsamen Lehrveranstaltungen zu Darwin und zum Darwinismus viel gelernt habe, Michael Hampe, der mich bei unserem *co-teaching* in die Philosophie genealogischer Geschichtstheorie einführte, Lutz Wingert und Katja Saporiti für ihren philosophischen Zuspruch, David Gugerli für seine kritischen Fragen und Jakob Tanner für seine anregende Kollegialität. Mein größter Dank aber gilt Regula Bochsler für die Großzügigkeit, mit der sie ein weiteres Mal den Alltag mit einem Autor teilte. Meret, Rahel und Julian schließlich bin ich dafür dankbar, dass sie mir immer wieder Grund dafür geben, mit dem Schreiben aufzuhören.

Zürich, im August 2008

I.
Darwin und Foucault

1. Reisen, sammeln, klassifizieren

Im Morgenlicht des 7. Januar 1832 sah der 22jährige Charles Darwin Teneriffa – er sah »die Sonne hinter den zerklüfteten Konturen von Gran Canaria aufgehen und plötzlich den Pic von Teneriffa erleuchten, während die unteren Teile noch in wollige Wolken gehüllt waren. Dies war der erste von vielen entzückenden Tagen, welche ich nie vergessen werde.«[1]

Der in Cambridge graduierte Theologe und passionierte Naturforscher hatte das Glück, als wissenschaftlicher Gentleman-Begleiter und Gesprächspartner von Kapitän Robert Fitz Roy (1805-1865) auf der *H.M.S. Beagle* eine Reise mitmachen zu dürfen, die ihn von Dezember 1831 bis zum Oktober 1836 wie kaum einen anderen Menschen zu seiner Zeit um den ganzen Globus führen sollte: vorbei an Teneriffa, wo die Behörden das Schiff aus Angst vor der Cholera nicht landen ließen, über die Kapverdischen Inseln nach Bahia (dem heutigen Salvador) und Rio de Janeiro, und weiter an der Küste Brasiliens und Argentiniens entlang südwärts zu den Falklandinseln bis nach Feuerland (Terra del fuego). Im Juni 1834 segelte die *Beagle* durch die Magellanstraße zum Pazifischen Ozean, dort die Küste nordwärts über Chile und Peru zu den die Galápagosinseln, anschließend nach Tahiti, und dann wieder in kurzen Stationen über Neuseeland, Tasmanien, Australien, Mauritius, Kapstadt und Bahia zurück nach England. Kapitän Fitz Roy, seinerseits Naturforscher, und seine Mannschaft hatten den Auftrag, mit der *H.M.S. Beagle* für die englische Krone die kartographische Vermessung »von Patagonien und dem Feuerland, welche unter Kapitän King in den Jahren 1826 bis 1830 begonnen war, zu vollenden, die Küsten von Chile, Peru und einigen Südseein-

1 Darwin, *Reise*, S. 17 (Übersetzung angepasst).

seln aufzunehmen und eine Kette von chronometrischen Maßbestimmungen rund um die Erde auszuführen«.[2] Das war nur eine von mehreren solcher Expeditionen, welche die britische Regierung ausrüstete, um die Welt zu erkunden und zu kartieren – in jenen Jahren besonders aber in Südamerika, wo die Briten nach dem Ende der spanischen und portugiesischen Kolonialherrschaft seit dem frühen 19. Jahrhundert ihre Handelsbeziehungen intensivierten und mit Kriegsschiffen militärische Präsenz zeigten.[3] Zudem gehörten Darwin und Fitz Roy zu den unzähligen britischen Naturforschern und Reisenden, die im 19. Jahrhundert zuweilen als Privatmänner, oft aber im Auftrag der Krone oder von Handelsunternehmen, über die Ozeane segelten, um buchstäblich von allen Tieren, Pflanzen, Mineralien und Fossilien, die sich in den abgelegensten Gegenden des Globus finden ließen, ungezählte Stücke, Exemplare und Proben, Häute, Felle, Skelette und Bälge in Kisten zu verpacken und nach London zu bringen. Hier ließen sich diese kolonialen Merkwürdigkeiten auf dem Markt für Privatsammler verkaufen, oder sie waren – sofern die Reisenden im staatlichen Auftrag handelten – den entsprechenden Institutionen zu übergeben und ihren Sammlungen einzuverleiben:[4] erstens dem British Museum, in dessen spezialisierter Dependance, dem Natural History Museum (das seine Existenz und seine Bestände überhaupt dieser kolonial-wissenschaftlichen Sammelwut verdankt), heute noch Hunderte von ungeöffneten Kisten aus jener Zeit lagern sollen, Kisten voll von Naturstücken, deren Klassifikation noch Dutzende, wenn nicht Hunderte

---

2 Ebd.

3 Vgl. Peter Wende: *Das Britische Empire. Geschichte eines Weltreichs*, München: C.H. Beck 2008, S. 138f.

4 Vgl. dazu grundsätzlich Anke Te Heesen, Emma C. Spary (Hg.): *Sammeln als Wissen. Das Sammeln und seine wissenschaftliche Bedeutung*, Göttingen: Wallstein 2002; Krzysztof Pomian: *Der Ursprung des Museums. Vom Sammeln*, Berlin: Wagenbach 1988; Bruno Latour: »Ces réseaux que la raison ignore – laboratoires, bibliothèques, collections«, in: Christian Jacob (Hg.): *Le pouvoir des bibliothèques. La mémoire des livres dans la culture occidentale*, Paris: Albin Michel 1996, S. 23-46.

von Jahren in Anspruch nehmen würde; zweitens der anatomischen Sammlung des Royal College of Surgeons und drittens den Sammlungen der Zoological Society.[5] Darwin hatte seit seiner Jugend leidenschaftlich Käfer gesammelt und erwartete, in Südamerika jenes Paradies für Naturforscher zu finden, das er von seiner Humboldt-Lektüre her kannte, und dort unbekannte Arten zu entdecken. Schließlich nahm er sich vor, die Geologie der Länder, die er bereiste, mit Lyells *Principles of Geology* (1830) in der Hand zu verstehen. Das Buch hatte er von Kapitän Fitz Roy erhalten,[6] der mit seinem jungen Reisegefährten oft über Lyells bahnbrechende Idee der graduellen Veränderung der Erdoberfläche in den fast unendlich langen geologischen Zeiträumen diskutierte – eine Idee, die Darwins Denken entscheidend prägte. Die fünfjährige Reise jedenfalls wurde für ihn, wie er später sagte, zum »first real training or education of my mind«,[7] zur unvergleichlichen Gelegenheit, seine Beobachtungsfähigkeit als Naturforscher in der größtmöglichen Breite und an nie gesehenen Objekten zu schulen.

Darwin hatte sich neben dem ungeliebten Theologie-Studium in Cambridge eine breite naturkundliche Bildung angeeignet. Alexander von Humboldts *Personal narrative of travels to the equinoctial regions of the New Continent* (1822[8]) als da-

5 Siehe Julia Voss: *Darwins Bilder. Ansichten der Evolutionstheorie 1837-1874*, Frankfurt/M.: S. Fischer 2007, S. 17 f., 37.

6 Browne, *Charles Darwin, Die Entstehung der Arten*, S. 25.

7 Charles Darwin: *The Autobiography of Charles Darwin, 1809-1882*, hg. von Nora Barlow, New York, London: W. W. Norton & Company 2005, S. 64.

8 Alexander von Humboldt (1769-1859) hatte den südamerikanischen Kontinent zwischen 1799 und 1804 bereist und seine Beobachtungen und Forschungsergebnisse laufend in Paris publizieren lassen (*Voyage aux régions équinoxiales du Nouveau Continent*, fait en 1799, 1800, 1801, 1803 et 1804, zusammen mit Aimé Bonpland; dt.: *Reise in die Aequinoctial-Gegenden des neuen Continents*, Stuttgart: J. G. Cotta 1859); mit seinen vielen Beobachtungen und Forschungsergebnissen aus Südamerika erregte er zu Beginn des 19. Jahrhunderts großes wissenschaftliches Aufsehen; sein später publizierter fünfbändiger *Kosmos* (1845-1862) begründete auch Humboldts überragenden posthumen Ruhm als Reiseschriftsteller und Naturbeobachter.

mals beste Schilderung der südamerikanischen Fauna und Flora kannte er streckenweise fast auswendig; zudem hatte er seinen Blick schon früh an den vielen Merkwürdigkeiten und Feinheiten der Natur in England geübt. Selbst noch der berühmte, erst Jahre später redigierte Text des Reiseberichts wird von diesem ersten, wie in Teneriffa von der Sonne geblendeten, dann über Landschaften und Wolkenformationen schweifenden, Tiere beobachtenden oder auf kleinste Lebewesen fokussierten, immer aber unruhig forschenden Blick beherrscht – ein Blick, mit dem Darwin eine rätselhafte, unendlich vielfältige und wundersame Natur abtastete, um dabei ihre Ordnung immer weniger zu verstehen. Da war etwa jener Staub, der in der Nähe der Kapverden die Atmosphäre verschleierte, die astronomischen Instrumente »unbedeutend beschädigt[e]« und von dem er auf dem Schiffsdeck ein kleines Päckchen voll zusammenkehrte. Später erhielt er von Charles Lyell (1797-1875) noch mehr von diesem grauen Pulver, »welche[s] auf ein Schiff einige hundert Meilen nördlich von diesen Inseln gefallen war«. Was also, zum Beispiel, mochte dieser Staub sein? Er erwies sich als die Überreste von Infusorien, Kleinstlebewesen mit Kieselpanzern, von denen ihr Entdecker Christian Gottfried Ehrenberg (dem Darwin für die Freundlichkeit dankt, seine Proben untersucht zu haben) siebenundsechzig verschiedene organische Formen unterschied.[9] Infusorien, notiert Dar-

9 Christian Gottfried Ehrenberg (1795-1876), Zoologe in Berlin, untersuchte nach Forschungsreisen in den Nahen Osten und durch Russland (zusammen mit Humboldt) von 1830 an systematisch Kleinstlebewesen und beschrieb Tausende von Arten. 1858 hatte der Physiologe Johannes Müller (1801-1858) sie als »Radiolaren« bezeichnet; der Jenaer Zoologe Ernst Haeckel (1834-1919) verhalf diesen Einzellern mit ihren wundervollen geometrischen Kugelformen dann zu einiger Berühmtheit; vgl. Bernhard Kleeberg: *Theophysis. Ernst Haeckels Philosophie des Naturganzen*, Köln: Böhlau 2005, S. 98; Erika Krausse: »L'influence de Ernst Haeckel sur l'Art nouveau«, in: Jean Clair (Hg.): *L'âme au corps. Arts et sciences, 1793-1993*, Paris: Gallimard 1993, S. 342-351 (= Aussstellungskatalog Galeries nationales du Grand Palais, 19 octobre 1993-24 janvier 1994).

win in seinem Reisetagebuch, sind »mit Ausnahme zweier mariner Arten, sämtlich Süßwasserbewohner«. Heiße Landwinde trocknen in Westafrika Flüsse und Tümpel aus, wirbeln Wolken von Staub hoch in die Atmosphäre auf und tragen die mikroskopischen Überreste dieser Tiere über den Atlantik. Doch in Darwins Proben, die Ehrenberg analysiert, fanden sich keine afrikanischen Arten. Woher mochte dieser Staub kommen, der »in solchen Mengen [fällt], daß er alles an Bord schmutzig macht und die Augen belästigt«?[10]

Auch das Meer war voller Rätsel und Wunder. In den Tümpeln, die am Strand von St. Jago auf den Kapverdischen Inseln bei Ebbe auf dem steinigen Strand zurückblieben, jagte er Tintenfische, die »ihre Färbung je nach der Natur des Bodens, über welchen sie gehen, ändern können«. Es sind wahre Verwandlungskünstler: »Befinden sie sich im tiefen Wasser, so ist der allgemeine Ton ihrer Färbung bräunlich purpurn, werden sie aber auf das Land oder in seichtes Wasser gebracht, so verändert sich dieser dunkle Farbton in ein Gelblichgrün. Sorgfältiger untersucht, war die Farbe ein französisch Grau mit zahlreichen kleinen Flecken von Hellgelb: Ersteres variierte der Intensität nach, die Letzteren verschwanden vollkommen und kehrten abwechselnd wieder. Diese Veränderungen wurden in einer Weise ausgeführt, daß beständig Wolken, die im Farbton zwischen Hyazintrot und Kastanienbraun« – Darwin fügt in der Fußnote ein: »nach der Nomenklatur von Patrick Symes so genannt« – »abwechselten, über den Körper zogen. Jeder Teil, der einem leichten galvanischen Reiz unterworfen wurde, wurde fast schwarz.«[11] In den Küstengewässern Südamerikas, die die *Beagle* nach der Passage über den Atlantik südwärts, von Bahia bis hinunter nach Tierra del Fuego, durchsegelte, aber auch auf der pazifischen Seite und später im Indischen Ozean fand er das Meer selbst immer wieder farbig: Rötlichbraun in der Nähe der Abrolhosinseln, blassrot vor der chileni-

---

10 Darwin, *Reise*, S. 19.
11 Ebd., S. 20f.

schen Küste südlich von Valparaíso oder dunkel wie Schokolade, in riesige braune Streifen geschnitten, während vor Feuerland hellrote Felder das Wasser durchzogen. Dort, im kalten südlichen Meer, stammt die Färbung von Krabbenschwärmen; in den anderen Fällen aber zeigte die Analyse unter dem Mikroskop, dass Myriaden von Conferven diese Farbeffekte erzeugten: »Zylindrische Fäden von äußerster Dünne«,[12] kleinste Körperchen, die sich zu Kugeln verklumpen, oder, wie bei Valparaíso, im Wasser »herumschießende und oft explodierende Tierchen« von ovaler Form, »in der Mitte durch einen Ring gekrümmter schwingender Wimpern eingeschnürt«. Sie ließen sich unter dem Mikroskop kaum sorgfältig untersuchen, »denn beinahe in dem Augenblick, wo die Bewegung aufhörte, selbst wenn sie gerade das Gesichtsfeld passierten, platzten ihre Körper. Zuweilen platzten beide Enden zu gleicher Zeit, zuweilen nur das eine, wobei dann eine Menge grober bräunlicher granulierter Substanz ausgeworfen wurde. In dem Augenblick, ehe es barst, dehnte sich das Tierchen zu einem noch ein halb Mal größeren Umfange seiner ursprünglichen Größe aus, und die Explosion fand ungefähr fünfzehn Sekunden danach statt, nachdem die schnelle progressive Bewegung aufgehört hatte.« Die explodierenden Wesen, für das unbewaffnete Auge nicht wahrnehmbar klein, färbten das Wasser über mehrere Quadratmeilen. »Welche unberechenbare Zahlen solcher mikroskopischer Tierchen mußten da existieren!«[13]

Südamerika

Die verschiedenen Gegenden Südamerikas, die Darwin auf seinen ausgedehnten Landausflügen durchstreifte, waren nicht weniger erstaunlich als das Meer. Der Wald in Brasilien war gar »entzückend«, wie Teneriffa im Morgenlicht. Indes, fügt er an,

---

12 Ebd., S. 25

13 Ebd., S. 26.

»selbst entzückend ist nur ein schwacher Ausdruck zur Wiedergabe der Gefühle eines Naturforschers, der zum ersten Male allein in einem brasilianischen Wald gewandert ist. Die Eleganz der Gräser, die Neuheit der parasitischen Pflanzen, die Schönheit der Blüten, das glänzende Grün des Laubes, vor allem aber die Üppigkeit der ganzen Vegetation erfüllte mich mit Bewunderung. Ein höchst paradoxes Gemisch von Geräusch und Stille herrscht in den schattigen Teilen des Waldes. Das Geräusch der Insekten ist so laut, dass man es in einem Schiff, welches selbst mehrere hundert Yards von der Küste entfernt vor Anker gegangen ist, hören kann; und doch scheint in der Abgeschiedenheit des Waldes ein allgemeines Stillschweigen zu herrschen.«[14] Beinahe dreißig Jahre später wird er im allerletzten Absatz seines Hauptwerks, dem *Origin of Species by Means of Natural Selection* von 1859, sich noch einmal an seinen allerersten Blick auf die schattigen Ufer Brasiliens erinnern, um mit diesem Bild vor dem Auge des Lesers die unermessliche Vielfalt und Schönheit der Natur zu evozieren: »Es ist anziehend, eine dichtbewachsene Uferstrecke zu betrachten, bedeckt mit blühenden Pflanzen vielerlei Art, mit singenden Vögeln in den Büschen, mit schwärmenden Insekten in der Luft, mit kriechenden Würmern im feuchten Boden [...].«[15]

Aber diese Natur ist nicht friedvoll. Im brasilianischen Urwald beobachtete er Wespen, die ihre Larven mit gelähmten Spinnen und Raupen versorgen – »die Larven leben dann von der schauerlichen Masse kraftloser, halbgetöteter Opfer« –, oder »einen Kampf auf Leben und Tod zwischen einer *Pepsis* (einer Wespe) und einer großen Spinne von der Gattung *Lycosa*«, die sich im Gras zu verbergen suchte, von der Wespe aber gejagt und durch mehrere Stiche tödlich verwundet wurde: der »Tyrann und sein Opfer«.[16] Ein anderes Mal hatte sich hingegen eine Wespe im Gewebe einer kleinen Spinne ver-

---

14 Ebd., S. 23.
15 Darwin, *Entstehung der Arten*, S. 691.
16 Darwin, *Reise*, S. 38 f.

heddert, die sich daranmachte, ihre Flügel einzuwickeln. »Die Wespe versuchte anfangs vergeblich, Stöße mit ihrem Stachel nach ihrem kleinen Feinde auszuführen. Nachdem ich sie länger als eine halbe Stunde hatte kämpfen lassen, dauerte mich die Wespe; ich tötete sie und brachte sie in das Gewebe zurück.« Bald kam auch die Spinne wieder zurück und begann, sich »mit ihren Kiefern in die Öffnung einzugraben, durch welche die lebende Wespe ihren Stachel vorstreckte.« Sie saugte ihr Opfer langsam aus, und so »schwoll die Spinne bedeutend an«.[17]

Im August 1833 reiste Darwin ein Stück weit über Land, nordwärts: von der Mündung des Rio Negro, wo er die *Beagle* für eine Weile verlassen hatte, zur argentinischen Hafenstadt Bahia Blanca und von dort weiter nach Buenos Aires. »Überall trägt die Landschaft einen und denselben unfruchtbaren Charakter; ein trockener, kiesiger Boden trägt Büsche von braunem verdorrtem Gras und niedrige, zerstreute, mit Dornen bewaffnete Büsche.«[18] Es folgten Abschnitte mit weiten grünen Wiesen, bald aber »trugen die Ebenen gar kein Dickicht mehr, ihre Nacktheit zu bedecken«. In der Nähe von Punta Alta, wo die Pampa »zum Teil aus einem rötlichen Ton, zum Teil aus einem in hohem Grade kalkhaltigen Mergel besteht«,[19] machte er spektakuläre Fossilienfunde (die später dem Museum des College of Surgeons einverleibt wurden): die Überreste von neun großen Säugetieren, unter anderem Schädelteile des *Megatherium*, eines eiszeitlichen, längst ausgestorbenen Riesenfaultiers, »dessen kolossale Dimensionen durch seinen Namen ausgedrückt werden«, oder ein nahezu vollständiges Skelett des *Scelidotherium*, ebenfalls eine urzeitliche Faultierart, das »so groß wie ein Rhinozeros gewesen sein muß«.[20] Er beobachtete Vögel und ließ sich von Gauchos über die Lebensgewohnheiten dieser Tiere unterrichten. Zugleich aber konnte

---

17 Ebd., S. 40.
18 Ebd., S. 59.
19 Ebd., S. 68.
20 Ebd.

er seine Augen nicht vor den heftigen Kämpfen in der Gegend verschließen. Es waren Indianerkriege – oder vielmehr ein Ausrottungsfeldzug, in dem die Truppen von General Rozas Tausende von Indianern jagten und töteten. Darwin wurde zudem berichtet, wie weitab in den Kordilleren eine versteckte Gruppe von Rozas' »banditenartigen Soldaten« aufgespürt wurde: »Die Indianer, Männer, Frauen und Kinder, waren ungefähr einhundertzehn an der Zahl und wurden beinahe alle gefangen oder getötet; denn die Soldaten säbeln jedermann nieder.«[21] Darwin war entsetzt. »Als ich ausrief, daß dies doch im ganzen inhuman schiene«, antwortete sein Gewährsmann: »›Warum? Was ist zu machen? Sie vermehren sich sonst!‹«[22]

Wieder an Bord der *Beagle*, segelte Darwin nach Feuerland ganz im Süden des Kontinents. Am 1. Juni 1834 notierte er in Port Famine: »Es war jetzt Anfang Winter, und niemals habe ich einen ungemütlicheren Anblick gehabt; die düsteren Wälder, durch Schnee gefleckt erscheinend, konnte man durch die mit Sprühregen erfüllte, dunstige Atmosphäre nur undeutlich sehen.«[23] Aber das Meer, wiederum, war voller Leben. In der Bucht riss er von den Felsen am Meer Büschel von Kelp (*Macrocystis pyrifera*) aus, ein Tang, der in diesen südlichen Gewässern an allen Küstenfelsen bis hinunter in große Tiefen wächst (die britischen Bewohner der 1833 von den Briten besetzten und 1843 annektierten Falkland Islands östlich von Tierra del Fuego heißen bis heute Kelper). Seine Blätter »sind so dick mit korallenartigen Tieren inkrustiert, daß sie weiß sind. Man findet ganz ausgesucht zarte Gebilde, von denen einige von Hydra-artigen Polypen, andere von höher organisierten Arten bewohnt werden«, daneben »pastellenartige Schnecken, *Trochus*-Arten, Nacktschnecken [...], Krustentiere« an jedem Teil der Pflanze. »Schüttelt man die großen, verwickelten Wurzeln,

21 Ebd., S. 81.
22 Ebd.
23 Ebd., S. 167.

so fällt ein Haufen von kleinen Fischen, Muscheln, Tintenfischen, Krabben von allen Sorten, Seeigeln, Seesternen, wunderschönen Holothurien, Planarien und kriechenden nereidenartigen Würmern in einer großen Mannigfaltigkeit der Formen zusammen heraus.«[24] Ein komplexes Ökosystem, *avant la lettre*: Er glaube nicht, notiert Darwin, »daß, wenn in irgendeinem Land ein Wald zerstört wird, auch nur annähernd so viele Tierarten zugrunde gehen würden, als hier mit der Zerstörung des Kelp. Zwischen den Blättern dieser Pflanze leben zahlreiche Arten von Fischen, welche nirgends anders Nahrung und Schutz finden würden; mit ihrer Vertilgung würden auch die vielen Kormorane und andere von Fischen lebende Vögel, die Ottern, Robben und Meerschweine untergehen; und endlich würde auch der Wilde des Feuerlandes, der elende Herr dieses elenden Landes, seine kannibalischen Mahlzeiten verdoppeln müssen, der Zahl nach abnehmen und vielleicht zu existieren aufhören.«[25]

Der elende, »kannibalische« Wilde, der »vielleicht zu existieren aufhören« wird ...?! Wir werden ihm später wiederbegegnen; immerhin hatte Darwin sein Entsetzen über die blutige Abschlachtung der Indianer unmissverständlich ausgedrückt, ebenso über die Sklaverei in Brasilien, die er auch später immer und grundsätzlich verurteilte. Er zählte nicht zu jenen Zeitgenossen, die darüber spekulierten, ob die »Schwarzen« oder »Roten« zu einer anderen Spezies als die zivilisierten Europäer gehören würden. Auch wenn ihm die Unterschiede zwischen den Feuerländern und den Engländern zuweilen fast die Sprache verschlugen, blieb er dabei, dass es nur eine menschliche Art gebe.[26] Doch wie war diese Überzeugung des Naturforschers mit dem unendlichen Überlegenheitsgefühl des zivilisierten Engländers, dem die Vorstellung vom »Verschwinden« der »Wilden« alles andere als fremd war, in Übereinstimmung

---

24 Ebd., S. 171 f.
25 Ebd., S. 172.
26 Browne, *Voyaging*, S. 244.

zu bringen? Darwin sammelte auf seiner fünfjährigen Reise zu dieser Frage gewissermaßen nur Eindrücke, und es sollte noch vierzig Jahre dauern, bis er das Thema in *The Descent of Man* (1871) wieder aufnahm.

Vorerst fesselte ihn die verwirrende Vielfalt der Tiere und Pflanzen. Trotz seiner Zurückhaltung als viktorianischer Gentleman verschwieg Darwin nicht, wie oft er über die Wunder der Natur staunte. Er wisse jetzt, notierte er im Februar 1832 in Bahia, dass Humboldts unvergleichliche Schilderungen der Natur Südamerikas, die Poesie und Wissenschaft verbinden, der Wahrheit sehr nahe kämen; »ich bin«, fügte er an, »gegenwärtig zu nichts anderem fähig, als Humboldt zu lesen, der wie eine zweite Sonne alles erleuchtet, was ich erblicke«.[27] Aber seine Schiffsbibliothek umfasste weit mehr als nur Humboldts sechsbändigen *Personal narrative*; unter anderem reiste er auch mit dem neuen, 17-bändigen *Dictionnaire classique d'histoire naturelle* (1822-31) von Bory de Saint-Vincent oder mit den sieben Bänden von Lamarcks *Histoire naturelle des animaux sans vertèbres* (1815-22) im Gepäck.[28] Wenn er Tiere beobachtete, jagte, tötete und sammelte (vier Formen ein und derselben, letztlich kolonialistischen Tätigkeit, wie Janet Browne festhält[29]), um ihren Körperbau zu studieren und ihre Art zu bestimmen, konnte er sich also auch in den gottverlassensten Gegenden der Welt jederzeit auf die besten Datenbanken des frühen 19. Jahrhunderts stützen; zudem half ihm der Briefkontakt mit seinen Freunden in London, etwa mit dem Botaniker und Mineralogen John Steven Henslow (1796-1861) in Cambridge, Wissenslücken zu füllen. Ohne diese Bücher und ohne dieses Netzwerk von Wissenschaftlern vor allem in Cambridge wäre Darwins Reisebericht bloß pittoresk geblieben. So aber konnte er seinen auf der Basis ausführlicher Notizen und des

---

27 Richard D. Keynes (Hg.): *Charles Darwin's Beagle Diary*, Cambridge: Cambridge University Press 2001, S. 42 (meine Übersetzung, Ph. S.).
28 Browne, *Voyaging*, S. 216.
29 Ebd., S. 232.

Tagebuchs publizierten Bericht von 1839 zu Recht und zugleich mit einigem Understatement zuerst unter dem schlichten Titel *Journal and Remarks 1832-1836* als Band III von Fitz Roys Publikation der gesamten Reisedokumente und -ergebnisse als wissenschaftlichen Bericht publizieren;[30] 1845 erschien eine revidierte und nun selbstständig publizierte Fassung unter dem immer noch trockenen Titel *Journal of Researches into the geology and natural history of the various countries visited by H. M. S. Beagle*. Dieses *Journal* – später als *The Voyage of the Beagle* Darwins bestverkauftes Buch und ein Klassiker der Reiseliteratur – ist neben den Passagen über Mitreisende und lokale Führer, über Kolonisten, Missionare und Bauern, über Indianer, schöne Frauen, lebhafte Städte und armselige Siedlungen auch ein sprödes Protokoll des Beobachtens, Sammelns und Klassifizierens, etwa im Stil jener berühmten Bemerkung, mit der er die Aufzählung der fünf Vogelgruppen auf den Galápagos abschließt: »Die noch übrigen Landvögel bilden eine äußerst eigentümliche Gruppe von Finken, welche in der Struktur ihrer Schnäbel, den kurzen Schwingen, der Form des Körpers und dem Gefieder miteinander verwandt sind; es sind dreizehn Spezies, welche Mr. Gould in vier Untergruppen verteilt hat. Alle diese Spezies sind diesem Archipel eigentümlich.«[31]

---

30 Charles Darwin: *Journal and Remarks. 1832-1836*, London: Henry Colburn 1839 (= Band III von *Narrative of the Surveying Voyages of His Majesty's Ships Adventure and Beagle between the Years 1826 and 1836, Describing their Examination of the Southern Shores of South America, and the Beagle's Circumnavigation of the Globe. Proceedings of the Second Expedition, 1831-36, under the Command of Captain Robert Fitz-Roy, R.N.*, London: Henry Colburn 1839).

31 Darwin, *Reise*, S. 62

Diese letzten beiden Sätze über die eigenartigen Finken auf den Galápagosinseln konnte Darwin erst im Rückblick formulieren. Denn als er die insgesamt 31 Vögel einfing, tötete, ausnahm und in Kisten verpackte, achtete er nicht auf die Herkunft der einzelnen Exemplare von den verschiedenen Inseln des kleinen Archipels, weil er der Ansicht war, sie seien mit ihren verschieden geformten Schnäbeln insgesamt bloße Varietäten äquatorial-kontinentaler Formen.[32] Als er die Finken-Bälge aber nach seiner Rückkehr im Januar 1837 John Gould von der Zoological Society übergab, dem wohl besten Vogel-Präparator und Ornithologen seiner Zeit, erwies sich das schnell als Irrtum. Die Unterschiede zwischen den Vögeln waren zwar gering. Doch die kleinen Differenzen der Größe, der Schädelform, vor allem jedoch der Form der Schnäbel, die Darwin nicht besonders aufgefallen waren, wurden in den Händen und unter den Augen Goulds, der schon Zehntausende von Vögeln bestimmt und präpariert hatte, zu trennscharfen Kriterien, um die Gruppe der Finken (Geospiza) zuerst (wie Darwin dann im Reisebericht getreulich rapportierte) als elf, in der Publikation im dritten Teilband von *The zoology of the voyage of H. M. S. Beagle* von 1838 dann als dreizehn verschiedene neue Arten zu bestimmen, gemäß der von Linné und seinen Nachfolgern entwickelten Einteilung:

Stamm: Vertebrata (Wirbeltiere)
  Klasse: Aves (Vögel)
    Ordnung: Passeriformes (Sperlingsvögel)
      Familie: Fringillidae (Finken)
        Sub-Familie: Coccothraustinae (heute: Geospizinae [Galápagos-Finken])
          Gattung: Geospiza, *Gould.*

32 Charles Darwin (Hg.): *Birds*, Part 3, No. 5 of *The Zoology of the Voyage of H. M. S. Beagle*, by John Gould, London: Smith Elder and Co. 1841, S. 99.

Art (Spezies): 1. Geospiza magnirostris, 2. Geospiza strenua, 3. Geospiza nebulosa [...] 8. Geospiza dubia.
[*Varietät*]
[*Individuum*]
Sub-Genus: Camarhynchus.
Art: 9. Camarhynchus psittaculus, 10. Camarhynchus crassirostris.
Sub-Genus: Cactornis.
Art: 11. Cactornis scandens, 12. Cactornis assimilis.
Sub-Genus: Certhidea.
Art: 13. Certhidea olivacea.[33]

Woher kamen diese Vögel? Warum gab es auf den Galápagos Finken, die den äquatorial-kontinentalen Formen zwar auffallend ähnlich waren, dennoch von diesen aber so weit differierten, dass sie als eigene Arten klassifiziert werden mussten? »Wie mag das kommen?«, fragte Darwin zwanzig Jahre später im *Origin of Species*, inzwischen bloß noch rhetorisch, seiner Sache sicher: »Woher sollten die, angeblich nur im Galápagos-Archipel und sonst nirgends erschaffenen Arten diesen so deutlichen Stempel der Verwandtschaft mit den in Amerika geschaffenen haben?«[34] Und – mehr noch! – warum haben sich die Finken auf den Galápagos mit ihrer auffallenden Verwandtschaft mit südamerikanischen Formen bei genauerem Hinschauen je nach Herkunft von den einzelnen Inseln des kleinen Archipels weiter in klar unterscheidbare Arten differenziert? Und warum waren diese insularen Arten untereinander offensichtlich näher verwandt als alle zusammen mit den Finkenarten des Kontinents? Schrullen eines launigen Schöpfers? Darwin trug später eine ganze Reihe ähnlicher Beispiele von ozeanischen Inseln auf der ganzen Welt zusammen. Und sie

---

33 Ebd., S. 100-106. Zur heutigen Bestimmung der »Darwin-Finken« vgl. Peter R. Grant, B. Rosemary Grant: *How and Why Species Multiply. The Radiation of Darwin's Finches*, Princeton: Princeton University Press 2008; Akie Sato, Herbert Tichy et al.: »On the Origin of Darwin's Finches«, in: *Molecular Biology and Evolution* 18 (2001), S. 299-311.

34 Darwin, *Entstehung der Arten*, S. 635.

alle zeigen: Irgendwann vor Urzeiten waren diese Inseln entweder noch mit dem Festland verbunden gewesen, oder Vorfahren dieser Tiere hatten den Weg übers Meer geschafft und sich dann in der Abgeschiedenheit weiterentwickelt. Sie hatten den »Stempel« der Verwandtschaft zwar noch nicht abgestreift, aber sich doch (schon) so sehr verändert, dass sie als eigene Arten klassifiziert werden mussten. Und dieser Prozess der Differenzierung setzte sich gegebenenfalls, wie auf den Galápagos, auf den einzelnen, hinreichend voneinander isolierten und von jeweils nur wenigen Arten dominierten Inseln dann weiter fort. Die Ähnlichkeit, die die Taxonomen beim Klassifizieren der Tiere und Pflanzen benutzen, um sie nach Familien und Gattungen zu ordnen, entstand, so folgert Darwin, über lange Zeiträume als Abweichung von einer Urform. Ähnlichkeit ist Verwandtschaft – und Verwandtschaft heißt gemeinsame Herkunft. Das fundamentale »Prinzip«, das diese Zusammenhänge erklärt, sind die »Beziehungen zu der Quelle, aus welcher Kolonisten am leichtesten hergeleitet werden können«.[35] Niemand kann den Ablauf dieser Veränderungen *sehen*; selbst ihre Vorstellung übersteigt eigentlich das Vermögen unserer Einbildungskraft: »Der Geist«, so Darwin im *Origin of Species*, »kann die volle Bedeutung des Ausdrucks von einer Million Jahre unmöglich fassen; er kann nicht die ganze Größe der Wirkung zusammenrechnen und begreifen, welche durch Häufung einer Menge kleiner Abänderungen während einer fast unendlichen Anzahl von Generationen entstanden ist.«[36]

Dies dennoch zu tun grenzte an Halluzination. Schon im Sommer 1837, wenige Monate nach seiner Rückkehr von der Weltreise, strichelte Darwin in sein Notebook B auf Seite 36 unter dem berühmten Titel »I think« eine erste Stammbaum-Skizze: ein kleines Evolutionsbäumchen, mit unregelmäßigen Ästen, abgebrochenen, offensichtlich toten Zweigen, ohne er-

35 Ebd., S. 637.
36 Ebd., S. 686.

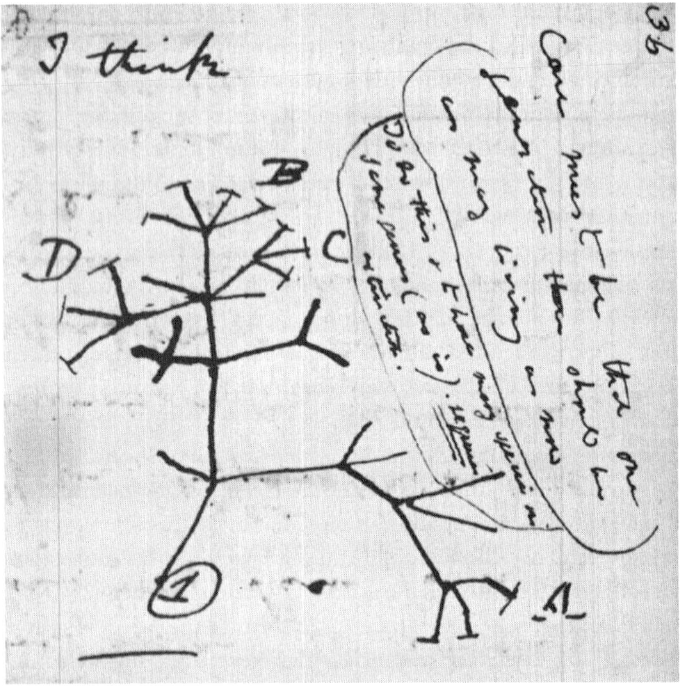

Abb. 1: Darwins erste Stammbaum-Skizze, Notebook B, Sommer 1837 (Ausschnitt).
(Quelle: *The Complete Works of Charles Darwin online* ⟨www.darwin-online.org.uk⟩.)

kennbare Richtung, ein rudimentäres Modell all dieser realen Veränderungen in der Tiefe der Zeit.[37] (Abb. 1)

Doch ließ sich dies alles auch *beweisen*? Daran arbeitete Darwin als *gentleman-naturalist*, wohlangesehenes Mitglied der britischen Oberschicht und Privatgelehrter auf seinem Landsitz *Down House* in Downe in der Nähe von London

---

37 Charles Darwin: *Notebook B* [Transmutation of species (1837-1838)], CUL-DAR121 ⟨http://darwin-online.org.uk/manuscripts.html⟩, S. 36; vgl. dazu ausführlich Voss, *Darwins Bilder*, S. 95-139.

dann während der nächsten gut zwanzig Jahre. Er hätte sich wohl noch länger Zeit gelassen, wenn er nicht 1858 durch ein unpubliziertes *paper* aus seinem ebenso detailversessenen wie ausschweifenden Nachdenken aufgeschreckt worden wäre. Der jüngere Naturforscher und Reisende Alfred Russel Wallace (1823-1913) – er war noch keine acht Jahre alt, als Darwin zu seiner Reise aufbrach – hatte ihm den Aufsatz von den Molukken (Niederländisch Indien) mit der Bitte zugeschickt, ihn an den eminenten Charles Lyell weiterzuleiten. Was Darwin mit wachsendem Entsetzen las, war ein kurzer Text, der im Wesentlichen alle seine eigenen, seit langem gehegten, aber bisher sorgfältig verheimlichten Ideen über die Evolution enthielt – »exactly the same theory as mine«, wie er später schrieb.[38] Darwin hätte allerdings gewarnt sein können, nicht nur, weil Lyell ihn bereits zwei Jahre davor, 1856, auf einen abgelegen publizierten Aufsatz des unbekannten Wallace aufmerksam gemacht hatte – mit der vielsagenden Bemerkung, Evolution liege in der Luft.[39] Spätestens seit der Publikation des populärwissenschaftlichen Buches *Vestiges of the Natural History of Creation* von Robert Chambers, 1844 anonym erschienen und bald auf dem Buchmarkt äußerst erfolgreich, war »development« oder Evolution nicht mehr nur ein Thema für radikale Denker und von der Französischen Revolution faszinierte Lamarkisten wie noch in den 1830er Jahren, sondern wurde zum »talk of the town«. Adrian Desmond hat überzeugend argumentiert, dass Darwins elitäre gesellschaftliche und intellektuelle Distanz zu diesen radikalen und populärwissenschaftlichen Strömungen in der englischen Gesellschaft ihn daran hinderte, diese Debatten und Entwürfe von Evolutionstheorien ernst zu nehmen – ja, dass sie vielleicht sogar die Erklärung dafür sind, dass Darwin seine Theorie lange nicht publizierte, weil er nicht mit die-

---

38 Darwin, *Autobiography*, S. 100.

39 Janet Browne: *Darwin's Origin of Species. A Biography*, New York: Grove Press 2007, S. 57 (die Passage fehlt in der deutschen Übersetzung).

sem Umfeld assoziiert werden wollte.[40] Wie dem auch sei, erst im Jahr 1856 jedenfalls, lange nach der gesellschaftlichen Niederlage der Radikalen und ganze zwölf Jahre nach der Publikation von Chambers *Vestiges*, hatte sich Darwin daran gesetzt, seinen Plan für ein großes, all seine bisherigen Forschungen darstellendes Buch endlich zu realisieren. Jetzt aber, im Sommer 1858 – 19 Jahre nach seiner ersten Stammbaumzeichnung im Notebook B –, schien *wirklich* Eile geboten. Auf dringendes Anraten seiner Freunde verfasste er zur Sicherung seines Prioritätsanspruchs an der Evolutionstheorie zuerst eine kurze Zusammenfassung seiner wichtigsten Thesen, die zusammen mit dem neuen Aufsatz von Wallace in der *Linnean Society* in Abwesenheit der beiden Autoren und ohne Aufsehen zu erregen vorgetragen wurde. Und er schrieb anschließend den *Origin of Species* in bloß dreizehn Monaten – wiederum nur »in der Form eines Auszugs«[41] aus jenem bereits 1854 begonnenen und weit umfangreicher geplanten, aber nie publizierten Werk – und als »one long argument«, wie er den *Origin* auch bezeichnete.[42]

Letzteres ist für das Verständnis des Buches zentral. Denn es ist keine Darstellung der Geschichte der Arten oder gar der Evolution als ganzer (Darwin hat auch nie die evolutionäre Geschichte einer einzelnen Spezies rekonstruiert – bis auf eine spekulative Skizze der Genealogie des Menschen in *The Descent of Man*, 1871[43]). Vielmehr ist der *Origin of Species* eben ein »Argument«, das damit einsetzt, die Leser in doppelter Weise an Vertrautes zu erinnern. Zuerst spricht er über die Praxis der

40 Adrian Desmond: *The Politics of Evolution. Morphology, Medicine, and Reform in Radical London*, Chicago: University of Chicago Press 1989, S. 4-8; 400-414; vgl. Weber, *Darwin und die neuen Biowissenschaften*, S. 102 f.

41 Darwin, *Entstehung der Arten*, S. 686.

42 Charles Darwin: *On the Origin of Species by Means of Natural Selection, or the Preservation of Favoured Races in the Struggle for Life*, London: John Murray 1859, S. 459, vgl. Darwin, *Entstehung der Arten*, S. 673.

43 Vgl. Darwin, *Abstammung des Menschen*, S. 819-826.

Tier- und Pflanzenzucht, wie sie bei jedem britischen Landbesitzer und jedem passionierten Gärtner zum Alltag gehörte und welche die schier unendliche Veränderbarkeit von Haustieren und Nutzpflanzen durch den Züchter beweist. Und zweitens konstatiert Darwin schlicht, wie wunderbar vielfältig die Natur sei, sowohl die durch Zucht veränderte wie auch die davon unberührte Natur. Diese Vielfalt allerdings erscheint in Darwins Schilderung auf eine beunruhigende Weise weitaus komplexer, als die konventionelle Rede von der Vielfalt der Arten in Gottes Natur suggeriert. Das zeigte sich ihm schon in den naturkundlichen Werken seiner Zeit: Wenn er etwa »die verschiedenen Abhandlungen über unsere alten Kulturpflanzen, wie Hyazinthen, Kartoffeln, selbst Dahlien usw., sorgfältig studier[t]«, findet er es – und damit setzt der kühl ironische und zugleich elegant rhetorische Gestus seiner Argumentation ein – »wirklich überraschend zu sehen, wie endlos die Menge von einzelnen Verschiedenheiten in der Struktur und Konstitution ist, durch welche alle ihre Varietäten und Subvarietäten unbedeutend von einander abweichen. Ihre ganze Organisation scheint plastisch geworden zu sein, um bald in dieser und bald in jener Richtung sich etwas von dem elterlichen Typus zu entfernen.«[44] Doch um was für Verschiedenheiten handelt es sich genau, welche die gelehrten Botanik-Bücher mit ihren großformatigen Bildern verzeichnen? Ihre Autoren, die Darwin im Gegensatz zu seinen vielen Korrespondenten und Gewährsleuten nie beim Namen nennt, versuchen diese vielfältigen Differenzen in fein ziselierten Abstufungen von Arten, Varietäten und »Subvarietäten« zu fassen, während es ihm, Darwin, überhaupt »scheinen« will, als seien die Strukturen dieser Kulturpflanzen insgesamt »plastisch« – irgendwie beweglich, in alle Richtungen veränderbar, im Erbgang keineswegs stabil, von Generation zu Generation und von Pflanze zu Pflanze immer ein klein wenig anders, mit einem Wort: individuell.

---

44 Darwin, *Entstehung der Arten*, S. 373.

Diese vielen kleinen Unterschiede, so fährt Darwin fort, bringen die »Systematiker« in ziemliche Schwierigkeiten, wie die gelehrten Bücher mit ihren Klassifikationen unfreiwillig enthüllen. In einer zitierenswerten längeren Passage spottet er unverhohlen: »Man vergleiche die von verschiedenen Botanikern geschriebenen Floren von Groß-Britannien, Frankreich oder den Vereinigten Staaten miteinander und sehe, was für eine erstaunliche Anzahl von Formen von dem einen Botaniker als gute Arten und von dem anderen als bloße Varietäten angesehen wird. Herr H.C. Watson, welchem ich zur innigsten Erkenntlichkeit für Unterstützung aller Art verbunden bin, hat mir 182 britische Pflanzen bezeichnet, welche gewöhnlich als Varietäten betrachtet werden, aber auch schon alle von Botanikern für Arten erklärt worden sind; und bei Aufstellung dieser Liste hat er noch manche unbedeutendere, aber auch schon von einem oder dem anderen Botaniker als Art aufgenommene Varietät übergangen und einige sehr polymorphe Gattungen gänzlich außer acht gelassen. Unter gewissen Gattungen, mit Einschluß der am meisten polymorphen Formen, führt Babington 251, Bentham dagegen nur 112 Arten auf, ein Unterschied von 139 zweifelhaften Formen!«[45]

Ein Ordnungssystem mit einer so großen Streubreite von zweifelhaften Fällen ist offensichtlich wertlos. Wenn ein gebildeter Leser wie Darwin solche Werke nur in genügender Zahl nebeneinanderhält, dekonstruieren sich ihre Systematiken gleich selbst. Ähnliches wie über die Klassifikationsversuche britischer Pflanzen weiß Darwin auch über die Anstrengungen zu berichten, die vielen Formen der deutschen Eiche in eine stabile Ordnung zu bringen (»Wie sorgfältig ist die gemeine Eiche studiert worden!«[46]), ebenso über die unendlichen Schwierigkeiten, »nordamerikanische und europäische Insekten und Vögel, die nur wenig voneinander abweichen«,[47]

45 Ebd., S. 394.
46 Ebd., S. 396.
47 Ebd., S. 394.

zu bestimmten. Ständig verwischen die Grenzen zwischen Arten, tauchen, wie Darwin sie nennt, Zwischenglieder zwischen Arten auf, entdeckt man Varietäten, die gewisse Naturforscher schon Arten nennen, andere aber Gattungen oder »geographische Rassen« – oder auch Geschlechter, wobei die Zahl der Geschlechter auch nicht festzustehen scheint. In einem der letzten Kapitel des *Origin of Species* findet sich etwa die hübsche Geschichte, dass gewisse Orchideen zuerst verschiedenen Gattungen zugeteilt wurden, man sie dann aber als Varietäten einordnete, bis Darwin selbst sie als die drei Geschlechter ein und derselben Pflanze bestimmt habe.[48] Am Schluss bleibt in all diesen Fällen immer nur die Auskunft, sich auf das Urteil »ausgezeichneter Naturforscher«, auf Männer von »gesundem Urteil und reicher Erfahrung« zu stützen, doch die Gentlemen widersprachen sich leider häufig.[49] Kein Wunder, dass der Umgangston unter Botanikern gehässig gewesen sein soll und jener in der Zoological Society gar unangenehm harsch.[50]

Die Ironie und kühle Distanz in Darwins Worten, wenn nicht gar der Ärger über dieses scheinbar nutzlose Geschäft der Klassifikation ist unübersehbar. Er war daran allerdings nicht ganz so unbeteiligt, wie er tat. Das Problem der Klassifikation war ihm vielmehr seit Jahren aus eigenen Bemühungen um die Reform der botanischen und zoologischen Taxonomie wohlbekannt. Zusammen mit dem Botaniker Hugh Strickland hatte er anfangs der 1840er Jahre eine Gruppe von befreundeten Naturforschern zusammengestellt, die zum Teil schon mit ihm an der Auswertung – und das heißt, wie wir gesehen hatten, der taxonomischen Klassifikation – der Sammelstücke der *Beagle*-Expedition gearbeitet und die Resultate gemeinsam publiziert hatten und die zum selben Kreis konservativer, jeder Revolution wissenschaftlicher Grundsätze feindlich gesinnter Mitglieder der britischen Elite gehörten. Diese insti-

48 Vgl. ebd., S. 648.
49 Ebd., S. 394.
50 Browne, *The Power of Place*, S. 48 ff. Vgl. Voss, *Darwins Bilder*, S. 103.

tutionell hervorragend vernetzte Gruppe von *gentlemen-naturalists* nahm sich vor, gegen den Widerstand der noch konservativeren Linnéaner, welche die britische Botanik und Zoologie beherrschten, Grundsätze für ein vereinfachtes und flexibles Klassifikationssystem zu entwickeln. Diese Anstrengungen zur Verbesserung und Modernisierung der Taxonomie erfolgte nicht zuletzt aus purer Not: Die Forschungsreisenden vor allem der Kolonialmächte England und Frankreich brachten seit dem späten 18. Jahrhundert so viele getrocknete, gepresste, sezierte, skelettierte oder auf Nadeln gespießte Exemplare von neuen unbekannte Arten nach London und Paris, dass ein englischer Zoologe 1826 stöhnte, auf jede einzelne Art, die Linnaeus beschrieben habe, kämen mittlerweile hundert neue.[51]

Das neue System, das die Strickland-Gruppe vorschlug, sollte auch betont arbiträr-nominalistisch sein, das heißt, die Namen von Arten sollten bis auf die geographische Herkunftsbezeichnung nichts irgendwie »Wesentliches« bezeichnen, sondern nicht mehr als eine feine Kerbe im Ordnungsraster darstellen. Gleichzeitig ging es darum, festzulegen, dass in jedem Fall der erste, der älteste in der Wissenschaft gebräuchliche Name eines Tiers oder einer Pflanze Priorität genießen und als gültig angesehen werden sollte – unabhängig davon, ob er etwa eine irrtümliche geographische Bezeichnung enthielt oder nicht. Die Darwin-Strickland-Gruppe setzte sich 1842 mit einiger taktischer List in der *British Association for the Advancement of Science* (BAAS) durch, und ihre Grundsätze wurden bald darauf auch von verschiedenen französischen, italienischen und amerikanischen naturforschenden Gesellschaften übernommen. Dabei blieben allerdings zwei Fragen unbeantwortet: Erstens war klar, dass auch ein reformiertes und vereinfachtes Ordnungssystem das Problem nicht lösen konnte, wie

---

51 Gordon R. McOuat: »Species, Rules and Meaning: The Politics of Language and the Ends of Definitions in 19th Century Natural History«, in: *Studies in History and Philosophy of Science*, 27 (1996), Nr. 4, S. 473-519, S. 481; vgl. Voss, *Darwins Bilder*, S. 106.

Tiere und Pflanzen im Einzelfall jeweils zu klassifizieren seien, und zweitens hatte die Darwin-Strickland-Gruppe es tunlichst vermieden, die Frage nach der Definition der Art aufzuwerfen. Strickland hatte aus taktischen Gründen, das heißt, um endlose Debatten zu vermeiden, einer rein arbiträren Konzeption von ordnenden Namen zugestimmt, die an sich nichts bedeuten, während er selbst durchaus daran glaubte, dass eine solche »innere« Bedeutung existierte. Darwin hingegen war dezidiert anderer Meinung – aber er hütete sich noch über Jahre, diese öffentlich zu machen.[52]

Das geschah erst im *Origin of Species*. Die Schlussfolgerung aus den oben zitierten Feststellungen über die Schwierigkeiten der »Systematiker«, wie er sie distanzierend nennt – er gehörte, wie gesagt, lange Jahre selbst zu ihnen –, war für ihn klar: Erstens war das Problem der Definition des Begriffs der Spezies nach wie vor ungelöst, wenn es überhaupt lösbar sein sollte, und zweitens wurde die Bedeutung der individuellen Unterschiede von der Naturforschung nicht erkannt. Was das erste Problem betrifft, so vereinfachte Darwin es mit einer ziemlich schwungvollen Unterstellung gegenüber seinen – wie immer ungenannten – Gegnern. Zuerst weigerte er sich rundweg, sich überhaupt darauf einzulassen, wie die Frage nach der Spezies bisher diskutiert wurde. Er habe nicht vor, »die verschiedenen Definitionen [zu] erörtern, welche man von dem Wort ›Spezies‹ gegeben hat«. Denn er kannte die entsprechenden Debatten und Definitionsversuche zu genau, um zu wissen, dass »keine derselben bis jetzt alle Naturforscher befriedigt hat«. Dennoch – und nun folgt die gezielt offensive Unterstellung – »weiß jeder Naturforscher ungefähr, was er meint, wenn er von einer Spezies spricht. Allgemein schließt die Bezeichnung das unbekannte Element eines besonderen Schöpfungsaktes ein.«[53] Ob wirklich alle Naturforscher in diesem Sinne noch an Gottes

52 McOuat, »Species, Rules and Meaning«, S. 506-510; Voss, *Darwins Bilder*, S. 113-126.

53 Darwin, *Entstehung der Arten*, S. 391.

Schöpfung glaubten, kann mit Fug und Recht bezweifelt werden;[54] die Frage hat Darwin aber nicht wirklich interessiert. Vielmehr hat er seine Kollegen auf diese Position als der letzten Konsequenz ihres konzeptionellen Schwankens fixiert, um die Frontlinien zu klären. Er war machtbewusst genug, um zu wissen, wie man wissenschaftliche Schlachten zu führen hatte – und zugleich war sein Argument scharf geschliffen. Denn mit seiner Unterstellung traf er den wunden Punkt der Biologie seiner Zeit: die implizite Annahme nämlich, dass der Glaube an ein unveränderliches Wesen einer Pflanze oder eines Tiers als dasjenige, was eine Spezies jeweils ausmacht und was ihr die Konstanz ihrer Erscheinung und ihrer Lebensweise über unzählige Generationen hinweg sichert – sei dies eine besondere morphologische Struktur oder eine physiologische Funktion –, fast denknotwendig auf einen »Schöpfungsakt« zurückgeführt werden muss. Zumindest setzte der Glaube an die Unveränderlichkeit der Arten seit Anbeginn der Zeiten die Vorstellung eines »Archetyps« voraus, von dem aus sich dann die Arten einer Gattung oder Familie entwickelt haben, wie viele britische Naturforscher schon glaubten. Die Annahme eines »unbekannten Elements eines besonderen Schöpfungsaktes« implizierte zum Beispiel bei Georges Cuvier (1769-1832), dem führenden Zoologen und Paläontologen des frühen 19. Jahrhunderts, die weitere Annahme, dass immer wieder Schöpfungsakte vorkommen, weil die fossilen Funde zweifelsfrei das Aussterben von alten und das Erscheinen von neuen Arten belegen. Auch dessen Schüler Louis Agassiz (1807-1873), ein Schweizer Naturforscher, der 1846 nach Harvard ging, dort als die dominierende intellektuelle Figur in den USA und einer der Gründerväter der amerikanischen Naturwissenschaften zum großen Gegner Darwins wurde, war entschieden der Meinung, dass die Schönheit, der Reichtum und die verwickelte Geord-

54 Vgl. Desmond, *The Politics of Evolution*, insb. S. 5 ff.

netheit der Natur keinen anderen Gedanken erlauben würden als den Schöpfungsglauben.[55]

Auch Darwin war in den 1830er Jahren, während seiner Reise mit der *Beagle*, noch von der Stabilität der Arten als Schöpfungen Gottes überzeugt, und er hatte diese Überzeugung in den folgenden Jahren nicht ohne Zögern abgelegt. Die Forschung hat die Etappen des nur in den privaten *notebooks* vollzogenen Wandels von Darwins Naturauffassung in der entscheidenden Phase zwischen 1837 und 1842 im Detail rekonstruiert;[56] wir können uns hier darauf beschränken, das Resultat dieses Prozesses im *Origin of Species* festzuhalten. Das dort ausgebreitete *long argument* ist im Grunde nichts anderes als die skrupulöse Widerlegung dessen, was man heute Kreationismus nennt und auf den er alle seine Gegner, zwar etwas zu schwungvoll, insgesamt aber nicht ganz zu Unrecht, festlegt. Gegen Schluss des Buches (in einer Passage aus einer späteren Auflage) schreibt er, von dieser Anstrengung und den sich daran anschließenden jahrelangen Debatten sichtlich entnervt, mit ätzendem Spott: »Glauben sie wirklich, daß in unzähligen Momenten unserer Erdgeschichte jedes Mal gewisse elementare Atome kommandiert worden seien, zu lebendigen Geweben ineinander zu fahren? Sind sie der Meinung, daß durch jeden angenommenen Schöpfungsakt bloß ein einziges, oder daß viele Individuen entstanden sind? Wurden alle diese zahllosen Arten von Pflanzen und Tieren in Form von Samen und Eiern, oder wurden sie als erwachsene Individuen erschaffen? Und die Säugetiere insbesondere, sind sie erschaffen worden mit den unwahren Merkmalen der Ernährung im Mutterleib?«[57]

---

55 Browne, *The Power of Place*, S. 51.

56 Jonathan Hodge: »The notebook programmes and projects of Darwin's London years«, in: Hodge/Radick (Hg.), *The Cambridge Companion to Darwin*, S. 40-68; Weber, *Darwin und die neuen Biowissenschaften*, S. 131-176; Engels, *Charles Darwin*, S. 43-41; siehe auch die biographischen Darstellungen in Bowler, *Evolution*, S. 141-176; Browne, *Voyaging*, S. 343-543.

57 Darwin, *Entstehung der Arten*, S. 687.

Kurzum, der Schöpfungsglaube (der heute Kreationismus heißt), lag weit jenseits der Grenze des intellektuell Zumutbaren. Doch wie ließ sich eine alternative Sichtweise entwickeln? Darwins originäre Leistung bestand darin, den vollständig von der Suche nach Typischem, nach gemeinsamen Merkmalen und nach stabilen Zeichen für klassifizierbare Gruppen beherrschten Diskursmodus der Biologie seiner Zeit zu verlassen, ja in sein Gegenteil zu verkehren: »Ich betrachte«, schreibt er, »die individuellen Abweichungen, wenn schon sie für den Systematiker nur wenig Wert haben, als für uns von großer Bedeutung«;[58] ja, sie sind »von der größten Bedeutung für uns, weil sie oft vererbt werden, wie schon jedermann zu beobachten Gelegenheit gehabt haben muß«.[59] Nun wird verständlicher, warum der *Origin of Species* mit der Erinnerung an die Praxis der künstlichen Zuchtwahl bei Haustieren und Kulturpflanzen einsetzt. Denn was tun Züchter? Sie bringen gezielt jene Individuen zur Paarung, die kleine, vielleicht kaum merkliche Züge einer ihnen nützlichen oder für sie besonders ästhetischen Eigenheit zeigen, um auf diese Weise zu versuchen, in der Generationenfolge diese Eigenschaft zu verstärken – so lange, bis eine neue »Sorte« oder »Rasse« (Darwin verwendet beide Begriffe) entsteht. Die unbestreitbaren individuellen Verschiedenheiten – kein Tier und keine Pflanzen entspricht genau dem prätendierten Typus – bilden daher, so Darwin in der entscheidenden Passage, »den ersten Schritt zu solchen unbedeutenden Varietäten, welche man in naturgeschichtlichen Werken der Erwähnung kaum schon wert zu halten pflegt«. Daraus ergab sich der nächste Schritt fast von selbst: »Ich sehe ferner diejenigen Varietäten, welche etwas erheblicher und beständiger sind, als die uns zu den mehr auffälligen und bleibenderen Varietäten führenden Stufe an, wie uns diese zu den Subspezies und endlich zu den Spezies leiten.«[60] Die Analogie zwischen der

58 Ebd., S. 397.
59 Ebd., S. 392.
60 Ebd., S. 397.

menschlichen Tier- und Pflanzenzucht und einem offenbar ähnlichen Vorgang in der Natur besagt also, dass »diese individuellen Verschiedenheiten [...] der natürlichen Zuchtwahl Material zur Einwirkung und zur Häufung liefern, in der nämlichen Weise wie der Mensch in seinen kultivierten Rassen individuelle Verschiedenheiten in irgendeiner gegebenen Richtung häuft.«[61] Auch in der Natur, so vermutet Darwin durch einen kühnen Analogieschluss aus dem Bereich der Kultur auf jenen der Natur, spielen sich Prozesse der Kumulierung individueller Eigenschaften ab, die auf lange Sicht zur Ausbildung von Varietäten und letztlich von neuen Spezies führen. Weil in der biologischen Literatur bis jetzt weder zwischen Arten und Unterarten noch zwischen den geringeren Varietäten und individuellen Verschiedenheiten »eine bestimmte Grenzlinie« habe gezogen werden können, müsse man schließen, dass »diese Verschiedenheiten in einer unmerklichen Reihe ineinander greifen«; eine solche Reihe aber »erweckt die Vorstellung von einem wirklichen Übergang«.[62]

Die Betonung liegt hier auf »wirklich«. Denn die Vorstellung eines »Übergangs« war alt, sie zählte gar zu den Grundannahmen der Naturtheologie: Die organischen Wesen sind auf einer schon von Aristoteles konzipierten zusammenhängenden Stufenleiter der Natur (*scala naturae*) angeordnet – von den einfachsten Organismen aufsteigend bis zum Menschen als dem komplexesten Wesen. Diese Auffassung wurde im 18. Jahrhundert unter anderem von Buffon und Bonnet vertreten, und Linné bestimmte die Übergänge auf der *scala naturae* als »Verknüpfung (*nexus*)« zwischen den organischen Wesen.[63] Darwin aber meinte *wirkliche* Zwischenformen und Übergänge, die die Idee von geschöpften Arten grundsätzlich in

61 Ebd., S. 392.
62 Ebd., S. 397.
63 Staffan Müller-Wille: *Botanik und weltweiter Handel. Zur Begründung eines Natürlichen Systems der Pflanzen durch Carl von Linné (1707-78)*, Berlin: VWB Verlag für Wissenschaft und Bildung 1999, S. 273.

Frage stellten – Schritte also in einem nicht mehr taxonomisch oder sonst wie rational, sondern allein genealogisch zu erfassenden *geschichtlichen* und von keinem göttlichen Plan mehr angeleiteten Prozess. In dieser langsamen Bewegung, in der Folge all dieser »wirklichen« Übergänge, lässt sich aber eine Unterscheidung zwischen einer *species* als dem Eigentlichen und einer davon abgeleiteten bloßen Variation nicht mehr aufrechterhalten. Arten sind, wie Darwin argumentieren wird, bloß vorübergehende Stabilisierungen der Konfiguration von Eigenschaften von sich letztlich permanent wandelnden Organismen.

Exkurs zu den bewegten Bildern

In seinem Lebensrückblick führte Darwin diese Idee sich konstant »abändernder« Organismen unter anderem auf eine Erfahrung zurück, die man nur auf einer sehr weiten Reise machen kann – auf die Beobachtung, »wie eng verwandte Tiere einander ablösten, je weiter man auf dem Kontinent nach Süden reiste«.[64] Die postulierte Verwandtschaft, die nicht einfach aufgrund von Ähnlichkeiten besteht, sondern als eine »Bewegung« vorgestellt wird, die durch die Serie vieler kleiner, individuellen Abänderungen zur wirklichen morphologischen und funktionalen Änderungen führt, wäre daher, genau genommen, zuerst nichts anderes als ein optischer Effekt, verursacht durch den Zeitraffer der Erinnerungsbilder, der zu Serien angeordneten Fundstücke und der Aufzeichnungen im Reisejournal: Eine Vorstellungsmaschine, die die einzelnen in Südamerika gesehenen organischen Formen zu einer bewegten Bildfolge morphologischer Transformationen verdichtete. Der morphologische »Bewegungs«-Ablauf der Evolution war für Darwin zuerst die halluzinatorische Transposition seiner Er-

64 Darwin, *Autobiography*, S. 97 (meine Übersetzung).

lebnisse in jenen weiten Raum, den er als junger Mann durchschritt, in die Tiefendimension der Zeit.

Doch wie kam er dazu? »Why did he, how could he, do this?«, wie Jonathan Hodge es formuliert.[65] Wie kam Darwin dazu, eine Serie von Formen zu einer *Bewegung* in der Zeit zu verbinden? Warum blieben die Formen nicht nebeneinanderstehen, wie sie seit Aristoteles auf der *scala naturae* standen? Darwin dokumentierte die Entstehung seiner neuen Vorstellungen im Frühjahr und Sommer 1837 nicht schriftlich, sondern nur als Skizze – das Ganze hat, wie gesagt, etwas Halluzinatorisches. Hätte man sich diese Bewegung von Formen in der Zeit schon zuvor, etwa im 18. Jahrhundert, auf diese Weise vorstellen können? Darwins Großvater Erasmus Darwin und vor allem Jean-Baptiste Lamarck formulierten schon am Ende des 18. Jahrhundert die Idee einer »Transmutation« der Arten ausgehend von sehr einfachen Formen, und diese »materialistischen« Ideen hatten die, wie Peter Bowler sagte, »radical thinkers« unter den englischen Naturforschern im frühen 19. Jahrhundert zu ihren eigenen Spekulationen inspiriert.[66] Die Leitmetapher bei Lamarck aber blieb die Leiter, die *scala naturae*, und Lamarck sah zwar wohl eine Transmutation von immer neu durch *generatio spontanea* entstandenen einfachen Organismen zu den heute beobachtbaren, aber nicht wirklich eine Bewegung, die Arten in andere Arten verwandelt. Die Interpretation von Lamarcks *Zoologie* (1809) bleibt bis heute umstritten; klar ist jedoch, dass sie dazu beitrug, in England in den 1830er Jahren die Vorstellung einer Evolution der Arten bei verschiedenen Naturforschern denkmöglich zu machen. Dazu kam ergänzend und bestätigend für solche Ideen Charles Lyells Theorie langsamer geologischer Veränderung der geologischen Struktur der Erde. Das alles hat Darwins

---

65 Hodge, »The notebook programmes and projects of Darwin's London years«, S. 45.

66 Bowler, *Evolution*, S. 84-95.

Denken im Sommer 1837 beeinflusst[67] – dennoch: Gab es weitere, historisch singuläre, das heißt neue Ereignisse, die diesen noch vagen Ideen eine neue Intelligibilität verliehen hätten, sie plausibler erscheinen ließen? Gab es, um es deutlicher zu sagen, neue medientechnische Voraussetzungen, die der Vorstellungskraft neue Räume erschlossen und das Denken von morphologischen Bewegungen ermöglichten?

Es gab diesen Medienwandel, just zu jener Zeit, als Darwin von seiner Reise zurückkehrte. 1833 stellten unabhängig voneinander der Physikprofessor Simon Stampfer in Wien und der in Genf lehrende Physiker Joseph Plateau die mechanische Animation von einzelnen Bewegungsphasen auf stroboskopischen »Zauberscheiben« oder »Lebensrädern« vor, für die der englische Physiker Michael Faraday 1830 die theoretischen Grundlagen gelegt hatte, die Hermann von Helmholtz in den 1860er Jahren physiologisch komplementierte: Jedes bewegte Bild besteht demnach immer nur aus einer Zusammenstellung von statischen Einzelbildern, und die optische Illusion der Bewegung beruht auf dem Nachbild-Effekt auf der Netzhaut. Das ist gewissermaßen eine Real-Halluzination, die wir buchstäblich nicht zu durchschauen vermögen, weil die Zellen der Netzhaut zu langsam reagieren: Bildänderungen im Abstand von weniger als einer zwanzigstel Sekunde lassen sich nicht als einzelne wahrnehmen.

Die erste technische Einrichtung zur Erzeugung dieses Bewegungseffektes waren Plateaus stroboskopische Zauberscheiben: übereinandergelegt, erzeugen die kreisförmig angeordneten Zeichnungen von Bewegungsphasen auf der unteren und Schlitze am äußeren Rand der oberen Scheibe bei schneller Rotation für den Betrachter die Illusion der Bewegung. Das neue Spielzeug wurde zum durchschlagenden Erfolg. Noch im Jahr seiner Erfindung, 1833, übernahm Ackermann in London die Herstellung und den Vertrieb von Plateaus »Phantasmascope«-

67 Hodge, »The notebook programmes and projects of Darwin's London years«, S. 47.

Scheiben, während Stampfer seine »Stroboskopischen Zauberscheiben« in Wien vertreiben ließ. 1834 verbesserte der englischen Mathematiker Horner diese optischen Maschinen mit seiner »Wundertrommel«, bei der mehrere Betrachter gleichzeitig den Bewegungseffekt im Innern eines rotierenden Zylinders beobachten konnten.[68] Als Darwin 1836 von seiner Reise zurückkehrte, waren diese Spielereien im bürgerlichen Salon schon ein beliebter Zeitvertreib. Half das Phantasmascope seiner Vorstellungskraft also buchstäblich auf die Sprünge? Machten diese schnell drehenden Scheiben und ihre ineinander verschwimmenden Bildchen die irrwitzige Idee plausibel, dass die vielen Eindrücke von einander ähnlichen Organismen, die Darwin im Medium des Raumes gesehen hatte, sich zu einer Bildfolge über Millionen Jahre montieren und damit zu einem als unendlich langsamen morphologischen Bewegungsablauf phantasieren ließen? Halfen sie, seine Erfahrungen im weiten Raum Südamerikas zu *interpretieren*, halfen sie, die Bilder der Reise erst als Serie zu erkennen und die Serie gleichsam in Bewegung zu setzen? Brauchte es dafür nicht eine wie auch immer vage Erfahrung neuer medialer Möglichkeiten? Ob nun angeregt von den stroboskopischen Scheiben oder nicht (was kaum entscheidbar ist): Darwins Denken jedenfalls ist jenem medienhistorischen Übergang zugehörig, der zum bewegten Bild führte. Denn »die Verknüpfung von Bild mit Zeit, also die Kinematographie, scheint«, so auch die beiden Paläontologen Christoph Zollikofer und Marcia Ponce de León, »eine Grundbedingung der evolutionsbiologischen Erfahrbarkeit zu sein«.[69]

---

68 Vgl. auch Friedrich A. Kittler: *Optische Medien. Berliner Vorlesung 1999*, Berlin: Merve 2002, S. 202-209; Kittler erwähnt Horner allerdings nicht.

69 Christoph P. E. Zollikofer, Marcia S. Ponce de León: »Evolution im Bild«, in: *Nach Feierabend, Zürcher Jahrbuch für Wissensgeschichte* 4 (2008), S. 11-30, Zitat S. 14; vgl. dies.: *Virtual Reconstruction. A Primer in Computer-assisted Paleontology and Biomedicine*, Hoboken, N.J.: Wiley-Interscience, 2005.

Kommen wir zurück zur Frage der Klassifikation der Arten. Mit Darwins Bezug auf die Erfahrung menschlicher Tier- und Pflanzenzucht und der Mutmaßung, in der Natur würden sich ähnliche Veränderungen abspielen, wie Züchter sie zu erzielen imstande sind, war noch nicht gesagt, welches denn der natürliche »Züchter« wäre, der diese Prozesse in der Natur vorantreibt – die Frage blieb für ihn lange Zeit ein »mystery«.[70] Aber er war überzeugt, damit das Problem der Spezies vorderhand zwar nicht gelöst, doch zumindest in seiner klassischen Form zur Explosion gebracht zu haben. »Der Ausdruck Art wird dadurch zu einer nutzlosen Abstraktion«,[71] denn auch bei menschlichen Züchtungen ist kaum mehr zu sagen, auf welche und auf wie viele »ursprüngliche« Arten eine Kulturpflanze oder ein Haustier zurückgeht, welches mithin die über die Zeit hinweg stabilen Eigenschaften, ja »Wesenszüge« dieser Gruppe von Organismen wären. Er betrachtet daher »den Kunstausdruck ›Spezies‹ als einen arbiträren«, als eine leere Hülle, die man bestenfalls der »Bequemlichkeit halber auf eine Reihe voneinander sehr ähnlichen Individuen« anwenden kann, und der »von dem Kunstausdruck ›Varietät‹, welcher auf minder abweichende und noch mehr schwankende Formen Anwendung findet, nicht wesentlich verschieden ist«. Und folglich ist auch »der Ausdruck ›Varietät‹ im Vergleich zu bloßen individuellen Verschiedenheiten nur arbiträr und [wird] der Bequemlichkeit wegen benutzt«.[72] Wie soll man annehmen können, dass den Konzepten Spezies oder Varietät eine eigene Realität zukäme, wenn es nicht gelingen will, diese Begriffe klar zu fassen und voneinander abzugrenzen? Real ist nur der einzelne Organismus, das Individuum. In einer Weise, die nicht zufällig an Derridas Dekonstruktion metaphysischer Begriffe

70 Darwin, *Autobiography*, S. 98.
71 Darwin, *Entstehung der Arten*, S. 395.
72 Ebd., S. 398.

erinnert, welche unsere Sprache trotz aller kritischen Anstrengung nie ganz von diesen Hüllen befreit, hält auch Darwin dennoch »aus Bequemlichkeit« am Begriff »Spezies« fest. Viele Kommentatoren haben sich darüber gewundert, dass das Buch *Origin of Species* heißt, obwohl sein Artbegriff leer ist und, wie wir sehen werden, die Frage nach dem Ursprung durchgestrichen wurde. Das ist nicht verwunderlich und keine Inkonsistenz in Darwins Argumentation, sondern ein grundsätzliches, so leicht nicht lösbares Rätsel. Offenbar kommt die Sprache nicht ohne leere Begriffe aus, um das zu fassen, was nicht definierbar ist, weil es sich dauernd wandelt – und legt genau damit die Fallstricke der »Identität« und des »Wesens« aus. Später wird Nietzsche, Leser Darwins, in der *Genealogie der Moral* sagen: »Alle Begriffe, in denen sich ein ganzer Prozess semiotisch zusammenfasst, entziehen sich der Definition«, oder kürzer, in einer eigentlichen Formel: »definirbar ist nur Das, was keine Geschichte hat«.[73] Geschichte aber hat, so glaubte Darwin, allein das Individuelle.

---

73 Friedrich Nietzsche: *Zur Genealogie der Moral*, in: ders.: *Sämtliche Werke, Kritische Studienausgabe*, hg. von G. Colli u. M. Montinari, München: dtv/de Gruyter 1980 (im Folgenden zitiert als: KSA), Bd. 5, S. 245-412, Zitat S. 317.

2. Von Linné zu Darwin

1966 tauchte auf der intellektuelle Szene von Paris ein neuer Star auf: der 40jährige Philosoph und Historiker Michel Foucault. Insidern war er zwar schon Mitte der 1950er Jahre aufgefallen, als er an der Ecole Normale Superieur (ENS) seine ersten Vorlesungen hielt, und der Wissenschaftshistoriker Georges Canguilhem hatte ihn 1961 in der Überzeugung promoviert, dass die Dissertation *Folie et déraison* ein epochales Buch sei. Doch als Foucault zwei Jahre darauf am gleichen Tag im April die medizinhistorische Studie *Geburt der Klinik* und die literaturkritische Arbeit *Raymond Roussel* erscheinen ließ, teilten diese Texte das Schicksal des Buchs über die Geschichte des Wahnsinns: Der *Roussel* blieb weitgehend unbeachtet, die *Naissance de la clinique* fand immerhin in Jacques Lacans wöchentlichem Seminar kurze Erwähnung. Doch zum Bucherfolg reichte das noch nicht. Der junge Foucault verdiente damals sein Geld als Psychologieprofessor an der Provinzuniversität von Clermont-Ferrand und gehörte gleichzeitig zu jenen avantgardistischen Intellektuellen, die in der von Georges Bataille gegründeten und zur neuen Strömung des Strukturalismus gerechneten Zeitschrift *Critique* literaturkritische Texte publizierten.

Von Linné zu Cuvier

Im April 1966 nun erschien *Les mots et les choses* (auf Deutsch unter dem ursprünglich von Foucault auch für die französische Ausgabe gewünschten Titel *Die Ordnung der Dinge*); der Untertitel *Une archéologie des sciences humaines* verdeckt ein wenig die Tatsache, dass dieses gelehrte Buch unter anderem substanzielle Beiträge zu einer Geschichte der Biologie enthält. Und es stellt ein Problem ins Zentrum, das in vergleichbarer Weise auch Darwin beschäftigt hatte: den Übergang von einer klassifikatorischen Ordnung der Welt im 18. Jahrhundert hin zu einer historischen im neunzehnten. Während allerdings Darwin sich zum einsamen Heroen dieses Übergangs in der Biologie stilisierte (eine Selbsttäuschung, die ihm um ein Haar die Prioritätsansprüche auf die Evolutionstheorie gekostet hätte, weil er, wie erwähnt, nicht der Einzige war, der die Geschichtlichkeit der Naturdinge zu denken begann), konnte Foucault ein Jahrhundert später im Rückblick auf diesen Übergang bloß in einer sanft biologisierenden Weise und gleichzeitig apodiktisch konstatieren: »Die Geschichte ist [...] der Grund, von dem aus alle Wesen zu ihrer Existenz und zu ihrem unsicheren Aufleuchten gelangen. Als Seinsweise all dessen, was uns in der Erfahrung gegeben wird, ist die Geschichte so zum Unumgänglichen unseres Denkens geworden.«[1] In jenem schwer zu fassenden, »fundamentalen Ereignis«, das laut Foucault am Übergang zum 19. Jahrhundert die *Geschichte* zur Grundlage der Ordnung des Wissens und der Wahrheit gemacht habe – er kann nicht sagen, welches dieses Ereignis war –, »sind wir noch befangen«, weil es »nicht mehr und nicht weniger als das Sein unserer Modernität selbst« ausmacht.[2]

Diese Bemerkung ist es wert, festgehalten zu werten: Foucault äußert sich hier nicht als kühler »Archäologe« oder Diskursanalytiker, der mit einiger Distanz auf längst abgelebte, staubig gewordene Formen des Wissens blickt. Hier wird er gewahr, dass diese *episteme* ihn selbst immer noch in ihrem Bann hält: Historizität ist der Modus, in dem er selbst denkt. Als er über die Vorstellungen der Naturforscher und -philosophen des 18. Jahrhunderts (Bonnet, Maupertuis, Lamarck, Diderot und andere) von der Verkettung und Entwicklung der Arten spricht, markiert er denselben Bruch: »Tatsächlich sind

---

1 Foucault, *Ordnung der Dinge*, S. 271.
2 Ebd., S. 273.

solche Analysen mit dem unvereinbar, was wir heute unter evolutionärem Denken verstehen.«[3] Heute haben wir ein Bild von Evolution, das diesseits dieses Bruchs entstanden ist: zuerst bei Cuvier, wie Foucault behaupten wird (ich komme darauf zurück), dann aber in erster Linie mit Darwin.

Dass das 19. Jahrhundert »historisch« dachte, war an sich noch keine große Neuigkeit. Aufsehenerregend aber war zum Beispiel die Art und Weise, wie Foucault zwei klar unterscheidbare Formen des Denkens, das heißt der Organisation des Wissens und des Aussprechens von Wahrheiten, unterschied – zwei *episteme*, zwei Ordnungen des Wissens, die durch einen schnellen Übergang von einer Wahrheit zur nächsten, durch einen Bruch der Gewissheiten, durch eine markante Diskontinuität des Denkens voneinander geschieden seien. Ich will nur kurz in Erinnerung rufen, wie er die *episteme* im Feld der Naturgeschichte im klassischen Zeitalter charakterisierte, also jenes Denken, das Darwin sehr pauschal als Glauben an einen besonderen Schöpfungsakt und an die Konstanz der Arten bekämpfte. Darwin hatte damit insofern recht gehabt, als zum Beispiel Carl von Linné (1707-1778), der Begründer der modernen Klassifikation der Pflanzen und Tiere, die Taxonomie geradewegs als Erhellung von Gottes Schöpfungsplan verstand; wie für alle Naturforscher und Philosophen des 17. und 18. Jahrhunderts war die Natur für ihn eine vollkommene und rationale Ordnung, in der nichts ohne Zweck geschieht. Mit anderen Worten, so Foucault: »Das klassische Sein war ohne Fehler; das Leben ist ohne Randzone und Abstufung.«[4] Für Linné offenbarte sich dies vor allem darin, dass sich die Arten erbkonstant reproduzieren, das heißt so, wie sie von Anfang an geschaffen wurden: »Arten«, schreibt Linné 1737, »gibt es so viele, wie das Unendliche Wesen am Anfang verschiedene Formen hervorbrachte, welche daraufhin nach hineingelegten Gesetzen der Hervorbringung mehr, aber ihnen immer ähnliche,

---

3 Ebd., S. 196.
4 Ebd., S. 334.

hervorbrachten, so daß uns nun nicht mehr Arten gekannt sind, als die, welche am Anfang wurden.«[5] Die im ganzen 18. Jahrhundert und bis weit ins 19. verbreitete Naturtheologie hat die Weisheit Gottes in der vollkommenen Anpassung der Lebewesen an ihre Zwecke, das heißt an ihre Lebensbedingungen, zu erkennen geglaubt; sie war damit immer auch eine erneuerte aristotelische Naturteleologie, wie sie die Biologie des frühen 19. Jahrhunderts noch weitgehend alternativlos prägte.[6] Aber es ging bei der Bestimmung der *episteme* des Klassischen Zeitalters (ein Konzept der französischen Geistesgeschichte, das die Epoche von Descartes bis zur Revolution bezeichnet) nicht primär um Naturtheologie. Foucault beobachtet vielmehr, dass ganz unabhängig von jeder spezifischen Semantik (etwa »Gottes Schöpfung«) das Wissen sich seit der zweiten Hälfte des 17. Jahrhunderts von den ausschweifenden empirischen Details der Naturkunde der Renaissance auf das zurückzog, was im Rahmen einer rationalen sprachlichen Ordnung ausgesagt werden konnte: »Gemäß Linné muß jedes Kapitel über ein Tier folgenden Ablauf haben: Name, Theorie, Gattung, Art, Eigenschaften, Gebrauch (Linné, *Systema naturae*, Leyden 1756, S. 226 f.) und schließlich die Literaturhinweise.« In dieser äußerst knappen Sprache – eine bloße taxonomische Registrierung – »erscheint die Sache selbst in ihren eigenen, wesentlichen Merkmalen, aber innerhalb dieser Realität, die von Anfang an durch den Namen aufgeteilt wird«.[7] Das Wissen wird auf einem linguistischen Fundament aufgebaut und in einem letztlich mathematisierbaren Raum geordnet. Dasselbe gilt auch für die Naturgeschichte des 18. Jahrhunderts, die noch keine Geschichte im modernen Sinn ist, sondern die Beschreibung der Oberflächen der Dinge, wie sie in einem »zeitlosen Rechteck« bzw. einem semantischen Raster erscheinen: in »Herbarien, Naturalienkabinetten, Gärten«, wo sie gemäß

---

5 Linné, *Genera plantarum* (1737), zitiert nach Müller-Wille, *Botanik*, S. 276.

6 Weber, *Darwin und die neuen Biowissenschaften*, S. 45 ff.

7 Foucault, *Ordnung der Dinge*, S. 171.

ihren formalen Gemeinsamkeiten aneinandergerückt werden, »dadurch bereits virtuell analysiert und Träger allein des Namens«.[8] Immer handelt es sich darum, daß man nur das »*sehen* kann, was man wird *sagen* können«;[9] das Sichtbare wird in Sprache transkribiert und geht »völlig in den Diskurs über«.[10] In analoger Weise kann das gesamte »Pflanzen- und Tierreich gerastert werden«.[11] Das Ideal Linnés war es, durch die Analyse aller Elemente der Pflanzen und Tiere ein »natürliches System« der Einteilung zu finden. Doch solange das Wissen unvollständig ist, bleiben – und das wussten alle Naturforscher des 18. Jahrhunderts – »die künstlichen Systeme absolut notwendig«, wie Linné sagte.[12] Die Erkenntnis geht immer von einer Struktur aus, die so lange künstlich, ja spekulativ bleibt, bis sie durch die immer präzisere Beschreibung aller Naturwesen bzw. ihrer Elemente mit der natürlichen Struktur konvergiert. Das System des Sagbaren kann die Ordnung der Welt abbilden, weil es tendenziell deren tiefer rationaler Ordnung entspricht: »Man muss wissen«, so zitiert Foucault Linnés *Philosophia botanica* von 1751, »daß nicht das [individuelle] Merkmal die Gattung bildet, sondern die Gattung das Merkmal, daß das Merkmal aus der Gattung hervorgeht, nicht die Gattung aus dem Merkmal.«[13] Am Anfang war ein Typus, der die individuellen Ausprägungen aus sich hervorgehen lässt. Am Anfang war das Wort.[14]

Foucault hatte schon in seiner medizinhistorischen Studie

---

8 Ebd., S. 172.
9 Ebd., S. 171.
10 Ebd., S. 177.
11 Ebd., S. 184.
12 Linné, *Systema naturae*, S. 200, zitiert in: Foucault, *Ordnung der Dinge*, S. 183.
13 Linné, *Philosophie botanique*, § 169, zitiert in: Foucault, *Ordnung der Dinge*, S. 190.
14 Vgl. Donna Haraway: »In the Beginning Was the Word: The Genesis of Biological Theory«, in: dies. (Hg.): *Simians, Cyborgs, and Women. The Reinvention of Nature*, London: Free Association Books 1991, S. 71-80.

Geburt der Klinik von 1963 die von ihm so genannte »Medizin der Arten« des 18. Jahrhunderts – die die Krankheiten als Wesenheiten in einem Tableau ordnete wie Pflanzen in einem Herbarium – als eine Form des Wissens charakterisiert, in der das Sichtbare vollständig von der Ordnung der Sprache aufgesogen und reiner Diskurs wurde. Und schon dort erschien in seiner Darstellung mit dem Anatomen Xavier Bichat eine jener Figuren des Übergangs, die das Wissen von seinem sprachlichen Raster lösten. Bichat befreite, so Foucault, am Anfang des 19. Jahrhunderts die Medizin vom Tableau der repräsentierenden Zeichen, indem der diagnostische Blick in der pathologischen Anatomie (das heißt also unter der Voraussetzung des Todes des Patienten) buchstäblich mit dem Messer bewaffnet wurde, in den Körper eindrang und so den Weg der Krankheit durch die Gewebeschichten verfolgt werden konnte – als die wirkliche Krankengeschichte. Bichat und seine Schüler hatten, mit anderen Worten, eine Analyseform entwickelt, »die sich von ihrem linguistischen Fundament gelöst hat und eher die räumliche Teilbarkeit der Dinge als die sprachliche Syntax der Ereignisse und Phänomene definiert«.[15]

In *Les mots et les choses* verfolgte Foucault diesen Wandel weg vom Raster der Sprache hin zur Sichtbarkeit und zugleich zur Geschichtlichkeit der Dinge in einer Breite, die wir hier nicht nachvollziehen müssen. Immer jedenfalls – in der entstehenden Biologie, der Ökonomie und der Sprachwissenschaft des 19. Jahrhunderts – geht es darum, dass sich gleichsam ein dunkler Abgrund auftut, eine Tiefe, die das Tableau aufbricht und den flachen Zeichenraum aufklaffen lässt: In der Biologie ist es »die Gewalt und die unaufhörliche Anstrengung des Lebens«, in der Ökonomie »die stumme Kraft der Bedürfnisse« und in der Sprachwissenschaft schließlich »der dunkle, aber hartnäckige Geist eines sprechenden Volkes«, die im Tableau der repräsentierenden Zeichen nicht mehr abgebildet werden

15 Michel Foucault: *Die Geburt der Klinik. Eine Archäologie des ärztlichen Blicks*, Frankfurt/M.: S. Fischer 1991, S. 145.

können, sondern als jene tiefen, unfassbaren Wurzeln erscheinen, an denen alles Repräsentierbare hängt.[16] Es ist jeweils ein Reales, das die Signifikantennetze des Tableaus sprengt und eine »Tiefe« in den Dingen selbst sichtbar werden lässt – als innere Organisation, als wirkliche funktionale Abhängigkeiten, als reale Räume der Gewebe, als bewegende Kräfte und letztlich immer als *Geschichte*, als die Geschichte dieser wirklichen Verhältnisse –, die sich der Analyse aufdrängt und eine neue Ordnung des Wissens erzwingt. Was sich hier, gemäß Foucaults Darstellung, auftut, ist ein tiefer Gegensatz zwischen den Zeichen und der Sprache auf der einen Seite und der Geschichte und den wirklichen Verhältnissen auf der anderen. 1966, als alle Welt Foucault als den neuen Star des Strukturalismus missverstand, hätte man bei genauerer Lektüre von *Les mots et les choses* realisieren können, dass er noch vor allen Bekenntnissen für oder gegen den zeitgenössischen Strukturalismus diesen unverkennbar lakonisch in Gestalt des Repräsentationsdenkens des 18. Jahrhunderts, seines älteren Bruders, durchdeklinierte, um dann zwei ziemlich widersprüchliche Fährten gleichzeitig auszulegen: zum einen das Lob des Strukturalismus als das »erwachte und unruhige Bewußtsein des modernen Wissens« (der aber »keine neue Methode« sei),[17] des Strukturalismus auch, der denknotwendig den »Tod des Menschen« zur Folge habe – und zum anderen und ganz im Gegensatz dazu wie schon gesagt das Bekenntnis zur Geschichte, in der wir »gefangen« seien, weil sie »zum Unumgänglichen unseres Denkens geworden« sei:[18] Nun – was jetzt genau?

Doch bleiben wir, bevor wir uns im vierten Kapitel diesen modernen Verwirrspielen zuwenden, bei Foucaults postuliertem Bruch zwischen dem Denken des Tableaus und dem Zeitalter der Geschichte. In der Biologie sei es der Zoologe und Paläontologe Georges Cuvier gewesen, der den entscheidenden

---

16 Foucault, *Ordnung der Dinge*, S. 261.
17 Ebd., S. 260.
18 Ebd., S. 273.

Schritt aus dem Tableau heraus vollzog. Cuvier hatte in *Le règne animal distribué d'après son organisation* (1817) die Tiere in vier Großgruppen eingeteilt (Wirbeltiere, Weichtiere, Strahlentiere und Gliedertiere), die jeweils einen grundlegenden Bauplan teilen würden. Wie ein Anatom, so Foucault, habe er daher die Kriterien für die Klassifikation der Lebewesen in deren innerer, »tiefer« Organisation gesucht, wie erst die Sektion der Körper und die Bestimmung der realen Funktion der Organe – und nicht nur die oberflächlichen Ähnlichkeiten ihrer Gestalt anhand arbiträrer Kriterien wie bei Linné – sie freilegt: »Cuvier wird eines Tages am Ende des achtzehnten Jahrhunderts nach den Glasbehältern des Muséum d'Histoire naturelle greifen, sie zerschlagen und die ganze klassische Konserve der tierischen Sichtbarkeit sezieren. Diese ikonoklastische Bewegung, zu der sich Lamarck nie wird entschließen können«, sei der Anfang dessen gewesen, »was dadurch, daß die Anatomie an die Stelle der Einteilung, der Organismus an die Stelle der Struktur, die innere Subordination an die Stelle der sichtbaren Merkmale, die Serie an die Stelle des Tableaus tritt, eine tiefe Masse an Zeit in die alte, flache und schwarz auf weiß geschriebene Welt der Tiere und Pflanzen zu stürzen gestattet, der man erneut den Namen *Geschichte* geben wird.«[19]

Eine doppelte These also: Während Linné sein »Natürliches System« auf der Basis oberflächlicher Ähnlichkeiten vor allem der Geschlechtsorgane errichtet habe, sei mit Cuvier – wie in vergleichbarer Weise mit Bichat – die anatomisch-physiologische Wirklichkeit der Körper in den Blick gekommen, die ihrerseits immer eine »geschichtliche« Dimension offenbare: eine wirkliche Bildungs- und Lebensgeschichte konkreter Individuen jenseits der Logik eines Tableaus. Diese These ist in Bezug auf Cuvier allerdings insofern ziemlich paradox, als dieser ja *gegen* Lamarck und dessen Vorstellung einer Transformation und Höherentwicklung der Organismen behauptet hatte, die Arten seien »fix« und unveränderlich, so wie Gott sie geschaf-

19 Ebd., S. 180.

fen habe. Dennoch ordnete Foucault Lamarcks »Transformismus« vollumfänglich der *episteme* des 18. Jahrhunderts zu, die jede Veränderung immer nur als Transformation im Rahmen der *scala naturae*, das heißt im Rahmen der von Gott gegebenen, seinem Plan entsprechenden Ordnung zu denken erlaubte (womit er zweifelsfrei recht hatte,[20] auch wenn Lamarck im frühen 19. Jahrhundert evolutionstheoretische Spekulationen anregte[21]), während Cuvier just diese *Scala-naturae*-Konzeption zurückgewiesen habe. Das Evolutionsdenken schon bei Lamarck beginnen zu lassen, sei daher naive Geistesgeschichte, die die oberflächliche Ähnlichkeit der Argumente mit den wirklichen Beziehungen auf der »archäologischen« Ebene des Wissens verwechsele. Erst mit Cuvier tauche jener Begriff des Lebens auf, der die »Bedingungen der Möglichkeit einer *Biologie*«[22] umfasse. Denn erst bei Cuvier sei jedes Lebewesen für sich »konkret« und von anderen durch eine »Diskontinuität« geschieden: »Die Lebewesen können, weil sie leben, keinen Raster mehr mit fortschreitenden und abgestuften Unterschieden bilden. Sie müssen sich um Kerne der Kohärenz drängen [...].«[23]

Die »Cuvier-Transformation«

Was Foucault mit dieser neuen »Möglichkeit einer Biologie« meinte, wird in einem Vortrag deutlicher, den er im Mai 1969 auf einer Georges Cuvier gewidmeten Konferenz gehalten hat und den ich im Folgenden näher betrachten möchte. Denn es ist derjenige Text im gesamten publizierten Werk, in dem er am ausführlichsten überhaupt über Darwin spricht – auch wenn

---

20 Vgl. Wolfgang Lefèvre: »Jean Baptiste Lamarck«, in: Ilse Jahn (Hg.): *Darwin & Co.: Eine Geschichte der Biologie in Portraits*, München: C. H. Beck 2001, S. 196ff.

21 Vgl. Bowler, *Evolution*, S. 94.

22 Foucault, *Ordnung der Dinge*, S. 329.

23 Ebd., S. 333.

dies insgesamt nur ein paar knappe Bemerkungen sind. Diese Spuren sollen uns als Ausgangspunkt unserer Rekonstruktion dienen; wir werden hier zum ersten Mal einigen wesentlichen Thesen und Aspekten begegnen, auf die wir dann in den folgenden Kapiteln im Wechsel mit der Lektüre Darwins ausführlich zurückzukommen haben. Doch zuerst geht es um Cuvier.

In seinem Vortrag begründet Foucault drei Jahre nach dem Erscheinen von *Les mots et les choses* in insgesamt etwas anderer Weise, warum seiner Meinung nach Cuvier den entscheidenden Übergang hin zu modernen Biologie ermöglicht habe. Die »Cuvier-Transformation«[24] bestehe vor allem darin, dass dieser das *Individuum* zu einem Erkenntnisgegenstand gemacht habe. Während für die Naturforschung des 18. Jahrhunderts erst die Art epistemologisch relevant sei, das heißt, ein wirklicher Gegenstand der Erkenntnis werden könne und das Individuum mit seinen vielen Differenzen unfassbar bleibe, habe Cuvier es ermöglicht, im Individuum das Konkreteste und einzig Relevante der Naturforschung zu sehen, zugleich aber an und im Individuum die Anwesenheit aller relevanten Merkmale nicht nur der Art, sondern auch der Familie und der Gattung, also aller höherer Klassifikationsordnungen, festzumachen. Daher sei Cuvier der entscheidende Schritt hin zu Darwin, habe allein er Darwin möglich gemacht.

Doch Foucaults Argument wird bei allen gelehrten Details, die er beizubringen wusste, weder im Vortrag noch in der anschließenden, sehr ausführlichen Debatte wirklich plausibel, und die Diskussionsbeiträge dokumentieren die zuweilen erheblichen Zweifel der versammelten französischen Biologiehistoriker. Weshalb soll gerade Cuvier, der in keiner Weise an die Veränderung der Arten glaubte, sondern von »fixen« Typen gemäß vorgegebener Zwecke und den entsprechenden Funktionen ausging – Raubtiere müssen bestimmte Skelettstrukturen haben, um schnell rennen zu können, Vögel brauchen Vor-

24 Michel Foucault: »Die Situation Cuviers in der Geschichte der Biologie (Vortrag)«, in: Foucault, *Schriften, Band II*, S. 37-82, S. 45.

richtungen zum Fliegen etc. –, *Typen* also, in deren Rahmen die Arten sich entwickeln konnten, ohne damit aber zu *geschichtlichen* Phänomenen zu werden, den entscheidenden Übergang hin zur modernen Biologie darstellen? Cuviers Arbeiten zur vergleichenden Morphologie von anatomisch-funktionalen Merkmalsgruppen (die berühmten vier *embranchements*, die vier »Zweige«, in die sich die Tierarten aufteilen lassen) haben zwar tatsächlich den weiteren Denkrahmen bereitgestellt, in welchem später die Theorie der Evolution formuliert worden ist.[25] Das hatte Foucault zweifellos im Sinn, als er von der »Cuvier-Transformation« sprach. Aber man wird dennoch den Eindruck nicht los, dass er Cuviers Leistung schon von Darwin her interpretierte. Denn wieso soll ausgerechnet Cuvier der »Erste« gewesen sein, der in der Biologie das Individuum und die Geschichte habe denken können, wo er doch, wie Foucault selbst sagte, analytisch immer von der Art ausging und – abgesehen von den geologischen »Katastrophen« und dem Aussterben und der Neuschöpfung der Arten – dezidiert jede Geschichtlichkeit der Schöpfung verneinte? Und ist es überhaupt plausibel, anzunehmen, dass bloß »*innerhalb einiger Jahre* die europäische Kultur an der Wende vom 18. zum 19. Jahrhundert die fundamentale räumliche Aufteilung des Lebendigen völlig modifiziert« habe?[26] Brauchte dieser Wandel nicht länger – dauerte er nicht (mindestens) bis Darwin?

Ein Stück weit scheint Foucault der Gefangene seiner eigenen starken These gewesen zu sein, wonach um 1800 alle Wissenschaften vom Leben und vom Menschen gleichzeitig eine entscheidende Wende in die Moderne hinein vollzogen habe. Mit dieser Sichtweise war er zwar nicht der Einzige. 1967 prägte Reinhart Koselleck bekanntlich im Hinblick auf die politisch-soziale Sprache in Deutschland in der Zeit zwischen Französischer Revolution und Wiener Kongress die Epochen-

25 Bowler, *Evolution*, S. 109.
26 Foucault, *Ordnung der Dinge*, S. 335 (Hervorhebung von mir, Ph. S).

bezeichnung »Sattelzeit« – doch nur »als Spaß«, wie er später einmal im Kreis seiner Doktoranden sagte.[27] Man darf also zweifeln: Gab es diesen schnellen Übergang in die Moderne? Foucault war davon überzeugt. In einem späteren, erst kürzlich publizierten Interview mit Roger-Pol Droit sprach er noch 1975 von »dieser sehr schnellen Entwicklung, die am Ende des 18. Jahrhunderts stattfand und nicht nur die Psychiatrie und die Psychologie hervorbrachte, sondern auch die Biologie und die Humanwissenschaften.« Für ihn war das »der Übergang von einem gewissen Typ von Empirie (*empiricité*) zu einem anderen. Nehmen Sie irgendein Medizinbuch von 1780 und irgendein Buch von 1820 – man ist von einer Welt in eine andere übergegangen... Man muß wirklich sehr wenige dieser Werke, seien es grammatische, medizinische oder solche aus der politischen Ökonomie, gelesen haben, um sich einzubilden, daß ich deliriere, wenn ich von einem Einschnitt Ende des 18. Jahrhunderts rede! Im Grunde macht *Les mots et les choses* nichts anderes, als diesen Einschnitt zu konstatieren. Es versucht, ihn in einer bestimmten Anzahl von Diskursen zu bilanzieren – im Wesentlichen in jenen Diskursen, die sich um den Menschen, die Arbeit, die Stadt, die Sprache drehen. Dieser Einschnitt ist mein Problem, nicht meine Lösung. Wenn ich so sehr auf diesem Einschnitt insistiere, so weil er eine verdammte Knacknuss [*un sacré casse-tête*[28]] ist und ganz und gar nicht eine Art und Weise, die Dinge zu lösen.«[29]

Heiliges Kopfzerbrechen also. Allein, diese Knacknuss erschien nicht zuletzt deshalb so hart, weil sie wohl teilweise eine

---

27 Reinhart Koselleck: »Richtlinien für das ›Lexikon Politisch-sozialer Begriffe der Neuzeit‹«, in: *Archiv für Begriffsgeschichte*, Bd. 11, 1967, S. 81-99; für den Hinweis auf diesen Aufsatz danke ich Alexandre Escudier, für den Hinweis auf den »Spaß« Michael Jeismann.

28 Roger-Pol Droit: *Michel Foucault, entretiens*, Paris 2004, S. 124.

29 Michel Foucault: »›Ich bin ein Sprengmeister‹. Ein Gespräch über die Macht, die Wissenschaften, die Genealogie und den Krieg«, in: *Nach Feierabend. Zürcher Jahrbuch für Wissensgeschichte* 1 (2005), S. 187-204, S. 197f. (Originalausgabe in Droit, *Michel Foucault, entretiens*, S. 89-136).

Fehlkonstruktion war. Zumindest das Beispiel Cuvier legt die Vermutung nahe, dass das Konzept eines eigentlichen Bruchs zwischen zwei Epochen des Wissens allzu idealtypisch gedacht war. Heute kann man mit einiger Sicherheit sagen, dass Cuvier mit seinem anatomischen Blick auf den Organismus und dessen Funktionen zwar tatsächlich eine wichtige Rolle in der Transformation zwischen – grob gesagt – Lamarck und Darwin spielte, kaum aber die »entscheidende«. Was eine Neuerung »wie das Evolutionsdenken möglich macht[e]«[30] – das war Foucaults Frage –, war nicht so sehr Cuviers Zerschlagen der Gläser mit anatomischen Präparaten im Musée d'Histoire Naturelle in Paris als vielmehr ein langsamer, komplexer historischer Prozess, den die Forschung heute erst mit Blick auf die konkreten wissenschaftlichen Praktiken – und weniger fokussiert auf die Konzepte, wie noch Foucault – schrittweise zu analysieren in der Lage ist. Zum einen wird dabei sichtbar, dass während der ganzen ersten Hälfte des 19. Jahrhunderts eine Reihe von Naturforschern nicht zuletzt an Lamarcks Materialismus anknüpften und begonnen haben, sich die Möglichkeit einer Evolution der Arten vorzustellen.[31] Andererseits geschah dies nur gleichsam in gewissen akademischen Hinterzimmern und Hinterköpfen[32] oder, wie beim konservativen Naturforscher Richard Owen, durch vielsagende Andeutungen,[33] während zur selben Zeit die Biologen in der als »morphologische Ära« bekannten Phase ihres Fachs (ca. 1800-1860) bei der Klassifikation der Organismen nach funktionalen und morphologischen Kriterien große Fortschritte machten: Namen und Klassifikationsregeln spielten, wie wir schon gesehen

30 Foucault, *Ordnung der Dinge*, S. 336.

31 Bowler, *Evolution*, S. 94.

32 Siehe dazu ausführlich Desmond, *The Politics of Evolution*, S. 25-192; Bowler, *Evolution*, S. 126-140.

33 Vgl. Adrian Desmond: *Archetypes and Ancestors. Palaeontology in Victorian London 1850-1875*, London: Blond & Briggs 1982; Nicolaas A. Rupke: »Richard Owen: Evolution ohne Darwin«, in: Eve-Marie Engels (Hg.): *Die Rezeption von Evolutionstheorien im 19. Jahrhundert*, Frankfurt/M.: Suhrkamp 1995, S. 214-224.

haben, in dieser Zeit in der Biologie entgegen Foucaults mehr oder weniger klarer Annahme eines raschen Endes der taxonomischen Ära[34] immer noch eine sehr große Rolle.[35] Und wir haben ebenfalls schon gesehen, dass Darwin selbst zusammen mit Strickland sich intensiv um eine Verbesserung der Nomenklatur bemüht hatte.

Um auf unsere Ausgangsfrage zurückzukommen: Transformationen des Wissens erfassen nie von Anfang an eine Wissenschaft in ihrer ganzen Breite, sondern beginnen bei einigen Dissidenten und schleichen sich dann vorerst als bloße Zweifel in die Debatten der akademischen Disziplin ein – und der Erfolg solcher Neuerer bleibt möglicherweise während Jahrzehnten ungewiss, bevor diese neue Art des Denkens unumgänglich geworden ist (oder wieder verschwindet). Solche Prozesse lassen sich daher kaum seriös an einzelnen Personen festmachen.[36] Foucault war sich der Fallstricke natürlich bewusst, zu denen Eigennamen bei ihrer häufigen Verwendung unweigerlich werden. In der Diskussion mit seinen Zuhörern im Mai 1969 musste er »gestehen, dass ich mich unbehaglich fühlte (und dieses Unbehagen konnte ich nicht überwinden), als ich in *Les mots et les choses* Namen voranstellte. Ich sagte ›Cuvier‹, ›Bopp‹, ›Ricardo‹, während ich damit in Wahrheit versuchte, Namen zu benutzen, nicht um die Totalität eines Werkes zu bezeichnen, die einer bestimmten Abgrenzung entspräche, sondern um eine bestimmte Transformation zu bezeichnen, die in einer bestimmten Epoche stattfindet und die man in diesem Moment und im Besonderen in diesen Texten am Werk sehen kann.« In Bezug auf den Ökonomen Ricardo

---

34 Vgl. Foucault, *Ordnung der Dinge*, S. 284 f.

35 Weber, *Darwin und die neuen Biowissenschaften*, S. 40; McOuat, »Species, Rules and Meaning«, S. 478 f.

36 Ich beziehe mich hier vor allem auf die klassische Arbeit von Ludwik Fleck: *Entstehung und Entwicklung einer wissenschaftlichen Tatsache. Einführung in die Lehre vom Denkstil und Denkkollektiv*, Frankfurt/M.: Suhrkamp 1993; vgl. auch Jan Golinski: *Making Natural Knowledge. Contructivism and the History of Science*, Cambridge, New York: Cambridge University Press 1998.

als ein weiteres Beispiel für die so sehr missverständliche Verwendung von Eigennamen fügte er daher an: »Diese ›Ricardo-Transformation‹, die Sie bei Ricardo finden, finden Sie ebenso gut früher oder später auch woanders, dies hat keine Bedeutung. Denn mein Problem besteht darin, die Transformation zu ermitteln. Anders gesagt, der Autor existiert nicht.«[37] Damit öffnet sich die Knacknuss zumindest ein wenig: Transformationen sind nicht nur nicht an einzelne Personen gebunden und spielen sich, wenn wir Foucault hier gegen einige seiner anderen Aussagen beim Wort nehmen dürfen, auch nicht notwendigerweise in kurzen Zeiträumen ab. Transformationen können sich durchaus Zeit lassen, ein wenig »früher oder später« stattfinden, und die Rede vom »Bruch« meint daher insgesamt weit weniger eine realhistorische, auf eine bestimmte Chronologie bezogene, als eine idealtypisch konzipierte *epistemologische* Diskontinuität. Was Cuvier betrifft, hatte Foucault in *Les mots et les choses* durchaus in diesem Sinne relativierend bemerkt: »Zweifellos existiert in der Epoche Cuviers noch keine Geschichte des Lebendigen wie die, die der Evolutionismus beschreiben wird. Aber das Lebendige wird von Anfang an [das heißt bei Cuvier] mit den Bedingungen gedacht, die ihm eine Geschichte zu haben gestatten« –: die ihm später, also bei Darwin, erlauben wird, historisch zu werden.[38] Georges Canguilhem, der im Mai 1969 die Konferenz über Cuvier organisiert und die Diskussion geleitet hatte, kommentiere diesen Punkt zwei Jahre später ganz im Sinne Foucaults, wenn er bemerkt, »daß die Geschichte einer Wissenschaft eher nach den logischen Vereinbarkeiten und Unvereinbarkeiten zwischen Theorien als nach den Einflußbeziehungen zwischen Personen suchen muß, um Verzögerungen oder Fortschritte im Bereich der Theorien zu erfassen«. Daher sei »es der ›Fixist‹ [Cuvier], der die Stufenleiter zerbricht, und nicht der ›Transformist‹ [La-

37 Foucault, »Die Situation Cuviers in der Geschichte der Biologie«, S. 74.
38 Foucault, *Ordnung der Dinge*, S. 337.

marck], der sich ihrer bedient, den die Geschichte der Konstitution des Darwinismus in anti-konformistischer Weise« – also Foucault – »auf der Avenue Charles-Darwin ansiedeln muß«.[39] Das ist, wie man sieht, ein rein epistemologisches Argument (Canguilhem spricht von »der Bedingung der Möglichkeit bei der Bildung eines Begriffs«[40]); man könnte Foucault vorhalten, den Unterschied zwischen einem epistemischen Bruch *innerhalb weniger Jahre* und einer epistemologischen Diskontinuität *zwischen zwei Formen des Denkens* nicht immer klar genug betont zu haben. Alles Folgende wird daher *nolens volens* von dieser idealtypischen Zuspitzung auf den Namen beeinflusst bleiben.

Darwins Nominalismus

Als starke These bleibt dennoch Foucaults Annahme bestehen, dass eine tiefe epistemologische Differenz das klassifikatorische Denken des 18. Jahrhunderts vom genealogischen Denken Darwins trennt.[41] Es lohnt sich daher nachzulesen, was er in seinem Vortrag vom Mai 1969 und in der nachfolgenden Diskussion über Darwin sagte – über jene Position also, zu der hin die angebliche »Cuvier-Transformation« führte (die ich hier nicht weiterverfolgen will). Als Erstes präsentiert Foucault Darwin als denjenigen, der im Bereich der Biologie das Tableau und seine Grenzen, wie sie von der Sprache gesetzt werden, konsequent aufbricht – es ist die Kritik Darwins an der alten Biologie Linnés, die wir schon kennengelernt haben (Foucault sagt einleitend auch »... jedermann weiß, was Darwin über die Art sagte«). Nun, »die Art ist für Darwin, anders als für Cuvier, keine dem Ursprung nach erste und zugleich analytisch letzte

39 Georges Canguilhem: »Die Logik des Lebenden und die Geschichte der Biologie [1971]«, in: ders.: *Wissenschaft, Technik, Leben. Beiträge zur historischen Epistemologie*, Berlin: Merve 2006, S. 85-102, S. 91 f.
40 Canguilhem, »Die Logik des Lebenden«, S. 91.
41 Vgl. Deleuze, *Foucault*, S. 182-184.

Realität. Für Darwin ist es schwierig, zwischen Art und Varietät zu unterscheiden. Er zitiert zahlreiche Beispiele, bei denen man nicht als guter Botaniker oder Zoologe sagen kann, ›dies ist eine Art‹ oder ›dies ist eine Varietät‹.« Foucault las dieselben Stellen, die wir oben zitiert haben. Sie bezeugen Darwins Nominalismus, den Foucault genau notiert und auf den er gleich zurückkommen wird. Zunächst fährt er mit einer weiteren Bemerkung zum Problem der Klassifikation fort: »Außerdem nahm Darwin eine fortschreitende Verstärkung individueller Variationen an. Innerhalb der Art selbst entstehen ihm zufolge kleine Variationen, die immer stärker hervortreten und schließlich den *a posteriori* festgesetzten Rahmen der Art überschreiten; und schließlich verknüpfen sich die Individuen von Variation zu Variation miteinander, jenseits wie oberhalb des definierten Rahmens der Art.«[42] Die Arten also sind Klassifikationsschemata, die nicht nur einfach nachträglich, *a posteriori*, konstruiert wurden und die damit auch nicht die Natur »an sich« abbilden – das weiß jede Erkenntniskritik seit Kant (alles andere nennen Philosophiehistoriker »vorkritisch«, was nur ein anderes Wort für naiv ist). Das ist hier nicht das Problem. Die Arten sind vielmehr Schemata, die durch die realen Veränderungen lebender Organismen, durch ihre »Verknüpfungen« (das heißt ihre Fortpflanzung) wie auch durch die Aufsummierung individueller Unterschiede *überschritten* werden, und zwar dauernd, immer wieder, so sehr diese Schemata auch nachträglich, *a posteriori*, als Raster über die Naturphänomene gelegt werden und wie adäquat diese Schemata den Phänomenen zum gegenwärtigen Zeitpunkt auch sein mögen – *falls* sie nicht die Geschichtlichkeit ihres Objekts in Rechnung zu stellen vermögen. Jedes ahistorische, bloß taxonomische Raster, das eine Art begrenzen und definieren soll, wird von dieser langfristigen Bewegung lebender Organismen gesprengt. Erst Darwin werde zeigen, so Foucault aus dem Blickwinkel

42 Foucault, »Die Situation Cuviers in der Geschichte der Biologie«, S. 38.

der historischen Situation Cuviers, »dass die Erkenntnis beim Individuum und seinen individuellen Variationen zu beginnen hat«; und zudem werde erst er »zeigen, wie man ausgehend vom Individuum das, was man als seine Art, seine Ordnung oder Klasse fixieren könnte, die Realität seiner Genealogie ist, das heißt die Abfolge der Individuen«.[43] Daher scheint Darwin für Foucault in geradezu idealer Weise das Programm einer Transformation vom Tableau hin zum »Leben« und zur Geschichte[44] zu erfüllen – so sehr, dass man sich fragen mag, ob er die »Cuvier-Transformation« nicht überhaupt von Darwin her konzipierte, ohne ihn in *Les mots et les choses* zu nennen.

Doch das ist Spekulation. Festhalten müssen wir hier jedoch, dass der Einsetzpunkt für das ganze genealogische Denken Darwins jenes Moment ist, das man Darwins Nominalismus nennen muss und welches Foucault in seinem Cuvier-Vortrag auch besonders hervorhebt: »Im Grunde nimmt Darwin an, dass all die taxonomischen Rahmen, die zur Klassifikation der Tiere und Pflanzen vorgeschlagen wurden, an einem bestimmten Punkt abstrakte Kategorien sind. Für ihn gibt es folglich eine Realität, die das Individuum darstellt, eine zweite Realität, die in der ›Variativität‹ des Individuums besteht, in seiner Variationsfähigkeit. Alles andere (ob es sich nun um die Arten, um die Gattungen oder um die Ordnungen handelt) ist eine Art Konstruktion, die auf der Realität des Individuums basiert.«[45] Eine offensichtliche Parallele: Diesen Nominalismus Darwins konnte Foucault vollständig unterschreiben, und er hat ihn auch immer unterschrieben. Sein eigenes Denken ging immer von der Realität des Individuums und dessen Wandlungsfähigkeit aus, einer Realität, der gegenüber alle Klassifikationsversuche in größere Einheiten und Ordnungen bloße »Abstraktionen« sind – sehr machtvolle Abstraktionen aller-

43 Ebd., S. 41.
44 Foucault, *Ordnung der Dinge*, S. 337.
45 Foucault, »Die Situation Cuviers in der Geschichte der Biologie«, S. 38

dings. Dies ist ein erster Punkt, auf den ich im zweiten Teil zurückkommen werde.

Darwins Nominalismus lässt sich allerdings noch weiter präzisieren. In der Diskussion vom Mai 1969 bezog Foucault sich auf den von Cuvier in die Biologie eingeführten Begriff der »Existenzbedingungen«. Cuvier verstand darunter alle anatomischen und physiologischen Charakteristika, die einem Typus – einer Tiergruppe – eigen sind und die für das einzelne Tier die Bedingungen seiner Existenzmöglichkeit darstellen: Ein Raubtier ohne spitze Zähne und Krallen kann nicht überleben, ein Vogel ohne Flügel wird zur Beute anderer Tiere etc. Auch hier benennt Foucault hellsichtig, was Cuvier von Darwin trennt: »Was Darwin tat, er spricht es im *Ursprung der Arten* deutlich aus, war, dass er die Existenzbedingungen von der Beziehung auf die Einheit des Typus befreite.«[46] Es gibt für Darwin keine wie auch immer gearteten präexistierenden – letztlich von Gott gegebenen – Einheitlichkeiten oder Gemeinsamkeiten oberhalb der Ebene des Individuums. Das Individuum wird vielmehr von einheitlichen Bedingungen *geformt*, und erst auf diese Weise entstehen die Gemeinsamkeiten des Typus, nicht umgekehrt. Was für Bedingungen? Es sind Bedingungen, »die einem lebenden Individuum von seiner Umwelt vorgegeben sind«.[47] Darwin habe gezeigt, dass »die Einheit des Typus letztlich nichts anderes als das Resultat einer Arbeit am Individuum ist«, in der alle Gemeinsamkeiten oberhalb der Ebene des Individuums und seiner »Variativität« entstehen.[48] Diese »Arbeit am Individuum« aber, die es vereinheitlicht, es einem bestimmten Typus gleich macht, ist nichts weniger als eine Zurichtung: Eine Formung durch Umweltbedingungen –

46 Ebd., S. 44.

47 Der Begriff »Umwelt« wurde 1913 von Jakob von Uexküll in die Biologie eingeführt, vgl. Jakob von Uexküll: *Bausteine zu einer biologischen Weltanschauung. Gesammelte Aufsätze, hg. und eingeleitet von Felix Gross*, München: F. Bruckmann 1913.

48 Foucault, »Die Situation Cuviers in der Geschichte der Biologie«, S. 44-45.

Konkurrenten, Räuber, Boden- und Klimaverhältnisse –, die für das einzelne Tier im Wesentlichen unveränderbar sind und an die es sich bei Strafe des Untergangs anzupassen hat. Diese »Arbeit am Individuum« ist die einzige wirklich bestimmende Macht, die die Natur laut Darwin kennt, und sie ist unendlich produktiv. Ein weiterer Punkt, auf den wir zurückkommen müssen.

Antihumanismus

Weil die Umweltbedingungen für ein Tier diejenige Macht sind, welche über seine Existenz entscheidet, ist, so Foucault, der Tod für Darwin wesentlich. Dieser stand damit zwar schon in der Tradition der Generation von Bichat und Cuvier, die den Tod ganz anders zu denken begonnen haben als die Mediziner und Naturforscher des 18. Jahrhunderts. Für Cuvier wurde ein Objekt der Biologie als das definiert, »was fähig ist, zu leben, und was imstande ist, zu sterben«, wie Foucault formulierte,[49] als eine Form mithin, die durch den Tod bedroht ist und sich für eine Weile an der dünnen Linie zwischen Leben und Tod halten kann. Für Cuvier waren es wie erwähnt die spezifischen anatomisch-physiologische Bedingungen, die dem Tier dieses Existieren ermöglichten; erst seit Darwin ist die Umwelt, so Foucault, die Summe der Existenzbedingungen, die über Leben und Tod entscheiden.

An diese Entscheidung zwischen Leben und Tod, die von Darwin ganz ausdrücklich als fundamental für das Verständnis des Lebendigen und der Evolution der Arten hervorgehoben wird (wie wir noch genauer sehen werden), knüpft Foucault eine sehr weitreichende These: Mit diesem neuen Verständnis des Todes »tritt das Thema einer Geschichte auf, die nicht mehr an die Kontinuität gebunden ist«. Denn »von dem Moment an, in dem sich ein Leben, das nicht sterben will, und ein Tod, der

---

49 Ebd., S. 68.

das Leben bedroht, innerhalb der Zeit gegenüberstehen, tritt Diskontinuität auf«. Das heißt: »Diskontinuität der Bedingungen dieses Kampfes, seines Ausgangs, seiner Phasen.«[50] Geschichte, wie Foucault sie versteht, ist nichts Kontinuierliches, nichts, das sich entfaltet und durch eine wie auch immer vorbestimmte Entwicklung auf ein Ziel zuläuft. Ohne dass hier schon allzu deutlich würde, was er damit genau meint, erscheint Geschichte als »vom Tod« geprägt und daher als ein »Kampf«, dessen Phasen und dessen Ausgang keinen absehbaren Verlauf zeigen, sondern von Zufällen und wechselndem Glück gezeichnet sind. Geschichte ist eine Abfolge von Diskontinuitäten.

Neben dem ausgeprägten Nominalismus, den Foucault mit Darwin teilte, neben der Vorstellung einer produktiven Macht, die bei Darwin *natural selection* heißt, sind der Tod, der Zufall und damit die Diskontinuität ein drittes zentrales Element, auf das wir zurückkommen müssen: wiederum offenbar eine Art Wahlverwandtschaft, eine stille Übertragung von Denkkonzepten, ohne dass Foucault darum viel Aufhebens machen würde. Wir werden schrittweise sehen, dass sich aus diesem Konzept-Transfer von Darwins Biologie zu guten Teilen Foucaults so genannter Antihumanismus speist. Im Laufe der Diskussion über seinen Cuvier-Vortrag und damit im bezeichnenden Zusammenhang der Biologiegeschichte erteilte er jedenfalls allen Philosophien des 19. und 20. Jahrhunderts, die dem Tod und dem Zufall mit »Sinn«, gar mit Dialektik begegnet sind, eine kühle Absage: Aus der fundamentalen Kontingenz der Entscheidung zwischen Leben und Tod eines Tiers lässt sich kein »Sinn« ableiten. Was die Tiere betrifft, so wäre ihm breite Zustimmung gewiss, aber Foucault hat unter der Hand das Register gewechselt. Denn seit in dieser Diskussion über Cuvier vom Individuum, vom Tod, vom Sex und von der Geschichte die Rede ist, spricht er ebenso ankündigungslos wie selbstverständlich vom Menschen. Er nennt daher alle Philoso-

50 Ebd., S. 79.

phie, die diese Kontingenz leugnet, die den Tod, die Sexualität und die Geschichte mit dem Puderzucker des »Sinns« bestreuen und sie der Herrschaft eines individuellen Bewusstseins unterstellen, abschätzig »humanistische Philosophie«.[51] Sie repräsentiert das vollständige Gegenteil dessen, was er von Cuvier und vor allem von Darwin über die Kontingenz des Todes weiß. Was sich hier schon andeutet, ist der tiefe Gegensatz zwischen Hegel und Darwin: zwischen einer Geschichte als dialektischem Kontinuum auf ein sinnvolles Ziel hin, und einer Geschichte ohne Sinn und Zweck, einer Geschichte als unaufhörlicher Kampf der Individuen um Leben und Tod.

---

51 Ebd., S. 80.

3. Entstehung der Arten

Darwins jahrzehntelange Skrupel, seine Evolutionstheorie öffentlich zu vertreten, waren neben seiner Scheu, religiöse Gefühle zu verletzen (nicht zuletzt diejenigen seiner Frau), auch Ausdruck seiner Angst, bloß als ein weiterer spekulativer Schriftsteller zu gelten, dessen Behauptungen kaum durch Fakten gestützt waren. Daher sein unermüdliches Sammeln von Beobachtungen an seinen Haustieren, im eigenen Garten, in der Literatur und aus seinen Zettelkästen, daher die sorgfältige Auswertung der unzähligen Fundstücke der *Beagle*-Reise, sein Zusammentragen von Belegen über ein weltweites Netz von Korrespondenten, daher seine Zuchtexperimente an Pflanzen und mit seinen geliebten Tauben – und daher auch die nur Freunden bekannte Arbeit des Privatgelehrten an einem im September 1854 begonnenen langen Manuskript, das nie publiziert wurde und dessen Ideen nur dank des Schocks, den das *paper* von Wallace auslöste, in der »Kurzform« von 500 Seiten den Weg zu einem Verleger fanden. Es ist daher wohl ziemlich unangemessen, bloß die groben Züge seines »langen Arguments« darzustellen, das im Detail sehr komplex ist,[1] in vielen Punkten ungeklärt erscheint und die Biologie bis heute beschäftigt (was aber nicht unser Thema ist). Doch im Blick auf unsere Fragestellung will ich in diesem Kapitel kurz skizzieren, wie Darwin im *Origin of Species* ausgehend von der Einsicht, dass alle organischen Wesen individuell verschieden sind (vgl. oben, Kap. 1), einen Mechanismus des Artenwandels postulierte, der trotz aller vorgängigen Theorien und Spekulationen

1 Vgl. dazu C. Kenneth Waters: »The Arguments in the *Origin of Species*«, in: Hodge/Radick (Hg.), *The Cambridge Companion to Darwin*, S. 116-139.

über Evolution neu war und der trotz aller Unklarheiten und Irrtümer im Detail und überdies trotz aller verwirrenden Metaphorizität des Textes bis heute grundlegend für unser Verständnis der Natur geblieben ist. Dabei werde ich einige wichtige Punkte vorerst übergehen, die wir dann in späteren Kapiteln und mit Blick auf Foucaults Darwin-Lektüre genauer in den Blick nehmen müssen.

Darwins erster Zug im *Origin* war, wie gesagt, die Individualität jedes einzelnen Organismus zu betonen. Damit verschärfte er zuerst einmal das epistemologische Problem, irgendeine Ordnung oder Regel in der Natur zu erkennen: Bis auf die empirische Beobachtung, dass Individuen ihre Eigenheiten oft, aber nicht immer und nicht konstant an ihre Nachkommen weitergaben, hatte er damit noch nicht viel mehr gewonnen, als sich von oberflächlichen Taxonomien zu befreien. In dieser, wie er selbst bekannte, konfusen Lage fiel ihm 1838 der *Essay on the Principle of Population* des Theologen und Ökonomen Thomas Malthus aus dem Jahr 1798 in die Hände, den er »for amusement« las (weil er, wie er rückblickend sagte, sich nicht tagein tagaus ausschließlich mit *science* beschäftigen mochte).[2] Malthus postulierte gegen die merkantilistischen Bevölkerungstheoretiker des 18. Jahrhunderts, für welche eine große Kopfzahl die Voraussetzung für den Wohlstand einer Nation war, als liberaler Gleichgewichtsökonom ein »Gesetz«, wonach eine Bevölkerung die Tendenz habe, sich in geometrischer Reihe zu vermehren, während die Subsistenzmittel nur arithmetisch, das heißt linear, zunehmen würden (er übernahm die These von Condorcet, der sie schon 1795 formuliert hatte). Daher sei es unausweichlich, dass immer wieder Hungerkrisen die Zahl der ärmsten Klassen begrenzen würden. Wir müssen uns nicht mit dem Umstand aufhalten, dass dieses so genannte Gesetz, das Malthus zu allem Überfluss – und darin ganz anders als der Aufklärer Condorcet – in Gottes Willen begründet sah, nur die pessimistischste und zugleich die zynischste Form

2 Darwin, *Autobiography*, S. 70 und 98.

aller möglichen Volkswirtschaftslehren war und heute überwiegend als falsch angesehen wird (auch wenn es immer wieder im Zusammenhang mit der globalen Bevölkerungszunahme bemüht wird): falsch unter anderem deshalb, weil die materiellen Ressourcen sich oft mehr als nur linear vermehren, vor allem aber, weil nicht Hunger – aber auch nicht, neomalthusianisch gewendet, der Zugang zu Antikonzeptiva – die Bevölkerungsgröße steuert. Diese wird vielmehr von Faktoren wie wachsendem Wohlstand oder auch staatlichem Zwang, vor allem aber und mit noch größerer Wirksamkeit vom Maß der Selbstbestimmung von Frauen bestimmt. Der Weltbank-Ökonom Lant Pritchett stellte 1994 die These auf, dass in der Regel Frauen bzw. »Familien weltweit so viele Kinder bekommen, wie sie sich wünschen«, und zwar unabhängig davon, ob sie Zugang zu Verhütungsmitteln haben und noch weit entfernt von der Geisel des Hungers, ja sogar auch weitgehend unabhängig davon, ob das Wohlstandsniveau hoch oder niedrig sei.[3] Mit anderen Worten: Malthus' »Gesetz« beschreibt die Dynamik menschlicher Gesellschaften zweifellos nicht adäquat.

Doch mit dieser Kritik an Malthus ist dessen Bedeutung für Darwins Argument noch nicht verstanden. Denn zuerst gelang es Darwin, mit der Übertragung eines vergleichsweise einfachen – in diesem Fall zu einfachen – sozialwissenschaftlichen Prinzips auf die konfuse Vielfalt von Naturphänomenen die Vagheit und Komplexität seines Gegenstandes gleichsam mit einem Schlag zu erhellen. Oder sollen wir nicht besser sagen, dass die von Malthus geprägte Vorstellung eines solchen »Gesetzes« diese Komplexität der Natur erhellt hat, wenn wir bedenken, dass Alfred Russel Wallace nicht zuletzt deshalb dieselben Ideen entwickelte wie Darwin, weil auch er Malthus gelesen und sich ihm dieselben Schlüsse aufgedrängt hatten? Darwin jedenfalls schreibt in seiner *Autobiography* dazu: »it at

---

3 Zitiert in Shalini Randeria: »Malthus contra Condorcet: Bevölkerungspolitik, Gender und Kultur aus ethnologischer Perspektive«, in: *Historische Anthropologie*, 2006, Nr. 1, S. 30-48, Zitat S. 35.

once struck me that ...« – es hat ihn getroffen wie ein Blitz, der eine Landschaft erhellt.[4] Metaphern haben eine eigentümliche, von Autoren nur schwer kontrollierbare Kraft, und die Behauptung, in der Natur würden sich Prozesse abspielen »wie« in Volkswirtschaften, ist formal zweifellos eine Metapher: die Übertragung von semantischen Gehalten von einem thematischen Feld auf ein anderes, »fremdes« Gebiet, um dort mit Hilfe dieser importierten Semantik bestimmte Bedeutungseffekte zu erzeugen.

Das muss nicht heißen, dass durch Metaphern Dinge ausgesagt würden, die »eigentlich« falsch seien (wie dies die klassische Metapherntheorie nahelegt); vielmehr dienen, wie die jüngere Wissenschaftsforschung vielfach gezeigt hat, Metaphern in wissenschaftlichen Erkenntnisprozessen gerade dazu, unklare Beziehungen durch ein eingängiges, leicht verständliches Bild intelligibel zu machen. Ob diese reduzierten, einfachen »Erklärungen« sich später als sachlich zutreffend – bzw. als weiterhin robust, das heißt noch nicht widerlegbar – erweisen oder am Ende dann doch als irreführend verworfen werden, ist dabei weniger wichtig (weil das für alle wissenschaftlichen Aussagen gilt). Entscheidend ist vielmehr die Einsicht, dass funktionierende Metaphern nicht durch eine »realistische« Formulierung ersetzt werden können.[5] Es gibt, mit anderen Worten, in vielen, wenn nicht in allen wissenschaftlichen Theorien bzw. Erklärungen bestimmte Phasen und/oder Bereiche, die metaphorisch strukturiert sind, weil sich nur durch solche »unscharfen Begriffe« ein vorerst bloß unklar erkanntes Neues sprachlich fassen lässt.[6] Mit einem etwas statischen Bild hatte

---

4 Darwin, *Autobiography*, S. 98 f.

5 Siehe dazu den klassischen Text der neueren Metapherntheorie, Max Black: »Die Metapher« [1962], in: Anselm Haverkamp (Hg.): *Theorie der Metapher*, Darmstadt: Wissenschaftliche Buchgesellschaft 1996, S. 55-79.

6 Ilana Löwy: »Unscharfe Begriffe und föderative Experimentalstrategien. Die immunologische Konstruktion des Selbst«, in: Hans-Jörg Rheinberger (Hg.): *Die Experimentalisierung des Lebens. Experimen-*

Max Black die Metapher mit einem »rußgeschwärzten Glas« verglichen, das die Betrachtung einer Sonnenfinsternis ermöglicht:[7] Im selben Moment, in dem die Metapher einen speziellen Blick auf einen Gegenstand ermöglicht, verdunkelt sie durch ihre Eigentümlichkeiten andere Gegenstandsbereiche. Wissenschaftliche Erkenntnis erscheint so nicht als Prozess zunehmender und schattenloser Rundum-Erhellung der Welt, sondern wird stets mit einer partiellen Verdunkelung, mit einem Stück Nichtwissen im Wissen erkauft. Allein, wenn die wissenschaftliche Erklärung des Neuen damit unausweichlich von den Eigentümlichkeiten der explizierenden Metapher abhängt, ist es wohl angemessener, ihre aktive, kaum zu kontrollierende Wirkungsweise zu betonen: Die Metapher ist nicht bloß ein passives Instrument, sondern infiziert die Erkenntnis;[8] sie ist aktiv und lebendig, sie verändert die Dinge und treibt das Denken in neue Richtungen. Und gerade die Geschichte des Darwinismus zeigt seit 150 Jahren, wie schwer es ist, solche semantischen Mikroben wieder loszuwerden.

Die Übertragung des Malthusschen Bevölkerungsgesetzes auf die Natur, um auf diesen Punkt zurückzukommen, war

---

talsysteme in den biologischen Wissenschaften 1850/1950, Berlin: Akademie 1993, S. 188-206.

7 Black, »Die Metapher«, S. 72.

8 Vgl. dazu ausführlicher Philipp Sarasin: »Infizierte Körper, kontaminierte Sprachen. Metaphern als Gegenstand der Wissenschaftsgeschichte«, in: ders. (Hg.): *Geschichtswissenschaft und Diskursanalyse*, Frankfurt/M.: Suhrkamp 2003, S. 191-230; die Literatur zur Theorie der Metapher ist uferlos; für einen kurzen Überblick über Metaphern in den *science studies* vgl. Marianne Hänseler: »Die Metaphern in den Wissenschaften. Die Assimilierung eines Fremdkörpers in den epistemologischen Konzepten der *Science Studies*«, in: *Österreichische Zeitschrift für Geschichtswissenschaften* 16 (2005), Nr. 3, S. 123-132; wichtig sind weiterhin James J. Bono: »Science, Discourse, and Literature«, in: Stuart Peterfreund (Hg.): *Literature and Science: Theory and Practice*, Boston: Northeastern University Press 1990, S. 59-89; Thomas S. Kuhn: »Metaphor in Science«, in: Andrew Ortony (Hg.): *Metaphor and Thought*, Cambridge: Cambridge University Press 1993, S. 409-419; Sabine Maasen, Peter Weingart: *Metaphors and the Dynamics of Knowledge*, London, New York: Routledge 2000.

insofern metaphorisch und hat bestens funktioniert, als sie »alle« Naturprozesse auf eine einzige Formel zu reduzieren half. Die prominenteste Kritik an dieser Heuristik stammt von Nietzsche, der in der *Götzen-Dämmerung* unter dem Titel »*Anti-Darwin*« notierte: »Was den berühmten ›Kampf um's *Leben*‹ betrifft, so scheint er mir einstweilen mehr behauptet als bewiesen. Er kommt vor, aber als Ausnahme; der Gesammt-Aspekt des Lebens ist *nicht* die Nothlage, die Hungerlage, vielmehr der Reichtum, die Üppigkeit, selbst die absurde Verschwendung – wo gekämpft wird, kämpft man um *Macht* … Man soll nicht Malthus mit der Natur verwechseln.«[9] An dieses prominente Urteil hat sich das kulturalistische Nasenrümpfen über Darwin bis heute gehalten. Doch man mag bezweifeln, ob dies gut begründet ist. Nietzsches hier zitierte Rede über die Natur lässt erstaunlicherweise das Echo überwunden geglaubter naturtheologischer Harmonie-, Ordnungs- und Üppigkeitsvorstellungen hören, die man nicht nur bei ihm nicht vermuten würde, sondern über deren Evidenz man sich zumindest streiten kann. Darwins ruhelos schweifender Blick auf die Natur jedenfalls blieb neben aller manifesten Üppigkeit am Mangel und am Hunger hängen, welche die Existenz von Tieren und Pflanzen bedrohen, und am Kampf um knappe Nahrungsressourcen. Sein Argument ist entsprechend illusionslos: »Da aber mehr Individuen erzeugt werden, als möglicherweise fortbestehen können, so muß in jedem Fall ein Kampf um die Existenz eintreten, entweder zwischen den Individuen einer Art oder zwischen den verschiedenen Arten, oder zwischen ihnen und den äußeren Lebensbedingungen.«[10] Ob sich Organismen vermehren wie die sprichwörtlichen Kaninchen oder langsam wie Elefanten – ohne irgendwelche begrenzenden Bedingungen würden ihre Nachkommen in vergleichsweise wenigen Jahren die ganze Erde bedecken. Und wenn diese ein-

9 Friedrich Nietzsche: *Götzen-Dämmerung*, in: KSA, Bd. 6, S. 120 (Hervorhebungen im Original durch Sperrung werden hier generell kursiv gegeben).

10 Darwin, *Entstehung der Arten*, S. 405.

schränkenden Bedingungen nicht knappe Ressourcen oder Fressfeinde sind, wer oder was soll sonst für die Begrenzung der Fortpflanzung sorgen? Ein göttlicher Plan? Eine der Natur inhärente Harmonie? Das sind die alternativen Antworten um 1850 gewesen, Alternativen, die Darwin ablehnte. Zu Recht? Heute geht die Biologie nicht mehr davon aus, dass es im engeren Sinn die knappen Nahrungsressourcen seien, die gleichsam als einziger Faktor die Größe einer Population steuern (sie hat insofern den Malthusianismus Darwins hinter sich gelassen), und sie denkt auch nicht mehr generell in der Kategorie des *struggle* um knappe Ressourcen, sondern berechnet die unterschiedlich gut an die Umgebungsbedingungen angepassten Wachstumsraten von Populationen.[11]

»Malthus« also war eine radikale metaphorische Vereinfachung äußerst komplexer Abhängigkeitsverhältnisse, eine Vereinfachung, die allerdings auch aus heutiger Sicht zu Recht auf die das Wachstum einer Population beschränkende Wirkung von Umweltbedingungen fokussierte. Diesen, wenn man so will, harten darwinschen Kern im Spiel komplexer Abhängigkeitsverhältnisse und wechselseitig sich beeinflussender Wachstumsraten illustriert ein Dokumentarfilm der BBC über die Galápagosinseln von 2007 auf eindrückliche Weise.[12] Die Inseln werden heute zunehmend von Einwanderern aus dem ecuadorianischen Festland besiedelt und dank neuen Flugplätzen von immer mehr Touristen besucht. Die berühmte Tierwelt der Inseln, die sich in der Abgeschiedenheit des Pazifiks entwickelt und erhalten hat, wird gleichsam dem Globalisierungsdruck ausgesetzt, der sie tiefgreifend zu verändern droht. Man weiß zwar nicht zuletzt von Darwins Reisebericht, dass Seefahrer, die an den Galápagos vorbeikamen, seit Jahrhunderten die Nahrungsmittelvorräte ihrer Schiffe mit den berühmten Riesenschildkröten des Archipels auffüllten. Die Tiere wurden

11 Für Hinweise danke ich Thomas P. Weber.

12 Jonathan Clay: *Lonesome George and the Battle for Galapagos*, BBC Documentary, Januar 2007, dt. Fassung Schweizer Fernsehen, Oktober 2007.

als lebende Fleischreserven mitgenommen; eine Schildkröte, die Darwin selbst auf die *H.M.S. Beagle* bringen ließ, ist erst im Juni 2006 in einem Zoo in Australien gestorben.[13] Doch in den letzten Jahrzehnten kamen mit den Menschen unter anderem auch Ziegen auf die Galápagos, selbst auf die unbewohnten Inseln des Archipels. Die Folgen waren drastisch. Die Ziegen-Population auf der kleinen, unbewohnten und baumlosen Insel Pinta, wo bis dahin noch nie ein Säugetier gelebt hatte, vergrößerte sich innerhalb weniger Jahre von einem Pärchen auf rund 40 000 Exemplare, die die Insel kahl fraßen und so unmittelbar die Existenz dort lebenden Riesenschildkröten bedrohten – in einem stummen »Kampf« ohne jegliches Hauen und Stechen, aber nicht minder tödlich. Die Behörden des Naturschutzgebietes reagierten gnadenlos: Sie orderten einen Trupp australischer Wildjäger, die aus schnellen, schwarzen Helikoptern heraus die Tiere abschossen und sie auf diese Weise in kürzester Frist vollständig ausrotteten. Kein Fressfeind der Ziege hätte effizienter sein können. Der Schildkröten-Bestand erholte sich in der Folge rasch wieder, doch das Problem scheint nicht wirklich gelöst. So haben etwa die Fischer, die auf den Galápagos zum Teil von der illegalen Haifischjagd leben (um den Tieren ihre Flossen abzuschneiden und diese nach Japan zu verkaufen), der Regierung, die diese Praktiken unterbinden will, um die Haipopulation zu schützen, unumwunden gedroht, auf Pinta wieder Ziegen auszusetzen. Dazu ist es noch nicht gekommen; während die Pinta-Schildkröte daher gegenwärtig auf dem Inselmuseum zu überleben scheint, existiert von einer verwandten Art in einem kleinen Zoo nur noch ein einziges Männchen: der zur Touristenattraktion gewordene Lonesome George. Wenn Lonesome George eines Tages sterben wird, droht mit ihm eine weitere Art für immer vom Planeten zu verschwinden. Ihm zugeführte Pinta-Schildkrötenweibchen, mit denen er sich wohl paaren könnte, interessierten ihn nicht wirklich. Die Zooleitung unternahm daher einen letzten, ziem-

13 »Schildkröte Harriet ist tot«, *Spiegel online*, 23. Juni 2006.

lich pittoresken Fortpflanzungsversuch. Sie beauftragte eine junge, beim TV-Interview etwas verlegen lächelnde Frau damit, dem Einsamen ein paar schöne Stunden zu bereiten: nett mit ihm zu reden, seinen Hals zu streicheln – und ihn schließlich zu masturbieren, um sein wertvolles Sperma zu gewinnen. Sie habe ihn zwar, wie es ihr schien, sexuell ein wenig zu erregen vermocht, doch zu mehr hatte Lonesome George keine Lust. Die Art wird definitiv aussterben. Ähnlich wird es, so fürchtet man (um ein letztes Beispiel zu nennen), den berühmten Darwin-Finken ergehen. Eine amerikanische Zoologin berichtet im Film, dass die Nester der Vögel von einer unbekannten, wohl vom Festland über Nahrungsmittel eingeschleppten unbekannten parasitischen Milbenart heimgesucht werden, die im warmen Geflecht des Nestbodens lebt und sich von den Vogelkücken ernährt. Die Jungvögel werden von den Milben bei lebendigem Leib langsam aufgefressen. Wenn sie mit ihren offenen Kopfwunden, ihren kahlen, dünnen Hälsen und ihren berühmten Schnäbeln in die Kamera blicken, bieten sie ein Bild des Jammers.

All diese Beispiele zeigen, dass Organismen nicht einfach einer stabilen, gegebenen, gar »natürlichen« Umwelt gegenüberstehen, sondern dass sie »ihre ökologische Nische kokolonisieren und kodefinieren« und insofern daran zumindest beteiligt sind, sie zu »konstruieren«, wie die heutige Biologie sagt.[14] Die Abhängigkeits- und Interaktionsprozesse, um die es hier geht, sind komplex, um das Mindeste zu sagen, und daher vermögen diese Beispiele auf ihre Weise plausibel zu machen, wieso Darwins gesamte Vorstellung von der Entstehung der Arten an der Annahme eines Kampfes um knappe Ressourcen (was auch immer diese seien) hängt; dieses »Gesetz« ist für ihn daher die einzige »Regel, von der es keine Ausnahme gibt«.[15] Jedes Tier – und selbst noch der Mensch, wenn er Tiere vor dem Ausster-

---

14 Karola Stotz: »Organismen als Entwicklungssysteme«, in: Ulrich Krohs, Georg Toepfer (Hg.): *Philosophie der Biologie. Eine Einführung*, Frankfurt/M.: Suhrkamp 2005, S. 125-143, S. 134 f. und S. 139.

15 Darwin, *Entstehung der Arten*, S. 405.

ben schützen will – begrenzt und verändert den Lebensraum und die Fortpflanzungsmöglichkeiten seiner Nachbarn, seiner Konkurrenten, seiner Opfer, und es begrenzt und verändert auch die Lebensmöglichkeiten seiner Feinde, falls es sich ihnen in zu geringer Zahl als Futter darbietet. Von dieser Regel, so war Darwin überzeugt, kann es keine Ausnahme geben. Dennoch war er sich vollständig der Tatsache bewusst, dass schon die von dieser universellen Regel abgeleitete blumige – oder vielmehr blutige – Formulierung, in der Natur herrsche ein »Kampf ums Dasein« (*struggle for existence*), in ihrer Pauschalisierung und Generalisierung natürlich nichts anderes als eine Metapher sein konnte, genauso wie auch die metaphorische Personifizierung der »Natur« (die dieses oder jenes »tut«) »ihrer Kürze wegen fast notwendig« sei.[16] Er war zwar als guter Empiriker überzeugt, dass diese Metaphern bloße Kürzel seien, die jederzeit »bei ein wenig Bekanntschaft mit der Sache« expliziert werden könnten.[17] Was vor allem den berüchtigten »Kampf ums Dasein« betrifft, so hat die nach Erscheinen des *Origin* einsetzende breite Rezeption (vgl. dazu unten, Kap. 6) allerdings gezeigt, dass Darwin das Eigengewicht seiner Metaphern wohl unterschätzte, zumal das zwischen den Bedeutungen von »Kampf«, »Ringen« und »sich mühen«, ja »sich anstrengen« changierende *struggle* im Deutschen sehr viel eindeutiger zum »Kampf« wurde; dennoch lohnt es sich, ihn hier zuerst einmal genau zu lesen. Er schreibt: »Ich will vorausschicken, daß ich diesen Ausdruck [Kampf ums Dasein] in einem weiten und metaphorischen Sinne gebrauche [...]. Man kann mit Recht sagen, daß zwei hundeartige Raubtiere in Zeiten des Mangels um Nahrung und Leben miteinander kämpfen. Aber man kann auch sagen, eine Pflanze kämpfe am Rande der Wüste um ihr Dasein gegen die Trockenheit, obwohl es angemessener wäre zu sagen, sie hänge von der Feuchtigkeit

16 Ebd., S. 415.
17 Ebd.

ab.«[18] Die Beziehungen in der Natur sind insgesamt so verwickelt und vielfältig, dass die Sprache zu Metaphern greift, die sich eigentlich leicht dekonstruieren lassen – so wie mit dieser hübschen Passage, in welcher es jedem Gartenfreund warm ums Herz werden müsste. Es folgen weitere Beispiele über Sträucher, die darum »konkurrenzieren«, dass Vögel ihre Beeren fressen und die Samen durch ihre Ausscheidungen verbreiten, oder von Misteln, die um Platz auf Bäumen »kämpfen«, etc. Das alles ist insgesamt so verwirrend, dass sich Darwin nur mit einer Metapher helfen kann: »In diesen mancherlei Bedeutungen, welche ineinander übergehen«, fährt er fort, »gebrauche ich der Bequemlichkeit halber den allgemeinen Ausdruck ›Kampf ums Dasein‹.«[19]

Mit anderen Worten, das Bewusstsein von der Metaphorizität der wissenschaftlichen Sprache gehörte zum Reflexionshorizont von Darwins Naturforschung. Wir können uns daher zumindest den üblichen reflexartigen Rückgriff auf diese kulturwissenschaftliche Geheimwaffe *contre* Darwin schenken und zuerst einmal weiter seiner Argumentation folgen. Diese legt nun allerdings auf den »Krieg« in der Natur mehr Gewicht als auf das schlichte Abhängen von der Feuchtigkeit; der »Kampf« zwischen Organismen erscheint durchgängig als das Unvermeidliche. Über ein Stück Land mit alten, verfallenen Ruinen eines Indianerdorfes, das wieder von Pflanzen überwuchert wird, schreibt er: »Welch ein Kampf muß hier jahrhundertelang zwischen den verschiedenen Baumarten stattgefunden haben, deren jede ihre Samen jährlich zu Tausenden abwirft! Was für ein Krieg zwischen Insekt und Insekt, zwischen Insekten, Schnecken und anderen Tieren mit Vögeln und Raubtieren, welche alle sich zu vermehren streben, alle sich voneinander oder von den Bäumen und ihren Samen und Sämlingen, oder von jenen anderen Pflanzen ernähren, welche an-

18 Ebd., S. 404.
19 Ebd.

fänglich den Boden überzogen und hierdurch das Aufkommen der Bäume verhindert hatten!«[20]

Doch dieser fortdauernde »Krieg« ist nichts anderes als die unaufhörliche »Abhängigkeit eines organischen Wesens von einem andern«:[21] Alle Tiere leben von anderen Tieren und Pflanzen, und Pflanzen konkurrieren untereinander um Licht, Wasser, Nährstoffe. Der »Krieg« in der Natur ist ein unendlich verwickeltes Geflecht von Abhängigkeitsbeziehungen, die meist ausschließend-konkurrentiell, nicht selten aber auch parasitär-symbiotisch sind. Doch diese Unterscheidung trägt nicht weit. Denn weil Darwin den Kampf zwischen den Organismen nicht moralisch beurteilt, gerät er auch nicht in Versuchung, die symbiotischen Verhältnisse zu idealisieren und konzeptionell gegen den Kampf ums Dasein zu stellen (wie dies in Deutschland in der Schule von Ernst Haeckel verbreitet war und von Jakob von Uexküll zum Programm erhoben wurde[22]): In jedem Fall sind es Formen der Abhängigkeit der Organismen voneinander. Manchmal sind solche Verhältnisse weitgespannt (»wie die des Parasiten von seinem Ernährer« oder wenn »grasfressende Säugetiere und Heuschrecken« um dieselben Pflanzen konkurrieren[23]), meist aber sehr eng – und die Kämpfe dann entsprechend heftig, nämlich die Kämpfe »zwischen den Individuen einer Art; denn sie bewohnen dieselben Bezirke [i.e. ökologischen Nischen], verlangen dasselbe Futter und sind denselben Gefahren ausgesetzt«.[24] Wer in diesen unzähligen und vielgestaltigen, auf verschiedensten Ebenen geführten, direkten und indirekten Auseinandersetzungen zwischen den Organismen (»Kampf um Kampf mit veränderli-

20 Ebd., S. 411.

21 Ebd., S. 411.

22 Vgl. als besonders populäre Variante Wilhelm Bölsche: *Schutz- und Trutzbündnisse in der Natur*, Stuttgart: Franckh'sche Verlagshandlung 1917 (Kosmos, Gesellschaft der Naturfreunde), S. 10-17.

23 Darwin, *Entstehung der Arten*, S. 411.

24 Ebd.

chem Erfolg«[25]) am Ende jeweils siegt und wer unterliegt und stirbt, hängt meist von zufälligen Kleinigkeiten ab. Ihr Ausgang ist daher im Einzelnen vollständig kontingent: Welches Tier weiterlebt und welches sterben muss, ist nicht vorherbestimmt und schon gar nicht von einer göttlichen Ordnung festgelegt.

Dennoch drücken sich in diesen Kämpfen Kräfteverhältnisse aus, die zwar auf diese Weise ermittelt werden, insgesamt aber nicht zufällig sind, denn »auf die Länge halten auch die Kräfte einander so genau das Gleichgewicht, daß die Natur auf weite Perioden hinaus immer ein gleiches Aussehen behält«.[26] Wenn nicht größere Veränderungen geschehen – klimatische, oder durch die Einwanderung einer neuen Tier- oder Pflanzenart –, sind die Machtverhältnisse als durch Kämpfe ermittelte Abhängigkeitsbeziehungen in der Natur meist stabil. Die Kontrahenten kennen ihre Gegner, können die Gefahren, die ihnen drohen, einschätzen, verfügen selbst über Drohpotenzial und zuweilen gefährliche Waffen, um ihre Fressfeinde einzuschüchtern, oder können sich so gut tarnen, dass sie länger unentdeckt überleben; sie kennen das Territorium, auf dem sie sich einigermaßen sicher bewegen können, und sie schließen sich nicht selten zu Gruppen zusammen, um ihre Beute effektiver zu jagen oder ihre Feinde zu vertreiben. Tiere bewegen sich, mit anderen Worten, immer im Raum *strategischer* Beziehungen und sind damit in Machtverhältnisse involviert, die ihr Leben zugleich ermöglichen wie begrenzen. Darwin gebraucht zwar weder den Begriff der Machtverhältnisse noch jener der Strategie, aber auch für die von ihm beschriebenen Beziehungen zwischen Organismen ließen sich mit einer bekannten Formulierung von Foucault zutreffend als Machtverhältnisse beschreiben: Denn »Macht«, wie Foucault 1976 notierte, ist nichts anderes als der »Name« für »die Vielfältigkeit von Kraftverhältnissen, die ein Gebiet bevölkern und organisieren; das

---

25 Ebd., S. 410.
26 Ebd.

Spiel, das in unaufhörlichen Kämpfen und Auseinandersetzungen diese Kräfteverhältnisse verwandelt, verstärkt, verkehrt; die Stützen, die diese Kräfteverhältnisse aneinander finden, indem sie sich zu Systemen verketten […]«.[27]

Die Parallele zwischen Darwins »Krieg« in der Natur und Foucaults Auffassung von »Macht« als den Kräfteverhältnissen auf einem bestimmten *Territorium* ist zumindest auffallend. Bevor wir ihr genauer nachgehen (vgl. unten, Kap. 6 – es wird dies ein vierter Punkt sein, wenn wir die drei angedeuteten Parallelen des letzten Kapitels hinzurechnen: den Nominalismus, die Vorstellung einer produktiven Macht und die Diskontinuität), möchte ich zuerst Darwins zentrale Argumentationslinie weiterverfolgen. Insgesamt lässt er keinen Zweifel daran, dass all diese Kämpfe der einzelnen Organismen ums Überleben an sich richtungslos sind. Niemand organisiert oder ordnet sie, sie gehorchen keiner anderen Logik oder gar einem »Sinn« außer dem schlichten Mechanismus der diesen Organismen und ihren Lebensbedingungen inhärenten Kräfteverhältnisse. Trotzdem postuliert er, dass sie einen sehr bestimmenden Gesamteffekt haben. Denn es seien die individuellen Unterschiede zwischen den Individuen, »wie gering und auf welche Weise immer sie entstanden sein mögen«, welche in diesen Kämpfen die entscheidenden Überlebensvorteile bieten können. Wenn die individuellen Variationen »für die Individuen einer Spezies in deren unendlich verwickelten Beziehungen zu anderen organischen Wesen und zu den physikalischen Lebensbedingungen nur einigermaßen vorteilhaft sind«, so führe das zumindest in der Tendenz dazu, »die Erhaltung solcher Individuen zu unterstützen«. Zudem würden diese vorteilhaften Eigenheiten der überlebenden Organismen »sich meistens durch Vererbung auf deren Nachkommen übertragen«, und ebenso werde »der Nachkömmling mehr Aussicht haben, leben zu bleiben; denn von den vielen Individuen dieser Art, welche von Zeit zu

27 Michel Foucault: *Der Wille zum Wissen (Sexualität und Wahrheit, Bd. 1)*, Frankfurt/M.: Suhrkamp 1977, S. 113.

Zeit geboren werden, kann nur eine kleine Zahl am Leben bleiben.«[28]

Was ist das für ein Vorgang? Darwin betreibt nun wieder Metaphernreflexion, wenn er darauf zurückkommt, dass er sein *long argument* mit einem genauen Blick auf die Praxis der Tier- und Pflanzenzucht eröffnete, und jetzt die alles entscheidende, dabei wiederum bewusst metaphorische Übertragung vornimmt: »Ich habe dieses Prinzip, wodurch jede solche geringe, wenn nur nützliche, Abänderung erhalten wird, mit dem Namen ›natürliche Zuchtwahl‹ [*natural selection*] belegt, um seine Beziehung zum Wahlvermögen des Menschen zu bezeichnen.« Die Metapher legt zwar den Gedanken eines »Züchters« nahe, den Darwin doch eigentlich vermeiden will; daher fügt er in der 5. Auflage von 1869 die Bemerkung hinzu: »Doch ist der von Herbert Spencer oft gebrauchte Ausdruck ›Überleben des Passendsten‹ [*survival of the fittest*] zutreffender und zuweilen gleich bequem.«[29] Spencer hatte den Ausdruck 1864 geprägt, und es war Alfred Russel Wallace, der Darwin empfohlen hat, ihn anstelle von *natural selection* zu verwenden.[30]

Man könnte einen wesentlichen Teil der gesamten Darwin-Rezeption bis heute als die Geschichte dieser beiden trotz aller sachlichen Evidenz eher unglücklichen Metaphern schreiben.[31] Zuerst wurde Darwin unterstellt, dass er mit seinem »Züchter« letztlich doch ein göttliches Wesen meine, das zum Besten der Organismen seine Wahl trifft (was Darwin in einer späteren

---

28 Darwin, *Entstehung der Arten*, S. 403.

29 Ebd.; vgl. Charles Darwin: *On the Origin of Species by Means of Natural Selection, or the Preservation of Favoured Races in the Struggle for Life*. London: John Murray, 5th edition, S. 72.

30 Vgl. Browne, *Darwin's Origin of Species*, S. 72, S. 110.

31 Vgl. als Überblick zur Rezeption in Deutschland vor allem im 19. Jahrhundert Peter Weingart: »›Struggle for Existence‹: Selection and Retention of a Metaphor«, in: Sabine Maasen (Hg.): *Biology as Society, Society as Biology: Metaphors*, Dordrecht: Kluwer 1995, S. 127-151.

Ausgabe des *Origin* jedoch entschieden bestritt[32]). Wer der *natural selection* keine solche Macht zugestehen wollte wie Darwin, hat umgekehrt sich oft gleich vollständig von seiner Theorie verabschiedet. Vor allem im halben Jahrhundert von etwa 1890/1900 bis in die 1940er Jahre, als der Darwinismus kaum noch über Kredit in der Biologie verfügte, glaubten die »Genetiker«, wie sich einige junge Biologen in Cambridge im Anschluss an die Begriffsprägung von William Bateson ab 1900 zu nennen begannen, gerade nicht mehr daran, dass Organismen auf Grund ihrer »Angepasstheit« an äußere Umstände »ausgewählt« wurden, sondern sprachen von eher sprunghaften Änderungen allein aufgrund genetischer Mutationen; entsprechend diskreditiert war Darwins *natural selection*. Paradoxerweise zur selben Zeit haben diese Metaphern jedoch als in der ehrwürdigen Wissenschaft der Biologie frisch gewaschene Wahrheiten die scheinbar objektive Begründung für die Idee geliefert, dass die Schwachen, die Kranken, die Erfolglosen, aber auch die »inferioren Rassen« zu Recht von den Starken und Tüchtigen verdrängt und letztlich dem Tod ausgeliefert würden. Auch wenn die verbreitete Selbstverständlichkeit dieser Ansichten mit den Schrecken des Zweiten Weltkriegs ein gutes Stück weit delegitimiert wurde, taucht die Frage bis heute immer wieder auf, ob nicht die darwinsche Biologie unter dem neuen Titel einer »Soziobiologie« (wie Edward O. Wilson 1975 sagte[33]) das einzig zutreffende Erklärungsmodell für die Erfolgs- und Verdrängungsgeschichten in menschlichen Gesellschaften biete.

Doch so weit sind wir hier noch nicht. Darwin jedenfalls, für den Vererbung nicht mehr als die dunkle Ahnung davon war, dass dort das Geheimnis des Artenwandels verborgen sein könnte, konnte sich seinen ziemlich entspannten Pragmatismus bei der Verwendung praktischer Metaphern noch leisten:

---

32 Vgl. Darwin, *Entstehung der Arten*, S. 415.

33 Edward O. Wilson: *Sociobiology: The New Synthesis*, Cambridge: Harvard University Press 1974.

Ausdrücke müssen bequem, gleichsam handlich sein; damit, dass sie bloß mehr oder weniger zutreffend sind, lässt sich einigermaßen leben. Dennoch ist sein Argument – um dieses nun wieder aufzugreifen – zumindest in seiner Kurz- oder jedenfalls seiner Kürzestform[34] und für heutige Leser gut nachvollziehbar. Erstens: Organismen, die zufällig einer aktuellen, unendlich »verwickelten« Umweltsituation – Verhältnis zu anderen Tieren und Pflanzen, geologische und klimatische Bedingungen, Eingriffe des Menschen[35] – aufgrund bestimmter individueller Eigenheiten besser angepasst sind als andere, können eher überleben und eher Nachkommen zeugen. Weil zweitens individuelle Eigenheiten die Tendenz haben, sich zu vererben, vermögen sich solche vorteilhaften individuellen Züge im Verlauf von vielen Generationen in einer Population zu verbreiten, und zwar drittens in größerer Vielfalt, je größer die Population und je größer auch der entsprechende geographische Raum mit vielen verschiedenen biologischen Nischen ist. Diese vorteilhaften individuellen Verschiedenheiten können sich so weit durchsetzen, dass viertens zuerst eine oder mehrere Varietäten und schließlich fünftens eine oder mehrere neue Arten entstehen, ohne dass damit sechstens der Prozess stetiger »Umwandlung« zum Stillstand käme, denn Arten sind gleichsam nur vorübergehende Stabilitätszustände.

Die Schlussfolgerung, die Darwin aus diesen Überlegungen zog, ist selbstverständlich so bekannt, dass es müßig scheint, sie zu wiederholen. In seinem langen Buch wurde er allerdings nicht müde, darauf zu insistieren, dass buchstäblich jede organische Form aus dem oben skizzierten Prozess entstanden ist: »Aus den vorangehenden Bemerkungen läßt sich ein Folgesatz von größter Wichtigkeit ableiten, nämlich, daß die Struktur eines jeden organischen Gebildes auf die wesentlichste, aber oft verborgene Weise zu der aller anderen organischen Wesen in

34 – das heißt, ohne auf die sehr komplizierten Debatten der Evolutionsbiologie seit der zweiten Hälfte des 20. Jahrhunderts hier einzugehen; vgl. als Überblick Bowler, *Evolution*, S. 325-381.

35 Vgl. Darwin, *Entstehung der Arten*, S. 409.

Beziehung steht, mit welchen es in Konkurrenz um Nahrung oder Wohnung kommt, oder vor welchen es zu fliehen hat, oder von welchen es lebt.«[36] Im letzten Abschnitt des *Origin* huldigt er dann geradezu der *natural selection* als einer in seinen Augen unendlich produktiven Macht mit den berühmten emphatischen (hier allerdings in angepasster Übersetzung zitierten) Worten: »So geht aus diesem Krieg der Natur, aus Hunger und Tod unmittelbar die Lösung des höchsten Problems hervor, das wir zu fassen vermögen: die Erzeugung der höheren Tiere.«[37] Aus unscheinbaren Anfängen entstanden auf diese Weise und entstehen immer noch, um die berühmte Formulierung im Original zu zitieren, »endless forms most beautiful and most wonderful«.[38]

Für Darwin war das Prinzip der *natural selection* so fundamental, dass er es der Gravitationskraft gleichstellte und nun, am Ende seines langen Arguments, auch ebenso selbstbewusst wie versöhnlich sagen konnte, der »Schöpfer« habe »den Keim allen Lebens, das uns umgibt, nur wenigen oder nur einer einzigen Form eingehaucht« (er war 1859 noch nicht wirklich »agnostisch«, wie Herberts Spencer später sagen sollte). Der Ursprung des Lebens blieb hinter einem Schleier verborgen. Alles Weitere aber war für Darwin dank der Einsicht in die Wirkungsweise der *natural selection* kein Geheimnis mehr. Dennoch ergänzt er dieses so fundamentale Prinzip schon in den späteren Auflagen des *Origin of Species* zwar noch etwas zögerlich, in *The Descent of Man* von 1871 dann aber umso entschiedener mit einem zweiten Prinzip: der *sexual selection* (siehe unten, Kap. 8). Mit ihr wird er neben den Auswahlkriterien der überlegenen Stärke oder der besseren *fitness* neu auch solche der Ästhetik in sein Argument einfügen.

---

36 Ebd., S. 412.

37 Meine Übersetzung nach Darwin, *Origin of Species* (1859; dito aber auch noch in der 6. Ausgabe von 1872), S. 490.

38 Darwin, *Origin of Species* (1859), S. 490.

4. Wir kalten Systematiker

Michels Foucaults gelehrte wissenschaftshistorische Studie über die Wörter und die Dinge von 1966 (vgl. Kap. 2) hat Skandal gemacht und ihren Autor, einen kahlköpfigen Querdenker im weißen Rollkragenpullover, auf einen Schlag berühmt. Im Abstand von mehr als vierzig Jahren ist allerdings nicht mehr ohne weiteres nachvollziehbar, was es genau war, das so viele Zeitgenossen an diesem ziemlich komplizierten Buch faszinierte oder, häufiger noch, zu überaus scharfem Widerspruch reizte. Man musste *Les mots et les choses* allerdings gar nicht gelesen haben, um zu wissen, dass sein Autor darin den Strukturalismus lobte – also war er Strukturalist –, den Marxismus einen »Sturm im Wasserglas« nannte – also war er ein Bourgeois, wie die Linke höhnte –, und schließlich auf der letzen Seite verkündete, dass in nicht allzu ferner Zukunft »der Mensch verschwindet wie am Meeresufer ein Gesicht im Sand«[1]– also war er ein Antihumanist, was wohl das Schlimmste von allem war. Kein Zufall also, dass Jean-Paul Sartre »diese Ideologie« als »das letzte Bollwerk« bezeichnete, »das die Bourgeoisie noch gegen Marx zu errichten vermag«,[2] und Jean-Luc Godard Foucaults Buch im Film *La Chinoise* von 1967 neben eine Zielscheibe stellte, auf die geschossen wurde.[3] Der Angegriffene selbst goss kräftig Öl ins Feuer, als er in einem Interview nach Erscheinen von *Les mots et les choses* erklärte: »Wir haben heute die Aufgabe, uns endgültig vom Humanismus zu befreien, und in diesem Sinne ist unsere Arbeit politisch, zumal

1 Foucault, *Ordnung der Dinge*, S. 462.
2 »Jean-Paul Sartre répond«, in: *L'Arc*, Nr. 30, 1966, S. 87-96.
3 Für den Hinweis danke ich Felix Keller, Zürich.

alle Regime im Osten wie im Westen ihre verdorbene Ware unter dem schützenden Dach des Humanismus feilbieten.«[4]

Foucault ließ sich auch nicht auf ein Bekenntnis für oder wider den Strukturalismus festlegen: Zu viel verband ihn, bei aller Distanz, mit dem bewusstseins- und subjektkritischen, antihegelianischen und durch und durch »kalten« Gestus der Strukturalisten. Als ihn im Mai 1966 Madeleine Chapsal für die *Quizaine littéraire* zu seinem aufsehenerregenden neuen Buch interviewte, redet er selbstbewusst von »wir«, von der »Generation derer, die im Krieg noch keine zwanzig Jahre alt waren«, und die gegen Sartre und Merleau-Ponty, jedoch mit Lévi-Strauss und Lacan entdeckt hätten, »dass Sinn wahrscheinlich nur eine Oberflächenerscheinung, eine Spiegelung, eine Schaumkrone darstellt, während das eigentliche Tiefenphänomen, von dem wir geprägt sind, das vor uns da ist und uns in Zeit und Raum trägt, das *System* ist«.[5] Von System zu reden, war durchaus doppelbödig: Damit vermied Foucault listig das Schibboleth »Struktur«, wohl wissend allerdings, dass Saussure ebenfalls vom »System« der Sprache gesprochen hatte. Aber Foucault bezog sich dennoch nicht auf Saussure. In seiner Antwort auf Chapsals Frage »Was verstehen Sie unter ›System‹?« führte er zuerst die religions- und mythenhistorischen Arbeiten seines Mentors Georges Dumézil an, der für seine Form des Strukturalismus dezidiert nicht auf das Modell der Sprache vertraute; er erwähnte dann neue Erkenntnisse der Paläontologie über »systematische Muster« der Figuren in der Höhlenmalerei, und führte drittens ein Beispiel aus der Biologie an: »In der Biologie tragen die Chromosomen bekanntlich die Form eines Codes, einer verschlüsselten Nachricht, sämtliche Informationen, die für die Entwicklung des jeweiligen Lebewesens erforderlich sind.«[6] Foucault sagt nicht, was das bedeutet, etwa, wie man vom »System« der Chromosomen zu

---

4 Michel Foucault: »Gespräch mit Madeleine Chapsal«, in: Foucault, *Schriften, Band I*, S. 664-670, Zitat S. 668.

5 Ebd., S. 665.

6 Ebd.

den Höhlenmalereien oder den Mythen gelangt, oder gar zum Sinn. Sein Bezug auf die Molekulargenetik war noch reichlich diffus – er wird ihn bald präzisieren –, und daher war es für ihn 1966 auch kein Problem, diesem Hinweis als nächsten einen zu Lacans Modell der Sprache als Struktur des Unbewussten folgen zu lassen. Das passte zwar zumindest insofern zusammen, als die Genetik seit den frühen 1950er Jahren zunehmend, wenn auch nicht ohne Widerstände, die kybernetische Metaphorik von »Steuerung«, »Code«, »Nachricht« und »Information« übernahm; dabei spielten die Kontakte zwischen insbesondere James Watson und Francis Crick und dem russisch-amerikanischen Strukturalisten und Linguisten Roman Jakobson in den frühen 1950er Jahren – der zur selben Zeit auch Jacques Lacan zur Ausarbeitung seiner Signifikantentheorie anregte – eine wichtige Rolle.[7] In irgendeiner Weise klar oder nachvollziehbar wurde mit diesem bunten Strauß von Referenzen, die Foucault in diesem Interview anführte, allerdings gar nichts. War nun die Geschichte »das Unumgängliche unseres Denkens«, wie er in seinem Buch von 1966 geschrieben hatte, oder war es das »System«? Und war dieses System »die Sprache«, die wie bei Lacan alles Denken und Handeln strukturiert, oder ist es ein biologisches »Muster« wie die DNA? Im Geflecht all dieser verwirrenden Unklarheiten fährt Foucault im Gespräch mit Madeleine Chapsal damit fort, von »unserer Generation« zu sprechen, für die nicht »der Mensch« bzw. der Humanismus die Leitsterne waren, sondern »Wissen« und »Technik«: Er fühlte sich mit den Strukturalisten im Bemühen verbunden, zu zeigen, »dass unser Denken, unser Leben und selbst noch die alltäglichsten Formen unseres Daseins Teil *derselben* systematischen Organisation sind und daher auf denselben Kategorien beruhen wie die *wissen-*

---

7 Vgl. Lily E. Kay: *Das Buch des Lebens. Wer schrieb den genetischen Code?*, München: Hanser 2001, S. 111-257; zu Jakobsons Einfluss siehe insb. S. 386 ff.

schaftliche und *technische* Welt«.[8] Just das sei es auch, was »uns ›kalte Systematiker‹« (es ist unklar, wen er mit den Anführungsstrichen zitiert) mit Schriftstellern wie de Sade und Nietzsche verbinde, die »Schlechtes über den Menschen gesagt haben«.[9] Damit erreichte das verwirrende Maskenspiel, das Foucault mit *Les mots et les choses* und den anschließenden Interviews aufführte, wohl seinen Höhepunkt. Was hatte Nietzsche nun plötzlich hier zu suchen (von de Sade gar nicht zu reden)? Was verband Foucaults Bekenntnis zur Geschichte mit seiner Faszination für »Wissenschaft« und »Technik«? Und was haben historisch wandelbare Ordnungen des Wissens mit dem genetischen Code zu tun? Wir haben einiges zu entwirren; in diesem Kapitel kann ich erst damit beginnen, die wichtigsten Fäden in die Hand zu nehmen.

Lévi-Strauss, die Struktur der Sprache und das Inzesttabu

Wenn Foucault sich einer »Generation« zugehörig fühlte, so war seine erste Referenz, wie erinnerlich, Claude Lévi-Strauss. Das galt nicht nur für ihn; von Lévi-Strauss bezog vielmehr die ganze Nachkriegsgeneration der an der ENS geschulten französischen Intellektuellen die Überzeugung, dass der Strukturalismus weit über seinen Ursprung in der Linguistik von Ferdinand de Saussure (1857-1913) hinaus eine Methode bereithalte, die Ordnung und das Funktionieren menschlicher Gesellschaften insgesamt zu beschreiben.[10] Als Lévi-Strauss 1949 mit *Les structures élémentaires de la parenté* die strukturalistische Analyse in Frankreich einführte, haben Zeitgenossen ihr Lektüreerlebnis als Erschütterung, ja als Schock beschrieben, ver-

---

8 Foucault, »Gespräch mit Madeleine Chapsal«, S. 670 (Hervorhebung im Original).

9 Ebd.

10 Siehe dazu ausführlich François Dosse: *Geschichte des Strukturalismus, Bd. 1: Das Feld des Zeichens 1945-1966*, Frankfurt/M.: S. Fischer 1999, insb. S. 77-89.

gleichbar nur mit dem Eindruck, den *Das Kapital* von Marx und *Die Traumdeutung* von Freud hinterlassen haben. Denn das Buch platzte förmlich in ein intellektuelles Feld, das von der Phänomenologie, vom Existenzialismus und vom Marxismus bestimmt und von Jean-Paul Sartre überstrahlt wurde. Der Kontrast zur Sartres Philosophie hätte nicht größer sein können. Der noch weitgehend unbekannte, aber offenkundig brillante Ethnologe fragte in seiner *Grande Thèse* nach den »elementaren«, den invarianten Strukturen von menschlichen Gesellschaften, das heißt nach dem Unveränderlichen, dem Geschichtslosen und damit nach dem, was als Struktur »hinter« dem Subjekt und noch unabhängig von jeder Geschichte verborgen liegt – nach Strukturen mithin, deren Variationen erst die Spielmöglichkeiten der Geschichte abgeben.

Wer so grundsätzlich fragt, beginnt bei der Biologie. Lévi-Strauss setzte mit der von vielen Ethnologen vor ihm schon diskutierten Frage ein »Wo endet die Natur? Wo beginnt die Kultur?«,[11] die ihn zu einem kurzen Referat von diversen Verhaltensstudien über Menschenaffen führt. Diese würden alle darauf hinauslaufen, dass Affen zwar zumindest ansatzweise über ähnliche elementare Fähigkeiten wie der Mensch verfüge, jedoch nicht nur nicht sprechen können, sondern grundsätzlich keine Regeln kennen: »Das soziale Leben der Affen läßt sich in keinerlei Norm pressen. In Gegenwart des Männchens oder Weibchens, des lebendigen oder toten Tiers, eines jungen oder alten Individuums, eines Verwandten oder eines Fremden ist das Verhalten des Affen von überraschender Unbeständigkeit. Und nicht nur das Verhalten ein und desselben Individuums ist inkonstant, auch das kollektive Verhalten weist keinerlei Regelmäßigkeit auf.«[12] Insbesondere träfen Gorillas und Schimpansen »keinerlei sexuelle Unterscheidung im Hinblick auf ihre nahen Verwandten«.[13] Wohl sei das Instinktverhalten

---

11 Claude Lévi-Strauss: *Die elementaren Strukturen der Verwandtschaft*, Frankfurt/M.: Suhrkamp 1981, S. 46.

12 Ebd., S. 50.

13 Ebd., S. 80.

der Primaten nicht mehr so ausgeprägt, eindeutig und präzise wie bei übrigen Säugetieren, doch dieses »von der Natur aufgegebene Gebiet bleibt unbesetztes Territorium«, werde nicht zum Ort nichtnatürlicher Regeln. Daraus leitet Lévi-Strauss einen fundamentalen Satz ab: »Dieses Fehlen von Regeln scheint uns das zuverlässigste Kriterium zu sein, um einen natürlichen Prozeß von einem kulturellen Prozeß zu unterscheiden.«[14] Gemeint sind nicht universelle Regelmäßigkeiten, wie sie Kristallgittern oder physiologischen Prozessen eigen sind, sondern Verhaltensregelmäßigkeiten in Feldern, die von keinem Naturgesetz oder Instinkt reguliert werden. Eine Scheidelinie: »Überall dort«, schreibt Lévi-Strauss, »wo eine Regel auftaucht, wissen wir mit Bestimmtheit, daß wir uns auf der Ebene der Kultur befinden. Symmetrisch dazu bereitet es keine Schwierigkeit, in der Universalität das Kriterium der Natur zu erkennen.«[15]

Doch wie entstehen Regeln, und welche Regel ist zuerst da – als Ursprung aller Regeln gewissermaßen? Für Lévi-Strauss stellt diese erste Regel das Inzestverbot dar: Eine Regel, die paradoxerweise universell sei und dennoch eine kulturelle Tatsache, wie sie keine Tierart kenne. An sich war die Betonung der Bedeutung des Inzesttabus für Gesellschaften nichts Neues, und natürlich hatte Sigmund Freud mit dem Ödipus-Mythos und seiner Konstruktion eines ursprünglichen Vatermordes durch die Brüderhorde in *Totem und Tabu* auf die gemäß Freud fundamentale Bedeutung des Inzestverbots für die Entwicklung eines Kindes und für die Menschheit als solcher hingewiesen. Der Aussagekern des Ödipus-Mythos liegt nach Freud bekanntlich darin, dass der kleine Junge zwar die Mutter begehrt, diese aber nicht haben darf, weil ihm der Vater diesen Zugang zur Erfüllung seines Begehrens verweigert, und das Kind sich um seiner psychischen Gesundheit willen fortan dem Vater unterwerfen und sich zugleich mit ihm identifizie-

14 Ebd., S. 51.
15 Ebd., S. 52.

ren muss – und dann eine Frau außerhalb der Familie sucht; dasselbe gilt *vice versa* für Freuds mythische Konstruktion des Vatermordes.

Verbot, Verweigerung, Versagen sind für Freud die notwendigen Voraussetzungen primär für die psychische Gesundheit des Subjekts; bei Lévi-Strauss hingegen erscheint das Inzesttabu zuerst als die Basisstruktur für menschliche Gesellschaften, und im Zentrum steht dabei gar nicht so sehr das Verbot: »Das Inzestverbot«, schreibt er an anderer Stelle, »ist weniger eine Regel, die es untersagt, die Mutter, Schwester oder Tochter zu heiraten, als vielmehr eine Regel, die dazu zwingt, die Mutter, Schwester oder Tochter anderen zu geben«.[16] Allein, wieso entsteht eine solche Regel? Hat sie einen realen Grund? Gestützt auf eine Reihe von paläontologischen Studien und Arbeiten zur Genetik argumentiert Lévi-Strauss, dass diese erste aller Regeln nicht etwa der Verhinderung von Degeneration oder Ähnlichem diene (es ließe sich vielmehr zeigen, dass die Endogamie die weniger fehleranfällige Form der Vererbung wäre als die Exogamie, wie sie das Inzestverbot erzwingt, und jeder menschliche Pflanzen- und Tierzüchter wisse das seit Jahrtausenden); überdies hätte die Psychoanalyse nicht den Abscheu vor dem Inzest, sondern vielmehr das Streben nach ihm offengelegt. Seine Schlussfolgerung lag daher auf der Hand: Das Inzestverbot ist als Regel vollständig arbiträr, ist ohne jedes Fundament in der Natur – und dennoch zugleich universell wie die Tatsachen der Natur. Damit aber markiere es genau den Übergang oder Umschlagspunkt von der Natur zur Kultur; es sei, mit anderen Worten, die buchstäblich grundlose universelle Basis aller Kultur. Bei genauerer Betrachtung zeige sich überdies, dass die einzelnen Regelungen des Inzesttabus im weltweiten Vergleich fast beliebig vielfältig sind; so kann etwa der halbe Clan als »nahe Verwandte« definiert werden oder auch nur die Mutter. Entscheidend sei daher nicht die Semantik des Verbots, sondern »das *Faktum der Regel*, ganz un-

16 Ebd., S. 643.

abhängig von ihren Modalitäten«. Das Inzestverbot ist nichts anders als ein »Eingriff« – »noch genauer: es ist der Eingriff schlechthin«[17] – in die physische Reproduktion der Gruppe, indem es den Austausch von Frauen der natürlichen Konsanguinität entzieht. Genau dadurch erst entstehe eine »elementare« Form von Allianz und damit soziale Ordnung.

Die Einzelheiten von Lévi-Strauss' komplexen Ausführungen zum Frauentausch müssen uns hier nicht weiter beschäftigen. In unserem Zusammenhang ist nur kurz die Frage aufzuwerfen, wie aus diesen doch recht spezialisierten ethnologischen Erörterungen eine schulbildende »kalte Systematik« werden konnte, zu der Foucault als Angehöriger seiner »Generation« sich unausweichlich in irgendeiner Weise verhalten musste. Dazu ist noch kurz ein genauerer Blick auf die methodischen Prämissen von Lévi-Strauss nötig. Dieser folgte bei der Beschreibung von elementaren Verwandtschaftsstrukturen bekanntlich dem Strukturmodell der Saussureschen Linguistik, was es für ihn nahelegte, sich dabei auch mathematischer Modelle zu bedienen, um die Probleme der Kombinatorik und der Varianz lösen zu können, wie sie in seinen Verwandtschaftsanalyse auftraten. In einem 1951 im *American Anthropologist* unter dem Titel »Language and the Analysis of Social Laws« erschienenen Aufsatz erläutert er diesen Ansatz mit einer damals sehr aktuellen Referenz: »In einem Buch, dessen Bedeutung man im Hinblick auf die Zukunft der Sozialwissenschaften nicht unterschätzen darf, fragt Norbert Wiener, ob die mathematischen Methoden der Vorhersage, die den Bau der großen elektronischen Rechenmaschinen ermöglicht haben, auf die Sozialwissenschaften übertragbar seien. Am Ende ist seine Antwort negativ, und zwar aus zwei Gründen.«[18] Welche Gründe? Lévi-Strauss bezieht sich natürlich auf Wieners *Cybernetics, or Control and Communication in the Animal and*

17 Ebd., S. 81.

18 Claude Lévi-Strauss: »Sprache und Gesellschaft«, in: ders.: *Strukturale Anthropologie I*, Frankfurt/M.: Suhrkamp 1977, S. 68-79, Zitat S. 68.

the Machine, 1948 in New York erschienen; er referiert dessen Einschätzung des prekären Status der Sozialwissenschaften, die nicht auf ein mathematisches und damit objektives Fundament zu stellen seien: Erstens habe die Sozialwissenschaft, so Wiener, immer einen Einfluss auf den von ihr beobachteten Gegenstand, sie sei letztlich immer selbst ein Teil des untersuchten Feldes, weshalb objektive Beobachtung nicht möglich sei. Zweitens seien die menschlichen Verhältnisse zu begrenzt, produzieren zu wenige lange Datenreihen, um verlässliche statistische Aussagen zu ermöglichen. Doch Lévi-Strauss widerspricht: »In der Sprachwissenschaft, ganz besonders in der strukturalen Sprachwissenschaft – vor allem vom Standpunkt der Phonologie aus – scheint es, daß die Bedingungen, die er für eine mathematische Untersuchung stellt, gegeben sind.«[19] Er argumentiert zum einen, dass die Sprache als Struktur bzw. als geregeltes System von Phonemen vom Bewusstsein des Sprechenden vollständig unabhängig sei; ihre Beobachtung interferiere in keiner Weise mit dem Gegenstand, der dennoch aber »ein soziales Phänomen ist«.[20] Zum anderen verfüge man über sehr lange Zeitreihen von sprachlichem Material, so dass er auch den statistischen Einwand Wieners beiseiteschiebt, um zu folgern: »Von allen sozialen Phänomene scheint heute allein die Sprache für eine wirkliche wissenschaftliche Untersuchung geeignet zu sein«; die Phonologie habe es verstanden, »über die immer oberflächlichen bewußten und historischen Bekundungen hinaus objektive Realitäten zu erreichen«.[21]

Doch gilt dieses Modell wissenschaftlicher Objektivierung, das die Phonologie im Feld des Sprechens darstellt, generell? »Kann eine solche Reduktion«, so Lévi-Strauss, »für andere soziale Erscheinungen vorgenommen werden? Wenn ja, würde die gleiche Methode zu den gleichen Ergebnissen führen?«[22] Das sind keine geringen Fragen, denn ließen sie sich positiv be-

19 Ebd., S. 69.
20 Ebd.
21 Ebd., S. 71.
22 Ebd.

antworten, würde dies zur Einsicht in »Verhaltenssysteme« führen, »die jeweils Projektionen allgemeiner, die unbewußte Tätigkeit des Geistes regierender Gesetze auf die Ebene des bewußten und gesellschaftlichen Denkens sind«.[23] Genau das aber versuchte Lévi-Strauss mit seinen Forschungen zu den Verwandtschaftsstrukturen zu zeigen; die methodische Maxime, der er dabei folgte, lautete knapp folgendermaßen: »[D]aß man die Heiratsregeln und die Verwandtschaftssysteme als eine Art Sprache ansah, das heißt als ein Operationsgefüge, das dazu bestimmt ist, zwischen den Individuen und den Gruppen einen bestimmten Kommunikationstyp zu sichern.«[24] Wenn das so ist, scheint man auch einen Schritt weiter gehen zu können; man könnte dann annehmen, dass »verschiedene Aspekte des sozialen Lebens (Kunst und Religion inbegriffen) [...], aus Phänomenen bestehen, deren Natur sich mit der Natur der Sprache trifft«. Dann wäre es möglich, auf dieser Grundlage »eine Art universelles Gesetz aus[zu]arbeiten, das die den spezifischen Strukturen gemeinsamen Eigenschaften auszudrücken vermag« – ein Gesetz mithin, das »für jedes einzelne System Geltung ha[t], aber auch für alle Systeme, wenn es sich darum handelt, sie miteinander zu vergleichen«.[25]

Während wir auf die Frage des Inzesttabus und seiner Genealogie im 9. Kapitel ausführlich zurückkommen werden, ist hier das Ziel dieses kleinen Exkurses vorerst erreicht: Gesellschaftliche Phänomene wären gemäß dem strukturalistischen Paradigma analog zu sprachlichen Phänomenen zu analysieren – als Strukturen, die unabhängig sind von den Oberflächenerscheinungen des Bewusstseins; sie wären auf *ein* »Gesetz« zurückführbar, das von einer strukturalen Analyse erschlossen und das für alle menschlichen »Systeme« gültig wäre. Der junge Jacques Derrida hatte es 1966 (in seiner *sehr* prinzipiellen Art) zwar als unmöglich bezeichnet, dass man über den

23 Ebd., S. 72.
24 Ebd., S. 74.
25 Ebd., S. 75 f.

Umschlag von Natur zur Kultur im Inzestverbot als der »ursprünglichsten« Voraussetzung jeder Kultur überhaupt sprechen könne, ohne in Metaphysik zurückzufallen.[26] Bekanntlich aber hinderte das vor allem Jacques Lacan als Bewunderer von Lévi-Strauss nicht daran, dessen Methode schon in den 1950er Jahren in die Psychoanalyse einzuführen und zu postulieren, dass das Unbewusste »wie eine Sprache strukturiert« sei. Lacan zog insgesamt die radikalsten Konsequenzen aus den *Structures élémentaires de la parenté*: Wenn es wahr ist, dass menschliche Gesellschaften erst durch die Errichtung einer ersten Regel gestiftet werden, dann kann die von Freud als Ödipus-Drama beschriebene Unterwerfung des Kindes unter den Willen des Vaters – unter das *»non* du père« – mit der Unterwerfung unter die universelle Tatsache der arbiträren Regel, das heißt unter das »Gesetz«, identifiziert werden. Dieses aber sei nichts anderes als die symbolische Ordnung der Sprache selbst: der zum »non« homonyme *»nom* du père«, der Name des Vaters als der »erste Signifikant«, gewissermaßen als der Platzhalter jeder Regel schlechthin.[27]

Daher konnte Lacan den Schnitt zwischen Kultur und Natur nur noch radikalisieren. Am Beispiel von zwei identischen WC-Türen, die mit »Hommes« und »Dames« überschrieben sind, führt er 1957 in einem berühmt gewordenen Vortrag vor, dass es allein diese Signifikanten sind, die den »Imperativ symbolisieren«, der »einen abendländischen Menschen und sein öffentliches Leben den Gesetzen der urinalen Segregation unterwirft« – die also die Geschlechterdifferenz in diese elementare körperliche Funktion einschreiben. Die Pointe dabei ist, dass die allein von den beiden Signifikanten *»Hommes«* und *»Dames«* errichtete polare Geschlechterordnung die Differen-

---

26 Jacques Derrida: »Die Struktur, das Zeichen und das Spiel im Diskurs der Wissenschaften vom Menschen«, in: ders.: *Die Schrift und die Differenz*, Frankfurt/M.: Suhrkamp 1972, S. 422-442, insb. S. 429.

27 Jacques Lacan: *Seminar III. Die Psychosen (1955-56)*, Weinheim, Berlin: Quadriga 1997, S. 229, 254; Dylan Evans: *Wörterbuch der Lacanschen Psychoanalyse*, Wien: Turia und Kant 2002, S. 197.

zen zwischen Männern und Frauen »zur maßlosen Gewalt des ideologischen Krieges machen, die unausweichlich ist für die Familien und eine Plage für die Götter« – während der *körperliche* Unterschied zwischen den Geschlechtern als »nur ein animalischer und ein dem Vergessen der Naturnebel geweihter« gar nicht mehr adressiert werden kann.[28] Soweit es den Menschen im Rahmen der symbolischen Ordnung der Sprache betrifft, lässt sich über die Natur nichts Vernünftiges mehr sagen, versinken ihre »animalischen« Gestalten im Vergessen einer bloß noch nebulös erinnerten Natur. Abgeleitet von der Regel aller Regeln haben die Signifikanten eine kulturelle Ordnung errichtet, die den Wunsch, etwas »Wirkliches« über die Natur des Menschen wissen zu wollen, im besten Fall als naiv erscheinen lässt. Das hat auch Lévi-Strauss so gesehen, als er 1950 bemerkte: »Die Symbole sind realer als das, was sie symbolisieren, der Signifikant geht dem Signifikat voraus und bestimmt es.«[29]

Es ist daher kein Zufall – um die lange Geschichte des *linguistic turn* (und des sich auch noch aus anderen Wurzeln speisenden *cultural turn*[30]) in zweifellos ungerechter Weise auf ein einziges prominentes Beispiel zu reduzieren –, dass Judith Butler 1990 in *Gender Trouble* postulierte, es sei unmöglich und sinnlos, von *sex* als dem »natürlichen«, physischen, anatomi-

28 Jacques Lacan: »Das Drängen des Buchstabens im Unbewußten oder die Vernunft seit Freud«, in: ders.: *Schriften*, hg. von N. Haas und H.J. Metzger, Berlin: Quadriga 1991, S. 15-55, Zitate S. 24-25.

29 Claude Lévi-Strauss: »Einleitung in das Werk von Marcel Mauss«, in: Marcel Mauss: *Soziologie und Anthropologie 1*, Frankfurt/M.: S. Fischer 1989, S. 7-41, Zitat S. 26.

30 Was den *cultural turn* betrifft, ist damit die ganze Tradition der verstehenden Soziologie seit Max Weber und die neokantiansiche Philosophie etwa Ernst Cassirers bis hin zur Kulturanthropologie der Gegenwart gemeint, die alle die Welt des Menschen nur insofern für verstehbar, ja für einen sinnvollen epistemischen Gegenstand ansehen, als dieser von »Werten« (Weber), »Symbolen« (Cassirer) bzw. – dies zusammenfassend – »Bedeutungen« (C. Geertz) strukturiert wird. Die Überschneidungen mit dem philosophischen *linguistic turn* sind dabei breit.

schen Geschlecht zu sprechen, da dieses immer schon und vollständig von Diskursen und performativen Praktiken als *gender* (i. e. das »kulturelle«, »soziale« Geschlecht) geformt werde. Butler ist der Ansicht, dass die »Biologie im 19. Jahrhundert« den Körper immer nur als »träge Materie« verstanden habe, als »passiv und dem Diskurs vorgängig«, was eine »jede Theorie des kulturell konstruierten Körpers [...] hinterfragen muß«.[31] Sie schließt zwar nicht grundsätzlich aus – es wäre auch abenteuerlich –, »daß man keine gültige, beweisbare These zur Geschlechtsbestimmung aufstellen kann«.[32] Aber weil die gesamte Biologie unter das zwar philosophisch insoweit gut begründete, von Butler aber als Totschlagargument eingesetzte Verdikt fällt, »daß die Sprache der Biologie an anderen Sprachformen teilhat und gerade in den Objekten, die sie angeblich entdeckt und neutral beschreibt, die kulturelle Sedimentierung reproduziert«,[33] kann das, was Darwin und die Biologie über die zweigeschlechtliche sexuelle Reproduktion von Säugetieren aussagen, in ihren Überlegungen systematisch keine Rolle spielen – bis zur offenkundigen Bizarrerie. Im Gegenteil gilt Butler die Biologie als Inbegriff dessen, wogegen die »Theorie des kulturell konstruierten Körpers« überhaupt erst antritt. Ihre Frage, was dazu geführt habe, »daß der Körper rätselhafterweise als Gegebenheit *prima facie*, die keine Genealogie zuläßt, akzeptiert wurde«,[34] zeigt allerdings, dass sie zumindest die Pointe verpasst hat, die Konstruiertheit der Körpers auch von Darwin her zu denken (vgl. unten, Kap. 8).

Doch wie dem auch sei, die bodenlose Fundierung der Zeichen in einer universellen Regel jenseits aller Natur und damit der Schnitt zwischen Natur und Kultur, den Lévi-Strauss postulierte, den Lacan mit dem guten Recht des Psychoanalytikers, sich nur mit den Imaginationen und Phantasmen von

31 Judith Butler: *Das Unbehagen der Geschlechter*, Frankfurt/M.: Suhrkamp 1991, S. 191.
32 Ebd., S. 163.
33 Ebd.
34 Ebd., S. 191.

Analysanden aufhalten zu müssen, noch vertiefte und der mit Derridas Diktum »*Il n'y a pas de hors-texte*« (»*Ein Text-Äußeres gibt es nicht*«)[35] zum literaturwissenschaftlichen Kalenderspruch gerann, ist heute zum Gesetz kulturalistischen Denkens geworden. Seit den 1990er Jahren wurde dieser Schnitt unter dem Zeichen des siegreichen *linguistic turn* so tief geführt, dass die Kulturwissenschaft jede Verbindung zwischen der Welt der Zeichen und jener der Natur aufgegeben hat. Die gelehrten Bücher, die wir Kulturwissenschaftlerinnen und Historiker, nicht zuletzt angeleitet durch eine zuweilen etwas oberflächliche Foucault-Lektüre, über die kulturelle Konstruktion des Körpers geschrieben haben, brauchten von der Physiologie, der Genetik oder der Biochemie nichts zu wissen.[36] Nicht, dass es nicht notwendig und überaus produktiv gewesen wäre, unseren Blick von der scheinbar selbstverständlichen Referenz des »Natürlichen« und »Gegebenen« zu lösen und im Gegenzug die ihrerseits wirklichkeitserzeugende Kraft der Zeichen, Bilder und Diskurse unter die Lupe zu nehmen. Aber wir haben es uns vielleicht doch zu einfach gemacht. Während Zehntausende von Forschern in den unzähligen *science departments* zwischen Schanghai, Oxford und Berkeley unverdrossen und ohne uns zu fragen den Menschen in molekulargenetischer und neuro- oder soziobiologischer Weise neu erfinden, stecken wir in einer paradoxen Situation: Auf der einen Seite sucht ein wachsender Teil der ehemaligen Geisteswissenschaften sein Heil in einer neuen Verbindung mit der Evolutionsbiologie und akzeptiert *nolens volens* die Geschäftsgrundlage des Biologismus, wonach auch kulturelle Phänomene letztlich nichts anderes als Anpassungsleistungen im Kampf ums Überleben seien. Auf der andern Seite findet sich aber immer noch eine große Zahl von Kulturwissenschaftlern, die längst durchschaut zu haben glauben, dass die Genetik oder die Neurobiologie

---

35 Jacques Derrida: *Grammatologie*, Frankfurt/M.: Suhrkamp 1974, S. 274 (Kursivierung im Original).

36 Zum Beispiel Philipp Sarasin: *Reizbare Maschinen. Eine Geschichte des Körpers 1765-1914*, Frankfurt/M.: Suhrkamp 2001.

immer nur bloße »Diskurse« und »Repräsentationen« seien und jedes Wissen über die Natur sich unrettbar in den Netzen der Sprache und der Medien verfange. Diese kulturalistische Ideologie hat einen großen Teil der kulturwissenschaftlichen Forschungsindustrie von der Außenwelt abgetrennt und die Schotten dichtgemacht. Das Problem ist nicht, dass kulturwissenschaftliche Analysen nicht oft hochgradig durchdacht, in einer ganzen Tradition von unzähligen gelehrten Texten fundiert und theoretisch lupenrein begründet wären. Das Problem ist, dass sie zu gut sind – sie lassen die Türe keinen Spaltbreit mehr offen. Der *Schnitt* zwischen Natur und Kultur wurde zum Mantra, das unseren akademischen Seelenfrieden garantiert.

Diese Polemik ist selbstverständlich überspitzt, ja ungerecht. Sie blendet etwa aus, dass Bruno Latour mit seiner »symmetrischen Anthropologie« den Versuch unternimmt, den Schnitt zwischen Natur und Kultur in neuer Weise zu vernähen,[37] und dass Hans-Jörg Rheinberger hinter dieser Geste Latours schon die (eher verschüttete) Tradition einer Historischen Epistemologie ausgemacht hat, die über das Postulat der Historizität auch der Erkenntnisobjekte der Naturwissenschaften den Graben zwischen Natur und Kultur ein Stück weit überbrücken will.[38] Dennoch ist es meines Erachtens nicht ausgemacht, ob Latour oder Rheinberger wirklich den Fallstricken des semiotischen Konstruktivismus und damit des Kulturalismus zu entkommen vermögen. Doch wie dem auch sei: Foucault hat, wie wir sehen werden, sich nicht nur dezidiert von der Semiotik distanziert, sondern im Ganzen einen *anderen Weg* beschritten: einen Weg, der nicht über die Analyse von

---

37 Vgl. für viele Texte von Bruno Latour insb. *Wir sind nie modern gewesen. Versuch einer symmetrischen Anthropologie*, Berlin: Akademie Verlag 1995.

38 Hans-Jörg Rheinberger: *Epistemologie des Konkreten. Studien zur Geschichte der modernen Biologie*, Frankfurt/M.: Suhrkamp 2006; ders.: *Historische Epistemologie zur Einführung*, Hamburg: Junius Hamburg 2007.

Zeichensystemen und auch nicht über die primordiale Trennung von Natur und Kultur als Voraussetzung für unser Denken führt. Die Rekonstruktion dieses Weges muss mit der Frage beginnen, wie er sich zu den oben skizzierten strukturalistischen Positionen seiner Zeit verhielt. Doch sie lässt keine schnelle und einfache Antwort zu.

Das Rätsel der Sphinx. Darwins »évolutionisme« und Nietzsches »Biologismus«

Ich will damit beginnen, über eine Vorlesung zu sprechen, die der 29-Jährige im Wintersemester 1954-55 als Repetitor an der Ecole Normale Supérieur in Paris hielt (unter seinen Studenten befand sich auch Jacques Derrida, mit dem er sich befreundete) – eine Vorlesung mit dem Titel *Problèmes de l'anthropologie*, von der im *Fonds Foucault* im Institut Mémoires de l'Edition Moderne in Caen (IMEC) eine 68-seitige Mitschrift von Jacques Lagrange existiert.[39] Maurice Erb, dem ich für die Freundlichkeit danke, mich darauf hingewiesen zu haben und seine Abschrift des unpublizierten Manuskripts einsehen zu dürfen, hat diese Vorlesung offenbar als Erster in der sonst so betriebsamen Foucault-Forschung wirklich gelesen und analytisch in den Zusammenhang von Foucaults »Frühwerk« eingefügt.[40] Foucault verfolgt in *Problèmes de l'Anthropologie* die Frage, wie durch die Philosophiegeschichte hindurch »der Mensch« als Thema erscheint – oder eben nicht. Der erste Teil endet bei Feuerbachs naturalistischer Religionsphilosophie

39 Michel Foucault/Jacques Lagrange: *Problèmes de l'anthropologie*, Cours donné à l'École Normale 1954-1955; Photocopie de feuillets manuscrits allographes, 66 feuillets (IMEC Abbé d'Ardenne, Caen, Fonds Michel Foucault, FCL 3.08).

40 Vgl. Maurice Erb: *Wahnsinn und Mensch in Michel Foucaults »Frühwerk«*. Lizenziatsarbeit der Philosophischen Fakultät der Universität Zürich, Juni 2006, S. 61. Maurice Erb baut diese Arbeit zu einer Dissertation aus, die 2010/11 erscheinen wird.

und bei Diltheys lebensphilosophischer Hermeneutik, die beide aber, so Foucault, »Geist«-Philosophie blieben und letztlich hinter Kant in ein vorkritisches Ursprungsdenken zurückfallen würden. Das fundamentale Problem dieser Anthropologie sieht Foucault, wie Lagrange notiert, in der »Suche und in der Forderung nach einem Wesen [*essence*] des Menschen«, das zugleich der Ort der »Wahrheit« wäre. Damit aber sei die Anthropologie Feuerbachs und Diltheys weder das Ende der traditionellen Philosophie noch der Anfang einer wirklichen Philosophie des Menschen gewesen.[41]

Genau dies aber ist der Anspruch, den Foucault mit Nietzsche verbindet, dem daher der ganze zweite Teil der Vorlesung gilt; es ist die Zeit, in der Foucault Nietzsche zu lesen beginnt. Wie also führt er diesen als Begründer einer neuen Anthropologie ein? Zuerst bemerkt er, es gebe seit Kant in der philosophischen Anthropologie einen »dunkeln Punkt«, nämlich das Problem der »ersten und ursprünglichen Formen des Wesens des Menschen«: Diese Frage nach dem »konkreten Wesen« hätte, so Foucault, der Leitfaden sein können, der zur Frage nach der »Existenz des Menschen in der Natur« geführt hätte, und Lagrange notiert anschließend: »→ c'est l'evolutionisme qui en reprenant et en explicitant l'existence de l'homme va arracher l'homme à l'Anthropologie« – indem die Evolutionstheorie die Frage nach der Existenz des Menschen aufgreift und erklärt, entreißt sie den Menschen der (philosophischen) Anthropologie und verbaut fortan jede Möglichkeit, weiterhin von einem irgendwie im »Geist« begründeten, immer gleichen und »wahren« Wesen des Menschen zu sprechen.[42] Das hätten Nietzsche und Freud klar gesehen – »par rapport à Darwin«: indem sie auf Darwin zurückgegangen seien.[43] Von diesem Punkt aus, das heißt von Darwin aus, sei es seither unmöglich, im Menschen das Fundament der Wahrheit

41 Vgl. Foucault/Lagrange, *Problèmes de l'anthropologie*, S. 44-46.
42 Ebd., S. 47.
43 Ebd.

zu suchen. Während die kantische Philosophie in der Frage gipfele »Was ist der Mensch?«, würde mit Darwin und Nietzsche dieser Mensch von seinem »Wesen« und seiner »Wahrheit« befreit.

Foucault zieht aus dieser Entkopplung von Mensch und Wahrheit weitreichende Konsequenzen, die in der Vorlesungsmitschrift allerdings nur in Stichworten angedeutet werden: Hinsichtlich des Konzepts »Wahrheit« ergäbe sich daraus die »absolute« Freiheit, »nicht wahr zu sein«, nicht wahr sein zu müssen, und für den Menschen ergäbe sich daraus die »liberté absolue de n'être pas homme« – die vollkommene Freiheit, nicht »Mensch« sein zu müssen.[44] Was heißt das? Was bedeutet es, wenn man »den Menschen nicht über die Wahrheit und die Wahrheit nicht über den Menschen befragen kann«? Es bedeute bzw. ergäbe sich daraus, so Foucault in der Mitschrift von Lagrange, ein »fundamentales philosophisches Problem«, nämlich: »Qui de nous est ici Oedipe ou le Sphinx?« Sind wir, kann man wohl übersetzen, eigentlich Ödipus – oder sind wir nicht vielmehr die Sphinx? Sind wir jener Mensch, der, wenn er nicht wie Ödipus enden will, das Rätsel der Existenz lösen muss, indem er sich dem »non/m du père« als dem »ersten Signifikanten« unterwirft, jener sprachlichen Ordnung, die Lacan mit dem Menschsein jenseits des Wahnsinns und jenseits der Naturnebel identifizierte? Oder sind wir nicht doch die Sphinx, jenes Tier, das die Wahrheit kennt und die entscheidenden Fragen stellen kann, ein Tier also, allenfalls ein rätselhaftes Mischwesen zwischen Mensch und Tier?

Lagranges nächste Notiz beginnt nun wieder mit einem Pfeil: »→ Découverte de l'évolutionisme.«[45] Wiederum dieselbe Auskunft, ein wenig verknappt, aber doch lesbar: Wenn der Mensch nicht mit der von der Philosophie identifizierten »Wahrheit« identisch ist, ja überhaupt nicht mit dem philosophischen Konzept *des* Menschen begriffen werden kann, und

---

44 Ebd., S. 50.
45 Ebd.

auch nicht mit jenem Menschen, den die Psychoanalyse und die Ethnologie als einen dem Inzestverbot Unterworfenen verstehen – wenn all dies laut Foucault nicht zur Bestimmung des Menschen dienen kann, dann ist der Mensch nur vom »évolutionisme« her zu denken. Das heißt, mit anderen Worten, dass die philosophische Frage nach dem Menschen zurückverwiesen werde an eine Form der Wahrheit, die »dem Menschen vorgängig ist«. Fragen der Philosophie werden so, genealogisch gewendet, zur »problématique de l'évolution«; dann aber bleibt nichts anderes als die Parole ernst zu nehmen, die Foucault mit Nietzsche verbindet: »L'homme est un animal.«[46]

Foucault hat allerdings genau beobachtet, dass Nietzsche Distanz zum »évolutionisme« Darwins hielt, vor allem, dass er es ablehnte, Evolution und Fortschritt zu identifizieren.[47] Und dass er insbesondere die Versuche von David Strauss oder Eugen Dühring ablehnte, eine evolutionäre Moral zu begründen, das heißt, menschliche, gesellschaftliche, politische Werte auf direktem Wege aus »der Natur« abzuleiten. Wir werden später noch genauer sehen, dass Foucault in diesem Punkt Nietzsche immer folgte und nie aufgehört hat, den »Evolutionismus«, wie er sich im letzten Drittel des 19. Jahrhunderts vor allem in Deutschland unter dem Titel Sozialdarwinismus ausbildete und heute wieder Urständ feiert, in aller Schärfe zu denunzieren. Doch Foucault beobachtet schon 1954/55, dass für Nietzsche ein ganz anderer Aspekt des Darwinismus philosophisch grundlegend wurde: Evolution ist nicht einfach ein anderes Wort für Fortschritt, sondern in erster Linie »Beweis für das Werden«, Beleg dafür, dass es kein Sein, sondern nur Werden gibt. Und genau an diesem Punkt, in jenem kontinuierlichen, »flüssigen« Werden, welches die Evolutionstheorie beschreibt, »communiquent animalité et humanité«, so Foucault, tauschen sich Tierisches und Menschliches aus und gehen ineinander

46 Ebd.
47 Vgl. Nietzsche, *Zur Genealogie der Moral*, S. 312.

über.[48] Genau dieses »Werden« verunmögliche jede Form von »Wahrheit«, die nur vom Menschen ausgeht, verunmögliche den anthropologischen »Schnitt«, der den Menschen von der Natur trennt.

Die Konsequenzen, die Foucault mit Nietzsche aus Darwins Evolutionstheorie ableitet, sind umstürzend: Wenn der Mensch auf diese Weise seine »Animalität« ernst nehme, könne er darauf verzichten, seinen gegenwärtigen Zustand mit einem »absoluten Sinn« – das heißt mit einem in der Transzendenz verankertem Sinn – auszustatten; er kann vielmehr die Kontingenz und Grundlosigkeit seiner Existenz anerkennen. Insofern sei die Evolutionstheorie eine Lehre, die den Menschen mit der »Realität [*réel*] des organischen Lebens« versöhne, letztlich mit der banalen Tatsache des Todes, ihm aber auch die »Freiheit« des Tieres ohne Anbindung an »die Wahrheit« eröffne. Indem sie dem Menschen erlaubt, zu seinem animalischen Ursprung zurückzukehren und sich von seinem »aktuellen Wesen« als scheinbar ewig gültiger Bestimmung zu befreien, sei die Evolutionstheorie daher »la voie royale de la philosophie«.[49] Die Anspielung auf Freud, wiederum, ist unüberhörbar: Während dieser die Traumdeutung den »Königsweg zum Unbewußten« nannte – ein Weg, auf dem erst jene längst verdrängten Geschichten des ödipalen Begehrens erkennbar werden, falls es der Analyse gelingt, Licht in dieses Dunkel zu werfen –,[50] ist für Foucault die Evolutionstheorie der »Königsweg«, welcher die Philosophie zu der dem Menschen immer schon vorgängigen Wahrheit seiner wirklichen Herkunft führt.

Darwin also hält für Foucault ganz andere Erklärungen für das »Wesen« des Menschen bereit als die »humanistische Philosophie«. Doch kann tatsächlich Nietzsche, dessen Darwin-Skepsis unzweifelhaft ist, dennoch zu Recht als philosophischer Vermittler zwischen Biologie und Geschichte eingesetzt

48 Foucault/Lagrange, *Problèmes de l'anthropologie*, S. 50.
49 Ebd., S. 51.
50 Sigmund Freud: *Die Traumdeutung*, Frankfurt/M.: S. Fischer 1971, S. 577.

werden? Es ist Foucault auch klar, dass Nietzsche nicht in einem simplen Sinne zum Tier zurückkehren möchte und den Menschen gleichsam zum Tier hin zu befreien trachtete. Zwar ist es für Nietzsche gewiss, dass der Mensch vom Tier abstammt, von dort herkommt, und ein Stück »Tier« noch in ihm steckt. Daher nennt Nietzsche den Menschen auch regelmäßig ein »kluges Tier«, oder ein durch Moral »verzärteltes Tier«, manchmal auch das »gefährlichste Tier«, zuweilen eine »blonde Bestie« und umgekehrt spöttisch ein »Haustier«, auch »*das* kranke Tier«, typischerweise aber »überhaupt ein *interessantes Tier*«.[51] Und daher erscheint der Mensch für ihn auch als das »an den Gitterstangen seines Käfigs [i.e. die Moral] sich wund stoßende Thier« – ein Tier mithin, welches das »Gewissen« erfunden hat, und zwar »als die Folge einer gewaltsamen Abtrennung von der thierischen Vergangenheit, eines Sprunges und Sturzes gleichsam in neue Lagen und Daseins-Bedingungen, einer Kriegserklärung gegen die alten Instinkte, auf denen bis dahin seine Kraft, Lust und Furchtbarkeit beruhte«.[52]

Wäre das nun nicht doch der Punkt, an dem Nietzsche von einem Zurück zum Tier zu träumen beginnt? Von einem Rückgängigmachen jener gewaltsamen Zurichtungen, die den Menschen mit seiner »Seele« und seinem »Gewissen« hervorgebracht haben, gar den modernen Moral-Zärtling? Nein; Nietzsches Position erscheint in dieser Hinsicht als vergleichsweise eindeutig. Im *Nachlass der Achtziger Jahre* findet sich eine Notiz, die zwar ebenfalls davon spricht, dass der Prozess der Zivilisation und namentlich die Religion mit dem »Sünder« eine »künstliche, willkürliche, nachträgliche Missgeburt« hervorbrachten haben, »krank, kümmerlich, gegen sich selbst böswillig, voller Hass auf die Antriebe zum Leben, voller Misstrauen gegen alles, was schön und glücklich ist am Leben, ein wandelndes Elend«, um dann aber sogleich fortzufahren:

---

51 Vgl. für viele Stellen Nietzsche, *Zur Genealogie der Moral*, S. 266; 276f., 292, 367.

52 Ebd., S. 323.

»[W]ie werden wir es erlangen, dieses Phänomen trotz alledem zu rechtfertigen?« – weil Nietzsche eben glaubte, dass die Moralisierung des Menschen letztlich doch gerechtfertigt werden muss.[53] Diese paradoxe Wendung entspricht präzise der Fortsetzung der oben zitieren Textstelle aus der *Genealogie der Moral*, in der er von der »gewaltsamen Abtrennung von der thierischen Vergangenheit« spricht, denn auch dort schreibt er: »Fügen wir sofort hinzu, dass andrerseits mit der Thatsache einer gegen sich selbst gekehrten, gegen sich selbst Partei nehmenden Thierseele auf Erden« – das heißt also der reflexiv und gewissenhaft gewordenen menschlichen Seele – »etwas so Neues, Tiefes, Unerhörtes, Räthselhaftes, Widerspruchsvolles *und Zukunftsvolles* gegeben war, dass der Aspekt der Erde sich damit wesentlich veränderte. [...] Der Mensch zählt seitdem *mit* unter den unerwartetsten und aufregendsten Glückswürfen, die das ›große Kind‹ des Heraklit, heisse es Zeus oder Zufall, spielt, – er erweckt für sich ein Interesse, eine Spannung, eine Hoffnung, beinahe eine Gewissheit, als ob mit ihm sich Etwas ankündige, Etwas vorbereite, als ob der Mensch kein Ziel, sondern nur ein Weg, ein Zwischenfall, eine Brücke, ein großes Versprechen sei ...«[54]

Mit anderen Worten, der Mensch ist nur eine Zwischenstation zwischen dem Tier und etwas Höherem. Nietzsche nennt zwar die Moral und das Gewissen die »Ketten«, die den Menschen gefangen halten, und die Metapher legt schon nahe, dass der Mensch diese Ketten ablegen soll. Doch was könnte dann geschehen? »Erst wenn«, wie es in *Menschliches, Allzumenschliches* heißt, »die *Ketten-Krankheit* überwunden ist, ist das erste grosse Ziel ganz erreicht: die Abtrennung des Menschen

53 Zitiert nach Friedrich Nietzsche: *Aus dem Nachlass der Achtziger Jahre*, in: Werke und Briefe: [18], S. 23. *Digitale Bibliothek Band 31*: Nietzsche, S. 9454 (vgl. Friedrich Nietzsche: *Werke in drei Bänden*, hg. v. Karl Schlechta, Bd. 3, München: Hanser 1999, S. 808).

54 Nietzsche, *Zur Genealogie der Moral*, S. 323 f.

von den Thieren.«[55] Das »Tier« ist kein Ziel. In »Vom Nutzen und Nachtheil der Historie für das Leben« erscheinen Nietzsche die Tiere »kurz angebunden mit ihrer Lust und Unlust, nämlich an den Pflock des Augenblickes«;[56] es sei (so in »Schopenhauer als Erzieher«) gar »eine schwere Strafe, dergestalt als Thier unter Hunger und Begierde zu leben und doch über dies Leben zu gar keiner Besonnenheit zu kommen«.[57] Zarathustra, der seinen Darwin gelesen hatte, träumt daher nicht vom Tier, sondern weit über Darwin hinaus von Höherem: »Alle Wesen bisher schufen Etwas über sich hinaus: und ihr wollt die Ebbe dieser großen Fluth sein und lieber noch zum Thiere zurückgehn, als den Menschen überwinden?« An Stelle einer Antwort blickt Zarathustra noch einmal zurück: »Was ist der Affe für den Menschen? Ein Gelächter oder eine schmerzliche Scham. [...] Ihr habt den Weg vom Wurme zum Menschen gemacht, und Vieles ist in euch noch Wurm. Einst wart ihr Affen« ... – was den Philosophen zum bösen Aperçu reizt: »und auch jetzt noch ist der Mensch mehr Affe, als irgend ein Affe.«[58] Das heißt also, so Foucault, »non pas retour en arrière, mais ascension« – nicht die Rückkehr zum Tier, sondern der Aufstieg zu Höherem, und daher auch Nietzsches »dépassement de l'évolutionisme«, seine Überwindung Darwins.[59]

Foucaults weitere Ausführungen zu Nietzsches Sprachtheorie als Basis einer antiessentialistischen Psychologie können wir hier übergehen, denn sie führen zum selben Punkt der Überlegungen wie die Beobachtung des »dépassement de l'évolutionisme«: Nietzsches »Biologismus« sei keine »Rückkehr zur Natur«, weil es eine ursprüngliche Natur des Menschen gar

---

55 Friedrich Nietzsche: *Menschliches, Allzumenschliches*, in: KSA, Bd. 2, S. 702.

56 Friedrich Nietzsche: *Unzeitgemässe Betrachtung II*, »Vom Nutzen und Nachtheil der Historie für das Leben«, in: KSA, Bd. 1, S. 248.

57 Friedrich Nietzsche: *Unzeitgemässe Betrachtung III*, »Schopenhauer als Erzieher«, in: KSA, Bd. 1, S. 377.

58 Friedrich Nietzsche: *Also sprach Zarathustra*, »Zarathustra's Vorrede«, in: KSA, Bd. 4, S. 14.

59 Foucault/Lagrange, *Problèmes de l'anthropologie*, S. 51.

nie gegeben habe und weil es keine »verité naturelle« gebe; die Natur ist kein »verlorenes Vaterland«, zu dem man wie Rousseau zurückkehren könne.[60] Wieso dann aber der Rekurs auf die Biologie, auf Darwin, auf den *évolutionisme*? Soweit die Vorlesungsnotizen ein Urteil erlauben, ist es das, was Foucault mit Nietzsche und nicht ohne Emphase Darwins »doctrine vraie et mortelle« nennt:[61] »[D]ie Lehren vom souverainen Werden«, so Nietzsche in der zweiten *Unzeitgemässen Betrachtung*, »von der Flüssigkeit aller Begriffe, Typen und Arten, von dem Mangel aller cardinalen Verschiedenheit zwischen Mensch und Thier – Lehren, die ich für wahr, aber für tödtlich halte [...]«.[62] Warum tödlich? Foucault nennt sie gemäß Lagranges Notizen »tödlich«, weil sie mit dem Tod als Teil der Wirklichkeit versöhnen und den Menschen auf seine »animalité« hin öffnen. Nietzsche hingegen nannte Darwins Lehre »tödlich«, weil sie, »in der jetzt üblichen Belehrungs-Wuth [...] in das Volk geschleudert« – also in Form des Sozialdarwinismus –, dazu führt, dass dieses Volk »am egoistischen Kleinen und Elenden, an Verknöcherung und Selbstsucht zugrunde geht, zuerst nämlich auseinanderfällt und aufhört Volk zu sein: an dessen Stelle dann vielleicht Systeme von Einzelegoismen, Verbrüderungen zum Zweck raubsüchtiger Ausbeutung der Nicht-Brüder und ähnliche Schöpfungen utilitarischer Gemeinheit auf dem Schauplatze der Zukunft auftreten werden«.[63] Davon sagt Foucault in seiner Vorlesung nichts. Das subversive Potenzial der darwinschen Theorie, welches Nietzsche zumindest mit Blick auf das »Volk« als Rechtfertigung des Egoismus und der Aushöhlung jeder Moral fürchtete, war vielmehr genau das, was ihn an Darwin faszinierte. Darwins *évolutionisme* öffne den Blick auf ein Denken der Nichtidentität, ein Denken der Untergrabung aller behaupteten, dabei doch bloß historisch gewordenen Entitäten und Wesenheiten, ein Den-

60 Ebd., S. 56.
61 Ebd., S. 51.
62 Nietzsche, »Nutzen und Nachtheil der Historie für das Leben«, S. 319.
63 Ebd.

ken der fundamentalen Skepsis gegen alle »Begriffe, Typen und Arten«, die dem Individuum Zwang antun. Nietzsches Vorstellung hingegen, der Mensch müsse seine Natur, wenn sie schon nicht gegeben sei, nicht in der tierischen Vergangenheit suchen, sondern in der Zukunft erst noch finden, mit anderen Worten, sein Lob des Übermenschen, nennt Foucault »des mythes délirants«;[64] von Nietzsches hohem Ton der Überwindung des Menschen bleibt er vollständig frei.

Dennoch wird Nietzsche, der »Schlechtes über den Menschen gesagt hat«, seit der Vorlesung von 1954/55 zu seinem ständigen Begleiter werden. In *Histoire de la Folie* von 1961 steht Nietzsche für ein radikales Denken an der Grenze zum Wahnsinn, wie es eben »nur noch im Aufblitzen von Werken wie Hölderlins, Nervals, Nietzsches oder Artauds« fassbar werde.[65] In *Les mots et les choses*, wo Foucault sich weit von seiner ehemaligen latenten Parteinahme für den Wahnsinn entfernt, taucht Nietzsche dort wieder auf, wo es um das notwendige Aufwachen aus dem »anthropologischen Schlaf« geht – genauer noch »aus dem Schlummer aus Dialektik und Anthropologie«, wie Foucault in der George Bataille gewidmeten »Vorrede zur Überschreitung«[66] schreibt (die in vielem wie ein verschlüsseltes Echo der Vorlesung von 1954/55 erscheint) –, gewissermaßen als historischer Ausgangspunkt einer Bewegung, die die *episteme* des 19. Jahrhunderts untergräbt: »Vielleicht müßte man das erste Bemühen dieser Entwurzelung der Anthropologie, der zweifellos das zeitgenössische Denken gewidmet ist, in der Erfahrung Nietzsches sehen. Durch eine philosophische Kritik, durch eine bestimmt Form des Biologismus hat Nietzsche den Punkt wiedergefunden, an dem der Mensch und Gott sich gehören, an dem der Tod des

64 Foucault/Lagrange, *Problèmes de l'anthropologie*, S. 60.

65 Michel Foucault: *Wahnsinn und Gesellschaft. Eine Geschichte des Wahns im Zeitalter der Vernunft*, Frankfurt/M.: Suhrkamp 1973, S. 536.

66 Michel Foucault: »Vorrede zur Überschreitung«, in: Foucault, *Schriften, Band I*, S. 320-342, Zitat S. 328.

zweiten synonym mit dem Verschwinden des ersten ist und wo die Verheißung des Übermenschen zunächst und vor allem das Bevorstehen des Todes des Menschen bedeutet.«[67]

Man hört auch hier, nun aber fast unverschlüsselt, das Echo der Vorlesung von 1954/55: Eine »bestimmte Form des Biologismus« ermöglicht es Nietzsche, die Anthropologie aus ihrer transzendentalen Verankerung zu lösen, so dass mit Gott auch »der Mensch« verschwindet. Dieser Biologismus ist, mit anderen Worten, die Voraussetzung für das zeitgenössische Denken des Menschen: »In unserer heutigen Zeit kann man nur noch in der Leere des verschwundenen Menschen denken. Diese Leere stellt kein Manko her, sie schreibt keine auszufüllende Lücke vor. Sie ist nichts mehr und nichts weniger als die Entfaltung eines Raums, in dem es schließlich möglich ist, zu denken.«[68]

Die Humanwissenschaften, wie sie im 19. Jahrhundert entstanden sind, haben sich diesem »Biologismus« bekanntlich nicht angeschlossen, sondern vielmehr einerseits von der Biologie, der Ökonomie und der Sprachwissenschaft die positiven Methoden und Begriffe übernommen, um den Menschen als endliches Wesen zu beschreiben. Diesem positiven Wissen der Endlichkeit des Menschen entspreche andererseits, so Foucault, die Illusion des sich selbst transparenten Bewusstseins; noch im Zeitalter der Phänomenologie und des Marxismus gelte daher, wie er an anderer Stelle notiert, Nietzsches Diagnose von unserem fortgesetzten Vergessen der Tatsache, »daß wir auf dem Rücken eines Tigers sitzen« – daß unser Bewußtsein bloß der kleine Reiter auf einem großen wilden Tier sei.[69] Foucaults berühmte Kritik an dieser »Illusion im Bewusstseinszimmer« (um Nietzsches Formulierung in dem Text, auf den er sich bezog, zu zitieren[70]) ist daher schneidend: Sein

67 Foucault, *Ordnung der Dinge*, S. 412.
68 Ebd.
69 Ebd., S. 389. Foucault bezieht sich auf Friedrich Nietzsche: *Nachgelassene Schriften,* »Ueber Wahrheit und Lüge im aussermoralischen Sinne«, in: KSA, Bd. 1, S. 873-890, insb. S. 877.
70 Ebd.

»philosophisches Lachen« galt nicht nur grundsätzlich »allen, die noch vom Menschen, von seiner Herrschaft oder von seiner Befreiung sprechen wollen, all jenen, die noch fragen nach dem Menschen in seiner Essenz«; es galt auch insbesondere jenen, »die nicht formalisieren wollen, ohne zu anthropologisieren«.[71] Damit scheint die Sache, auf den ersten Blick zumindest, klar zu sein: Weil der Mensch »tot« ist, kann man ihn »formal« beschreiben, ohne ihn zugleich, wie bis anhin, zum begründenden und ermöglichenden Ausgangpunkt dieses Wissens machen zu müssen. Man kann als kalter Systematiker, etwa in der Art der Strukturalisten, die Zeichen denken, die dem Menschen erst das Sprechen ermöglichen, und ganz allgemein die kulturellen Ordnungen und Codes analysieren, die ihn als Gegenstand des Wissens erscheinen lassen. Das war es, was Foucault in seiner eigenen Epoche beobachtete, und er kannte diese Bewegung schon aus dem klassischen Zeitalter: »Muß man nicht zugeben, daß, da die Sprache erneut da ist, der Mensch zu jener heiteren Inexistenz zurückgelangen wird, in der ihn einst [das heißt im klassischen Zeitalter] die beherrschende Einheit des Diskurses gehalten hat?«[72]

Warum also verschwindet der Mensch? Nietzsches »Biologismus«, der den Menschen in eine genealogische Reihe mit dem Tier stellte, markierte den Ausgangspunkt; die beobachtbare »›Wiederkehr‹ der Sprache« wird wahrscheinlich – Foucault ist sich nicht sicher – das Schicksal des Menschen besiegeln. Dennoch kommt er am Schluss des Buches in einer vergleichsweise dunklen Passage auf Nietzsche zurück, »der von fern den Wendepunkt anzeigt«. Ist der sich ankündigende Tod des Menschen nicht das Korrelat des von Nietzsche beschriebenen Todes Gottes? Stirbt jetzt nicht dessen Mörder, der sich mit diesem Mord identifiziert, der »im Tod Gottes spricht, denkt und existiert«? Gehörte dieser Mensch nicht noch als Mörder Gottes dieser ehemaligen transzendenten

71 Foucault, *Ordnung der Dinge*, S. 412.
72 Ebd., S. 461.

Ordnung an? Ist nicht deshalb seine eigene auf der Tötung Gottes beruhende Existenz »dem Tod geweiht«? Und kündet damit Nietzsche nicht »das Aufbrechen des Gesichts des Menschen im Lachen und die Wiederkehr der Masken«, das heißt das Ende jeder Identität und jeden »Wesens« an, und damit schließlich auch »die Identität der Wiederkehr des *Gleichen* und der absoluten Zerstreuung des Menschen«?[73] Das kann viel heißen – allein, heißt dies im Lichte der Vorlesung von 1954/55 nicht vor allem, dass der Mensch in der Weise aufhört, »wahr« zu sein, und aufhört, »Mensch« zu sein, wie Nietzsches »Biologismus« das bezeugte und wie der *évolutionisme* das zu denken nahelegte? Foucault war kein Strukturalist; er weiß bloß als Historiker, dass die Herrschaft der Zeichen den Menschen wie schon im klassischen Zeitalter wohl wieder zum Verschwinden bringen wird. Aber das war ein rein konjekturales Argument. Daher kann er nur schweigen, wenn es darum geht, am Schluss des Buches den tatsächlichen Grund dafür zu nennen, warum der Mensch verschwinden wird wie ein Gesicht im Sand. Es sei »irgendein Ereignis, dessen Möglichkeit wir höchstens vorausahnen können, aber dessen Form und Verheißung wir im Augenblick noch nicht kennen«.[74] Welche Möglichkeiten welcher Ereignisse waren für Foucault 1966 »vorauszuahnen«? Im eingangs zitierten Interview mit Madeleine Chapsal nennt er als Referenz für seine eigene »kalte Systematik« nicht nur den Strukturalismus von Lévi-Strauss und Lacan, sondern wie gesagt auch den genetischen Code.[75] Ist vielleicht also die Genetik jene zukünftige Verschiebung, die den Menschen, wie er im 19. Jahrhundert in seiner Endlichkeit beschrieben wurde, gemäß der Formel von der »Identität der Wiederkehr des *Gleichen* und der absoluten *Zerstreuung* des Menschen« auflösen wird – gemäß einer Formel also, die mit Blick auf den stummen, repetitiven und jede »Essenz« notwen-

---

73 Ebd., S. 460 (Übersetzung verändert, Ph. S.).
74 Ebd., S. 462.
75 Foucault, »Gespräch mit Madeleine Chapsal«, S. 665.

dig zerstreuenden Replikations- und Rekombinationsprozess der DNA wie ein irritierend kaltes, aber erhellendes Licht aus ferner Vergangenheit erscheint? Diese Frage wird nicht aufhören, uns zu beschäftigen.

Schluss

Nach dem Erscheinen von *Les mots et les choses* galt Michel Foucault bei Freund und Feind als der neue Superstar des Strukturalismus. Dabei hätte das Missverständnis nicht größer sein können. Auch wenn er das strukturalistische Spiel als Literaturkritiker durchaus zu spielen verstand, so hat er doch schon 1961 in *Histoire de la Folie* in einer kurzen Bemerkung zum Ödipus-Mythos diese Ursprungsfigur des französischen Strukturalismus einer scharfen genealogischen Kritik unterworfen. Mit Blick auf die Transformation des Wahnsinns, der während des Ancien Régime noch in Ketten gelegt wurde, in die klinisch internierte Geisteskrankheit zu Beginn des 19. Jahrhunderts schreibt er mit beißendem Spott über dieses neue ärztliche Dispositiv: »Die ganze Existenz des Wahnsinns in der Welt, die man ihm jetzt bereitet, wurde in das eingehüllt, was man antizipativ einen ›elterlichen Komplex‹ nennen könnte. Die Geltung des Patriarchats belebt alles um ihn herum in der bürgerlichen Familie.« Was heißt das? Foucaults Spott zielt aufs Grundsätzliche, aufs Genealogische: »Diese historische Sedimentierung wird die Psychoanalyse später an den Tag bringen und ihr in einem neuen Mythos die Bedeutung des Schicksals geben, das die abendländische Kultur und vielleicht jede Zivilisation durchfurchen soll, während sie langsam von ihr niedergelegt wurde und sich erst vor kurzem gefestigt hat, nämlich am Ende des [neunzehnten] Jahrhunderts […].«[76] Mit anderen Worten, das, was zuerst Freud und dann Lévi-Strauss, gefolgt von Lacan, als grundlegender Mythos bzw. als

76 Foucault, *Wahnsinn und Gesellschaft*, S. 512.

fundierende Struktur jeder Kultur erschien, ist für Foucault, der diese Zeilen am Ende der 1950er Jahre schrieb, eine in die »Tiefe« der Psyche versenkte Kopie eines ganz anderen, keineswegs mythischen, sondern vollständig modernen Dramas. Es erzählt davon, dass Philipp Pinel (und auch der englische Psychiater Tuke) die Irren nicht nur »aus ihren Ketten befreiten«, sondern sie vor allem an einen Vater-Arzt gebunden und Heilung durch Identifikation mit diesem Vater versprochen haben. Es ist die Geschichte eines spezifischen Machtverhältnisses, die der Genealoge (lange bevor er sich als solchen bezeichnete) aus dem Staub der Archive hervorholt, um die strukturalistische Ursprungserzählung vom »Übergang von der Natur zur Kultur« mit diesem Fundstück zu konfrontieren. Gegen den Mythos von der Struktur insistiert Foucault auf der Geschichte.

Unabhängig davon, ob man ihm in dieser Analyse folgen mag oder nicht – man hätte gewarnt sein können. Das antistrukturalistische Denken des Genealogen hat sich schon 1961 manifestiert, und zwar nicht gerade auf einem Nebenkriegsschauplatz. Doch der Hinweis war versteckt genug, um überlesen zu werden. Foucault hat daher ein Leben lang immer wieder auf den Ödipus-Mythos Bezug genommen, um den von der Psychoanalyse damit verknüpften Anspruch, das »Gesetz« von Kultur und Subjektwerdung überhaupt darzustellen, laut und deutlich zurückzuweisen.[77] Darauf werden wir im 9. Kapitel zurückkommen; hier genügt es, darauf hinzuweisen, dass für Foucault der Mensch nicht deshalb »verschwinden« wird, weil er sich notwendigerweise und unumgänglich der von der »Regel aller Regeln« abgeleiteten Signifikantenordnung unterwerfen müsste. Seine Prognose vom »Tod des Menschen« ist, wenn man gleichsam ihn selbst fragt und nicht nur seiner historischen Beobachtung der »Wiederkehr« der Sprache folgt, weniger der »Dezentrierung« des Subjekts durch Sprache, der Unterwerfung des Bewusstseins unter die Struktur des Unbe-

---

77 Sarasin, *Foucault zur Einführung*, Kap. 8.

wussten oder ähnlichem geschuldet. In dem Maße vielmehr, wie Foucault die psychoanalytisch-strukturalistische Lektüre des Ödipus-Mythos zurückwies, hat er *seine* Subversion der Anthropologie nicht auf den linguistischen Strukturalismus und dessen Dezentrierung des Subjekts gestützt, sondern auf jene dekonstruktiv-genealogische Bewegung, die von Nietzsches »Biologismus« ausging (der in Wahrheit, wie wir wissen, eher Foucaults eigene Lektüre Darwins war). Dem strukturalistischen Denken des »Systems«, das damals auf dem Höhepunkt seines Einflusses war, hielt Foucault die Erinnerung, wenn auch ziemlich versteckt, an Nietzsches Referenz auf Darwin entgegen. Man kann nicht behaupten, dass er seinen Punkt sehr deutlich gemacht hätte – vielleicht war er ihm auch nicht wirklich klar –, und daher musste seine Position letztlich auch als dunkel, ja verworren erscheinen. Bezog er sich nun, direkt gesagt, auf das »System«, die Struktur, oder auf die Geschichte? Oder auf beides? Aber wäre das nicht ein Widerspruch? Kann man ein Denken der Geschichte, das heißt, in Foucaults Verständnis, der Diskontinuität und des Todes, mit einem Denken des Systems, der formalen Muster und der Wiederholung, verbinden? Kann man »kalter Systematiker« sein und Nietzsche zitieren, der (wiederum) Darwin zitiert (oder auch nur angeblich zitiert)?

Im Mai 1968, ausgerechnet, hat sich Foucault in der Zeitschrift *Ésprit* einer Frage gestellt, die ihm von den Lesern der Zeitschrift vorgelegt wurde. Denn diese orteten in Foucaults Archäologie der Humanwissenschaften nicht zuletzt ein politisches Problem: »Beseitigt ein Denken«, so die Frage, »das den Systemzwang und die Diskontinuität in die Geistesgeschichte einführt, nicht jede Grundlage einer progressiven politischen Intervention?« Führe eine solche Position, wie Foucault sie vertrete, nicht dazu, dass man entweder das »System« akzeptiert oder nach revolutionärer Gewalt ruft, um es zu sprengen?[78]

---

78 Michel Foucault: »Antwort auf eine Frage«, in: Foucault, *Schriften, Band I*, S. 859-886, Fn. 1, S. 859.

Foucaults Antwort ist lang und verwickelt; sein Einstieg in die »Antwort auf eine Frage« ist in unserem gegenwärtigen Zusammenhang aber ganz besonders sprechend. Er schreibt: »Ich muss gestehen, dass Sie mein Vorhaben sehr genau charakterisiert haben und dabei den Punkt der unvermeidlichen Uneinigkeit benannt haben. ›Den Systemzwang und die Diskontinuität in die Geistesgeschichte einführen‹? Ja, ich erkenne mich darin fast vollständig wieder. Ja, ich erkenne an, dass dies ein beinahe unverantwortliches Vorhaben darstellt. Teuflisch zutreffend: Es ist Ihnen gelungen, meiner Arbeit eine Definition zu geben, die ich zu unterschreiben gezwungen bin, die sich aber niemand jemals vernünftigerweise zu Eigen machen würde. Plötzlich empfinde ich meine ganze Merkwürdigkeit, meine so wenig legitime Absonderlichkeit.«[79]

Teuflisch zutreffend. Wie kann man gleichzeitig vom System und von der Diskontinuität reden, wie Foucault das »zu unterschreiben gezwungen« ist? Die Antwort, die er geben wird, wird uns ins Feld seiner Epistemologie führen, ins Feld dessen, was er zuerst Archäologie nannte, für einen kurzen Moment auch Diskursanalyse, und das schließlich zur Genealogie werden wird, die seit Jahren schon der Impuls seines Denkens war und die dieses Denken direkt mit jenem von Darwin in Verbindung bringt. Diese Antwort wird uns im zweiten Teil beschäftigen.

---

79 Ebd., S. 859.

II.
Genealogie und Geschichte

Wir haben Michel Foucault 1968 verlassen, als er gegenüber den Lesern in der Zeitschrift *Ésprit* eingestand, dass ein Denken, welches gleichzeitig den »Systemzwang« und die Diskontinuität in die Geistesgeschichte einführt, sich in Widersprüche zu verwickeln scheint. Das Folgende soll zeigen, wie Foucault als Archäologe diese konzeptionellen Spannungen zu lösen versuchte, indem er vorschlug, historische Wirklichkeiten in einer bestimmten systematischen Weise zu rekonstruieren und dennoch jeweils das Konkrete, das Einzelne, das Ereignis ins Auge zu fassen. Ich werde argumentieren, dass diese Epistemologie des Konkreten – um eine Formulierung von Hans-Jörg Rheinberger aufzunehmen[1] – an eine Erkenntnisweise erinnert, die den Naturwissenschaften näher ist als den Geisteswissenschaften; um das verständlich machen zu können, muss ich die Leserin, den Leser allerdings über ein paar scheinbare Umwege führen und dementsprechend um Geduld bitten.

Der Begriff des Konkreten war für Foucault programmatisch. Im schon mehrfach erwähnten Interview, das Madeleine Chapsal nach dem Erscheinen von *Les mots et les choses* im Mai 1966 mit ihm führte, bemerkte sie, dass dieses »neue Denken, ob nun mit Zahlen gespickt oder nicht, als kalt und abstrakt erscheint«. Das war der klassische Vorwurf gegen den Strukturalismus, und Foucault echauffiert sich auch sogleich: Nein, der Humanismus ist abstrakt! »All diese Herzensschreie, diese Ansprüche der menschlichen Person, der Existenz sind abstrakt, das heißt abgeschnitten von der wissenschaftlichen und technischen Welt, die unsere reale Welt ist.«[2] Ihm und »unserer Generation« gehe es *nicht* darum, »den Menschen *gegen* das Wissen und *gegen* die Technik zu stellen« – eine Haltung, die die Theoretiker der Neuen Linken damals kaum ge-

1 Rheinberger, *Epistemologie des Konkreten*, Einleitung.
2 Foucault, »Gespräch mit Madeleine Chapsal«, S. 669.

teilt hätten.[3] »In Wirklichkeit«, fuhr er daher fort, »ist das ›menschliche Herz‹ abstrakt, und unser Bestreben, den Menschen mit seiner Wissenschaft, seinen Entdeckungen, seiner Welt zu verbinden, ist konkret«.[4]

Doch wie genau sollte eine Epistemologie des Konkreten beschaffen sein? Was bedeutete dieser deklamatorische Bezug auf »Wissenschaft und Technik« wirklich? Und wie weit war das Denken, das daraus resultieren sollte, dann tatsächlich ein System-Denken? Wir werden sehen, dass Foucaults Epistemologie zwar auf dem Instrument der Serie beruhte (es wird notwendig sein, diesen Punkt etwas genauer zu studieren), er dennoch aber unzufrieden war mit seiner rein »archäologischen«, seiner tendenziell »systematischen« Lösung. Er suchte nach einer Form von Geschichtsschreibung, die dem Einzelnen und dem Ereignis noch mehr Gewicht zu geben vermag und jeder Form von Systematik noch grundsätzlicher misstraut. Der von dieser nominalistischen Skepsis angetriebene, berühmte (wenn auch nie vollständige und nicht irreversible) Übergang Foucaults von der Archäologie zur Genealogie, welche die Epistemologie des Konkreten weg von einem »System« führte, scheint – wenn man ihn überhaupt zeitlich fixieren möchte – wohl im Jahr 1969 stattgefunden zu haben: Es war dies der Zeitpunkt, als Foucault im Cuvier-Vortrag ein paar Absätze lang von Darwin sprach und er überdies einen berühmten Aufsatz zur Genealogie schrieb, auf den wir zu sprechen kommen werden[5] – und sich fortan selbst als »Genealogen« bezeichnete.

---

3 Vgl. Max Horkheimer, Theodor W. Adorno: *Dialektik der Aufklärung. Philosophische Fragmente*, Amsterdam: Querido 1947, z.B. S. 31 ff., oder etwa die – allerdings 1971 geschriebenen – Passagen in Herbert Marcuse: *Konterrevolution und Revolte*, Frankfurt/M.: Suhrkamp 1973, S. 84-89.

4 Foucault, »Gespräch mit Madeleine Chapsal«, S. 670.

5 Michel Foucault: »Nietzsche, die Genealogie, die Historie«, in: Foucault, *Schriften, Band II*, S. 166-190. Der Text wurde 1969 geschrieben und 1971 erstmals publiziert.

5. Serien und Ereignisse

Neben Darwins dezidiertem Nominalismus kann vor allem ein Aspekt seiner Epistemologie des Konkreten helfen, meinen bloß vagen Ausdruck »naturwissenschaftliche Erkenntnisweise« etwas anschaulicher zu machen: die Anordnung von Objekten oder Phänomenen zu einer Serie, ohne jedoch aus dieser Serie ein »System« zu bauen. Auch Darwin nahm, mit anderen Worten, immer wieder Serien in den Blick, und darin unterschied er sich natürlich in keiner Weise von der Naturforschung seiner Zeit oder von späterer Naturwissenschaft. Es wird sich allerdings zeigen, dass Darwins Serien und damit seine gesamte Methodologie auf ähnliche Kritik stießen wie später auch Foucaults Praxis einer seriellen Geschichtsschreibung, und in beiden Fällen wird die Genealogie sich als die Denkform erweisen, mit der sowohl Darwin als auch Foucault die epistemologischen Möglichkeiten der Serie neu interpretierten.

Darwins Serien

Warum gibt es Mehreres, das sich ähnlich ist? Warum gibt es nicht nur gänzlich Einzelnes, Individuelles? Warum ist es möglich, Serien oder Reihen zu bilden (um vorerst semantisch noch etwas unklar zu bleiben)? Darwin postulierte die individuelle Differenz als das einzig Konkrete, als dasjenige, was der Naturforscher in den Blick nehmen soll, um zu verstehen, wie die Pflanzen und Tiere entstanden sind. Dabei ist aber offensichtlich, dass er dies nicht wirklich tun konnte, ohne zumindest rhetorisch von der Regelmäßigkeit, den Ähnlichkeiten und der Serie, kurz: der Spezies auszugehen. Er sprach entsprechend immer von Arten, grenzte sie gegen andere ab, schrieb über ihre Morphologie, ihr Vorkommen, ihr artübliches Verhalten – und unterstellte gleichzeitig doch immer, dass sie Abstraktionen seien! Real sei nur das Individuum, wurde er nicht müde zu wiederholen. Ist das nicht ein Widerspruch? Wenn die individuellen Differenzen das entscheidende *movens* der Evolution sind, bedeutet das dann nicht, dass es Differenzen innerhalb einer Reihe von Regelmäßigkeiten sind, kleinste Abweichungen von einem Muster der Ähnlichkeit? Das ist zweifellos so, und Darwin geht sogar so weit, zu behaupten, dass es im Grunde nur eine einzige Serie gibt, eine einzige lange Kette der Wesen, gegliedert *nur* – und das unterscheidet diese evolutionäre Reihe von den traditionellen *Scala-naturae*-Vorstellungen von Aristoteles bis Buffon – durch die unendlich vielen kleinen individuellen Differenzen, die sich zwar nach Maßgabe ihrer genealogischen Abhängigkeiten ordnen ließe, die aber die Trennung von Gattung und Arten gar nicht zulassen würde: »[W]enn alle Formen, welche jemals auf dieser Erde gelebt haben, plötzlich wiedererscheinen könnten, so würde es [...] ganz unmöglich sein, die Gruppen durch Definitionen voneinander zu unterscheiden.«[1] Die Ausgangsfrage muss also lauten, wie es überhaupt zur Serie kommt, zur Bildung von Ähnlichem, welches dann individuell voneinander abweichen kann. In heutiger Metaphorik lautet die Antwort: durch Kopiervorgänge.[2] Darwin beschreibt den Mechanismus in etwas anderen Worten: »Wahrscheinlich sind indessen einige reihenförmig sich wiederholende Gebilde das Resultat einer Zellenvermehrung durch Teilung, welche die Vermehrung der aus solchen Zellen sich entwickelnden Teile mit sich bringt. Es muß für unseren Zweck genügen, im Sinne zu behalten, daß eine unbestimmte Wiederholung desselben Teils oder Organs, wie Owen bemerkt hat, das gemeinsame Attribut aller gering oder wenig modifizierten

1 Darwin, *Entstehung der Arten*, S. 654f.

2 Diese Begrifflichkeit wurde vor allem von Richard Dawkins populär gemacht, siehe Richard Dawkins: *Das egoistische Gen*, Reinbek bei Hamburg: Rowohlt 2005, insb. S. 46.

Formen ist; daher besaß wahrscheinlich die unbekannte Stammform aller Wirbeltiere viele Wirbel [...].«[3] Am Anfang sind Zellteilungen, und die frühesten und einfachsten Lebensformen haben sich nicht anders vermehrt als auf diese Weise. Damit ist auch gesagt, dass erst kleinste Kopierfehler in diesen Teilungsvorgängen überhaupt jene individuellen Differenzen hervorbringen, welche evolutionäre Prozesse ermöglichen.

Die Serie ist folglich etwas Doppeltes. Die vorgestellte »erste«, »ursprüngliche« Serie, die sich durch bloße Zellteilung reproduziert und vermehrt, vervielfältigt und vervielfacht sich in der Evolution – zweitens – als Serien von ähnlichen Wesen. Würde man, wie gesagt, *alle* Organismen, die je auf dem Planeten gelebt haben, nebeneinanderstellen, würden die distinkten Serien, die wir erkennen, sich wieder zu einer einzigen großen evolutionären Reihe ineinanderfügen. Diese vorgestellte »eigentliche«, zugleich imaginäre wie reale Reihe – als solche Fluchtpunkt der Evolutionstheorie – ist in Wirklichkeit immer schon unterbrochen und aufgesplittert, denn sie zerbricht dort in existierende Gattungen und Arten, wo der Tod sie in Stücke gehauen hat. Schon neben der ersten rudimentären Stammbaumskizze, die er im Sommer 1837 in sein berühmtes Notebook B strichelte (vgl. Abb. 1), notierte Darwin, die Ausdifferenzierung von Gattungen und Arten »VERLANGT [...] Aussterben«:[4] Damit sich überhaupt Arten bilden – wie sie die auseinanderstrebenden Äste des Stammbaums repräsentieren –, müssen sich nicht nur Individuen differenzieren und damit mögliche Ansätze für verschiedene Entwicklungsstränge entstehen, sondern muss vor allem der Tod Lücken ins evolutionäre Kontinuum reißen. Darum heißt es dann auch im *Origin of Species*: »Das Erlöschen [von Gattungen und Arten] hat einen bedeutsamen Anteil an der Bildung und Erweiterung der Lücken zwischen den verschiedenen Gruppen einer jeden

---

3 Darwin, *Entstehung der Arten*, S. 658.
4 Zitiert in: Voss, *Darwins Bilder*, S. 96.

Klasse gehabt.«[5] Die dadurch entstandenen Bruchstücke der ursprünglichen Reihe mit ihren zwischen den Arten größeren und von Individuum zu Individuum kleineren Abweichungen sind das, was Darwin vor Augen hatte. Was er als das Individuelle heraushob, war daher immer eine Abweichung von einem seriellen Muster, von einer gewissen, eine Zeitlang – bzw. ein Stück weit – stabilen, kaum veränderten Regelmäßigkeit einer Reihe ähnlicher Wesen. In der Formulierung »ein Stück weit« oder »eine Zeitlang« aber verbirgt sich just das Erkenntnisproblem, auf das es ihm ankam: Wie lange muss die Serie der Regelmäßigkeit und Stabilität beschaffen sein, damit sie ihre Veränderbarkeit zeigt, ihre Instabilität, ihr Herkommen aus einer anderen Serie bzw. aus einem längst abgetrennten älteren Strang? Wie kann man aus der Serie von Ähnlichkeiten auf das Unähnliche schließen, welches der Ursprung dieser Serie von Ähnlichkeiten sein soll? Was passiert, mit anderen Worten, wenn Serien einen Zeitindex haben? Das ist die eigentlich genealogische Frage. Darwin bearbeitet sie, indem er die Serialität der Naturdinge in seinen Beobachtung zugleich voraussetzt und in Frage stellt: Wo zeigen die Serien von Ähnlichkeiten die langsam sich kumulierenden Abweichungen, und auf welche anderen, älteren Serien verweisen diese?

So zu fragen führt zu Darwins konkreter Forschungspraxis: Welche Serien bildete er, und wie bildete er sie? Darwin war in dieser Hinsicht weder unkonventionell noch besonders *sophisticated*. Zuerst ist daran zu erinnern, dass er in vielfältigster Weise von der Kenntnis von Serien ausging bzw. sich auf existierende Serien stützte: Schon auf seiner Reise mit der *Beagle* benutzte er, wie im ersten Kapitel erwähnt, unter anderem den 17-bändigen *Dictionnaire classique d'histoire naturelle* (1822-31) von Bory de Saint-Vincent und Lamarcks *Histoire naturelle des animaux sans vertèbres* (1815-22), die ihm halfen, ein-

5 Darwin, *Entstehung der Arten*, S. 654 (wobei Klassen [z. B. Vögel] Gruppen [z. B. südamerikanische Gattungen] umfassen und diese wiederum Gattungen [z. B. Galápagos-Finken] und Arten [z. B. *Geospiza nebulosa*]).

zelne Exemplare – Tiere, Pflanzen, Fossilien – gleichsam in einer ersten Näherung einzuordnen (oder deren Einordnung abzulehnen).[6] Vor allem aber, zweiter Schritt, übergab er diese rund 500 Fundstücke (etwa die berühmten Finken, vgl. oben, Kap. 1) in London den Spezialisten des Natural History Museum und der Zoological Society, wo sie mit den dort gespeicherten Serien konservierter Organismen und Fossilien (im Natural History Museum allein heute rund 70 Millionen *specimens*![7]) abgeglichen wurden, um sie taxonomisch zu klassifizieren. In dem Maße, wie die Klassifikation bislang unbekannter Arten anhand von Serien mit morphologischen Ähnlichkeiten das Hauptgeschäft der damaligen Zoologie und Botanik ausmachte, ist die Feststellung trivial, dass auch Darwin sich selbstverständlich und in vielfältiger Weise auf solche taxonomischen Serien bezog. Nicht trivial waren allerdings die Schwierigkeiten, die dieses »Einfügen« von Organismen in die Ordnung der Taxa bedeuten konnte. Darwins eigene Bemühungen, die maritime Gruppe der winzigen Rankenfuß-Krebse, die traditionell als Mollusken (Weichtiere) klassifiziert wurden, den Crustaceen (Krebse) zuzuteilen, kosteten ihn acht Jahre harter Arbeit und brachten ihm in der Fachwelt höchste Anerkennung ein.[8]

Doch wie erscheinen Serien im *Origin of Species*? Eine erste Form von Serien taucht im Text dort auf, wo Darwin eigentliche botanische Experimente oder besser Feldversuche doku-

---

6 Vgl. dazu z. B. seine Reisebriefe an Henslow, in: Charles Darwin, *Extracts from Letters Addressed to Professor Henslow*, Cambridge [privately printed 1835], auf ⟨http://darwin-online.org.uk/⟩, bzw. direkt seinen langen, zwischen dem 24. Juli und dem 7. November 1834 geschriebenen Brief an Henslow ⟨http://www.darwinproject.ac.uk/darwinletters/calendar/entry-251.html⟩.

7 Vgl. Natural History Museum London ⟨http://www.nhm.ac.uk/research-curation/collections/index.html⟩.

8 Charles Darwin: *Living Cirripedia, A Monograph on the Sub-class Cirripedia, with Figures of all the Species. The Lepadidæ; or, Pedunculated Cirripedes*, Vol. 1, London: The Ray Society 1852, und *Living Cirripedia, The Balanidæ (or Sessile Cirripedes); the Verrucidæ*, Vol. 2, London: The Ray Society 1854; vgl. Engels, *Charles Darwin*, S. 39.

mentiert,[9] zum Beispiel der folgende: »Ich habe durch Versuche ermittelt, daß Hummeln zur Befruchtung des Stiefmütterchen oder Pensées (*Viola tricolor*) fast unentbehrlich sind, indem andere Bienen sich nie auf dieser Blume einfinden. Ebenso habe ich gefunden, daß der Besuch der Bienen zur Befruchtung von mehreren unserer Kleearten notwendig sei. So lieferte mir z.B. zwanzig Köpfe weißen Klees (*Trifolium repens*) 2290 Samen, während 20 andere Köpfe dieser Art, welche den Bienen unzugänglich gemacht worden waren, nicht einen Samen zur Entwicklung brachten.«[10] Ein solcher einfacher botanischer Versuch entsprach noch dem alten baconschen Ideal vorurteilsfreier empirischer Wissenschaft: Ohne eine vorgängige Theorie wird durch Auszählen der Samen ermittelt, welche Insekten für die Befruchtung welcher Pflanzen notwendig sind. Das Experiment besteht darin, in einem abgegrenzten Bezirk – darin einem Labor verwandt – durch Abdecken von Pflanzen gezielt in Naturvorgänge einzugreifen, um dadurch erst natürliche Regelmäßigkeiten hervortreten zu lassen; diese Regelmäßigkeiten werden als Häufigkeiten in einfachster statistischer Manier protokolliert. Die von Darwin ausgezählten Samen gehören zu jener Kategorie wissenschaftlicher Objekte, die der einflussreiche Mathematiker, Geologe und Lehrprofessor Darwins, Adam Sedgwick, 1833 als »capable of being reduced to measurement and calculation« bezeichnete.[11]

---

9 Der Begriff »Experiment« suggeriert im Grunde schon zuviel artifizielle Rekonstruktion von Natur im Labor, etwa im Stil der Physiologie ab 1840; vgl. dazu klassisch Claude Bernard: *Einführung in das Studium der experimentellen Medizin*, Leipzig: J.A. Barth 1961, sowie für viele Literatur zu diesem Thema stellvertretend Hans-Jörg Rheinberger, Michael Hagner (Hg.): *Die Experimentalisierung des Lebens. Experimentalsysteme in den biologischen Wissenschaften 1850/1950*, Berlin: Akademie 1993.

10 Darwin, *Entstehung der Arten*, S.410.

11 Mary Poovey: *A History of the Modern Fact: Problems of Knowledge in the Sciences of Wealth and Society*, Chicago: University of Chicago Press 1998, S.312; vgl. Theodore M. Porter: *Trust in Numbers. The Pursuit of Objectivity in Science and Public Life*, Princeton: Princeton University Press 1995.

In einem anderen Feldversuch wollte Darwin einen statistischen Eindruck davon gewinnen, wie der »Krieg« in der Natur laufend unzählige Sämlinge von Pflanzen vernichtet: »So notierte ich mir z. B. auf einer umgegrabenen und rein gemachten Fläche Landes von 3' [Fuß/Inch] Länge und 2' Breite, wo keine Erstickung durch andere Pflanzen drohte, alle Sämlinge unserer einheimischen Kräuter, wie sie aufgingen, und von den 357 wurden nicht weniger als 295 hauptsächlich durch Schnecken und Insekten zerstört.«[12] Dieses zweite Beispiel eines Feldversuchs ist schon komplexer: Zwar gräbt Darwin die Erde auf diesem sechs Fuß (= rund 0,55 m^2) großen Stück Land um und »reinigt« die abgemessene Fläche Bodens – scheinbar eine »Laborsituation« –, aber welche »einheimischen« Pflanzen dann (nach der Rekolonisierung durch die Nachbarschaft?) hier wuchsen und welche Schnecken und Insekten die Mehrheit der Pflanzen zerstörten, sagt er ebenso wenig, wie woher diese kamen; für sein Argument scheint er dies nicht mehr für nötig gehalten zu haben. Eine ähnliche, vergleichsweise ungenaue Notiz findet sich dann – drittes Beispiel – noch über (einen großen), »einen Yard im Quadrat messenden Fleck[en]«, wo Weidetiere regelmäßig die jungen Kiefern abgrasten (»[ich] zählte 32 solcher abgeweidete[r] Bäumchen, wovon eines mit 26 Jahresringen viele Jahre hindurch versucht hatte, sich über die Heidepflanzen zu erheben, aber immer vergebens«), der nach einer Einhegung aber »dicht von kräftigen jungen Kiefern überzogen wurde«. Auch hier reichte dieses bescheide Maß an Genauigkeit, um sagen zu können, worauf es ihm ankam: »Wir sehen hier das Vorkommen der Kiefer in absoluter Abhängigkeit vom Vieh [...].«[13] Dazu kommen noch der Bericht über ein weiteres Befruchtungsexperiment mit Bienen,[14] weitere ein, zwei Bemerkungen über Pflanzen auf kleinen, abgemessenen Landstücken, und schließlich ein von ihm selbst ausgezähltes

12 Darwin, *Entstehung der Arten*, S. 407.
13 Ebd., S. 409.
14 Ebd., S. 535 f.

Experiment zur Frage, wie lange Pflanzensamen keimfähig bleiben, wenn sie Meerwasser ausgesetzt sind[15] – das ist, was Aussagen über experimentelle Serien bzw. Feldversuche im *Origin of Species* betrifft, im Wesentlichen alles.

Dieser Eindruck ist allerdings zumindest insofern täuschend, als Darwin an vielen Stellen über Pflanzen oder domestizierte Tiere (etwa seine Tauben) berichtete, ohne dabei jene statistischen Angaben zu liefern, die er in jahrelanger Arbeit bei seinen Beobachtungen bzw. Versuchen erhoben hatte[16] und von denen der Text meist nur noch die Ergebnisse synthetisierend erzählt. Zwei seiner Notebooks galten explizit »experiments«;[17] insbesondere das *Experiment Book (1855-1867)* ist ein minutiöses – wenn auch nur schwer zu entzifferndes, noch nicht ediertes – Protokoll seiner botanischen Versuche im Garten und im Gewächshaus von Down House.[18] Dass diese Versuche aber im *Origin* kaum dokumentiert sind, bedeutet bloß, dass es Darwin nicht unmittelbar um die *statistischen* Beweise seiner Thesen zu tun war. Eine solche Art von statistischer Argumentation fasste in der englischen Naturwissenschaft seit den 1830er Jahren langsam Fuß, und Darwin gehörte keineswegs zur immer noch beträchtlichen Zahl jener britischen Wissenschaftler, die den neuen statistischen Methoden skeptisch gegenüberstanden, weil mit ihnen der Anspruch erhoben wurde, Beweise zu führen, ja Theorien zu belegen (was nicht mehr im strengen Sinne *baconian science* war)[19] – oder gar zu jenen, die mit Charles Dickens und seinen bösen Satiren über verschrobene Statistiker und zynische Ökonomen (Malthus!) das Denken in Zahlen überhaupt als »unmenschlich« verachte-

15 Ebd., S. 614.

16 Vgl. Jim Endersby: »Generation, pangenesis and sexual selection«, in: Hodge/Radick (Hg.), *The Cambridge Companion to Darwin*, S. 69-91, insb. S. 73-80.

17 Vgl. ⟨http://darwin-online.org.uk/manuscripts.html⟩.

18 Charles Darwin: *Experiment Book (1855-1867)*. CUL-DAR157a.1-84 (auf ⟨http://darwin-online.org.uk/⟩).

19 Poovey, *A History of the Modern Fact*, S. 313-317.

ten.[20] Nein, dazu war Darwins Vertrauen in die epistemologische Kraft von vielleicht nicht Statistik im engeren Sinne, aber doch grundsätzlich von Serien allzu offensichtlich. Denn ebenso wie Statistiken in der Politischen Ökonomie beweisen würden, dass das Handeln von Individuen durch Gesetzmäßigkeiten jenseits des »freien Willens« regiert wird – so ein Zeitgenosse 1839 –,[21] förderten auch Darwins Serien noch ganz andere Eigenschaften von Organismen zu Tage als jene, die durch stille, phänomenologische Naturbetrachtung wahrnehmbar waren. Er konstruierte unzählige Serien bzw. Reihen von Organismen, die zwar jeder anständigen Statistik spotteten, weil sie die Zeitachse über jedes Maß ausdehnten oder die einzelnen Objekte alles andere als identisch und »capable of being reduced to measurement and calculation« waren – und die dennoch mit dem Anspruch zusammengestellt wurden, die entscheidenden Regelmäßigkeiten sichtbar zu machen.

Die meisten dieser Serien reichten buchstäblich und in jeder Hinsicht weit über den Garten in Downe und das Rayon von Darwins täglichen Spaziergängen hinaus. Seine detaillierten Kenntnisse von unzähligen exotischen Arten zum Beispiel gewann er – sofern sie ihm nicht auf seiner Reise begegnet waren – oft nur durch sein weit verzweigtes Netzwerk von Korrespondenten in der ganzen Welt. Es ist zwar bloß metaphorisch, zu sagen, sein monströser postalischer Verkehr (man schätzt einen Umfang von rund 28 000 Briefen[22]) und die Verarbeitung von dessen laufenden Ergebnissen in einem Ablagesystem (das ich nicht kenne) seien selbst »seriell« gewesen. Fraglos aber wären Darwins Serien ohne diesen konstanten Informationsfluss und ohne dieses persönliche Netzwerk von Wissenschaftlern, Forschungsreisenden, Kolonisten und Missionaren im weiten Raum der von Europäern eroberten Erdteile nie zustande gekommen. Oder um es für die Liebhaber

---

20 Vgl. James P. Henderson: »Should Economists Count? The Dickensian View«, in: *Forum for Social Economics* 29 (1980), Nr. 2, S. 49-59.
21 Poovey, *A History of the Modern Fact*, S. 317.
22 Browne, *The Power of Place*, S. 11-14.

des strengen medienwissenschaftlichen Apriori zu sagen: ohne viktorianische Post keine darwinsche Evolutionstheorie.

Doch was genau für Serien oder Reihen konstruierte Darwin auf diese Weise? Greifen wir nach den drei oben genannten Feldversuchen drei weitere, einigermaßen beliebige Beispiele heraus. Hinsichtlich der Frage der klimatischen Anpassung von Organismen schreibt er, dass viele Pflanzen »schon von der Natur in gewissem Grade an ungleiche Temperaturen gewöhnt, d.h. akklimatisiert werden«, und fährt dann fort: »So zeigen die *Pinus*- und *Rhododendron*-Arten, welche aus Samen gezogen worden sind, die Dr. Hooker von denselben, aber in verschiedenen Höhen am Himalaya wachsenden Arten gesammelt hat, hier in England ein verschiedenes Vermögen, der Kälte zu widerstehen. Herr Thwaites teilt mir mit, daß er ähnliche Tatsachen auf Ceylon beobachtet habe, und H.C. Watson hat analoge Erfahrungen mit europäischen Arten von Pflanzen gemacht, die von den Azoren nach England gebracht worden sind; und ich könnte noch weitere Fälle anfügen.«[23] Das bestätigt einiges des schon Gesagten: Darwin spricht von Serien und von Feldversuchen, aber auf genaue Angaben kommt es hier nicht an; zudem werden Informationen aus dem Himalaya, Ceylon, England und den Azoren in zwei Sätzen zusammengestellt, nicht ohne den Hinweis, dass noch mehr zur Verfügung stünden. Vor allem aber sehen wir hier: Nicht nur Briefe reisen und mit ihnen Informationen, und es werden auch nicht nur tote, in Kisten verpackte Tiere oder getrocknete Pflanzen rund um die Welt geschickt, sondern in diesem Fall keimfähige Samen im Rahmen transkontinentaler Aussaat-Experimente. Doch weder die Samen noch die erwähnten Gentlemen reisten einfach so zum Vergnügen in den Himalaya und zurück nach London. Darwins enger Freund und Verbündeter Dr. Joseph Hooker zum Beispiel, Direktor der Königlichen Botanischen Gärten in Kew, dem »größten und am schnellsten wachsenden Zentrum botanischer Forschung der Welt, mit dem Schwer-

23 Darwin, *Entstehung der Arten*, S. 453.

punkt ›Wirtschaftsbotanik und koloniale Expansion‹«,[24] tat dies von Berufs wegen. In Kew Gardens zehn Kilometer südwestlich von London wurde mit verschiedensten Agroprodukten – Tee, Kaffee, Sisal, Zuckerrohr etc. – experimentiert, die Dr. Hooker als Leiter dieser königlichen Anstalt in allen Winkeln des britischen Weltreiches darauf zu testen hatte, unter welchen klimatischen und geologischen Bedingungen sie die größten Erträge abwarfen. »Fast im Alleingang«, so Janet Browne, »koordinierte Hooker die Aktivitäten der Plantagen in den britischen Kolonien und korrespondierte mit anderen Botanikern weltweit.«[25] Ein Zentrum kolonialer Wirtschaftspolitik also, und ein koloniales Netzwerk des Wissens, zu dem Darwin über Hooker Zugang hatte.

Ein fünftes Beispiel, ebenfalls *very british*: Es geht um den sogenannten »Rückschlag zu längst verlorenen Charakteren«, das heißt um Darwins Behauptung, dass gewisse atavistische Zeichen oder Merkwürdigkeiten bei einem Tier seine Herkunft verraten würden, wie etwa Streifenmuster im Fell von Eseln oder Pferden. »Was das Pferd betrifft«, schreibt er, »so habe ich in England Fälle vom Vorkommen des Rückenstreifens bei Pferden der verschiedenen Rassen und von allen Farben gesammelt« – und offenbar detailliert aufgezeichnet, worüber er aber nicht viel mehr sagt als »nicht selten vorkommen« etc. Dann geht dieses kleine Pferde-Serie weiter mit einem Hinweis, den er »mein[em] Sohn« verdankt, der ihm »eine sorgfältige Untersuchung und Zeichnung eines graubraunen Belgischen Karrenpferdes geschickt [hat] mit einem doppelten Streifen auf jeder Schulter und mit Streifen an den Beinen [...]«. Darauf folgt direkt das Zeugnis eines korrespondierenden Gentleman: »Auch habe ich nach Mitteilungen, welche ich Herrn W. W. Edwards verdanke, Grund zu vermuten, daß bei englischen Rennpferden der Rückenstreifen häufiger an Füllen als an erwachsenen Pferden vorkommt.« Das bestätigt, wie-

24 Browne, *Charles Darwin, Die Entstehung der Arten*, S. 91.
25 Ebd., S. 92.

derum unmittelbar anschließend, seine eigene Erfahrung als Züchter: »Ich habe selbst kürzlich ein Füllen von einer braunen Stute (der Tochter eines turkomanischen Hengstes und einer flämischen Stute) und einem braunen englischen Rennpferd gezogen. Dieses Füllen war, als es eine Woche alt war, an der Kruppe sowie am Vorderkopf mit zahlreichen, sehr schmalen dunkeln Zebrastreifen und an den Beinen mit schwachen solchen Streifen versehen; alle Streifen verschwanden bald vollständig.«[26] Diese narrativ hergestellte Reihe (sie ginge noch weiter) wird über ein dem Anschein nach reichlich nebensächliches Merkmal konstruiert, ein Merkmal, das nur mehr oder weniger deutlich sichtbar ist, zuweilen sogar kurz nach der Geburt wieder verschwindet: Zebrastreifen. Darwin behauptet, dass just dieses nebensächliche, gänzlich äußerliche und für Pferde vollständig unwesentliche Muster es mit jenem anderen Tier verbindet, um so ihre verborgene Herkunft aus einer alten Reihe von Vorfahren *aller* Pferde, Esel und Zebras auf dem Planeten zu erweisen.

Das sechste und letzte Beispiel. Es geht um die Frage, ob man nicht die Auffassung vertreten müsse, dass alle organischen Wesen »bestrebt« seien, »höher auf der [evolutionären] Stufenleiter emporzusteigen«, und warum es daher noch niedrige Organismen gebe. Darwin widerspricht einer solchen Auffassung von »höheren« und »niedrigeren« Organismen und dem damit implizierten Fortschrittsdenken, weil alle Organismen als Produkte des Anpassungsdrucks eine »wunderbare und herrliche Organisation« zeigen. Dieselbe Vielfalt und Variationsbreite zwischen verschiedenen Organismen lasse sich auch innerhalb »einer und derselben großen Gruppe« feststellen, zum Beispiel – und nun die Serie – »hinsichtlich des gleichzeitigen Vorkommens von Säugetieren und Fischen unter den Wirbeltieren oder von Menschen und *Ornithorhynchus* unter den Säugetieren, von Hai und *Amphioxus* unter den Fischen, indem dieser letztere Fisch sich in der äußersten Einfachheit

26 Darwin, *Entstehung der Arten*, S. 465.

seiner Organisation den wirbellosen Tieren nähert«.[27] Der australische *Ornithorhynchus* – das Schnabeltier – ist eines der seltenen Säugetiere, die Eier legen, und er lebt gleichsam im Übergang zwischen Wasser und Land; *Amphioxus* ist ein kleines Lanzettfischchen und so ziemlich das Gegenteil eines Hais.

Dass man in dieser Weise von der Reihe der Wirbeltiere oder der Säugetiere reden und darin auch den Menschen einbinden kann, ist heute so selbstverständlich, dass die Eigentümlichkeiten solcher Serien vielleicht nicht mehr ohne weiteres auffallen. Ich will daher einige Charakteristika von Darwins Serien bzw. Reihen zusammenfassend festhalten, und beginne gleich mit der Unschärfe dieser Terminologie: (a) »Darwins Serien« sind eigentlich immer nur *Reihen*, wenn wir annehmen, dass eine Serie sehr ähnliche oder gleiche Objekte umfasst (wie jene einfachsten Organismen, die aus Zellteilungsvorgängen entstehen), eine Reihe hingegen Objekte, die nur hinsichtlich eines Merkmals »gleich« sind (»Wirbel«, »Zebrastreifen«), sonst aber deutlich verschieden sein können. Zuweilen enthalten diese Reihen buchstäblich Äpfel und Birnen – und zwar gerade dort, wo Darwin explizit großräumige evolutionäre Reihen evoziert. (b) Diese Reihen beschreibt oder »misst« Darwin bis auf die Ausnahme einiger Experimente seriellen Charakters nie in statistischer Weise; die behauptete Regelmäßigkeit seiner Reihen erscheint daher nicht in quantifizierter oder gar kalkulierbarer Form. (c) Darwins Reihen neigen sich tendenziell immer von der Horizontalen gegenwärtiger Fälle in eine vertikale Reihe älterer, mit ihnen verwandten Formen. Sie beziehen sich damit auf Elemente, die nicht Teil der aktuellen Reihe sind – es gibt immer noch ältere Formen –, diese aber gemäß seiner Theorie erst ermöglicht haben; als genealogische Reihen sind sie überhaupt nur von diesen älteren Formen her zu verstehen. (d) Diese Reihen basieren zwar auf empirischen Daten, sind aber dennoch nicht das »induktive« Resultat reiner Beobachtung; vielmehr stellte Darwin sie als Produkt der *natural selec-*

27 Ebd., S. 442

tion dar, die als solche nicht beobachtet werden kann, sondern ein theoretisches Konzept ist.

Kraut und Rüben

Darwin folgte damit einem Wissenschaftsideal, das eng mit dem Namen von John Herschel (1792-1871) verbunden ist, den er in der Einleitung zum *Origin of Species* als »eine[n] unserer größten Philosophen« ehrte, und dessen »*Introduction*« (richtig ist:) *A Preliminary Discourse to the Study of Natural Philosophy* von 1830[28] er als jenes Buch bezeichnete, das ihn neben Humboldts Reisebericht als Naturforscher am tiefsten geprägt hatte.[29] John Herschel war nicht nur ein für das neue, an Statistik und Kalkulierbarkeit orientierte Denken richtungweisender Mathematiker, Astronom und Chemiker (als solcher Pionier und Namensgeber der Photographie), sondern erneuerte auch den alten baconschen Empirismus durch die Einsicht, dass wissenschaftliches Wissen zwar auf der Induktion, auf Beobachtungen basiert, diese de facto aber immer von Hypothesen, ja Theorien organisiert werden.[30] Um aber metaphysische Theorien von den empirischen Wissenschaften fernzuhalten, postulierte Herschel, dass die jeweilige angenommene *vera causa* (er übernahm den Begriff von Newton) der beobachteten

---

28 John Frederick William Herschel: *A Preliminary Discourse on the Study of Natural Philosophy* [1830], Chicago: University of Chicago Press 1987.

29 Darwin, *Entstehung der Arten,* S. 367; Darwin, *Autobiography*, S. 57; zum Verhältnis von Herschel und Darwin siehe auch Silvan S. Schweber: »John Herschel and Charles Darwin. A study in parallel lives«, in: *Journal of the History of Biology* 22 (1989), Nr. 1, S. 1-71; Weber, *Darwin und die neuen Biowissenschaften*, S. 104, 113-116; Engels, *Charles Darwin*, S. 24.

30 Herschel, *A Preliminary Discourse*, S. 194-197; vgl. David L. Hull: »Darwin's science and Victorian philosophy of science«, in: Hodge/Radick (Hg.), *The Cambridge Companion to Darwin*, S. 168-191; Poovey, *A history of the modern fact*, S. 317-322.

Dinge nicht durch Spekulation zu erschließen sei, sondern selbst auf beobachtbaren Tatsachen beruhen oder von solchen abgeleitet sein musste (wie etwa die Gravitationskraft, die nur an ihren Wirkungen beobachtbar ist).[31] Dass Darwin im *Origin* wiederholt und dann vor allem in den emphatischen Schlusspassagen seine *natural selection* mit der Gravitationskraft verglich, zeigt, dass er glaubte, direkt einer herschelschen Auffassung von wissenschaftlichem Argumentieren zu folgen.

So weit, so gut, scheint es, und Darwin ließ daher im November 1859 dem bewunderten Philosophen ein Exemplar des *Origin of Species* gleich direkt vom Verlag zusenden. Doch Herschel war nicht zu beeindrucken. Im Dezember meldete Darwin seinem Freund Lyell, ihm sei auf Umwegen zu Ohren gekommen, dass Herschel sein »Gesetz« verächtlich »the law of higgledy-piggledy« nannte, das Gesetz von »Kraut und Rüben«, und er fügte an: »If true this is [a] great blow & discouragement.«[32] Darwin war tatsächlich sehr enttäuscht. Was brachte Herschel dazu, ein so scharfes Urteil über seine genealogische Reihen und ihr »Gesetz« zu fällen? Das Problem lag wohl weniger darin, ob seine *vera causa* – die »natürliche Zuchtwahl« – tatsächlich eine empirisch überprüfbare Kraft sein könne oder nicht, als vielmehr in einer doppelten methodischen Schwierigkeit Darwins: Denn erstens verlangte Herschel von jeder Wissenschaft, dass sie fähig sei, ihre Objekte nicht nur als »unifor[m] and invariabl[e]« zu beschreiben und zu behandeln, sondern sie dementsprechend auch in eine systematisch gegliederte Nomenklatur einzufügen[33] – was Darwin hinsichtlich der individuellen Verschiedenheiten und der dauernden »Transmutation« der Organismen gerade als grundsätz-

31 Herschel, *A Preliminary Discourse*, S. 198 f.; vgl. Waters, »The arguments in the *Origin of Species*«, S. 120.

32 Darwin Correspondence Project, Letter 2575 – Darwin, C.R. to Lyell, Charles [10 Dec 1859] ⟨http://www.darwinproject.ac.uk/darwinletters/calendar/entry-2575.html⟩; vgl. Hull, »Darwin's science and Victorian philosophy of science«, S. 181.

33 Herschel, *A Preliminary Discourse*, S. 119, S. 135-137.

liche Unmöglichkeit bezeichnet hatte (vgl. oben, Kap. 2 und 3). Zweitens: Was Darwin als Reihen von Objekten präsentierte, spottete, wie gesagt, jeder statistischen Beschreibung; der Text des *Origin* dokumentiert geradezu die schiere Unmöglichkeit, die narrativ präsentierten genealogischen Reihen einem mathematischen Kalkül zu unterziehen (erst im *Descent of Man* [1871, vgl. unten, Kap. 8] tauchen an einigen wenigen Stellen einfachste quantitiative Angaben im Text und sogar in Tabellen auf, etwa zur Geschlechterproportion [153 Männchen zu 137 Weibchen, 159 zu 126 etc.], mit nun immerhin rudimentärer statistischer Auswertung[34]). Genau das aber war für Herschel die *conditio sine qua non* für ein wissenschaftliches Verständnis der Natur; er verlangte von jeder Naturwissenschaft die statistische Darstellung der Messresultate und die Mathematisierung der diese Reihen organisierenden »empirical laws«.[35] Diese Methodologie folgte dem Gesetzesbegriff Newtons[36] und der Überzeugung von Galilei und Leibniz, dass die Mathematik die Sprache des Universums sei. Herschel hatte zusammen mit dem Mathematiker Charles Babbage (1791-1871) 1812 in Cambridge die Analytical Society gegründet und die analytische Algebra von Leibniz in Großbritannien eingeführt; zwischen 1810 und 1830 entwickelten die beiden ihre »symbolische Analysis«, deren epistemologischer Kern die »Kalkulation« *aller* Gegenstände von Wissenschaft und Technik sein sollte.[37] Diese Algebra war eine im Gegensatz zur Geometrie von aller Empirie gereinigte Mathematik, eine Form der Abstraktion mithin, die Herschel und Babbage in der zeit-

---

34 Darwin, *Abstammung des Menschen*, z. B. S. 842 oder S. 897-901.

35 Herschel, *A Preliminary Discourse*, S. 176-178, S. 210f.

36 Vgl. Michael Hampe: *Eine kleine Geschichte des Naturgesetzbegriffs*, Frankfurt/M.: Suhrkamp 2007, S. 68-76.

37 Siehe dazu ausführlich William J. Ashworth: »Memory, Efficiency, and Symbolic Analysis: Charles Babbage, John Herschel, and the Industrial Mind«, in: *Isis* 87 (1996), Nr. 4, S. 629-653; Charles Babbage: *Die Ökonomie der Maschine*, Berlin: Kadmos 1999, S. 280; Herschel, *A Preliminary Discourse*, S. 125; zur Biographie Herschels siehe Arthur Fine, »Foreword«, in: Herschel, *A Preliminary Discourse*, S. v-x.

genössischen, historisch völlig neuen »Abstraktion« (wie Marx später sagen sollte) von konkreter Arbeit in den modernen englischen Textilfabriken am Werk sahen. Die beiden Mathematiker hatten sich als junge Männer intensiv mit den neuartigen industriellen Produktionstechnologien beschäftigt und zogen aus diesen Untersuchungen den Schluss, dass auch das Denken »mechanisiert« und damit »effizienter« werden könne. Dazu aber müssten alle empirischen Denkoperationen auf Symbole reduziert und mit den Methoden der mathematischen Analysis bearbeitet werden – womit sich auch die Perspektive eröffnete, das Denken wiederum von Maschinen ausführen zu lassen. Bekanntlich verfolgte vor allem Babbage das Ziel, »Maschinen die Arithmetik zu lehren«,[38] und er konstruierte 1836 mit der »Analytical Engine« eine der ersten programmierbaren Rechenmaschinen überhaupt. Herschel seinerseits glaubte (übrigens durchaus mit Blick auf eine »Gottheit«), dass ebenso, wie die mechanischen Maschinen auf in der Zeit invarianten Gesetzmäßigkeiten beruhen, auch die Dinge in der Natur nach Gesetzen funktionieren, die nicht von der Geschichte abhängen. Diese ewigen Gesetze, die allein die Mathematik erschließe, würden es ermöglichen, sowohl vergangenen Phänomene wie auch zukünftige Veränderungen zu kalkulieren.

Damit wird die tiefe Differenz zwischen dem genealogischen Denken Darwins und Herschels Epistemologie der Naturwissenschaften erkennbar: Theorien, die empirische Daten in einer Weise organisieren, die nicht zur Kalkulierbarkeit führt, ja nicht einmal ihre statistische Darstellung ermöglichen, sind für Herschel wissenschaftlicher Humbug. In seinem Buch *Physical Geography of the World* (1861), das er seinerseits an Darwin schickte, verglich Herschel in einer Fußnote Darwins »Gesetz« mit der in der »Akademie von Lagado« entwickelten Maschine (über die Swift in *Gullivers Reisen* erzählt), die aus zufälligen Wortkombinationen mit der Zeit zwar sinnvolle Sätze schreiben konnte – aber, so Herschels Einwand, eben

38 Babbage, *Ökonomie der Maschine*, S. 282.

nicht in der Lage war, Newtons *Prinicpia* oder Shakespeares Werke hervorzubringen. Analog dazu sei auch Darwins »Gesetz«, weil es die Evolution nicht zu berechnen erlaube, auch nicht in der Lage, die Vollkommenheit der Natur zu erklären – und daher könne die *natural selection* nicht deren *vera causa* sein.[39] Für Darwin hingegen war just die faktische Unkalkulierbarkeit und Zufälligkeit der *natural selection* keine Schwäche seiner Theorie, sondern deren distinkte und unverzichtbare Eigenschaft. Und die Abhängigkeit aller Dinge in der Natur von ihrer eigenen Geschichte bedeutete für ihn umgekehrt auch, dass die Gestalt und Funktion der Organismen weder auf Gesetze zurückgeführt werden können (sondern nur mit den Gesetzen von Physik und Chemie kompatibel sein müssen) noch dass die künftige Entwicklung von organischen Formen vorausgesagt werden könnte. Einem Denken in historischen Serien, das immer nur auf Konkretes sich bezieht und daher grundsätzlich nicht zur Abstraktion fähig ist – was Quantifizierung nicht ausschließt –, stand in Gestalt von Herschels Philosophie ein Denken gegenüber, welches dort, wo Naturgesetze wirken, ahistorischen, gesetzesförmigen und abstrakten Modellen folgt, die die Naturdinge letztlich wie Maschinen reproduzierbar und deren Zukunft kalkulierbar zu machen versprach. Und in den häufigen Fällen von ungenauen oder unvollständigen Messungen und unbekannten *verae causae* sollte die mathematische Modellierung der Daten helfen, Ordnung ins empirische Durcheinander der Wirklichkeit zu bringen – dies nicht zuletzt dadurch, dass die Fehlerwahrscheinlichkeit der Messungen und die Validität der Schlussfolgerungen mithilfe der neuen Technik der Wahrscheinlichkeitsrechnung abzuschätzen seien.[40] All das aber ist bei Darwin nicht zu haben.[41] Dass Herschel deshalb dem Autor des *Origin*

39 Engels, *Charles Darwin*, S. 115-116.

40 Herschel, *A Preliminary Discourse*, S. 215-217.

41 Vgl. zu dieser Differenz die pointierten Überlegungen von Ernst Mayr: »Darwin's Impact on Modern Thought«, in: *Proceedings of the*

of Species vorhielt, dies sei keine rechte Wissenschaft, sondern bloß historisches *higgledy-piggledy*, ist seither der Vorwurf der *sciences* gegenüber jeder historiographisch verfahrenden Epistemologie des Konkreten geblieben.

Foucaults Serien

Als Michel Foucault 1968 in der Zeitschrift *Ésprit* auf die aus dem Kreis der Leserschaft vorgebrachte Kritik reagierte, sein »System«-Denken sei eine Gefahr für die Geisteswissenschaften, begann er seine lange »Antwort auf eine Frage« mit einer Richtigstellung: »Erstens verwenden Sie das Wort *System* im Singular. Ich bin nun aber Pluralist. Das möchte ich hier zum Ausdruck bringen.«[42] In der Zeit, in der diese Richtungsstellung nötig war, assoziierten Leserinnen und Leser von *Ésprit* und ähnlichen gelehrten Pariser Zeitschriften mit dem Begriff »System« zuerst Ferdiand de Saussures Idee der Sprache als *système de signes* und, damit direkt verbunden, den Begriff der Struktur von Claude Lévi-Strauss[43] – beides Konzeptionen »im Singular«. Von ihnen distanziert sich Foucault als Erstes: Es gibt für ihn grundsätzlich nicht *ein* System, *eine* Regel oder *eine* Serie, sondern eine Pluralität von »Systemen«, und deshalb auch eine Vielzahl von Regeln, die sie organisieren. Warum? Die Antwort ist nicht ganz einfach. Zuerst ist festzuhalten, dass sein eigenes Denken nicht zur *episteme* der Struktur (im Singular) gehörte, die Foucault ebenso mit dem Denken des 18. Jahrhunderts wie mit dem Strukturalismus identifizierte, sondern zu jenem der Geschichte, dessen Ankunft er mit dem eingängigen Bild evozierte, dass Cuvier eines schönen

---

American Philosophical Society 139 (1995), Nr. 4, S. 317-325, insb. S. 321-322, 324.

42 Foucault, »Antwort auf eine Frage«, S. 860.

43 Vgl. zur Geschichte des Strukturalismus und speziell zu diesem Punkt Dosse, *Geschichte des Strukturalismus*, Bd. 1., »Das Feld des Zeichens«, S. 258 ff.

Tages am Ende des 18. Jahrhundert die Glasbehälter des Muséum d'Histoire naturelle zerschlagen und die in ihnen aufbewahrte »klassische Konserve der tierischen Sichtbarkeit« seziert habe (vgl. oben, Kap. 2). Wir müssen die an dieses Bild anschließenden Bemerkungen Foucaults kurz noch einmal lesen: »Diese ikonoklastische Bewegung [...] wird der Anfang dessen sein, was dadurch, daß die Anatomie an die Stelle der Einteilung, der Organismus an die Stelle der Struktur, die innere Subordination an die Stelle der sichtbaren Merkmale, die Serie an die Stelle des Tableaus tritt, eine tiefe Masse an Zeit in die alte, flache und schwarz auf weiß geschriebene Welt der Tiere und Pflanzen zu stürzen gestattet, der man erneut den Namen *Geschichte* geben wird.«[44] Soweit es sich um die Biologie handelte, seien am Ende des 18. Jahrhunderts die alten strukturelle Ordnungen und Einteilungen der Lebewesen im »Tableau« namentlich von Cuvier (sowie vom Anatomen Bichat,[45] später dann natürlich von Darwin) durch die Konkretheit der anatomischen Gliederungen und der lebenden Organismen ersetzt worden. Damit aber, so Foucault, wurden die überkommenen, mit schwarzen Lettern auf geduldigem weißem Papier gedruckten Taxonomien der Tiere und Pflanzen vom Fluss der Geschichte aufgeweicht.

Eine der Pointen des von Foucault an der Wende vom 18. zum 19. Jahrhundert angesiedelten epistemischen Bruchs liegt nun darin, dass dieses neue Denken der Geschichte keineswegs auf die Serie oder vielmehr auf Serien verzichten würde oder müsste. Doch die Serie, von der Foucault hier spricht, ist nicht einfach nur eine Zeile oder eine Spalte im Tableau von kalkulierbaren Daten – was Babbage und Herschel nach wie vor und bekanntlich sehr folgenreich für die Grundlage von Wissenschaft überhaupt hielten –, sondern trägt vor allem einen Zeitindex und ist daher in der Lage, eine Bewegung, eine Veränderung abzubilden. Folglich können Historiker mit Serien

44 Foucault, *Ordnung der Dinge*, S. 180.
45 Vgl. dazu Foucault, *Die Geburt der Klinik*, S. 140-161.

arbeiten, und das ist es, was Foucault in seiner eigenen Gegenwart beobachtet und womit er sein »Methodenbuch« *Archéologie du Savoir* von 1969 programmatisch beginnt. Die Serie erscheint bei den Historikern der Schule der *Annales*, auf die Foucault sich bezieht – von Marc Bloch und Lucien Febvre bis Fernand Braudel und Pierre Chaunu[46] –, in vielfältigster Gestalt: »Modelle wirtschaftlichen Wachstums, Mengenanalysen des Warenflusses, Kurven über die Zunahme und den Rückgang der Bevölkerungsziffer, Untersuchungen des Klimas und seiner Schwankungen, Ermittlung soziologischer Konstanten, Beschreibung technischer Anpassungen, ihrer Verbreitung und Beständigkeit.«[47] Das ist nicht mehr die farbige Schilderung ganzer Epochen oder der Geschichte von Nationen, sondern die Untersuchung einer homogenen Serie von Quellen. Insofern ein sprödes Verfahren – dennoch aber möglicherweise auch ein verführerisches Modell. Zum einen: Eröffnet dieses Verfahren der Geschichtswissenschaft nicht die Möglichkeit der Berechenbarkeit nicht nur dieser Reihen, sondern überhaupt des Verlaufs von Geschichte? Foucault scheint zuweilen in diese Richtung zu deuten, wenn er etwa in seiner Inauguralvorlesung am Collège de France im Dezember 1970 sagt: »Das Wichtigste aber ist, daß die Geschichtsschreibung kein Ereignis betrachtet, [...] ohne sich über die Variationen, die Wendungen und den Verlauf der Kurve zu fragen [...].«[48] Zwar traf diese Beobachtung tatsächlich auf eine bestimmte Spielart von quantifizierender Geschichtsschreibung zu (die aber nie von allen Historikern übernommen wurde, sondern ein Randphänomen blieb), der aber Foucaults eigene Arbeiten nie entspro-

---

46 Vgl. einleitend immer noch Peter Burke: *Offene Geschichte. Die Schule der ›Annales‹*, Berlin: Wagenbach 1991; auf Pierre Chaunu bezieht sich Foucault explizit in »Zur Geschichte zurückkehren«, in: Foucault, *Schriften, Band II*, S. 331-347, insb. S. 341 ff.

47 Michel Foucault: *Archäologie des Wissens*, Frankfurt/M.: Suhrkamp 1995, S. 9.

48 Michel Foucault: *Die Ordnung des Diskurses. Inauguralvorlesung am Collège de France, 2. Dezember 1970*, Frankfurt/M.: S. Fischer 1991, S. 36.

chen haben: Er hat nie auch nur eine einzige Kurve, nicht einmal eine statistische Tabelle publiziert – diese Rede von der Quantifizierung blieb Rhetorik. Sie passte zwar sehr gut zu seiner antihermeneutischen, antigeisteswissenschaftlichen Methode, wie wir noch sehen werden, führte bezeichnenderweise aber dennoch nicht dazu, dass der Verlauf der Reihen, die Foucault bildete, als »Kurven« hätte abgebildet werden können.

Aber das geschilderte Modell quantifizierbarer Reihen war noch in einer anderen Hinsicht verführerisch: Könnte man als Historiker, der die Serien in den Blick nimmt, nicht von *sehr* langen Serien zu träumen beginnen, genügend wissenschaftliche Hilfskräfte und Doktoranden, Forschungsmittel, Computer und serielle Quellen vorausgesetzt? Zum Beispiel von Serien, welche die Geschichte des Kapitalismus in Preis- und Wachstumskurven, Konjunkturzyklen und Grafiken von Warenflüssen über Hunderte von Jahren sichtbar machen würden? Und ließe sich mit einer idealen Serie von relevanten Daten – angefangen etwa bei der Bevölkerungsgröße – nicht die kontinuierliche, langsame, langwellige, fortschreitende Bewegung der Geschichte überhaupt darstellen? Ist es nicht dies, was Braudel die »longue durée« nannte, und wäre das mit anderen Worten nicht die ursprüngliche, die eigentliche, die »globale« Serie?[49] Das ist zumindest nicht ausgeschlossen, weil Geschichtswissenschaft »in ihrer klassischen Form« danach trachtete, in ihren Darstellungen die »Kontinuität der Ereignisse« sicherzustellen.[50] Die traditionelle Geistes- oder Ideengeschichte jedenfalls ist immer schon diesem Modell der »großen Kontinuitäten des Denkens« über lange Zeiträume gefolgt, etwa einer »massiven und homogenen Manifestatio[n] eines Geistes oder einer kollektiven Mentalität«, oder einem »hart-

---

49 Foucault, *Archäologie des Wissens*, S. 18f.; Fernand Braudel: »Geschichte und Sozialwissenschaften. Die *longue durée*«, in: Claudia Honegger (Hg.): *Schrift und Materie der Geschichte. Vorschläge zur systematischen Aneignung historischer Prozesse*, Frankfurt/M.: Suhrkamp 1977, S. 47-85.

50 Foucault, *Archäologie des Wissens*, S. 17.

näckigen Werden einer Wissenschaft, die danach trachtet, zu existieren und von Anfang an ihr Ende zu finden« – mit anderen Worten: dem Modell einer »Evolution des menschlichen Denkens«.[51] Ist *dies* das Vorbild, nach dem die Historiker nun auch die serielle Geschichte der materiellen Dinge und der sozialen Verhältnisse betreiben sollen bzw. dem Foucault selbst folgte, als er *Wahnsinn und Gesellschaft*, *Die Geburt der Klinik* oder *Die Ordnung der Dinge* schrieb, jene Bücher, auf die er in der *Archäologie des Wissens* reflektierend zurückschaut?

Nein, im Gegenteil. Er bezieht sich – ebenfalls programmatisch – auf die beiden Wissenschaftshistoriker Gaston Bachelard und Georges Canguilhem, welche die Geschichte des Denken und namentlich von Wissenschaften als nichtkontinuierliche begriffen, als eine Bewegung, die immer wieder durch »Schwellen« oder gar »Brüche« gekennzeichnet ist, durch Skansionen und Diskontinuitäten, durch die »Deplatzierungen und Transformationen der Begriffe«.[52] Namentlich Canguilhems Analysen würden zeigen, »daß die Geschichte eines Begriffs nicht [...] die seiner fortschreitenden Verfeinerung, seiner ständig wachsenden Rationalität [...] ist, sondern die seiner verschiedenen Konstitutions- und Gültigkeitsfelder, die seiner aufeinanderfolgenden Gebrauchsregeln, die vielfältigen Milieus, in denen sich seine Herausarbeitung vollzogen und vollendet hat«.[53] Ein sprachlicher Ausdruck mag zwar etwa seit der Antike »kontinuierlich« zur Verfügung stehen, aber sein semantischer Gehalt, seine jeweilige Bedeutung können sich entsprechend dem historischen und – wie Foucault dann sagen wird – diskursiven Kontext zuweilen tiefgreifend ändern und voneinander unterscheiden. Die Serie dieser Änderungen zeigt nicht das Bild eines »Abstraktionsanstiegs« und auch kein »langsames Reifen« eines Wissens,[54] sondern eine diskontinuierliche Reihe von unterschiedlichen Elementen.

51 Ebd., S. 10, S. 17.
52 Ebd., S. 11.
53 Ebd.
54 Ebd.

Soweit es also um die Geschichte des Wissens geht – davon handelt die *Archäologie* –, gibt es keine Kontinuitäten, sondern Schwellen und Brüche, kürzere oder längere Serien, die sich voneinander absetzen oder sich verbinden, sich überlappen, nebeneinander fortlaufen, um dann gleichzeitig zu verschwinden, von einer anderen Serie verdrängt zu werden etc. Dieses »Denken der Diskontinuität«[55] bricht also mit der Vorstellung, dass es im Raum der menschlichen Geschichte eine eigentliche, ursprüngliche, irgendwie »ganze« oder »globale« Serie geben könne; vielmehr habe man es, so Foucault, immer schon mit Bruchstücken zu tun, mit zeitlich und räumlich begrenzten Serien. Was das heißt, ist zuerst eine Frage der Methode, der konkreten Forschungspraxis: Wie sind solche Serien von historischen Daten zu bilden? Wie sind für jede Serie »ihre Elemente zu definieren, ihre Grenzen zu fixieren, den Typ von Beziehungen freizulegen, der für sie spezifisch ist, ihr Gesetz zu formulieren und danach die Beziehungen zwischen verschiedenen Serien zu beschreiben [...]« ?[56] Mit anderen Worten: Wie bildet Foucault selbst seine Serien?

Ich werde diese Frage gleich anhand seines eigentlichen seriellen Verfahrens, der Diskursanalyse, diskutieren. Zuerst aber möchte ich ein einziges empirisches Beispiel einer historischen Serie herausgreifen, bei dem – obwohl ein »früher« Beleg im Werk Foucaults – sich die Verwebung der drei Untersuchungsdimensionen Wissen, Macht und Subjekt schon deutlich zeigt und dessen serielle Struktur Foucault gegen einige prinzipielle Einwände, die Jacques Derrida erhoben hat, in ebenso grundsätzlicher Weise verteidigte. Es geht um die Geschichte des Wahnsinns, dessen Einsperrung im Klassischen Zeitalter und spätere medizinische Bändigung durch die Psychiatrie im 19. Jahrhundert – Geschichten der Macht und des Wissens – von Foucault gleichzeitig als eine Geschichte des modernen Subjekts erzählt wird, das durch die Trennung von

55 Ebd., S. 13.
56 Ebd., S. 16.

Vernunft und Wahnsinn konstituiert worden sei. Noch am Anfang des 17. Jahrhundert, im Zeitalter des Barock, sei die Gesellschaft »auf eigenartige Weise gastfreundlich gegenüber dem Wahnsinn«, und sei dieser »eine recht vertraute Gestalt in der sozialen Landschaft« gewesen.[57] Das wäre eine ältere Serie (die ich nicht referiere), nun aber geschieht, so Foucaults berühmte These, in der Mitte des 17. Jahrhunderts etwas Neues: »Durch einen eigenartigen Gewaltakt bringt dann das Zeitalter der Klassik den Wahnsinn [...] zum Schweigen.«[58] Der Text, der diese neue Serie schildert, ist zu lang, um zitiert zu werden, ich nenne die wichtigsten Elemente. Die Serie beginnt damit, dass Descartes auf dem Weg seines methodischen Erkenntniszweifels in den *Meditationen*[59] neben dem Traum und dem Irrtum auch den Wahnsinn antrifft, sich aber von seiner Bedrohung durch die selbstgewisse Behauptung des Denkenden befreit, die Wahnsinnigen seien »eben von Sinnen, und ich würde selbst als nicht weniger verrückt erscheinen, wenn ich deren Beispiel auf mich übertragen würde«.[60] Diese philosophische Entscheidung Descartes', sich gar nicht mehr – wie etwa noch Montaigne – in der Gewissheit der eigenen Vernunft vom möglichen Wahnsinn irremachen zu lassen (wie er das vom Traum und vom Irrtum für möglich hält), gehörte, so Foucault, »zu einer breiten kulturellen Oberfläche«, wie sie »von einer Serie von Daten und einer Gesamtheit an Institutionen signalisiert« wird.[61] Descartes' Entscheidung gegen den Wahnsinn ist also

57 Foucault, *Wahnsinn und Gesellschaft*, S. 66-67.
58 Ebd., S. 68.
59 René Descartes: *Meditationes de prima philosophia, in qua Dei existentia et animae immortalitas demonstratur*, 1641. Descartes untersucht in den insgesamt sechs Meditationen die menschlichen Erkenntnisgrundlagen und -möglichkeiten anhand eines als philosophisches Erkenntniswerkzeug eingesetzten systematischen Zweifels an der Natur des menschlichen Geistes, an der Existenz Gottes, am Wahren und am Falschen etc.
60 Descartes, *Meditationes*, zit. in: Foucault, *Wahnsinn und Gesellschaft*, S. 69.
61 Ebd., S. 71.

das erste Glied – aber nicht die Ursache – einer historischen Serie, deren zweites Element die Gründung des Hôpital général in Paris 1656 darstellt, in welches die Wahnsinnigen eingewiesen werden – neben Kriminellen, Opfern familiärer Streitigkeiten (über das Instrument der königlichen *lettres de cachet*), Aufrührern, Armen und Bettlern. Dieselbe Geste der Trennung von Vernunft und Wahnsinn wie bei Descartes also, und Foucault hängt ans Hôpital général auch gleich noch eine kleine Subserie ähnlicher Internierungshäuser an: »Basel (1667), Breslau (1668), Frankfurt (1684), Spandau (1684), Königsberg (1691)«, weitere folgen bis ins 18. Jahrhundert, und »nach einigen Jahren überzog ein ganzes Netz Europa«.[62] Doch die übergeordnete Serie, die er mit Descartes beginnen ließ, ist vor allem eine synchrone: Die Aufgaben der Polizei verändern sich in der Mitte des 17. Jahrhunderts, sie hat die Bettler zu verhaften, um dem Zwang zur Arbeit Nachdruck zu verschaffen; die Kirche und die Theologen der Sorbonne bezichtigen 1655 die Arbeiterorganisationen und Handwerkervereine, die für Aufstände verantwortlich sind, »des Gottesfrevels und der Todsünde«;[63] in England werden in der Mitte des Jahrhunderts *workhouses* eingerichtet, um die Arbeitskraft der Armen möglichst intensiv zu nutzen, und so weiter.[64] Die Serie dieser Daten soll eine europaweite Veränderung im Umgang nicht nur mit dem Wahnsinn, sondern überhaupt mit Devianz und Unordnung dokumentieren; ihr Einsetzen in der Jahrhundertmitte markiert, so Foucault, eine markante Diskontinuität. Wir müssen nicht auf die bis heute anhaltende Diskussion eingehen, ob Foucault mit dieser historischen Darstellung recht hatte oder ob er nicht aus einer Reihe von Daten ein zu eindeutiges Bild einer tiefen Veränderung in wenigen Jahrzehnten gezeichnet hat. Ich will nur das betont Serielle dieser Darstellung unterstreichen: Serien von historischen Daten verschiedenster

62 Ebd., S. 77-79.
63 Zit. in ebd., S. 82.
64 Ebd., S. 82-86.

Art – selbstverständlich fern jeder statistischen Darstellung und Berechenbarkeit –, Serien also, die sich von älteren Serien durch »Schwellen« oder »Brüche«, durch Diskontinuitäten unterscheiden. Zwar sind dabei einige durchlaufende Elemente nicht zu übersehen, die diese Serien untereinander verbinden. Es gibt die Armen, die Polizei, den König und die Wahnsinnigen schon vor 1656, aber ihre Rollen und Erscheinungsweisen, ihre gesellschaftlichen Funktionen und die Relationen, die zwischen ihnen spielten, haben sich ab der Mitte des 17. Jahrhunderts verändert.

Gegen diese Darstellung und insbesondere gegen die dabei verwendete Lektüre der *Meditationes* hat Foucaults Student aus seinen Jahren als Repetitor an der Ecole Normale Supérieure, Jacques Derrida, in einem Vortrag von 1963 scharfe Kritik vorgebracht.[65] Es war die Kritik eines Philosophen, dem Foucaults sich freundschaftlich verbunden fühlte, die ihn daher sehr verletzte und zu einer in doppelter Gestalt publizierten Antikritik reizte.[66] Dabei ging es nicht zuletzt um das Problem der historischen Serie. Derrida bringt gegen Foucaults Geschichte des Wahnsinns und insbesondere seine Descartes-Lektüre im Wesentlichen zwei Einwände vor: Erstens, dass es unmöglich sei, im Modus vernünftiger Rede eine »Geschichte des Wahnsinns«, gar seines »Schweigens« zu schreiben, wie Foucault das versuche, weil man gleichsam immer schon, mit dem ersten sinnvollen Satz, unter dem Zeichen des Cogito stehe und damit die Trennung vom Wahnsinn schon vollzogen habe; mit diesem Einwand können wir uns hier nicht beschäftigen. Der zweite Einwand bzw. das zweite Bündel von Einwänden zielt darauf, dass Foucault Descartes so liest, dass dieser in den *Meditationes* bewusst und selbstverständlich einen »Ausschluss« des Wahnsinns vollzogen habe *und* dass

65 Jacques Derrida: »Cogito oder die Geschichte des Wahnsinns«, in: Derrida, *Die Schrift und die Differenz*, S. 53-101.

66 Michel Foucault: »Mein Körper, dieses Papier, dieses Feuer«, in: Foucault, *Schriften, Band II*, S. 300-331; ders.: »Erwiderung auf Derrida«, in: Foucault, *Schriften, Band II*, S. 347-367.

diese Geste in eine synchrone Serie mit dem Einschluss der Wahnsinnigen im Hôpital général zu stellen sei.

Derrida geht bei seiner Kritik von Voraussetzungen aus, die für das Folgende – und damit meine ich die gesamte Absetzung Foucaults von der Philosophie und seine Nähe zu Darwin – entscheidend sind. Er fragt in ziemlich offensiver Zuspitzung, ob man die philosophische Bedeutung etwa von Descartes' *Meditationes* erfassen können, wenn man sie in eine historische Serie einfügt: »Erschöpft sich diese Bedeutung in ihrer Historizität? Mit anderen Worten, ist sie völlig und durch und durch historisch im klassischen Sinne dieses Wortes?«[67] Rhetorische Fragen. Denn in einer Fußnote auf derselben Seite macht er unmissverständlich klar, »daß alle Geschichte letztinstanzlich nur die Geschichte des Sinns, das heißt der Vernunft *im allgemeinen* sein kann«.[68] Das ist für Derrida unzweifelhaft das Geschäft der Philosophie, deren Prärogativen er nur unterstreichen kann, wenn er gegen Foucaults historische Lektüre Descartes' dekretiert (der Text verlangt eine gewisse Aufmerksamkeit), »daß die Vorbedingung einer Antwort auf solche Fragen [wie Foucault sie stellt] zunächst durch die interne und autonome Analyse des philosophischen Inhalts des philosophischen Diskurses verläuft. Erst wenn die Totalität dieses Inhalts [der Cartesischen *Meditationen*] mir in ihrer Bedeutung offensteht (das ist aber unmöglich), werde ich sie in aller Strenge in ihrer gesamthistorischen Form festsetzen können. Erst dann wird durch ihre Neueinordnung ihr nicht Gewalt angetan, wird sie legitime Neueinordnung *jenes* philosophischen Sinnes *selbst* sein. Insbesondere was Descartes angeht, kann man auf keine ihn betreffende historische Frage antworten – die den verborgenen historischen Sinn seiner Worte, seine Zugehörigkeit zu einer totalen Struktur betrifft –, bevor eine inhaltliche, strenge und erschöpfende Analyse seiner offenen

67 Derrida, »Cogito oder die Geschichte des Wahnsinns«, S. 56.
68 Ebd.

Absichten, des offenen Sinns seines philosophischen Diskurses vollzogen ist.«[69]

Der *disclaimer* »(das ist aber unmöglich)« und die Zubilligung, dass eine der philosophischen Analyse *nach*geordnete historische »Neueinordnung«, sofern »ihr nicht Gewalt angetan« wird, möglich sei, sollen nicht über den Anspruch hinwegtäuschen, den Derrida hier erhebt: Nur die Philosophie sei in der Lage, durch das Medium ihrer Lektüre »großer« Texte jenen Sinn freizulegen, den die Historiker mit ihren empirischen Beispielen dann noch illustrieren mögen und allenfalls ein wenig zurechtrücken dürfen. Denn ganz so leicht, »in der Unmittelbarkeit einer Begegnung« (des umherschweifenden Historikers auf Quellensuche), sei die »eigentlich philosophisch[e] Intention« der *Meditationes* gar nicht »lesbar«[70] – anders gesagt: der Sinn entbirgt sich nur dem Berufenen. Doch Derrida greift nicht nur Foucaults Lektüre als Fehlinterpretation an, sondern kritisiert, herab vom Hochsitz philosophischer Deutungsmacht, auch dessen angeblich »strukturalistische« Konstruktion einer historischen Serie (einer »strukturalen Totalität«): Man wisse zum Beispiel nicht, »ob die Schaffung eines Internierungshauses ein Zeichen unter anderen, ein fundamentales Symptom oder eine Ursache ist«;[71] man frage sich, ob und wie Foucault Fragen nach den Ursachen seiner »Struktur« vermeiden könne, und daher sei insbesondere hinsichtlich von Descartes' »Gewaltstreich« (die Anführungszeichen sind jene Derridas) völlig unklar, wie seine »strukturelle Verbundenheit« – wenn es sie denn gäbe – »mit der Gesamtheit des Dramas«, das Foucaults erzähle, zu denken sei. Und warum ausgerechnet Descartes als philosophisches Element in Foucaults historischer Serie, aus allen Philosophen jener Zeit? Überhaupt, »wie organisieren sich diese Elemente in der ›historischen Gesamtheit‹? Was ist ein Begriff?« – und so weiter.[72]

69 Ebd., S. 73.
70 Ebd.
71 Ebd., S. 72.
72 Ebd., S. 72-73.

Man ist versucht, diese pauschale Zurückweisung auf das uns schon bekannte *bonmot* zu münzen, die serielle Ordnung, die der Historiker Foucault in die Geschichte zu bringen versucht, entspreche bestenfalls dem *law of higgledy-piggledy.*

Foucault hat wie erwähnt doppelt auf diesen Angriff geantwortet: im berühmten Text »Mein Körper, dieses Papier, dieses Feuer«, 1972 als Nachwort in die Neuausgabe von *Histoire de la folie* aufgenommen, sowie mit der weniger gelesenen »Erwiderung auf Derrida«, ebenfalls 1972 in der japanischen Zeitschrift *Peideia* publiziert. Vor allem in diesem Text präzisiert Foucault seine Auffassung davon, was eine historische Serie zu erklären in der Lage sei. Die Prätention des Philosophen, jenen »eigentlichen« Sinn freilegen zu können, der im Text der *Meditationes* enthalten sei, und zwar als »Wiederholung«, wie Foucault ironisch sagt, eines noch »ursprünglicheren Ursprungs« des Sinns, führe dazu, dass diese Philosophie das historische Ereignis völlig negiere; für Derrida erscheine es schlicht als »unnütz, sich mit der Analyse auseinanderzusetzen, die ich für jene Serie von Ereignissen vorlege, die über zwei Jahrhunderte hinweg die Geschichte des Wahnsinns ausgemacht haben«. Ja, das ganze Vorhaben müsse aus der Sicht des Philosophen »ganz schön naiv« anmuten, »da es diese Geschichte ausgehend von jenen lächerlichen Ereignissen wie der Einsperrung einiger Zehntausender oder dem Aufbau einer außerhalb des Rechts stehenden staatlichen Polizei schreiben will; es hätte vollauf genügt, einmal mehr die Wiederholung der Philosophie durch Descartes, der selbst die platonische Maßlosigkeit [der philosophischen Antizipation jeden Ereignisses] wiederholt, zu wiederholen«.[73] Hier taucht ein Begriff auf, der wesentlich sein wird: das historische Ereignis, welches nicht philosophisch eingeholt oder antizipiert werden kann. Es wird sich später noch genauer zeigen, dass es Foucault nicht darum geht, das historische Ereignis in der Serie verschwinden zu lassen, sondern im Gegenteil, das Ereignis als sperriges, nichtidentisches,

73 Foucault, »Erwiderung auf Derrida«, S. 350.

nichthomogenes Element einer Serie zu konzipieren, um durch die Konstruktion der Serie etwas über dic Möglichkeitsbedingungen dieses Ereignisses in Erfahrung zu bringen. In der »Erwiderung auf Derrida« schreibt er in diesem Sinne, er habe sich »bemüht, die ›Ereignisse‹ zu untersuchen und zu analysieren, [...] die sich weder auf das allgemeine Gesetz eines ›Fortschritts‹ noch auf die Wiederholung eines Ursprungs zurückführen lassen«.[74] Die Serie, so lässt sich hier schon sagen, ist keine Struktur homogener Elemente, deren Bildungsregeln einem Gesetz oder einer im Ursprung schon angelegten Wahrheit entsprechen.

Selbsttechnik

Ein weiterer Aspekt von Foucaults Argumentation, der nebenbei auch für das Verständnis der Werkgeschichte von einigem Interesse ist, erscheint besonders auffallend. Foucault begegnet Derridas Behauptung, dass Descartes' »philosophische Intention« nur in einer systematischen philosophischen Rekonstruktion ihres Geltungsanspruchs verständlich gemacht werden könne, mit der Unterscheidung zwischen zwei Diskursformen, was eine doppelte Lektüre der *Meditationes* erfordere: Zum einen sei der Text tatsächlich »eine Gesamtheit von Propositionen, die ein *System* bilden und die jeder Leser durchlaufen muß, wenn er deren Wahrheit erfahren will« – so also, wie Derrida das vorschlägt. Doch damit entgehe einem gerade das Wesentliche. Denn zum anderen gehe es in den *Meditationen* darum, dass nicht nur Descartes, sondern auch seine Leser sich von Erkenntniszweifeln oder allenfalls vagen Meinungen befreien und zur Gewissheit gelangen können; daher erfordere der Text zugleich »eine Gesamtheit von Verwandlungen, die eine Übung bilden und die jeder Leser vollziehen muss, von denen jeder Leser berührt sein muss, wenn er seiner-

74 Ebd., S. 351-352.

seits das Subjekt sein will, das diese Wahrheit in eigener Verantwortung aussagt«.[75] In dem in Japan publizierten Text betont Foucault gegen Derridas Ansicht, die *Meditationes* besäßen eine bestimmte philosophische, ja geradezu »architektonische« Ordnung, zuerst mit dem Einwand, dass »es sich nicht um die Elemente einer [architektonischen] Figur, sondern um die Momente einer Serie handelt«, und zwar nun wiederum um »eine [serielle] Übung, der sich das meditierende Subjekt als einer Prüfung unterzieht, wodurch das Subjekt nach und nach verwandelt wird und sich als Subjekt von Ansichten am Ende qualifiziert weiß, ein Subjekt der Gewissheit zu sein.« Die *Meditationes* sind selbst die Anlage einer Übung: sie seien »als eine zeitliche Abfolge von Transformationen [zu] lesen«, als »eine Serie von Ereignissen, die dem Leser als von ihm und für ihn wiederholbare Ereignisse vorgelegt werden«.[76] Eine geradezu klassische Meditationsübung also, in der das Subjekt »unablässig durch seine eigene Bewegung zu einem andern wird«, weil es durch »das in der Meditation Gesagte aus der Dunkelheit ins Licht, aus der Unreinheit in die Reinheit« und aus der »Ungewissheit [...] in die Seelenruhe der Weisheit« übergeht.[77] Später wird Foucault solche Selbsttechniken als »Spiritualität« bezeichnen.[78]

Foucaults Pointe liegt nun darin, dass das Subjekt in dieser asketischen Übung, in dieser Suche nach Fundamenten der eigenen Erkenntnisgewissheit sich zwar meditativ einbilden kann zu träumen – es könne aber nicht so tun, als sei es wahnsinnig. Durch die diskursive Anlage der *Meditationes* in einen

---

75 Foucault, »Mein Körper, dieses Papier, dieses Feuer«, S. 317.

76 Foucault, »Erwiderung auf Derrida«, S. 362.

77 Foucault, »Mein Körper, dieses Papier, dieses Feuer«, S. 316-317.

78 Michel Foucault: *Hermeneutik des Subjekts. Vorlesung am Collège de France (1981/82)*, Frankfurt/M.: Suhrkamp 2004 – wo allerdings fälschlicherweise in der Übersetzung von »Geistigkeit« die Rede ist, während Foucault immer von »spiritualité« spricht (vgl. Michel Foucault: *L'herméneutique du sujet. Cours au Collège de France (1981-1982)*, Paris: Gallimard 2001).

»beweisführenden und einen asketischen Strang«[79] und gerade in ihrer diskursiven Konzeption als Übung, als Selbsttechnik der Erkenntnisprüfung über eine Serie von Denkexperimenten, habe Descartes die Möglichkeit des Wahnsinns vorsätzlich und bewusst ausgeschlossen: »In dieser Serie [...] gibt es einen Moment, in dem der Wahnsinn direkt in den Blick genommen wird, aber eben als eine Eventualität, die man nicht auf sich nehmen und nicht in das Spiel der qualifizierenden Transformationen eingehen lassen kann (eben weil sie disqualifizierend wäre).« Dieser Ausschluss aber sei, so Foucault, für die ganze Meditation konstitutiv, weil durch ihn »das meditierende Subjekt auf eine bestimmte Weise als ein Subjekt qualifiziert wird, das nicht wahnsinnig sein kann«; es wird, mit anderen Worten, durch diese »Ausschließung des eventuellen Wahnsinns« als Subjekt »transformiert.«[80] Im Rahmen einer solchen asketischen Übung ist es nicht »vernünftig« – so Descartes –, den Wahnsinn vorzutäuschen; dieser prinzipielle, vorgängige Ausschluss des Wahnsinns also macht die Reihe der Übungen und macht die meditative Selbsttechnik der Erkenntnisprüfung erst zu einem rationalen Verfahren.

Das ist eine Wegkreuzung. Weil Foucault auf dem Hintergrund seiner antiphilosophischen Anthropologie, welche die Schranke hin zum »Tier« offenlässt (vgl. oben, Kap. 4), sich zumindest in den 1960er Jahren auf die Werke »Hölderlins, Nervals, Nietzsches oder Artauds« und das »Aufblitzen« des Wahnsinns in deren Schriften oder auf die »Transgression« in den Texten von de Sade oder Bataille bezog und so immer dem »Wahnsinn« ein gewisses Erkenntnispotenzial zuschrieb,[81] kann er nun auch in der Auseinandersetzung mit Derridas Descartes-Interpretation schreiben: »Das genau ist der entscheidende Punkt, an dem Descartes sich von all denen trennt, für

79 Foucault, »Mein Körper, dieses Papier, dieses Feuer«, S. 318.

80 Foucault, »Erwiderung auf Derrida«, S. 362.

81 Foucault, *Wahnsinn und Gesellschaft*, S. 536; Foucault, »Vorrede zur Überschreitung«, S. 320-342.

die der Wahnsinn auf die eine oder andere Seite Träger oder Enthüller einer Wahrheit sein kann.«[82]

Es entbehrt nicht einer gewissen Ironie, dass Foucault das Konzept der spirituellen Selbsttechniken zur »Verwandlung des Subjekts«,[83] welches er in diesen beiden Texten von 1972 meines Wissens zum ersten Mal formulierte, dann am Ende der 1970er Jahre für sich selbst entdeckte (und in breiter Form in der Vorlesung *Hermeneutik des Subjekts* von 1981/82 entfaltete) – und zwar in dem Moment, als er sich endgültig von jener alten Faszination für den Wahnsinn verabschiedet hatte, die seine wiederhole Anrufung »wahnsinniger« Dichter und Denker ebenso bezeugt hatte wie seine emphatische Beteuerung in den letzten Zeilen der *Histoire de la folie*: der Wahnsinn, das »ist der Raum unserer Arbeit, das ist der endlose Weg, mit ihm fertig zu werden, das ist unsere doppelte Berufung zum Apostel und zum Exegeten«.[84] Doch diese Position eines »wahnsinnigen« Außen wäre für Foucault auf die Länge nicht auszuhalten gewesen, und sie konnte auch nicht als Fundament einer historischen Arbeit über das Subjekt dienen (wie Derrida natürlich zu Recht sagte). Worin aber gründet sich sonst das foucaultsche Subjekt, wenn das »Innen« der Disziplinen und der Machtdispositive zwar eine historisch vorfindliche, aber als explizite Unterwerfung unter die Macht keine attraktive Alternative für den ehemaligen »Apostel des Wahnsinns« war? An die unmögliche Stelle des Wahnsinns trat, so scheint es, im Laufe von Foucaults Denkweg konsequenterweise ebenjene von ihm mit scharfem Blick entzifferte Selbsttechnik, die bei Descartes dazu gedient hatte, den Wahnsinn auszuschließen.

Doch abgesehen von diesen Bemerkungen, die über den unmittelbaren Kreis dessen hinausgehen, was uns hier beschäfti-

82 Foucault, »Mein Körper, dieses Papier, dieses Feuer«, S. 321.

83 Ebd., S. 316.

84 Michel Foucault: *Der anthropologische Zirkel*, Berlin: Merve 2003, S. 67 (der Text ist das auf Deutsch nur in dieser Form publizierte Schlusskapitel von *Wahnsinn und Gesellschaft*). In den *Schriften* ist der Text nicht enthalten.

gen muss, wollen wir festhalten, dass für Foucault das Subjekt ganz grundsätzlich als ein durch Serien von Ereignissen geprägtes gedacht wird. Seien dies Ereignisse – ich werde den Begriff noch präzisieren müssen –, die dem Subjekt widerfahren, oder solche, die es in einer spirituellen Übung selbst hervorruft: In jedem Fall verändert das Subjekt sich als historisches dadurch ständig; die Menschen hätten »im Laufe ihrer Geschichte niemals aufgehört, sich selbst zu konstruieren, das heißt ihre Subjektivität beständig zu verschieben, sich in einer unendlichen und vielfältigen Serie unterschiedlicher Subjektivitäten zu konstituieren«.[85] Es soll hier nicht dargestellt werden, dass Foucault zum Beispiel in *Überwachen und Strafen* (1975) Praktiken untersuchte, die diese Veränderungen des Subjekts als eine eigentliche Zurichtung ihm von außen aufzwangen; es reicht, seine zusammenfassende Einschätzung von 1978 zu zitieren, dass der Mensch ein »Erfahrungstier« sei: Als ein Tier – Foucault meinte das wohl wörtlicher, als es den Anschein hat – macht der Mensch verschiedenste, historisch auch immer wieder neue Erfahrungen bzw. muss sie machen, Erfahrungen äußerer oder innerer Art (womit er allerdings ein sehr spezielles Tier ist). Dieser Prozess basiert weder auf einem unwandelbaren Kern des Menschen, noch ist er abschließbar: »Diese Serie von Subjektivitäten wird niemals zu einem Ende kommen und uns niemals vor etwas stellen, das ›der Mensch‹ wäre. Der Mensch ist ein Erfahrungstier: Er tritt ständig in einen Prozess ein, der ihn als Objekt konstituiert und ihn dabei gleichzeitig verschiebt, verformt, verwandelt – und der ihn als Subjekt umgestaltet.«[86] Was das genau heißt, wird uns erst klarer werden, wenn wir Darwins Konzept der Genealogie verstanden haben. Hier ist im Vorbeigehen nur festzuhalten, dass »Spiritualität«, wie der späte Foucault sagen wird, folglich die Option wäre, die Serie dieser Wandlungen und Verwandlungen

---

85 Michel Foucault: *Der Mensch ist ein Erfahrungstier. Gespräch mit Ducio Trombadori*, Frankfurt/M.: Suhrkamp 1996, S. 85.
86 Ebd.

in einer Reihe gut geplanter »Übungen« selbst zu kontrollieren, statt sich von kontingenten äußeren, nicht selten von anderen kontrollierten Ereignissen bestimmen zu lassen. Der Descartes der *Meditationes* ist daher nachträglich doch noch so etwas wie ein heimlicher foucaultscher Held geworden.

Wissen in Serie

Der Auseinandersetzung zwischen Derrida und Foucault eignete die Grundsätzlichkeit und die Schärfe einer Auseinandersetzung zwischen Philosophie und Geschichte überhaupt. So hielt Foucault dem Anspruch Derridas, dass nur die Philosophie in der Lage sei, den Sinn der Geschichte ans Licht zu bringen, schneidend entgegen, »daß die Philosophie weder historisch noch logisch erkenntnisbegründend ist, sondern daß für das Wissen Bedingungen und Bildungsregeln bestehen, denen der philosophische Diskurs ebenso wie irgendeine andere Diskursform mit rationalem Anspruch in jeder Epoche unterworfen ist«.[87] Diese »Bildungsregeln, denen jedes Wissen unterworfen ist«, sollen uns nun näher beschäftigen, und dies nicht zuletzt deshalb, weil die Geduld des Lesers, der immer noch auf die Erklärung wartet, inwiefern Foucaults Archäologie des Wissens »naturwissenschaftlichen« Erkenntnisweisen näher sein soll als geisteswissenschaftlichen, wohl schon weit über Gebühr beansprucht wurde.

Foucaults methodisches Werkzeug einer Archäologie des Wissens, die Diskursanalyse, scheint durch zwei verschiedene epistemologische Modelle geprägt zu sein. Ein älteres, das sich am klarsten in der *Geburt der Klinik* von 1963 erkennen lässt, fasst die Analyse der Regelmäßigkeiten bzw. Strukturen des Wissens mit der Metapher einer *räumlichen* Ordnung, und zwar ausgehend vom Modell der pathologischen Anatomie von Xavier Bichat um 1800 (was ich hier nicht darstellen

87 Foucault, »Erwiderung auf Derrida«, S. 351.

will).[88] Die darauf gleichsam aufbauende zweite, auch theoretisch entfaltete Form von Foucaults Epistemologisierung der Regelmäßigkeiten des Wissens findet sich dann vor allem in der *Archäologie des Wissens* von 1969, in der »Antwort auf eine Frage« (1968) und in *Die Ordnung des Diskurses* (1970), wo das Wissen als eine Serie von »ähnlichen« Aussagen mit einer spezifischen Regelmäßigkeit, welche sie von anderen Serien unterscheidet, konzipiert wird. Ich will hier nicht Foucaults Diskursanalyse zum wiederholten Male darstellen,[89] sondern sie ausschließlich auf die Vermutung hin prüfen, sie sei »naturwissenschaftlichen« Weisen der Erkenntnis näher als geistes- oder kulturwissenschaftlichen Verfahren.

Das negative Verhältnis Foucaults zu Epistemologien der letzteren Art ist gut bekannt und von ihm auch immer klar ausgesprochen worden. Die Berufung auf einen »Geist« des Menschen, der hinter allen seinen »Schöpfungen« stehe und dessen Manifestation all die Äußerungen und Artefakte seien, die wir Kultur nennen, sei ein zugleich anthropologischer und metaphysischer Irrtum. Geschichtsschreibung dieser Art beziehe die Geschichte »insgeheim, aber völlig, auf die synthetische Aktivität des Subjekts«; ihre letzte Referenz für alle Kultur ist die »Souveränität des Bewusstseins« und ihre Methode daher

---

88 Siehe dazu Philipp Sarasin: »›Une analyse structurale du signifié‹. Zur Genealogie der Foucault'schen Diskursanalyse«, in: Franz X. Eder (Hg.): *Historische Diskursanalysen. Genealogie, Theorie, Anwendungen*, Wiesbaden: Verlag für Sozialwissenschaften 2006, S. 115-130; ders.: *Foucault zur Einführung*, S. 40-69; ders.: »Diskurs«, in: Hans-Jürgen Goertz (Hg.): *Grundkurs Geschichte* (3. revidierte und erweiterte Auflage), Reinbek b. Hamburg: Rowohlt 2007, S. 199-217.

89 Vgl. Hannelore Bublitz et al. (Hg.): *Das Wuchern der Diskurse. Perspektiven der Diskursanalyse Foucaults*, Frankfurt/M., New York: Campus 1999; dies.: *Diskurs*, Bielefeld: transcript 2003; Siegfried Jäger: »Diskurs und Wissen«, in: Reiner Keller, Werner Schneider u. Willy Viehöver (Hg.): *Handbuch Sozialwissenschaftliche Diskursanalyse, Bd. 1: Methoden und Theorien, Bd. 2: Forschungspraxis*, Opladen: Leske+Budrich 2001, 2003, S. 81-111; Sara Mills: *Discourse*, London: Routledge 1997; Ingo Warnke (Hg.): *Diskurslinguistik nach Foucault. Theorie und Gegenstände*, Berlin: Walter de Gruyter 2007.

das Verstehen.[90] Foucault will das historische Auftreten von Äußerungen analysieren, »ohne [s]ich auf das verschwommene oder explizite Bewusstsein der sprechenden Subjekte zu beziehen; ohne die Diskurstatsachen auf den – vielleicht unfreiwilligen – Willen ihrer Urheber zu beziehen; ohne diese Intention des Sprechers zu beschwören [...]«.[91] Mit dem Subjekt und seinem Bewusstsein als dem natürlichen »ersten« Objekt der Geistesgeschichte scheidet diese für Foucault aus dem Feld der möglichen Verfahren von vornherein aus – seine frühe Begeisterung für die Surrealisten und für Darwins *évolutionisme*, für Nietzsche und für den Wahnsinn hat das Bild des Menschen längst weggespült wie ein Gesicht im Sand. Wir können damit zur Frage übergehen, ob es folglich die Sprache oder Zeichen seien, die er untersucht – etwa, weil die Sprache mit dem Bewusstsein des Subjekts nicht deckungsgleich ist, wie die Strukturalisten gezeigt hatten, und die Sprachanalyse daher die Anforderung erfüllen würde, nicht »humanistisch« und anthropologisch zu sein. Auch in dieser Hinsicht ist die Antwort eindeutig. Foucault fragt »nicht nach den Codes«,[92] sein »Objekt ist nicht die Sprache« und »im Unterschied zu den sogenannten Strukturalisten interessiere ich mich nicht so sehr für die formalen Möglichkeiten, die ein System wie die Sprache bietet«.[93] Er grenzt sich von der Linguistik Saussures ab, nicht, weil er sie als falsch bezeichnen würde, sondern weil Diskurse und durch Diskurse regulierte Äußerungen nicht mit saussureschen Instrumenten wie der Unterscheidung von Signifikant und Signifikat oder zwischen dem System der Sprache (*langue*) und der konkreten Äußerung (*parole*) zu erfassen seien.[94] Auch Chomskys Generative Transformationsgrammatik mit

90 Foucault, *Archäologie des Wissens*, S. 26.
91 Foucault, »Antwort auf eine Frage«, S. 869.
92 Ebd.
93 Michel Foucault: »Über verschiedene Arten, Geschichte zu schreiben«, in: Foucault, *Schriften, Band I*, S. 750-769, Zitat S. 762.
94 Foucault, *Archäologie des Wissens*, S. 41; ders., *Ordnung des Diskurses*, S. 33.

ihrem Postulat universeller Regeln fällt unter Foucaults Verdikt, in ahistorischer Weise von einem sprechenden, einem »kreativen« Subjekt auszugehen, das zur Bildung einer unendlichen Anzahl von Sätzen fähig ist – im Gegensatz zu seiner eigenen Frage nach den *historischen* Bedingungen des »Verstehens, seiner Regeln, seiner Systeme, seiner Umwandlungen«, wie er im Streitgespräch mit Chomsky sagte.[95]

Wenn es nicht die Instrumente der Sprachanalyse sind und schon gar nicht der Rekurs auf den Geist und das Verstehen, die erklären sollen, warum dieses oder jenes zum historischen Zeitpunkt X gesagt wurde – was ist es dann? Wie lässt sich begründen, warum nicht einfach irgendetwas und Beliebiges gesagt wurde – bzw. alles, was sprachlich oder logisch zu sagen möglich wäre –, sondern gemessen an diesen unendlichen Möglichkeiten der Sprache immer nur Weniges, immer nur Bestimmtes? Wie ist das historisch jeweils singuläre Auftreten von Äußerungen zu rekonstruieren, die, eingebettet in eine mehr oder weniger kurze, zuweilen auch lange Serie von ähnlichen Äußerungen, meist nach wenigen Jahren wieder verschwinden, um dann bestenfalls im Staub der Archive und in den stummen Kammern der Bibliotheken als Schatten zurückzubleiben, als fossile Überreste eines vergangenen Sprechens und Denkens? Foucault hat in seiner Antrittsvorlesung von 1970 sein Analyseverfahren an vier Begriffen festgemacht: an den »Begriffe[n] des Ereignisses, der Serie, der Regelhaftigkeit, der Möglichkeitsbedingungen«.[96] Die Auseinandersetzung mit Derrida hat uns schon gezeigt, dass es für die historische Serie und ihre Regelhaftigkeit laut Foucault keine »tiefere« Logik gibt, keine wie auch immer geartete, mit Vorliebe nur von Philosophen zu entziffernde Wahrheit und keinen metahistorischen Sinn, welche eine solche Serie konstituieren würden, sondern allein die beobachtbare Tatsache einer gewissen

95 Michel Foucault: »Über die Natur des Menschen: Gerechtigkeit versus Macht [Gespräch mit Noam Chomsky, Nov. 1971]«, in: Foucault, *Schriften, Band II*, S. 586-637, Zitat S. 600.

96 Foucault, *Ordnung des Diskurses*, S. 35.

Gleichförmigkeit in einer historisch vorfindlichen Reihe von Äußerungen – die bloße Tatsache des regelmäßigen Auftretens gewisser Ähnlichkeiten. Daher lässt sich sagen, dass weder das regelmäßige Muster noch das Ende einer Serie von einem Bewusstsein »intendiert« oder gar ein Ausdruck von Bewusstsein sind und dass die Analyse dieser Muster und ihrer Verwerfungslinien sich daher nicht auf das Verstehen stützen kann. Vielmehr besteht Foucaults Verfahren im Kern in etwas, was man wohl *pattern recognition* nennen muss: die Feststellung, *dass* und *welche* Regelmäßigkeit es in einer Serie von Aussage-Ereignissen gibt. Dies ist seine erste, gleichsam die »innere« Antwort darauf, wie eine Aussage möglich wird: Sie geht mit einer bestimmten Regelmäßigkeit des Sprechens konform, die im historischen Zeitpunkt X die Grenzen und Möglichkeiten dieses Sprechens festlegen, ohne aber ein »Gesetz« zu sein, das sich axiomatisch oder in sonst einer Weise formalisiert ausdrücken ließe. Die »Regel« dieses Sprechens ist nichts anderes als die faktische Regelmäßigkeit, die als solche vollständig kontingent und empirisch beliebig variabel ist.

Bedingungen der Existenz von Organismen und Aussagen

Doch damit ist das Wesentliche noch nicht gesagt. Wenn Foucault, wie oben schon kurz zitiert, nicht die »Frage nach den Codes« und überhaupt nach der Sprache stellt, sondern nach den Aussage-Ereignissen, erscheinen im Fokus dieser Frage »das *Existenz*gesetz der Äußerung, das, was sie möglich gemacht hat – sie und keine anderen an ihrer Stelle; die Bedingungen ihres singulären Auftretens; ihre Verbindung mit anderen, früheren oder gleichzeitigen, diskursiven und nichtdiskursiven Ereignissen«.[97] Das Wesentliche ist hier das »Existenzgesetz« oder, in der Formulierung aus der Antrittsvorlesung von 1970:

---

97 Foucault, »Antwort auf eine Frage«, S. 869 (Hervorhebung durch mich, Ph. S.).

die »Möglichkeitsbedingung«. Was ist damit gemeint? Ich schlage vor, sich an diesem Punkt an das zu erinnern, was Foucault in seinem Vortrag über Cuvier von 1969 über diese Bedingungen gesagt hat: Cuvier habe die »Existenzbedingungen« für jedes Tier in der »Einheit des Typs« gesehen, in den Bauplänen für die jeweiligen Tiergruppen, die ihnen ihre besondere Existenz ermöglichen: bestimmte Formen des Gebisses für Raubtiere, Flügel für Vögel etc. Das sind gleichsam Typen-Logiken, die der inneren Organisation eines einzelnen Organismus von der Reihe seiner Vorfahren als stabiles Muster vorgegeben sind, ein inneres Gesetz, von Cuvier noch als vom Schöpfer vorgegeben gedacht. Das sollte sich mit Darwin ändern, wie Foucault notiert (ich zitiere die Passage erneut): »Was Darwin tat, er spricht es im *Ursprung der Arten* deutlich aus, war, dass er die Existenzbedingungen von der Beziehung auf die Einheit des Typus befreite. [...] Seit Darwin werden die Bedingungen, befreit von der Einheit des Typus, zu Existenzbedingungen, die einem lebenden Individuum von seiner Umwelt vorgegeben sind.«[98] Damit lösen sich die »inneren«, mit der Geburt empfangenen Strukturen nicht auf, aber sie verlieren ihren Ewigkeitswert, ihre Unveränderlichkeit, ihre göttliche Logik und werden zu disponiblen, nur eine Zeitlang stabilen, aber letztlich dauerndem Veränderungsdruck ausgesetzten Strukturen. Zwei Sorten von Existenzbedingungen also: die einen »verstanden als internes System, d.h. die Korrelationen. Wenn Sie die Krallen wegnehmen oder ihm keine Mahlzähne geben, wird das Wesen notwendig sterben«. Und zum anderen »Existenzbedingungen verstanden als Bedrohung, die aus der Umwelt kommt, oder als Bedrohung des Individuums, nicht mehr leben zu können, wenn die Umwelt sich ändert« – mit einem Wort: die Existenzbedingungen hängen nun, seit Darwin, an der »Ökologie«.[99]

---

98 Foucault, »Die Situation Cuviers in der Geschichte der Biologie«, S. 44-45.

99 Ebd., S. 69.

Foucault hat sich mit dieser Darstellung eng an Darwins eigene Auffassung gehalten. Dieser schreibt im *Origin of Species*, dass alle organischen Wesen »nach zwei großen Gesetzen gebildet worden sind: Einheit des Typus und Bedingungen der Existenz«. Zum einen also »die Übereinstimmung im Grundplan des Baues, wie wir ihn bei den Gliedern einer und derselben Klasse finden und welcher ganz unabhängig von ihrer Lebensweise ist«. Das ist die Sicht Cuviers, die Darwin mit der seinen verbindet: »Der Ausdruck Existenzbedingungen, so oft von dem berühmten Cuvier betont, ist in meinem Prinzip der natürlichen Zuchtwahl vollständig mit inbegriffen. Denn die natürliche Zuchtwahl« – die Anpassung an Umweltbedingungen wie Konkurrenzverhältnisse, Klima, Ressourcen – »wirkt dadurch, daß sie die veränderlichen Teile eines jeden Wesens seinen organischen und unorganischen Lebensbedingungen entweder jetzt anpaßt oder in längst vergangenen Zeiten angepaßt hat«.[100] Mit anderen Worten: Darwins Serien haben eine gewisse Dauer, weil sich Baupläne im Laufe von vielen Anpassungsereignissen stabilisiert haben, aber sie bleiben grundsätzlich dem Zwang zur Anpassung auch weiterhin unterworfen und unterliegen damit auch immer wieder der Abänderung.

Darwins »Existenzbedingungen« umfassen also die inneren Bedingungen des Typus, wie er in der Abstammungsreihe entstanden ist, wie auch die aktuellen Umgebungsbedingungen; diese lassen sich noch einmal unterteilen in die Abhängigkeit von anderen Organismen einerseits und in die Abhängigkeit von nichtorganischen Ressourcen und Bedingungen andererseits. Allein, ist dieses biologisch-ökologische Konzept mit seinen drei Abhängigkeits- bzw. Existenzbedingungen tatsächlich irgendwie kongruent zu Foucaults Verwendung desselben Wortes? Was heißt »Existenz-« oder »Möglichkeitsbedingung« im Rahmen von Diskursanalysen? Sollen Diskurse gar so etwas wie Biotope sein? Nein, der Vergleich zielt auf die Kongruenz jener Epistemologien des Konkreten, die in beiden Fel-

100 Darwin, *Entstehung der Arten*, S. 494.

dern zu bestimmen versuchen, warum das »Ereignis« eines individuellen Organismus und das »Ereignis« einer historisch singulären Aussage möglich wurde. Was die Regelmäßigkeit betrifft, die Foucault als die innere Möglichkeitsbedingung von Diskursen auffasst, ist die Parallele zu Darwins inneren Existenzbedingungen von organischen Wesen augenscheinlich: *Irgendeine* innere Regelmäßigkeit oder Struktur ermöglicht die Existenz eines Organismus bzw. einer Äußerung im Rahmen einer Tiergruppe bzw. eines Diskurses; der empirischen Vielfalt und der historischen Variabilität dieser Regelmäßigkeiten sind buchstäblich keine Grenzen gesetzt. Die äußeren Existenzbedingungen ihrerseits finden eine Entsprechung in Foucaults Konzeption der »Verbindung« der Aussage-Ereignisse mit anderen, diskursiven und nichtdiskursiven Ereignissen:[101] Eine Aussage ist Teil eines Netzes von Beziehungen – dieses ist jedoch nicht zu verwechseln mit dem Netzwerk der Signifikanten (gemäß der Linguistik Saussures), sondern es ist ein Netz von heterogenen »Dingen«, ein Netz von Aussagen und nichtdiskursiven Ereignissen (wie etwa die Eröffnung des Hôpital général 1656). Im Vorwort zu *Die Geburt der Klinik* sprach Foucault bezeichnenderweise anstelle von »Diskursanalyse« noch von einer »analyse structurale du signifié«[102] – also einer Analyse des, wörtlich, sprachlich Bezeichneten, des Gemeinten; folgt man seiner empirischen Darstellung, so meinte er damit ganz konkret die vom Auge wahrgenommenen Dinge und ihre räumliche »Struktur«.[103]

Entscheidend jedoch ist, dass die Aussagen als diskursive Ereignisse nur unter Voraussetzung dieses Netzes von internen und externen Bedingungen, das sie zum Teil selbst mitkonstituieren, existieren können, ja, von diesen hervorgebracht werden. Denn zum einen sind Aussagen »möglich«, weil sie Ko-

---

101 Vgl. Foucault, »Antwort auf eine Frage«, S. 869.

102 Michel Foucault: *La naissance de la clinique. Une archéologie du regard medical*, Paris. 1963, S. XIII.

103 Vgl. dazu ausführlich Sarasin, »›Une analyse structurale du signifié‹«, S. 121 f.

pien oder annähernde Kopien früherer oder gleichzeitiger Aussagen im Rahmen desselben Diskurses sind, zum anderen aber, weil sie eine kreative »Antwort« auf äußere, diskursive wie nichtdiskursive Bedingungen geben. Diese »Antworten« müssen nicht nur den eigenen Diskursstrukturen homolog sein, vielmehr müssen sie auch – man sagt es mit einem gewissen Zögern – den Test der »Anpassung« an die externen Bedingungen bestehen; anderenfalls sind sie nicht existenzfähig. Sie sind, anders gesagt, vom »Anpassungsdruck« an solche externe Bedingungen mitgeformt. Man kann zwar, um Foucaults berühmtes Beispiel aus seiner programmatischen Antrittsvorlesung zu zitieren, wie der böhmische Abt Gregor Mendel mit seinen nachträglich die Genetik begründenden Erbsenversuchen »die Wahrheit sagen«, aber die mendelschen Aussagen waren nicht »im Wahren«: Sie waren so lange nicht existenzfähig (und gerieten in Vergessenheit), wie die entsprechenden diskursinternen und -externen Bedingungen für diese Wahrheit nicht geschaffen waren.[104] Mit anderen Worten: Es sind nicht die *Dinge*, über welche der Diskurs »spricht«, die seine Existenz ermöglichen und ihm, im Sinne einer schlichten Korrespondenztheorie der Wahrheit, so etwas wie eine »ewige«, in einer sachlichen »Essenz« begründete Existenz garantieren würden. Es sind vielmehr kontingente historische Umstände, die die Existenz von Aussagen ermöglichen, welche im Rahmen dieser Bedingungen »wahr«, das heißt überlebens- und reproduktionsfähig sind.[105]

Das auf diese Weise zu sagen bedeutet noch lange nicht, so etwas wie eine »Evolution« von Diskursen zu postulieren, gar eine »Entwicklungslogik« von Kultur oder Ähnliches. Ich möchte nur betonen, wie analog Foucaults Konzeption der Möglichkeitsbedingungen von Diskursen zu Darwins biologischem Begriff der Abhängigkeit von Organismen von äußeren – organischen und nichtorganischen – Bedingungen konzi-

104 Foucault, *Ordnung des Diskurses*, S. 24-25.
105 Vgl. dazu Foucault, *Archäologie des Wissens*, S. 67f.

piert ist. Im Zentrum dieser Bedingungen stand für Darwin »die Beziehung von Organismus zu Organismus«, die »die wichtigste aller Beziehungen ist«,[106] also die Beziehungen innerhalb der Art und zwischen verschiedenen Arten.[107] Darwin wurde nicht müde zu betonen, dass alle organischen Wesen »in einer so komplizierten Weise voneinander abhängen«;[108] der *Origin of Species* war überhaupt nichts anderes als der Versuch, zu zeigen, dass »die Struktur eines jeden organischen Gebildes auf die wesentlichste, aber oft verborgene Weise zu der aller anderen organischen Wesen in Beziehung steht, mit welchen es in Konkurrenz um Nahrung oder Wohnung kommt oder vor welchen es zu fliehen hat oder von welchen es lebt«.[109] *Jede* organische Form, jeder verborgene oder sichtbare Teil, jede Färbung einer Oberfläche und jede Struktur des inneren Körperbaus seien direkter Ausdruck der Abhängigkeitsverhältnisse, an die sich ein Organismus anzupassen gehabt habe (Darwin wird diese Theorie später relativieren, vgl. unten, Kap. 8). Darwins Begriff »Evolution« bezieht sich, wie auch Foucault notiert, auf die »Modalitäten der Interaktion zwischen einem Organismus, dessen Elemente allesamt eng miteinander verbunden sind, und einem Milieu, das ihm seine realen Lebensbedingungen bietet«.[110] Wenn Foucault seinerseits über die Möglichkeitsbedingungen von Diskursen sprach, meinte er etwas damit direkt Vergleichbares.

Jede dieser verwickelten Relationen, wie Darwin sie beschreibt, trägt nun nicht nur zur konkreten Formung der Organismen bei, sondern notwendig auch zu ihrer steten Modifikation und damit langfristig zu ihrer Transformation hin zu neuen Formen. Foucaults Konzeption der Veränderung von

---

106 Darwin, *Entstehung der Arten*, S. 683.
107 Vgl. ebd., S. 404-413.
108 Ebd., S. 691.
109 Ebd., S. 412.
110 Michel Foucault: »Über die Archäologie der Wissenschaften. Antwort auf den *Cercle d'épistémologie*«, in: Foucault, *Schriften, Band I*, S. 887-931, Zitat S. 914.

Diskursformationen jedenfalls ist ähnlich modelliert. Es gehe nicht darum, notiert er 1968 in »Antwort auf eine Frage«, in einer ebenso inhaltsleeren wie geistesgeschichtlich schwammigen Weise entweder von der historischen »Kontinuität« bzw. vom »Wandel« zu reden oder aber einfach »Diskontinuitäten« mit scheinbar »leeren« Räumen zwischen zwei Diskursen, zwischen zwei Serien anzunehmen.[111] Notwendig sei vielmehr die konkrete Beschreibung von Transformationsprozessen, das heißt der Umwandlungen oder der Übergänge von einer Serie in eine andere. Historische Veränderung sei »als Spiel spezifischer Modifikationen zu fassen« (*modification* ist der Ausdruck, den Darwin verwendet) oder auch, wie Foucault hinsichtlich der Veränderungen von Diskursen und mit einem moderneren biologischen Begriff sagt, als »*Mutationen*«.[112] Analog zum Umstand, dass Aussage-Ereignisse von diskursinternen und -externen Abhängigkeiten konstituiert werden, seien nun auch die Transformationen zwischen älteren und jüngeren Diskursen als ein »Spiel der Abhängigkeiten« zu beschreiben – und dies seien, wiederum,

»– *intradiskursive* Dependenzen [...];
– *interdiskursive* Dependenzen [...];
– *extradiskursive* Dependenzen [...]«.[113]

Foucault spricht, mit anderen Worten, von einer eigentlichen *Ökologie der Diskurse*, die Darwins drei Ebenen der Abhängigkeiten in faktisch unveränderter Form aufnimmt: (a) diskursinterne Regelmäßigkeiten, die die Abhängigkeit von Begriffen und Kategorien untereinander regeln und damit ihre Stabilität auf Zeit sichern; (b) die Beziehungen zu anderen Diskursen: Beziehung der Abgrenzung und der aktiven Konkurrenz (etwa zwischen Darwinismus und Schöpfungsglaube), Beziehungen aber auch der Komplementarität und Kooperation (zum Beispiel die programmatische Kooperation der Phy-

111 Foucault, »Antwort auf eine Frage«, S. 866-868.
112 Ebd., S. 866 (Hervorhebung im Original).
113 Ebd., S. 867

siologie in Deutschland ab 1840 mit der Physik und Chemie ihrer Zeit), Beziehungen also, die alle auch als Bedingungen der Veränderung von Diskursen fungieren; und schließlich (c) die verwickelten Abhängigkeitsverhältnisse, welche die Diskurse mit nichtdiskursiven Dingen und Verhältnissen unterhalten und die für ihre Existenz ebenso ermöglichend sind, wie sie deren Wandel mitbedingen (etwa die neuen Formen medizinischen Wissens in Korrelation mit den neuen Organisationsformen der Klinik und der durch die Französische Revolution umgestalteten politischen Verhältnisse, wie Foucault dies in *Die Geburt der Klinik* beschreibt[114]).

Ähnlich augenfällig sind schließlich die Parallelen, was den Beitrag des *Individuums* bzw. des *Subjekts* zum Wandel betrifft. Darwins gesamte Vorstellung der Evolution beruht auf der These, dass das Individuum nie vollständig dem Typ entspreche, sondern immer und grundsätzlich ein klein wenig verschieden von allen anderen bzw. dem imaginären Durchschnittstyp sei – und *genau* durch diese individuelle Variabilität, diesen eigenen, individuellen »Beitrag« möglicherweise die Spezies verändere. Denn diese individuellen »Abänderungen, wie gering und auf welche Weise immer sie entstanden sein mögen«, würden, so Darwin, »wenn sie nur für die Individuen einer Spezies in deren unendlich verwickelten Beziehungen zu anderen organischen Wesen und zu den physikalischen Lebensbedingungen einigermaßen vorteilhaft sind, die Erhaltung solcher Individuen zu unterstützen neigen und sich meistens durch Vererbung auf deren Nachkommen übertragen«.[115] Das heißt: Es gibt keinen anderen Agenten der Veränderung als das Individuum selbst. Doch dieses ist selbstverständlich nicht »frei«, sich nach Belieben zu modifizieren; das ist ihm nur im Rahmen seiner ererbten Struktur und den von seiner Umwelt vorgegebenen, restriktiven Rahmenbedingungen möglich. Und ob seine Veränderungen »funktionieren« oder nicht, muss

114 Foucault, *Geburt der Klinik*, S. 54-68.
115 Darwin, *Entstehung der Arten*, S. 403.

sich dann erst noch weisen – das »entscheidet« die *natural selection*.

Und das Subjekt bei Foucault? Als dieser sich ausgerechnet im Mai 1968 in der Zeitschrift *Ésprit* der Leserfrage stellte, ob denn sein »System«-Denken nicht »die Grundlage einer progressiven politischen Intervention« beseitige und dazu führe, dass das politische Subjekt entweder verschwinde, indem es »das System akzeptier[e]«, oder aber ihm nur noch die revolutionäre Gewalttätigkeit der Systemsprengung bleibe,[116] war er erkennbar von der Brisanz dieses Einwandes beunruhigt. Dass »der« Mensch unter den Wellen der Zeichen verschwunden sei, wirkt daneben fast wie geschenkt. Aber konnte man denn trockenen Auges behaupten, damit sei auch das handelnde Subjekt obsolet geworden und man könne die Welt getrost den Strukturen und Systemen überlassen, gar »dem« System? Hatte nicht in diesen bewegten Tagen im Mai 68 ein Student der Sorbonne die höhnischen Worte an die Tafel eines Hörsaals geschrieben »Les structures ne descendent pas dans la rue!« – die Strukturen gehen nicht auf die Straße, die Strukturen verändern gar nichts?[117]

---

116 Foucault, »Antwort auf eine Frage«, S. 859, Fn. 1.

117 Vgl. Dosse, *Geschichte des Strukturalismus*, Bd. 2, S. 151-153. Daran erinnerte im Februar 1969 der rumänisch-französische marxistische Soziologe und Philosoph Lucien Goldmann (1913-1970) in seinem sehr kritischen Diskussionsbeitrag im Anschluss an Foucaults Vortrag »Qu'est-ce qu'un auteur?«, um diesen für seinen angeblich die Handlungsfähigkeit des Subjekts negierenden »Strukturalismus« anzugreifen. Das provozierte den ebenfalls anwesenden Jacques Lacan zu einer pointierten Verteidigung Foucaults: Es gehe nicht darum, das Subjekt zu »negieren«, sondern »um die Abhängigkeit des Subjekts, was etwas ganz anderes ist«, und überhaupt habe der Mai, wenn irgendetwas, das »Auf-die-Straße-Gehen der Strukturen« gezeigt. Diese, wie soll man sagen, paradoxe Intervention des Psychoanalytikers, die Goldmann sehr verletzt haben soll, hat nicht gerade zum Abbau der Spannungen zwischen den Marxisten und den »Strukturalisten« geführt, im Gegenteil. Obwohl Foucault sich 1968 in Tunesien, wo er damals unterrichtete, angesichts der Polizeigewalt gegen seine Studenten politisiert hatte und zuweilen sehr radikale Positionen vertrat, war das Misstrauen der Linken insbe-

Die Fallhöhe dieser von den *Ésprit*-Lesern aufgeworfenen, nur scheinbar akademischen »Frage« war daher schon im Winter/Frühjahr 68, als Foucault seine »Antwort« verfasste, ziemlich hoch. Und diese »Antwort« war daher nicht zuletzt ein hellsichtiger Gegenangriff gegen den revolutionären Marxismus und seinen Glauben an die eigene Einsicht in den Lauf der Geschichte: »Mir scheint, daß ich umgekehrt – und ziemlich klar – die gefährlichen Möglichkeiten wahrnehme, auf die die Politik, von der Sie sprechen, hinausliefe, wenn sie sich die Garantie einer ursprünglichen Begründung oder einer transzendentalen Teleologie gäbe [...].«[118] Was das genau bedeutet und warum eine solche Form von Fortschrittsglauben seinem genealogischen Denken vollständig widerspricht, werden wir in den nächsten beiden Kapiteln sehen; hier genügt es festzustellen, dass seine »Hypothesen« zum Subjekt dementsprechend von einer tiefen Skepsis gegenüber der angeblichen Geschichts- und Handlungsmächtigkeit von »revolutionären« Subjekten getragen waren. Zwar bekräftigte auch er, dass »eine fortschrittliche Politik [...] aus dem Menschen oder aus dem Bewußtsein oder aus dem Subjekt [...] im Allgemeinen das universelle ausführende Organ aller Transformationen« macht.[119] Aber eben nur das »Organ«: die Subjekte sind nicht »allmächtig«, sondern als »diskurrierend[e] Subjekte Teil eines diskursiven Feldes«, welches ihre Handlungsspielräume definiert: »[H]ier finden sie ihren Platz (und ihre Möglichkeiten der Deplatzierung), ihre Funktion (und ihre Möglichkeiten funktioneller Wandlung).«[120] *Voilà*: Subjekte können sich im Feld diskursiver Räume bewegen und die Funktionen ihres Sprechens, die Bedeutungen ihrer Aussagen immer ein klein wenig verändern – genau darin aber sind sie das »Organ« der Transforma-

---

sondere gegenüber seiner »subjektkritischen« Position immens. (Vgl. Michel Foucault: »Was ist ein Autor?«, in: Foucault, *Schriften, Band I*, S. 1003-1042, insb. S. 1036-1041.)

118 Foucault, »Antwort auf eine Frage«, S. 877.

119 Ebd., S. 884.

120 Ebd., S. 867.

tion, welche nicht als solche auf dem »Bewusstsein«, dem »Geist« des Subjektes beruht, sondern auf den Regeln der Diskurse und ihrer Existenzbedingungen.

Foucault lässt es sich nicht nehmen, dies seinen Lesern unter der Hand als eine weitere Kränkung (nach Kopernikus, Darwin und Freud) zu präsentieren. Denn droht mit dieser »kalten« Transformationslogik nicht die radikale Sinnlosigkeit, wenn Diskurse nicht vom Subjekt ausgehen und immer nur das Subjekt »meinen«? – wenn nicht nur die Sprache, die wir verwenden, sondern sogar das, was wir sagen wollen, nicht von unserem Bewusstsein gesteuert sind, wenn der Sinn unserer Kontrolle entgleitet, weil der Diskurs ihn erzeugt? Muss man also annehmen – Foucault behandelt solche Fragen immer im Horizont der Frage nach dem »Leben« –, »dass es in meinem Diskurs nicht um mein Überleben geht?« Kümmert sich der Diskurs tatsächlich nicht um das Subjekt, und ist er »so indifferent gegenüber meinem Leben und *so neutral*, daß es überhaupt keinen Unterschied macht zwischen meinem Leben und meinem Tod«?[121] Die Einsicht, dass Diskurse nicht unmittelbar Ausdruck unseres »Lebens« sind, unserer »Zeit« und unseres Bewusstseins, sondern anderen Logiken und Mächten gehorchen, böte in der Tat wenig Trost: Im Feld der Diskurse »werden Sie sich nicht mit dem Tod versöhnen«, und auch die Aussicht auf die Transzendenz oder »den« – nichtentfremdeten – Menschen fehlt.[122] Es gibt kein teleologisches Versprechen auf gar nichts; das Subjekt bewegt sich schlicht in einem Feld von eingeschränkten Möglichkeiten des Aussagens, und ob es als einzelnes lebt oder stirbt, erscheint aus der Perspektive des Diskurses tatsächlich als ebenso unerheblich wie das Leben oder Sterben eines Individuums aus der Perspektive der *natural selection*. Und dennoch ist allein dieses Subjekt das »Organ« jeder Veränderung, genauso wie Darwins Individuum.

121 Ebd., S. 885-886.
122 Ebd., S. 886.

Doch zumindest *ein* wichtiger Unterschied zwischen dem Individuum Darwins und dem Subjekt Foucaults scheint sich hier zu zeigen: Als ein menschliches Subjekt (was auch immer das im Vergleich zum tierischen Individuum genau heißen mag) kann dieses offenbar nicht anders, als sich als solches zu *fühlen*. Wie zum Beispiel Foucault, wenn er ganz am Schluss des Textes die Diagnose dieser Kränkung auf sich selbst anwendet: Dass er, der doch wissen müsse (wie er ein fiktives Gegenüber sagen lässt), dass »[Sie] in jedem Satz, den Sie aussprechen – und sehr genau in dem, den Sie gerade zu schreiben im Begriffe sind, Sie, der Sie sich eifrig daranmachen, seit so vielen Seiten auf eine Frage zu antworten, durch die Sie sich persönlich betroffen fühlen, und der Sie diesen Text mit Ihrem Namen unterzeichnen werden« – also ganz so, wie Subjekte und Autoren eben reagieren, wenn man ihnen unangenehme Fragen stellt und sie auf ihre früheren Aussagen behaftet –, dass er also wissen müsse, dass »in jedem Satz das namenlose Gesetz [regiert], die reine Indifferenz«, wie sie jedem Individuum gegenüber herrscht. Foucault weiß es, und kann dennoch nicht anders, als sich betroffen zu fühlen und mit seinem Namen zu unterschreiben, während das fiktive Gegenüber dann Roland Barthes zitiert, namenlos, natürlich: »›Was liegt daran, wer spricht, hat jemand gesagt, was liegt daran, wer spricht.‹«[123] Zwei Perspektiven, die nicht zur Deckung zu bringen sind – und ein theoretischer Stolperstein, den Foucault nicht so leicht in den Griff bekommen wird.

Fazit

Hält man Darwins und Foucaults Epistemologien des Konkreten in der Weise nebeneinander, wie ich es in diesem Kapitel versucht habe, zeigen sich einige wichtige Gemeinsamkeiten, aber auch signifikante Unterschiede. Beide ordneten ihre Ge-

123 Ebd.

genstände zwar in Serien, aber diese Serien waren auf eine merkwürdige Weise ohne rechte Ordnung und ohne Logik, sondern erwiesen sich als genealogische oder synchrone Reihen von irgendwie »gemischten« Objekten, weder statistisch berechenbar noch einem philosophisch reproduzierbaren »Gesetz« folgend; sie basieren vielmehr beide auf dem *law of higgledy-piggledy*, wie John Herschel sagte. Diese Differenz zwischen historischen Serien und quantifizierbaren Daten bzw. den entsprechenden Verfahren in den Natur- und Sozialwissenschaften scheint tiefgehend und so leicht nicht überbrückbar zu sein, obwohl Darwin sich streng an die empiristische Methodologie Herschels zu halten glaubte und obwohl Foucault sich von allen Epistemologien abwandte, die sich auf den »Geist«, das »Bewusstsein« oder auch nur auf die Funktionslogik von Zeichen abstützen. Die beiden fielen, mit anderen Worten, zuerst einmal zwischen alle wissenschaftlichen Stühle. Denn der Begriff »historische Serien« scheint ein Oxymoron zu sein: Entweder sind Serien berechenbar – und dann sind sie nicht eigentlich »historisch« – oder historische Reihen sind keine Serien, sondern von irgendeinem Sinn oder einer Logik angeleitete »Entwicklungen«. Beide Möglichkeiten aber – Berechenbarkeit und Logik der Entwicklung – haben sowohl Darwin als auch Foucault abgelehnt. Ihre alternative Sichtweise wird uns im nächsten Kapitel beschäftigen.

Dennoch sind auch die Unterschiede zwischen den beiden Epistemologien des Konkreten, soweit ich sie bisher rekonstruiert habe, nicht zu übersehen. Der Blick auf Darwin zeigt, dass bei aller theoretischen Wertschätzung, die das Individuum bei ihm erfährt, die einzelne Taube, der einzelne Baum oder die einzelne Kleeblüte selbstverständlich namenlos und vollkommen unerheblich bleiben können; Ausnahmen davon bildeten einzig die Gefühle seinem Hund gegenüber und vielleicht das Fohlen mit den Zebrastreifen, das er selbst »gezüchtet« hatte. Wichtig war für ihn nur das Faktum individueller Differenz; diese entfaltet ihre Wirkungen aber erst auf der Ebene der Population, wie auch Foucault beiläufig bemerkte: »Darwin war der erste, der die Lebewesen nicht mehr als Individuen, sondern auf der Ebene der Population behandelte [...].«[124] Das ist kein Widerspruch zum bisher Gesagten: Erst auf der Ebene der Population konnten sich die individuellen Differenzen in einer wachsenden Zahl von Nachkommen hin zu neuen Formen summieren, und genau auf dieser Ebene »behandelte« Darwin das Individuum. Denn das Individuum bzw. das »Ereignis« des Erscheinens eines einzelnen Organismus war zwar ein historisches Faktum, aber es war für Darwin nur insofern interessant, als es Teil einer evolutionären Reihe war.

Gilt daher nicht auch für Foucault, dass die »Strukturen« letztlich doch allmächtig sind, wie seine Kritiker ihm hartnäckig und bis heute vorhalten? Verschwinden die Subjekte und die Ereignisse letzten Endes nicht doch in den Regelmäßigkeiten der Serien, wenn man das Handeln von Menschen nicht auf den Sinn beziehen will? Foucaults eigene »Betroffenheit« angesichts einer beunruhigenden Leser-Frage zumindest schien den kategorialen Unterschied zwischen Sprachwesen und anderen Organismen schlagartig deutlich zu machen. Doch bevor wir uns im achten Kapitel diesem Problem des nur von Menschen intendierbaren und »fühlbaren« Sinns zuwenden, können wir uns an die eingangs angedeutete Unzufriedenheit Foucaults mit seiner »archäologischen« Lösung erinnern. Ein Problem der Archäologie des Wissens lag für ihn in der Gefahr, unter den Regelmäßigkeiten der Serien die Unvorhersehbarkeit der Ereignisse wegzuglätten; er sprach von »eine[r] gewisse[n] Art von Linearitäten, die man in Diskursen finden kann, eventuell sogar in meinen, Gradlinigkeiten, die ich aufgeben will, von denen ich mich abgrenzen will«. Das Feststellen von Regelmäßigkeiten durch den Diskursanalytiker oder von »Entwicklungen« durch die Historiker habe die Funktion, »im Rahmen einer Notwendigkeit«, im Rahmen von Gesetzmäßigkeiten, »zu verharren« und die historischen »Irregularitäten

---

124 Michel Foucault: »Gespräch mit Michel Foucault [Rio de Janeiro 1971]«, in: Foucault, *Schriften, Band II*, S. 191-211, S. 195.

oder Zufälle«, die sprunghafte, die »gezackte Linie der Ereignisse« (*en dents de scie*), auszublenden.[125] Doch welche Zufälle außerhalb der Serie? Welche Ereignisse? Welche Diskontinuitäten der Geschichte? Es wird Zeit, die Frage nach den Kämpfen und den Kräfteverhältnissen, nach Genealogie und Geschichte direkt anzugehen.

---

125 Foucault, »Ich bin ein Sprengmeister«, S. 202.

6. Diagramme

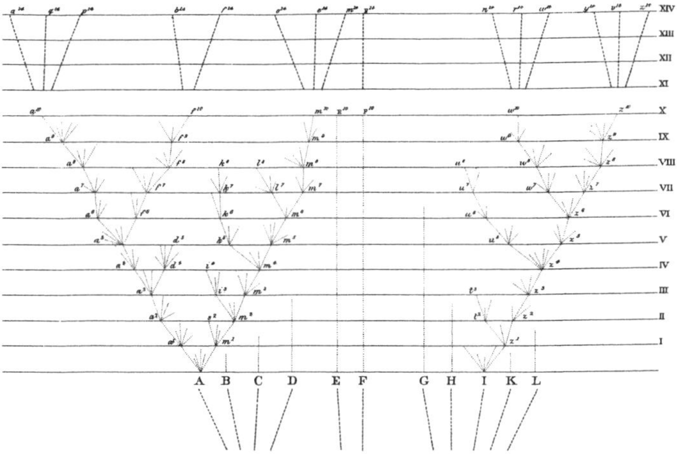

Abb. 2: Diagramm aus: Darwin, *Origin of Species*, 1859. (Quelle: *The Complete Works of Charles Darwin online* ⟨www.darwin-online.org.uk⟩.)

Dieses »Diagramm«, wie Darwin es nannte, ist die einzige visuelle Darstellung oder Abbildung im *Origin of Species*; sie findet sich dort im vierten Kapitel. Kein fossiler Schädel des von ihm in Südamerika entdeckten *Megatherium*, keine Skizzen von geologischen Schichten, keine Pfauenfedern und keine Finkenschnäbel – nach den vielen Illustrationen in den opulenten, 1883 bis 1843 erschienenen Bänden der *Zoology of the Voyage of H. M. S. Beagle* war das zweifellos ein wenig dürr. Doch das Diagramm sollte mit Bedacht kein Bild sein. Seine Funktion war es, ein Argument darzustellen, um das, was weder ausgesagt noch gezeigt werden konnte, sichtbar werden zu lassen, ohne dass es etwas Sichtbares abzubilden gäbe.[1]

Darwins Diagramm

Das Diagramm zeigt abstrakte Zeitschichten und hypothetische Entwicklungslinien fiktiver Arten. Jede horizontale Linie entspricht einem Zeitschritt von »je tausend oder noch mehr Generationen«, vielleicht »auch einer Million oder mehreren Millionen Generationen«, das spielt keine Rolle.[2] Doch die Regelmäßigkeit dieser Zeitschnitte ist eine Illusion und dient nur dazu, sich zumindest ansatzweise evolutionäre Veränderungen in unermesslichen Zeiträumen vorzustellen; denn selbstverständlich seien diese horizontalen Linien »imaginär und hätten anderwärts eingeschoben werden können«.[3] Ähnlich abstrakt sind die Entwicklungspfade von elf fiktiven Arten »einer in ihrem Heimatland großen Gattung«.[4] Sie bewegen sich zuerst durch eine zeitlich nicht gegliederte Zone frühester Entwicklungen in Form der gestrichelter Linien A-L, sind dann, im genauer betrachteten Zeitfenster der Schichten I-X, durch fein punktierte Linien repräsentiert, und schließlich erscheinen im obersten Abschnitt wieder die mit vereinfachenden Strichen skandierten Linien der neu entstandenen Arten. Die unterschiedlich weiten Abstände zwischen den Buchstaben A-L sollen die Annahme zum Ausdruck bringen, »daß diese Arten ein-

---

1 Vgl. Petra Gehring: »Paradigma einer Methode. Der Begriff des Diagramms im Strukturdenken von M. Foucault und M. Serres«, in: dies., Thomas Keuter et al. (Hg.): *Diagrammatik und Philosophie. Akten des 1. Interdisziplinären Kolloquiums der Forschungsgruppe Philosophische Diagrammatik, an der FernUniversität/Gesamthochschule Hagen, 15./16. 12. 1988*, Amsterdam, Atlanta: Rodopi 1992, S. 89-105.

2 Darwin, *Entstehung der Arten*, S. 436 und S. 440.

3 Ebd., S. 437.

4 Für eine genaue Beschreibung des Diagramms siehe Horst Bredekamp: *Darwins Korallen. Die frühen Evolutionsdiagramme und die Tradition der Naturgeschichte*, Berlin: Wagenbach 2005, S. 50-54.

ander in ungleichen Graden ähnlich sind, wie es eben in der Natur so allgemein der Fall zu sein pflegt«.[5] Sie kommen von irgendwoher; ob sie in ihrem »Ursprung« sich trafen, wird nicht gezeigt, aber Darwin suggeriert mit den Neigungswinkeln der unteren Linien durchaus, dass diese »gruppenweise abwärts gegen einen einzigen Punkt konvergieren«.[6] Genaueres kann darüber aber weder gesagt noch gezeigt werden – muss aber auch nicht: Das Diagramm funktioniert ohne die Aussage über einen Anfang oder Ursprung, und der *Origin of Species* enthält sich, abgesehen von ein paar spekulativen Mutmaßungen, jeder Aussage über den *origin*. Da auch der Spezies-Begriff, wie wir im dritten Kapitel gesehen haben, von Darwin jeder Substanz beraubt wurde, erweist sich der Titel des gesamten Unternehmens als ein einem älteren Diskursmodus paradoxes Verhaftetsein, mit dem es aber von der ersten Seite an bricht.

Daher setzt auch im Diagramm die imaginäre Beobachtung ansatzlos bei einer nicht markierten Generation ein und damit an jenem Nicht-Ort, den die nicht existierende römische Null nur nicht bezeichnen kann und wo die Evolution einer Spezies nicht beginnt, weil diese keinen Anfang hat. Und ohne ersichtlichen Grund ergibt sich hier, dass einerseits die Abstammungslinien A und I über die Generationen hinweg sich weiter verzweigen, alle anderen aber sich über die nächsten paar 1000 (oder Millionen) Generationen unverändert reproduzieren, um dann früher oder später abzubrechen. Nur E und F schaffen es bis in die x-te Kohorte; dort verschwindet E, während F weiterlebt, immer noch etwa in der gleichen Form wie zum Zeitpunkt t_0 (wenn Abweichungen der punktierten Abstammungslinien nach rechts oder links Modifikationen der Organismen andeuten sollen). Besonders auffallend ist, was mit A und I geschieht. In offenkundig ungeordneter, wuchernder Manier entstehen kleine Verzweigungen, Ästchen und Bäum-

---

5 Darwin, *Entstehung der Arten*, S. 436.
6 Ebd., S. 439.

chen;[7] die Formen diversifizieren sich in alle Richtungen. Darwin zeichnet diese Ausfächerungen der ursprünglichen Spezies A und I nur an jenen imaginären Schnittpunkten mit den Zeitlinien ein, wo – »so wird angenommen« – eine so große »Summe von Abänderungen gehäuft sei«, wie sie »zur Bildung einer ziemlich gut ausgeprägten Varietät« genügen und »der Aufnahme in ein systematisches Werk wert geachtet werden würde«.[8]

Systematisch wäre also allein ein solches zoologisches oder botanisches Werk, nicht aber das Diagramm und schon gar nicht die sich verändernde Natur selbst. Das Wichtigste, was das Diagramm mithin zeigen soll, ist jene Unregelmäßigkeit, ja Diskontinuität der vollständig kontingenten Abstammungsverhältnisse, für die es keine Worte und kein »repräsentierendes« Bild gibt, die vielmehr nur das Diagramm annäherungsweise zur Darstellung bringen kann. Darwin jedenfalls betont diese nicht repräsentierbaren Diskontinuitäten ganz besonders; er »muß hier bemerken, daß ich nicht der Meinung bin, daß der Prozeß jemals so regelmäßig und beständig vor sich gehe, wie er im Schema dargestellt ist, obwohl er auch da schon etwas unregelmäßig erscheint«.[9] Dazu passt, dass er bei der Drucklegung des *Origin of Species* den Lithografen William West angewiesen hatte, seine von eigener Hand gefertigte Skizze des Diagramms ja nicht zu gleichmäßig auf die Druckplatte umzusetzen und insbesondere die ungleichen Abstände der Buchstaben A-L zu beachten.[10] Dennoch erschien ihm, wie gesagt, das »Schema« noch zu geordnet und suggeriere eine zu kontinuierliche Entwicklung: Es sei »viel wahrscheinlicher,

---

7 Julia Voss hat überzeugend gezeigt, dass Darwins generische Verwendung der Baummetapher nicht impliziert, dass damit ein hierarchisches Unten/oben-Schema in die Natur eingeführt worden sei, und vor allem, dass Darwin sich nicht am Modell der Koralle orientiert habe, wie Horst Bredekamp behauptet (Voss, *Darwins Bilder*, S. 25, Fn. 10; vgl. Bredekamp, *Darwins Korallen*, insb. S. 58 und S. 93).

8 Darwin, *Entstehung der Arten*, S. 436.

9 Ebd., S. 437.

10 Voss, *Darwins Bilder*, S. 152.

daß eine jede Form lange Zeit hindurch unverändert bleibt und dann wieder einer Modifikation unterliegt«.[11] Das ist ein wichtiger Punkt: Die stochastische Folge von zwei über riesige Zeiträume ungleich verteilten Möglichkeiten – Reproduktion und Modifikation – prägen jeden evolutionären Pfad, abgesehen von der steten Möglichkeit des Aussterbens; das Diagramm repräsentiert sie in vereinfachender Weise in der gleichzeitigen, aber unterschiedlichen Entwicklung der elf hypothetischen Arten: Auf der einen Seite eine Mehrheit von im Beobachtungszeitraum konstanten Serien, deren Linien aber mit Ausnahme der Art F mehr oder weniger plötzlich abbrechen, das heißt, die sich nicht mehr reproduzieren können und aussterben. Auf der anderen Seite die Arten A und I, die zum imaginären Beobachtungszeitpunkt t_0 sich zu diversifizieren beginnen und in alle Richtungen mit abweichenden Formen ausfächern. In der Realität treten diese Varianten kombiniert auf, wie Darwin sagt, und in allen Fällen sind dies, wie gesagt, *diskontinuierliche* Prozesse. Wenn man also die Phasen der Kontinuität sich als ausgedehnter denkt, als sie im Diagramm wiedergegeben werden, dann ergäben sich längere Phasen von evolutionärer Stabilität, und die evolutionären Pfade würden »punktuierte«, das heißt immer wieder durch einen schnellen Wandel unterbrochene, diskontinuierliche und damit vorübergehende evolutionäre Gleichgewichtszustände darstellen (wie insbesondere Niles Eldredge und Stephen Jay Gould 1971 mit ihrem Konzept des »punctuated equilibrium« argumentiert haben[12]).

Doch das ist von Darwin mehr als Möglichkeit impliziert denn im Diagramm dargestellt worden. Ins Auge fallen hier zuerst die buschartigen Diversifikationen der Linien A und I: Permanent summieren sich individuelle Differenzen zu mehr oder weniger großen Abweichungen, die ihrerseits wieder Ausgangspunkte für weitere Diversifikationen sind. Die aller-

---

11 Darwin, *Entstehung der Arten*, S. 437.

12 Reprint in Niles Eldredge: *Time Frames*, Princeton: Princeton University Press 1985.

meisten dieser Nebenlinien verschwinden bald wieder, einige aber können sich durchsetzen, verdrängen nicht nur konkurrierende ähnliche Arten (wie etwa B, C oder K und L), sondern vor allem die jeweilige Stammform, wie Darwin betont. Sie treiben den Prozess der Diversifikation so weit fort, dass dann in der »vierzehntausendsten Generation [...] zwei oder mehr Gattungen durch Abstammung mit Modifikation aus zwei oder mehr Arten eines und desselben Genus entspringen«.[13] Sie entstanden auf der Ebene der Population durch die Akkumulation jener individuellen Differenzen, die sich in der jeweils gegebenen Umweltsituation als vorteilhafter als andere erwiesen hatten, sowie durch das Aussterben derjenigen, die unter diesen Bedingungen sich weniger gut zu reproduzieren vermochten.

Bevor wir auf die vielen inhaltlichen Fragen eingehen, die sich hier stellen – Wie entstehen die Diskontinuitäten? Was heißt Zufall? Wie stellt Darwin Verwandtschaft fest? Was heißt Genealogie? – ist die eigenartige Denkform des »Diagramms« selbst genauer in den Blick zu nehmen. Das fällt etwas leichter, wenn wir dies von Foucault her tun. Dieser hat an einer sehr prominenten Stelle in seiner »genealogischen« Arbeit *Überwachen und Strafen. Die Geburt des Gefängnisses* (1975) bekanntlich das so genannte Panopticon nach dem Entwurf von Jeremy Bentham (1748-1832) beschrieben: ein kreis- (oder halbkreis-)förmiges Gebäude, welches die die Individuen isolierenden Zellen so anordnet, dass ein einzelner Aufseher alle überwachen kann, ohne dass die Gefangenen (oder Arbeiter, Kranke oder Schüler etc.) wissen, wann sie überwacht werden. Für Foucault war das Panopticon nicht nur ein politischer »Traum«, der *de facto* bloß in einigen Gefängnisbauten verwirklicht wurde, sondern ein »verallgemeinerungsfähiges Funktionsmodell [...], das die Beziehungen der Macht zum Alltagsleben definiert«, oder eben genauer noch: »Es ist das Diagramm eines auf seine ideale Form reduzierten Machtme-

---

13 Darwin, *Entstehung der Arten*, S. 439.

chanismus, […] eine Gestalt politischer Technologie, die man von ihrer spezifischen Verwendung ablösen kann und muß.«[14] Das Diagramm also ist bei Foucault das konkrete, vom Einzelfall aber abstrahierbare Schema eines bestimmten Kräfteverhältnisses, es ist ein, wie die Philosophin Petra Gehring schreibt, »ad hoc erfundenes Abstractum, das kein Ding meint, sondern ausschließlich Relationen, Verhältnisse zwischen Dingen«; es bewegt sich »zum einen auf den Schwellen zur Schrift«, verbleibt »zum andern aber auch am Rand der analogen Bild- bzw. Abbildnatur (*ikon*) sowie unterhalb der nonverbalen, auf ein Reales verweisenden Zeigehandlung (*deixis*)«.[15] Es spricht nicht, es bildet nicht ab und zeigt nichts Reales, und doch tut es dies alles gleichsam am Rande all dieser Formen der Signifikation, das heißt immer vor und diesseits der eingespielten Bild- und Textroutinen einerseits und der stummen Selbstverständlichkeit des bloßen Zeigens andererseits.[16]

Gilles Deleuze, auf den Gehring sich bezieht, bezeichnet den »Diagrammatismus Foucaults« in diesem Sinne auch als die »Präsentation reiner Kräfteverhältnisse oder die Aussendung reiner Singularitäten«.[17] Was das bedeutet, kann in fünf Punkten konkretisiert werden: *Erstens* sind Kräfterelationen immer nur bestimmte, singuläre Fälle, sie sind jeweils »lokal, instabil und diffus zugleich«,[18] wie dies auch die sprießenden und meist wieder verschwindenden Bäumchen der sich diversifizierenden Arten in Darwins Diagramm ganz gut veranschaulichen. *Zweitens* sind die Linien, wie Darwin sie zeichnet, oder die »Kurven«, die bei Foucault zwei Punkte einer Serie verbinden, der graphische Ausdruck der regulierten, eine Weile lang stabi-

14 Michel Foucault: *Überwachen und Strafen. Die Geburt des Gefängnisses*, Frankfurt/M.: Suhrkamp 1976, S. 263-265.

15 Gehring, »Paradigma einer Methode«, S. 96.

16 Ebd., S. 97, S. 103-104; vgl. dies.: *Foucault. Die Philosophie im Archiv*, Frankfurt/M., New York: Campus 2004, S. 119.

17 Deleuze, *Foucault*, S. 114; vgl. insgesamt auch S. 159-172.

18 Ebd., S. 103.

lisierten Kräfteverhältnisse: Darstellung eines Verhältnisses, das über den Augenblick hinaus in eine bestimmte Richtung wirkt.[19] Weil aber die Kräfte sich grundsätzlich »in einem unendlichen Werden befinden«, wie Deleuze sagt, ist das Diagramm *drittens* kein Bild eines statischen Ortes, sondern »ein Raum ausschließlich für Veränderungen«.[20] In diesem Raum verknüpft sich allerdings nicht »Beliebiges mit Beliebigem«, sondern entstehen *viertens* in zwar völlig kontingenter, dennoch in jeweils untereinander verbundener Weise genealogische Abhängigkeiten: »Aufeinanderfolgende Ziehungen«, so Deleuze, »von denen jede einzelne dem Zufall unterworfen ist, aber unter äußeren Bedingungen, die durch die vorangegangene Ziehung determiniert sind«. Daher ist »ein Zustand des Diagramms stets eine Mischung aus Zufallsbedingtheit und Abhängigkeit«,[21] ist er immer zugleich durch Umstände bedingt wie ereignisoffen – eine Konstellation, die wir bei Darwin ebenso bestätigt finden werden wie bei Foucault. *Fünftens* schließlich betont Deleuze, dass die Kräfte immer in einem »Außen« sich befinden, ja dieses jeweilige Außen »sind«: »Wenn die Kraft stets in Beziehung zu anderen Kräften stehen, verweisen die Kräfte notwendig auf ein irreduzibles Außen [...]. Eine Kraft überträgt sich stets von Außen auf andere Kräfte.«[22] Die Kräfte, deren Wirkungsmechanismus das Diagramm Darwins zum Ausdruck bringt, sind für den einzelnen Organismen in der Umwelt der Mitkonkurrenten, der organischen Ressourcen und der nichtorganischen Bedingungen lokalisiert (ohne eine dieser konkreten Bedingungen zu »sein«), und jeder Organismus fungiert für jeden anderen Organismus im Geflecht der Relationen immer in irgendeiner Weise als dieses »Außen«.

Wenn es mehr als ein bloßer Zufall sein soll, dass Deleuze' zuweilen etwas dunkle Beschreibung von Foucaults »Dia-

19 Ebd., S. 109; vgl. Foucault, *Ordnung des Diskurses*, S. 36.
20 Deleuze, *Foucault*, S. 119.
21 Ebd., S. 120.
22 Ebd. Vgl. auch ebd., S. 124, S. 159ff.

grammatik« sich besonders gut von Darwins Diagramm her erhellen und lesen lässt, muss Foucaults Konzeption von »Macht« eine mehr als nur akzidentelle Beziehung zu Darwins Vorstellung von Kräfteverhältnissen unterhalten. Es ist daher an der Zeit, dass wir uns diesem zentralen Strang der Wahlverwandtschaft zwischen Darwin und Foucault zuwenden.

Der »Kampf ums Dasein«, die »Lust am Gemetzel und die Hoffnung auf Blut«

Wohl kaum eine andere Phrase aus einem wissenschaftlichen Text hat je so verheerende politische und gesellschaftliche Effekte gehabt wie Darwins Rede vom »struggle for life«, die schon im Titel des Buches vorkommt und als »struggle for existence« Thema des zentralen dritten Kapitels des *Origin of Species* ist. Dass die erste, vom angesehenen Heidelberger Geologen und Paläontologen Heinrich Georg Bronn (1800-1862) besorgte deutsche Übersetzung (inklusive Änderungen und »Reinigungen«) *Über die Entstehung der Arten im Thier- und Pflanzen-Reich durch natürliche Züchtung, oder, Erhaltung der vervollkommneten Rassen im Kampfe um's Daseyn* von 1860 aus dem *struggle* umstandslos einen »Kampf« machte, lenkte gerade die deutsche Lesart Darwins von Anfang an in eine sehr bestimmte Richtung. Das ist ein wenig paradox, weil Bronn als Anhänger der Naturphilosophie nicht an Kampf, Selektion und Zufall, sondern an eine streng gesetzmäßige »Entwicklung« der Schöpfung glaubte[23] (und dazu auch 1858 ein Stammbaum-Diagramm publizierte[24]). Darwin und Bronn jedenfalls lebten in zwei ziemlich unterschiedlichen Welten, und als Bronn in Zuge der Übersetzungsarbeiten Darwin fragte, ob

---

23 Vgl. den Artikel »Bronn, Heinrich Georg« in: *Allgemeine Deutsche Biographie*, hg. von der Historischen Kommission bei der Bayerischen Akademie der Wissenschaften, Band 3 (1876), 355 ff., online auf ⟨http://de.wikisource.org⟩.

24 Vgl. Bredekamp, *Darwins Korallen*, S. 43.

der Begriff *natural selection* entweder mit »Adelung« oder aber mit »Wahl der Lebensweise« zu übertragen sei, konnte dieser in seiner höflichen Antwort vom 14. Februar 1860 nur heftig den Kopf schütteln.[25] Aber auch Victor Carus (1823-1903), Direktor des Zoologischen Instituts an der Universität Leipzig, der dann 1876 die bis heute maßgebende Übersetzung des *Origin* vorlegte, hat an der Formulierung »Kampf ums Dasein« festgehalten, obwohl *to struggle* bekanntlich auch »ringen um« oder »sich bemühen« bedeutet.

Das alles soll aber nicht bedeuten, Bronn oder Carus so etwas wie eine »historische Schuld« in die Schuhe zu schieben. Vor allem Bronn folgte mit seiner Begriffswahl weit weniger seinen eigenen philosophischen Ideen als in diffuser Weise einer – wie soll man sagen? – Zeitstimmung, in der sich, im globalen Horizont, englischer Wirtschaftsliberalismus, britischer Imperialismus und das selbstverständliche »rassische« Überlegenheitsgefühl der Europäer über alle »farbigen« Völker mit der Abkehr des deutschen Bürgertums von den demokratischen Idealen von 1848, seiner Faszination für das militärische Gehabe des Adels und seinem hierarchischen Gesellschaftsverständnis mischten, aber auch mit der wachsenden Angst vor dem Proletariat und einem nicht zuletzt unter Akademikern verbreiteten Ideal kampfbereiter Männlichkeit.[26] Da schien Darwins Schlagwort gerade zum richtigen Zeitpunkt zu kommen. Die Bereitschaft jedenfalls, mit der die bürgerlichen und akademischen Eliten die Botschaft vom universellen Kampf ums Überleben aufgegriffen haben, ist im letzten Drittel des 19. Jahrhunderts überall mit Händen zu greifen.[27] Zwar

---

25 Darwin Correspondence Project, Letter 2698 – Darwin, C. R., to Bronn, H. G., 14 Feb [1860] ⟨http://www.darwinproject.ac.uk/darwinletters/calendar/entry-2698.html⟩.

26 Vgl. zu Letzterem Ute Frevert: *Ehrenmänner. Das Duell in der bürgerlichen Gesellschaft*, München: C. H. Beck 1991.

27 Vgl. Eve-Marie Engels: »Darwins Popularität im Deutschland des 19. Jahrhunderts. Die Herausbildung der Biologie als Leitwissenschaft«, in: Achim Barsch, Peter M. Hejl (Hg.): *Menschenbilder. Zur Pluralisierung der Vorstellungen von der menschlichen Natur (1850-*

glaubte noch lange nicht jeder, der mit Hobbes im Menschen des Menschen Wolf erkannte, damit auch an die Evolutionstheorie, und ein reicher Bourgeois musste weder in London noch in Berlin seinem Überlegenheitsgefühl gegenüber dem »Pöbel« mit der Biologie nachhelfen. Dazu kommt, dass die Idee vom »Überleben der Stärksten« von Thomas Malthus am Ende des 18. Jahrhunderts formuliert und schon in den 1850er Jahren von Herbert Spencer als Sozialphilosophie popularisiert wurde. Auf der anderen Seite begegneten konservative und kirchliche Kreise dem Sozialdarwinismus mit Distanz, weil sie in der Deszendenztheorie eine gefährliche Ideologie des Wandels und einen Angriff auf die göttliche Ordnung erblickten. Doch auch jene, die ihre politischen Ideen auf »Darwin« bezogen, waren sich darin alles andere als einig; mit der Lehre vom »Kampf ums Dasein« schien sich die politische Unmöglichkeit der Sozialdemokratie ebenso gut beweisen zu lassen wie der notwendige Fortschritt zum Sozialismus, der Obrigkeitsstaat ebenso wie eine liberale Gesellschaftsordnung, und ließ sich auch trefflich für oder wider die Emanzipation der Frau argumentieren.[28]

Aus dieser vielfältigen, widersprüchlichen und politisch noch nicht sehr folgenreichen Rezeption im weiten politischen Raum zwischen der marxistischer Linken über nationalistische

---

1914), Frankfurt/M.: Suhrkamp 2000, S. 91-145: Paul Crook: *Darwinism, War and History. The Debate over the Biology of War from the ›Origin of species‹ to the First World War*, Cambridge: Cambridge University Press 1994, insb. S. 63-97; Christian Geulen: *Wahlverwandte. Rassendiskurs und Nationalismus im späten 19. Jahrhundert*, Hamburg: Hamburger Edition 2004, insb. S. 80-88; Mike Hawkins: *Social Darwinism in European and American Thought, 1860-1945. Nature as Model and Nature as Threat*, Cambridge: Cambridge University Press 1997; Peter Weingart: »›Struggle for Existence‹: Selection and Retention of a Metaphor«, in: Sabine Maasen, Everett Mendelsohn u. Peter Weingart (Hg.): *Biology as Society, Society as Biology: Metaphors*, Dordrecht: Kluwer 1995, S. 127-151.

28 Vgl. Alfred Kelly: *The Descent of Darwin. The Popularization of Darwinism in Germany, 1860-1914*, Chapel Hill: University of North Carolina Press 1981, insb. S. 100-122.

Bildungsbürger bis hin zur völkischen Rechten schälte sich aber etwa ab 1890 eine radikalisierte Variante des Sozialdarwinismus heraus, die sich um einen neuen, von Darwins Cousin Francis Galton begründeten eugenischen Argumentationskern herum formierte.[29] War dies nicht, gemäß einer gerade in Deutschland verbreiteten Auffassung, als tödlicher Pfad in den Abgrund die unausweichliche Konsequenz des Darwinismus? Hatte nicht der Arzt Alfred Ploetz, der Begründer der Rassenhygiene, 1895 seinem »Entwurf« explizit Darwins Prinzip des »Überlebens des Tüchtigsten« zu Grunde gelegt?[30] War nicht Ernst Haeckel, Darwins Prophet aus Jena, als Begründer des »Monismus« und frühes Mitglied der Gesellschaft für Rassenhygiene, mitverantwortlich für die unheilvolle Verquickung von Biologie und Herrenmenschen-Politik,[31] ja, war daher der Darwinismus nicht überhaupt schuld an der »Entwertung des menschlichen Lebens« in Deutschland, wie Richard Weikart behauptet?[32] – Und hat nicht, um eine schreckliche Geschichte abzukürzen, Hitler selbst im Führerhauptquartier im Frühjahr 1945 sich darauf berufen, dass er doch nur »das Urgesetz« voll-

---

29 Francis Galton: *Hereditary genius. An Inquiry into its Laws and Consequences*, London: Macmillan 1869.

30 Alfred Ploetz: *Die Tüchtigkeit unserer Rasse und der Schutz der Schwachen. Ein Versuch über Rassenhygiene und ihr Verhältniss zu den humanen Idealen, besonders zum Socialismus*, Berlin: S. Fischer 1895 (= Grundlinien einer Rassen-Hygiene, I. Theil); vgl. Hans-Walter Schmuhl: *Rassenhygiene, Nationalsozialismus, Euthanasie. Von der Verhütung zur Vernichtung »lebensunwerten Lebens«, 1890-1945*, Göttingen: Wallstein 1987.

31 Jürgen Sandmann: *Der Bruch mit der humanitären Tradition. Die Biologisierung der Ethik bei Ernst Haeckel und anderen Darwinisten seiner Zeit*, Stuttgart: Fischer 1990.

32 Richard Weikart: »Darwinism and Death: Devaluing Human Life in Germany 1859-1920«, in: *Journal of the History of Ideas*, 2002, S. 323-344; vgl. Peter Emil Becker: *Wege ins Dritte Reich. Bd. 1: Zur Geschichte der Rassenhygiene, Bd. 2: Sozialdarwinismus, Rassismus, Antisemitismus und Völkischer Gedanke*, Stuttgart: Thieme 1988, 1990; Peter Weingart, Jürgen Kroll u. Kurt Bayertz: *Rasse, Blut und Gene. Geschichte der Eugenik und Rassenhygiene in Deutschland*, Frankfurt/M.: Suhrkamp 1992.

zogen habe, das Gesetz vom Recht und Überleben des Stärkeren?[33] Aus dem Schatten dieser Fragen jedenfalls scheint der Darwinismus in Deutschland bis heute kaum mehr treten zu können. Im April 2002 publizierte das populärwissenschaftliche *PM Magazin* eine krachende Abrechnung mit Darwin, in der auch kurz Haeckels Ansicht referiert wurde, dass die »natürliche Auslese [...] das einzige wissenschaftliche Prinzip sei, das die Entwicklung des Lebens, der Gesellschaft und des Geistes beherrsche«, um dann übergangslos zu schreiben: »Jetzt war es nur noch ein kleiner Gedankenschritt – nach Auschwitz.«[34]

So kurzschlüssig das auch klingt und so offenkundig falsch viele der Behauptungen sind, die den Darwinismus für »Auschwitz« verantwortlich machen – so wenig wäre das genaue Gegenteil wahr. Man kann nicht behaupten, der Rassismus und der exterminatorische Antisemitismus im Zeitraum zwischen 1860 und 1945 hätten rein gar nichts mit dem zur tödlichen Waffe verkommenen Schlüsselbegriff Darwins zu tun gehabt. Dies jedenfalls war die Ansicht Foucaults. In seiner Vorlesungsreihe *In Verteidigung der Gesellschaft* von 1975/76, die sich unter anderem mit der Geschichte des Rasse-Diskurses beschäftigt, unterscheidet er einen älteren, »traditionellen« Rassenhass vom modernen Rassismus – und sieht in Darwin den historischen Umschlagspunkt. Denn der durch Darwin ausgelöste neue Rassismus ermögliche die Tötung des Anderen insofern, als der Darwinismus diese Tötung »buchstäblich in Formen der Evolutionstheorie [zu] denken« erlaube.[35] Foucault schreibt zwar (und zweifellos zu Recht), dass der mo-

---

33 Fest, Joachim C.: *Der Untergang. Hitler und das Ende des Dritten Reiches. Eine historische Skizze*, Berlin: Alexander Fest 2002, S. 159, S. 190f.

34 Peter Ripota: »Was Darwin uns alles verheimlichte«, in: *PM Magazin*, April 2002 ⟨http://www.pm-magazin.de/de/heftartikel/artikel_id170.htm⟩; für den Hinweis danke ich Manuel Löwy, Zürich.

35 Michel Foucault: *In Verteidigung der Gesellschaft. Vorlesungen am Collège de France (1975-76)*, Frankfurt/M.: Suhrkamp 1999, S. 298.

derne Rassismus »sich zunächst mit der Kolonialisierung, d. h. dem kolonisatorischen Völkermord« entwickelte[36] – und damit vor Darwin einsetzte –, um an diese Feststellung die Frage anzuschließen: »Wie [also] kann man Leute, Völker, Zivilisationen töten, wenn man nach dem Modus der Bio-Macht funktioniert?« Die Antwort wirkte dann allerdings ein wenig kurz gegriffen: »Mit Hilfe der Themen der Evolutionstheorie, mit Hilfe des [darwinistischen] Rassismus.«[37] Das ist nur halbrichtig. Sucht man nach den Anfängen des wissenschaftlichen, des modernen Rassismus in seiner Eigenschaft als Legitimationsbasis für Völkermord, so ist zum Beispiel – um eine sehr komplexe Geschichte auf wenige Hinweise zu reduzieren – der Cuvier-Schüler und Edinburgher Anatom Robert Knox zu nennen, dessen Buch *The Races of Man* von 1850 deutlich macht, wie der wissenschaftliche, biologisch und anatomisch argumentierende Rassismus noch ganz ohne evolutionstheoretische Vorstellungen formuliert werden konnte; ihm voran gingen Versuche in Deutschland und Frankreich, wissenschaftliche Unterscheidungskriterien für die als distinkt und hierarchisch gegliedert angesehenen »Rassen« zu etablieren.[38] Richtig ist al-

36 Vgl. dazu immer noch Sven Lindqvist: *Durch das Herz der Finsternis. Ein Afrika-Reisender auf den Spuren des europäischen Völkermords. Mit einem Vorwort von Urs Widmer*, Frankfurt/M.: Campus 1999 (Stockholm 1992).

37 Foucault, *In Verteidigung der Gesellschaft*, S. 298.

38 Robert Knox: *The Races of Men: A Philosophical Inquiry into the Influence of Race over the Destinies of Nations, Second Edition, with Supplementary Chapters*, London 1862 (2., erweiterte Ausgabe von *The Races of Man: A Fragment*, 1850); vgl. stellvertretend für die Literatur zur Geschichte des Rassismus Walter Demel: »Wie die Chinesen gelb wurden. Ein Beitrag zur Frühgeschichte der Rassentheorien«, in: *Historische Zeitschrift*, 1992, Nr. 255, S. 625-666; Ivan Hannaford: *Race. The History of an Idea in the West*, Baltimore: Johns Hopkins UP 1996; George L. Mosse: *Die Geschichte des Rassismus in Europa*, Frankfurt/M.: S. Fischer 1993; Léon Poliakov: *Der arische Mythos. Zu den Quellen von Rassismus und Nationalismus*, Hamburg: Junius 1993; Christian Geulen: *Geschichte des Rassismus*, München: Beck 2007.

lerdings, dass nach 1860 diese älteren Spuren des modernen Rassismus in dem allgemein als »darwinistisch« bezeichneten »Naturgesetz« des *struggle for existence* und des *survival of the fittest* aufgingen.[39] Damit galt für viele, wie Foucault notierte, dass der Kampf zwischen den »Rassen« ebenso wie der Kampf zwischen den »Stärkeren« und den »Schwächeren« der als unausweichlich empfundenen biopolitischen Wahrheit folgte, dass »der Tod des Anderen, der Tod der bösen Rasse, der niederen (oder degenerierten oder anormalen) Rasse das Leben im allgemeinen gesünder machen [wird]; gesünder und reiner.«[40]

Ist damit nicht alles gesagt? Kann es vor *diesem* Hintergrund noch Anlass zur Vermutung geben, Foucault hätte sich in irgendeiner Weise positiv auf Darwin bezogen? Ich habe zwar im 3. Kapitel zu zeigen versucht, dass Darwins Konzept des »Kampfs ums Dasein« komplexer ist, als es die simplifizierende Rezeption wahrhaben wollte und will – allein, was hilft das? Zeigen all diese Belege nicht hinreichend deutlich, dass Foucault den Darwinismus zu Recht als rassistische Ideologie durchschaute? Zweifellos: Sie bestätigen, dass er sich immer und vollständig vom politisierten Darwinismus distanziert hatte, der um die Wende zum 20. Jahrhundert, als er als *biologische* Theorie unter den Rechtfertigungsdruck der neuen, nicht selektionistisch argumentierenden Genetik geriet und für die meisten Biologen an Plausibilität verlor, zu einer im Wesentlichen rassistischen Legitimationsdoktrin verkam. Foucaults Bemerkungen lassen überdies schon erahnen, dass seine Kritik am »Darwinismus« vor allem mit seiner Ablehnung des Evolutionsdenkens als einer Entwicklungs- oder gar Fortschrittslehre zusammenhingen (wie ich später in diesem Kapitel argumentieren werde). Aber sie zeigen weder, dass damit der Text des *Origin of Species* gleichsam schon erledigt ist, noch, dass Foucault diesen Text mit »Darwinismus« vermengt hätte.

Im Gegenteil – Foucault hat sich gerade in diesem Punkt sein

---

39 Vgl. Bowler, *Evolution*, S. 292-297.
40 Foucault, *In Verteidigung der Gesellschaft*, S. 296.

tief sitzendes Misstrauen gegenüber gängigen politischen Urteilen und Denkformen bewahrt. In einer Zeit, in der manche noch von der Revolution in den westlichen »Metropolen« träumten und Foucault seinerseits an einem kleinen Buch arbeitete, das über die Befreiungsversprechen zumindest der sogenannten Sexuellen Revolution Hohn und Spott ausgießen sollte, traf er im Mai 1975 in Los Angeles mit einer Gruppe von Studenten zusammen. Gemäß der Aufzeichnung dieses »sehr informellen Gesprächs«[41] kritisieren die Studenten seine Machttheorie, welche die Ubiquität von Machtverhältnissen postuliert, ihre unhierarchische und ungerichtete Struktur, ihr Basieren auf einer endlosen Serie von Gegensätzen. Dazu sagt ein Student: »Mich stört an dieser Sichtweise, daß sie dem wichtigsten Grundprinzip des Marxismus widerspricht.«[42] Denn Machstrukturen seien gemäß Marx zwar wechselseitige, aber *dialektische* Verhältnisse. Foucault widerspricht energisch: »Den Ausdruck ›dialektisch‹ akzeptiere ich nicht. Absolut nicht. [...] Ein wechselseitiges Verhältnis ist kein dialektisches Verhältnis.«[43] Der Student insistiert: Wenn man auf die Dialektik verzichte, würde jede Form von Widerspruch denkunmöglich. Darauf wird Foucault grundsätzlich: »Sehen wir uns den Ausdruck ›Widerspruch‹ doch einmal genauer an. [...] Wenn wir uns die Realität ansehen und eine ganze Reihe von Prozessen untersuchen, stellen wir fest, dass es dort gar keine Widersprüche gibt. Nehmen Sie den Bereich der Biologie.« Um also – Zwischenbemerkung – die Kategorien zu klären, mit welchen über die politische Realität zu reden sei, kann Foucault wie selbstverständlich auf die Biologie als Referenz zurückgreifen. Und was zeigt die Biologie? »Dort finden wir zahlreiche antagonistische Wechselprozesse, aber das heißt nicht, dass es sich um Widersprüche handelte. Es heißt nicht einmal, dass es auf der einen Seite des antagonistischen Prozes-

---

41 Michel Foucault: »Gespräch über die Macht«, in: Foucault, *Schriften, Band III*, S. 594-608, Vorbemerkung.

42 Ein Student, in: ebd., S. 601.

43 Ebd.

ses einen positiven und auf der anderen einen negative Aspekt gäbe. Ich halte es für eine sehr wichtige Erkenntnis, dass Kampf und antagonistische Prozesse keinen Widerspruch im logischen Sinne darstellen, wie die dialektische Sicht behauptet.«[44] Und er fährt mit schon fast programmatischen Worten fort: »In der Natur gibt es keine Dialektik. Ich beanspruche für mich das Recht, Engels in diesem Punkt nicht beizupflichten: Wie Darwin hinreichend gezeigt hat, finden sich in der Natur zahlreiche antagonistische Prozesse, die nicht dialektisch sind. In meinen Augen lässt sich diese Hegelsche Formulierung nicht halten.«[45] Dass Foucault die Dialektik ablehnte, ist sicher keine neue Erkenntnis. Aber was war die Alternative zur Dialektik? Er sagt es deutlich: Die Konfliktmuster in der Natur, wie sie bei Darwin dargestellt werden, sind ein »hinreichendes« Argument, um das ganze marxistische Denken des dialektischen Widerspruches grundsätzlich zu verwerfen. Selbst wenn es sich in den Zeiten nach »68« darum handelte, das Konzept des »Widerstandes« – die semantische Zentralikone für die außerparlamentarische Linke[46] – zu denken, verweigert sich Foucault dem reflexartigen Rückgriff auf die hegelsche Dialektik und insistiert auf der Realität von Kräfteverhältnissen in der Natur und auf ihrer Beschreibung durch Darwin.

Diese nichtdialektischen Konfliktmuster waren, vermittelt über Nietzsche, der »viel über solche Probleme gesprochen hat, ich möchte sogar sagen, häufiger als Hegel«,[47] wie Foucault sich anzufügen beeilt, der konzeptionelle Ausgangspunkt

---

44 Ebd., S. 601-602.

45 Ebd., S. 602.

46 Vgl. abgesehen von der mittlerweile nicht mehr überblickbaren Literatur zu »68« und der Geschichte der außerparlamentarischen Opposition in den westlichen Industrienationen z. B. Ernst Bloch: *Widerstand und Friede. Aufsätze zur Politik*, Frankfurt/M.: Suhrkamp 2008; Anders Boserup, Andrew Mack: *Krieg ohne Waffen? Studie über Möglichkeiten und Erfolge sozialer Verteidigung: Kapp-Putsch 1920, Ruhrkampf 1923, Algerien 1961, ČSSR 1968*, Reinbek b. Hamburg: Rowohlt 1974.

47 Foucault, »Gespräch über die Macht«, S. 602.

für seine eigene Theorie der Macht. Der philosophische Gewährsmann und damit buchstäblich der Name, den Foucault für diesen Ausgangspunkt einsetzt, ist daher Nietzsche und nicht der kaum je erwähnte Darwin. Es handelt sich für uns also darum, »Darwin« als stumme, vielleicht sogar gelöschte Bezeichnung jener Kräfte und Verhältnisse zu lesen, auf die Foucault verweist, wenn er »Nietzsche« sagt – eine Form der Textinterpretation, die einer von Foucault im Juli 1964 auf einem von Gilles Deuleuze organisierten Kolloquium über Nietzsche präsentierten Darstellung dessen, was Hermeneutik sei, gleichsam performativ folgt. In diesem Vortrag in Royaumont unter dem Titel »Nietzsche, Freud, Marx« diskutierte er damals die Frage, was seit dem 19. Jahrhundert und insbesondere für die drei Genannten »Interpretation« heiße; er soll uns hier zuerst beschäftigen. Daran anschließend werden wir dann die Frage nach den Kräfteverhältnissen in den Raum des gesellschaftlichen Handelns hinein verfolgen, als deren Antwort sich Foucaults von Darwin inspirierte Theorie der Macht erweisen wird.

Wieso also Marx, Nietzsche und Freud? Für alle drei gelte, dass »die Interpretation deshalb niemals abgeschlossen ist, weil es gar nichts zu interpretieren gibt.« Und warum? Die Antwort fällt scheinbar konventionell kulturtheoretisch aus: »Es gibt kein absolut Erstes, das zu interpretieren wäre, denn im Grunde ist alles immer schon Interpretation, jedes Zeichen ist an sich nicht die Sache, die sich der Interpretation darböte, sondern eine Interpretation anderer Zeichen.«[48] Ist also das Zeichen gleichsam immer schon da, ist es immer schon der Ausgangspunkt und kann immer nur weiter und fortgesetzt interpretiert werden? Das wäre die beruhigende »kulturwissenschaftliche« Antwort, für die es keinen *hors-texte* gibt, keine Außenreferenz von Zeichen und daher immer nur endlose Schlaufen des Kommentars. Doch Foucault verfolgt insbeson-

48 Michel Foucault: »Nietzsche, Freud, Marx«, in: Foucault, *Schriften, Band I*, S. 727-743, Zitat S. 734.

dere mit Blick auf Nietzsche einen anderen Weg: »Für Nietzsche gibt es kein ursprünglich Bezeichnetes« – dies allerdings *nicht*, weil es nur und »immer schon« Zeichen gibt, sondern weil »die Worte selbst nichts als Interpretationen« sind, und zwar »*bevor* sie Zeichen sind«; eine Bedeutung hätten sie nur deshalb, »*weil* sie Interpretationen sind«.[49] Diese Umkehrung ist für das genealogische Denken Foucaults sehr grundlegend: Zeichen haben nicht als solche, das heißt im Netzwerk der Zeichenrelationen, eine Bedeutung, sondern erlangen diese erst, weil jemand mit ihnen etwas sagen wollte, sie einer anderen Interpretation entgegensetzte. Interpretation erscheint so als eine beinahe handgreifliche Geste, die das Spiel des Bedeutens erst initiiert, eine Geste des Angriffs, der Verteidigung oder der Überwältigung – kurz, sie erscheint als ein Gewaltakt, als Bemächtigung »einer bereits vorhandenen Interpretation«.[50] Worte würden gemäß Nietzsche »kein Bezeichnetes anzeigen, sondern eine Interpretation *aufzwingen*«, und interpretieren müsse man nicht deshalb, »weil es erste, rätselhafte Zeichen gibt, sondern weil es Interpretationen gibt, weil unter allem, was spricht, ständig das große Gewebe der *gewaltsamen* Interpretationen liegt«.[51] Daher soll man nicht nach Bedeutungen von Zeichen fragen, sondern danach, »von wem die Interpretation stammt«, denn »das Prinzip der Interpretation« sei, so Foucault in harter Zuspitzung, »nichts anderes als der Interpret« selbst.[52]

Das Problem des Zeichens ist, anders gesagt, nicht fundamental. Dem Zeichen und damit auch jeder Aussage liegt immer schon die Gewalt der Interpretation zugrunde – allerdings

---

49 Ebd., S. 735 (Hervorhebung durch mich, Ph. S.); Foucault bezieht sich auf Nietzsche, *Zur Genealogie der Moral*, Erste Abhandlung §§ 4 und 5, S. 264, was aber als Referenz nicht sehr zwingend erscheint. Beinahe wörtlich folgte er hingegen implizit *Zur Genealogie der Moral*, Zweite Abhandlung, § 12, S. 313-316.

50 Foucault, »Nietzsche, Freud, Marx«, S. 734.

51 Ebd., S. 735 (Hervorhebung durch mich, Ph. S.).

52 Ebd., S. 736.

ohne dass diese Gewalt als solche bezeichnet würde (wofür allein der gelöschte Name Darwins steht), und überdies, ohne selbst etwas Substanzielles zu sein: Die Gewalt der Interpretation ist ein Kräfteverhältnis und damit, wie Foucault auch hier sagt, ein »Außen«, welches erst die genealogische Analyse zu rekonstruieren vermag. Wenn der Interpret »nach dem Sinn des Zeichens sucht, muss er senkrecht hinabsteigen und aufzeigen, dass die Tiefe der Innerlichkeit in Wirklichkeit etwas ganz anderes ist, als sie sagt«.[53] Angesichts des »Außen« der realen Kräfteverhältnisse erweist sich dann »alles, was die Tiefgründigkeit des Menschen bewirkt hat, nur [als] ein kindliches Spiel«.[54] Der Genealoge rekonstruiert (Foucault verwendet den Begriff »wiederherstellen«) das Kräfteverhältnis, aus dem heraus die Interpretationen und Bedeutungen entstanden sind, er steigt in eine ganz andere »Tiefe« hinab als jener Hermeneut, der zwischen den Zeichen und Zeilen nach dem nie ganz ausgesprochenen, letztlich immer verborgenen Sinn sucht. Es ist daher nur konsequent, dass Foucault gleich auch den Gegner benennt: Für eine Hermeneutik, die nach dem Interpreten und seinen Gewaltakten fragt, ist die »Semiologie [der] entschiedene Feind«.[55]

Interpretieren und damit auch generell Wissen sind Produkte von Gewaltverhältnissen – das ist zweifellos eine etwas andere Perspektive als jene, die der Archäologe und Diskursanalytiker eingenommen hat, als er Serien von Aussage-Ereignissen auf ihre Regelmäßigkeiten untersuchte und dabei dem Subjekt Bewegungsmöglichkeiten nur im Rahmen dieser Ordnung zugestand. Der Vortrag »Nietzsche, Freud, Marx« war ein früher Versuch Foucaults, in Form eines Nietzsche-Referats diese andere, genealogische Sichtweise zu explorieren, welche zur horizontalen Analyse des Archäologen wie gesagt »senkrecht« steht und unter der geglätteten Oberfläche der

---

53 Ebd., S. 731.
54 Ebd.
55 Ebd., S. 737.

Zeichen und Aussagen jene Kräfteverhältnisse sucht, die diese Zeichen und diese diskursive »Glättung« erst hervorgebracht haben. Nach dem Erscheinen der *Archäologie des Wissens* 1969 hat Foucault diese vertikale Achse immer stärker in den Vordergrund gerückt. In einer Reihe von fünf Vorträgen in Rio de Janeiro von 1973 unter dem Gesamttitel »Die Wahrheit und die juristischen Formen« stellte er in einer Weise, die 1966 in der *Ordnung der Dinge* noch ganz fern gewesen wäre, die Frage, wie Wissen bzw. Erkenntnis zustande kommt. Die Antwort konnte jetzt nur lauten: »durch dunkle Machtbeziehungen«, durch »schäbige« und »kleine« »Erfindungen«, hinter denen eben nicht ewige Ideen, sondern die List und Hinterlist der Interpreten stehen.[56] Erkenntnis resultiere aus der Konfrontation der verschiedenen »Triebe«, ist das Resultat von einem im Physischen verankerten Lebenswillen, ohne dass sie selbst zur menschlichen Natur gehörte oder ein der Wahrheit verpflichteter Trieb wäre; sie ist »nur das äußere Ergebnis ihrer Konfrontation, [...] ein Effekt der Triebe«.[57] Wahrheit und Erkenntnisse sind strategische Einsätze; es kann »zwischen der Erkenntnis und den zu erkennenden Dingen [kein] Verhältnis natürlicher Kontinuität geben, sondern nur ein Verhältnis, das durch Gewalt, Herrschaft und Macht gekennzeichnet ist. Erkenntnis kann den zu erkennenden Dingen nur Gewalt antun.«[58] Weil es Erkenntnis in diesem Sinne stets nur »in Gestalt diverser unterschiedlicher Handlungen gibt, in denen der Mensch sich gewaltsam Dinge aneignet, auf Situationen reagiert und sie in Kräfteverhältnisse zwingt«, wird sie radikal an die Position des Erkennenden zurückgebunden und dadurch notwendig relativ, ja »zutiefst parteiisch und perspektivisch«.[59] Sie sei dies *nicht*, weil Menschen die Dinge nicht zu erkennen vermögen, wie sie »an sich« sind; Foucault widerspricht ent-

---

56 Michel Foucault: »Die Wahrheit und die juristischen Formen«, in: Foucault, *Schriften, Band II*, S. 669-792, Zitat S. 677.

57 Ebd.

58 Ebd., S. 679.

59 Ebd., S. 684.

schieden jenem Symbolisierungsrelativismus, der Neukantianer wie Ernst Cassirer, die Dekonstruktion Derridas und die *cultural studies* verbindet (und dem er sich während seiner Suche nach einer Theorie des Wissens zwischen 1966 und 1969 durchaus nahe fühlte[60]): »Der perspektivische Charakter der Erkenntnis«, schreibt er jetzt, sei weit entfernt davon, so etwas wie die naturgegebene Relativität der zeichenbasierten menschlichen Wahrnehmung der Welt zu sein, sondern entstamme »aus dem polemischen und strategischen Charakter der Erkenntnis«.[61]

Kurzum, Foucault sagt es auf jede erdenkliche Art: Nein, es sind nicht die Zeichen – die Sprache –, die unser Denken bestimmen und unser Handeln lenken, sondern die Kräfteverhältnisse, in die jeder Sprecher verwoben ist, die ihn bestimmen und in deren Rahmen er sich bewegt. Nein, es ist keine tiefere Wahrheit, sondern das Verhältnis der Kräfte »außerhalb« der Interpretationen und Erkenntnisse, das die »Kurve« der diskursiven Serien krümmt und das Wissen formt. Was sich hier schon, im explorativen Text von 1964, ankündet, ist das konsequente Zu-Ende-Denken der Figur der »Existenzbedingungen« (vgl. oben, Kap. 5): Wenn diese mit Darwin als Kräfteverhältnisse verstanden werden und mit Nietzsche als Verhältnisse zwischen Herrschern und Beherrschten, dann sind die Diskurse historisch allein von diesen dynamischen, nur genealogisch zu rekonstruierenden Abstammungsverhältnissen her zu verorten und zu »interpretieren«. Die Regelmäßigkeiten der Diskurse erscheinen dann noch deutlicher als eine für eine gewisse Zeit gültige, aber unter ständigen Veränderungsdruck gestellte Regel, der mit List und Klugheit eine andere entgegengesetzt werden kann.

Diese neue, in den übrigen Texten der 1960er Jahren nur am Rand fassbare Sichtweise vertiefte und radikalisierte Foucault

60 Michel Foucault: »Eine Geschichte, die stumm geblieben ist«, in: Foucault, *Schriften, Band I*, S. 703-708.

61 Foucault, »Die Wahrheit und die juristischen Formen«, S. 684.

in einem 1969 zum Gedenken an seinen philosophischen Lehrer Jean Hyppolite verfassten, schon kurz erwähnten Aufsatz mit dem programmatischen Titel »Nietzsche, die Genealogie, die Historie«. Ursprünglich war er gebeten worden, den eben zitierten Vortrag von 1964 für den Gedenkband beizusteuern, doch fünf Jahre nach der *conférence* von Royaumont empfand er »Nietzsche, Freud, Marx« als veraltet. So ist der neu geschriebene Aufsatz das Palimpsest dieses älteren Textes. Wir sind damit, mit einem zweiten Schritt über die Interpretationen und das Wissen hinaus, im Raum der Auseinandersetzungen und der »Verhältnisse« einer Gesellschaft angelangt. Dabei sticht zuerst ins Auge – weniger sollte es offenkundig nicht sein –, dass hier die Schilderung der Kräfteverhältnisse ins Drastische gesteigert ist: In den gesellschaftlichen Auseinandersetzung stünden sich nicht etwa überkreuzende oder antagonistische Diskurse gegen, sondern »Kräfte« auf einem offenen Feld, ja, auf einer ortlosen »Bühne«, wo »immer dasselbe Stück gespielt wird, jenes Stück nämlich, das Herrscher und Beherrschte unablässig aufführen«.[62] Welche Regeln steuern dieses unablässige »Spiel«, welchen Regeln folgen diese Konflikte, und welche Regeln modellieren diese Verhältnisse? Foucault lässt den naiven Leser seine ganze Verachtung für den Glauben spüren, menschliche Gesellschaften seien in ihren Beziehungen und im Verhalten ihrer Mitglieder grundsätzlich von Regeln bestimmt, und Gewalt sei folglich immer nur der Bruch einer auf Regeln basierenden primordialen Ordnung. Nein: *alle* Regeln hätten ihre Wurzel im unausgesetzten Krieg zwischen Herrschern und Beherrschten, dessen einzige »Regel die kalkulierte Lust am Gemetzel und die Hoffnung auf Blut« sei. Die kodifizieren Regeln seien als solche »leer«, ja selbst »gewalttätig« (wie die Interpretationen), sie »können jedem Zweck dienen und lassen sich von jedem für seine Zwecke nutzen« – sie sind bloße Instrumente in den Kämpfen auf der ort-

62 Foucault, »Nietzsche, die Genealogie, die Historie«, S. 176.

losen Bühne.[63] Weil alle Regeln und alle Zeichen nichts als Interpretationen oder strategische Kalküle sind, drehe sich »das große Spiel der Geschichte um die Frage, wer sich der Regeln bemächtigt; wer an die Stelle derer tritt, die sie für sich nutzen; wer sie am Ende pervertiert, in ihr Gegenteil verkehrt und gegen jene wendet, die sie einst durchsetzten«. Es ist ein dauerndes Umkehren der Kräfteverhältnisse, ein »Spiel«, in dem sich immer wieder aufs Neue zeigt, »wer in den komplizierten Apparat [der Regeln] eindringt und ihn so funktionieren lässt, dass die bisherige Herrscher nun von ihnen beherrscht werden«.[64] Mit anderen Worten, es gibt im Raum der Gesellschaft keine grundlegenden Regeln – es gibt nur Kräfteverhältnisse und Konfrontationen, und die Analyse hat dem »Modell der immerwährenden Schlacht«[65] zu folgen. Foucault konnte mit Darwin sagen: Natur kennt nicht nur keine Dialektik, die Natur kennt auch kein Gesetz – und das scheint ebenso für Gesellschaften zu gelten. Dass die »Regel aller Regeln«, wie Lévi-Strauss sagte, jene symbolische Ordnung begründen würde, von der Lacan sprach und die das Zusammenleben von Sprachwesen ermögliche (vgl. oben, Kap. 4), glaubte Foucault dezidiert nicht. Für ihn gab es, wie wir im achten Kapitel noch genauer sehen werden, diese »erste« Regel nicht, weil hinter jeder Regel ein Gewaltverhältnis stehe, aus dem sie entstand, und sie jederzeit gebrochen werden kann. Was wir demnach in den gesellschaftlichen Verhältnissen zu entziffern haben, wäre eine dunkle, dabei aber offen zutage liegende genealogische Linie, die von der »Hoffnung auf Blut« zurück zum »Kampf ums Dasein« führt.

---

63 Ebd., S. 177.
64 Ebd.
65 Foucault, *Überwachen und Strafen*, S. 38.

... oder war das jetzt nicht doch das Cliché?! Ist Foucault auf diese Weise nicht in die Falle des Sozialdarwinismus und einer bestimmten Sorte von Nietzsche-Lektüre getappt, die menschliche Gesellschaften nur nach dem Muster von Kampf, ja Krieg aller gegen alle verstehen wollten? War Darwins Vorstellung vom »Kampf ums Dasein« nicht, wie gesagt, komplexer? Es scheint fast so. Ein paar Korrekturen und Differenzierungen waren notwendig, damit Foucault 1976 in *Der Wille zum Wissen* seine Theorie der Macht auf wenigen, dichten Seiten darstellen konnte. Die erste Korrektur betrifft die Rede vom »Krieg«: Muss man, fragt Foucault 1976 rhetorisch und mit Clausewitz im Kopf, tatsächlich »die Formel umkehrend sagen: die Politik ist die Fortsetzung des Krieges mit anderen Mitteln«?[66] Regiert letztlich immer nur die »Lust am Gemetzel«, herrscht zwischen allen Mitgliedern einer Gesellschaft ein jeweils buchstäblich bis aufs Messer geführter »Kampf ums Dasein«, so dass auch Politik nie etwas anderes sein kann als ein Krieg mit anderen Mitteln? Foucaults Antwort folgt *vice versa* wiederum einem komplexeren darwinschen Begriff dieses »Kampfes«: Man sollte »vielleicht eher sagen, daß die Vielfältigkeit von Kräfteverhältnissen – teilweise und niemals vollständig – entweder in der Form des ›Krieges‹ oder in der Form der ›Politik‹ codiert werden kann; wir hätten es also mit zwei verschiedenen Strategien zur Integration ungleichgewichtiger, heterogener, instabiler, gespannter Kraftverhältnisse zu tun – zwei Strategien, die jederzeit ineinander umschlagen können.«[67] Das ist gegen das sozialdarwinistische Cliché und sehr genau in den Linien von Darwins Konzept gedacht: »Krieg« ist ebenso eine Erscheinungsform von Kräfteverhältnissen und wechselseitiger Abhängigkeit wie die Politik. Der »Kampf ums

66 Foucault, *Wille zum Wissen*, S. 114, vgl. ders., *In Verteidigung der Gesellschaft*, S. 26.

67 Foucault, *Wille zum Wissen*, S. 114-115.

Dasein« kann, wie Darwin schreibt, als buchstäblicher Kampf zwischen zwei »hundeartigen Raubtieren« um die letzten Nahrungsressourcen toben. Er kann aber auch die stille Abhängigkeit einer Pflanze von der Feuchtigkeit bezeichnen oder den Umstand, dass die Blüten des Klees von Hummeln befruchtet werden müssen.[68] Kurz: Die schlichte Formel vom »Krieg« erklärt zu wenig.

Die zweite Korrektur betrifft die sehr nietzscheanische Phrase vom Kampf zwischen »Beherrschern und Beherrschten«, für die es bei Darwin natürlich keine Entsprechung gibt: Auch wenn ein solches Verhältnis sich immer wieder umkehren kann, ist dessen dichotomische Struktur in keiner Weise den unendlich verwickelten Beziehungen zwischen Organismen ähnlich, die Darwin beschreibt: Beziehungen, die beim Stoffwechsel von Pflanzen mit ihrer anorganischen Umgebung beginnen und sich dann als komplexe Nahrungsketten, Symbiosen und Verwertungskreisläufe bis zu den höheren Säugetieren aufbauen. Diesem Bild folgend schreibt Foucault jetzt: »Die Macht kommt von unten, d.h. sie beruht nicht auf der allgemeinen Matrix einer globalen Zweiteilung, die Beherrscher und Beherrschte einander entgegensetzt und von oben nach unten auf immer beschränktere Gruppen und bis in die letzten Tiefen des Gesellschaftskörpers ausstrahlt.« Man müsse im Gegenteil »eher davon ausgehen, daß die vielfältigen Kraftverhältnisse, die sich in den Produktionsapparaten, in den Familien, in den einzelnen Gruppen und Institutionen ausbilden und auswirken, als Basis für weitreichende und den gesamten Gesellschaftskörper durchlaufende Spaltungen dienen.« Von »unten« her baut sich auf diese Weise »eine große Kraftlinie« auf, die die Verhältnisse ordnet und strukturiert, kurz »Serialisierungen und Konvergenzen herbeiführen kann«.[69]

Damit lassen sich die wesentlichen Elemente von Foucaults Machttheorie benennen. Macht ist zuerst – ich habe die Passage

---

68 Darwin, *Entstehung der Arten*, S. 404 f., 410.
69 Foucault, *Wille zum Wissen*, S. 115.

schon im ersten Teil zitiert – »die Vielfältigkeit von Kräfteverhältnissen, die ein Gebiet bevölkern und organisieren«: Macht wird von Foucault in erster Linie genauso lokal und territorial verstreut gedacht werden wie die Beziehungen zwischen Organismen in den geographischen Räumen, die Darwin beschreibt. »Macht« ist, weiter, »das Spiel, das in unaufhörlichen Kämpfen und Auseinandersetzungen diese Kräfteverhältnisse verwandelt, verstärkt, verkehrt«:[70] Machtverhältnisse sind, mit anderen Worten, alles andere als stabil, und es gibt für sie keine anfänglich fixierte Ordnung, Struktur oder Logik. Daher müsse man »zweifellos Nominalist sein« (das heißt angesichts des einzig konkreten Einzelnen die prätendierte Realität von allen Allgemeinheiten und Universalien in Frage stellen, die bloße *nomen* seien und darin nichts anderes als ein *flatus vocis*, wie der französische Mönch Roscelin im 11. Jahrhundert so hübsch sagte), denn »die Macht ist nicht eine Institution, ist nicht eine Struktur, ist nicht eine Mächtigkeit einiger Mächtiger«. Sie ist weder Substanz und kann von niemandem vollständig usurpiert werden, noch eine Struktur, die unabhängig von den Kräften der darin Verwickelten beschrieben werden kann. Sie ist nichts Allgemeines, sondern eben bloß ein Name, nämlich, wie die berühmte Formel lautet, »der Name, den man einer komplexen strategischen Situation in einer Gesellschaft gibt«.[71]

Macht ist in diesem Sinne die Grundlage für alles. Selbst die Institutionen des Staates haben keine andere »Möglichkeitsbedingung«: Sie leiten sich nicht ab von der »Sonne der Souveränität« – etwa von der Macht des Königs oder des Volkes, oder auch der Macht des Gesetzes –, sondern beruhen auf jenem »bebenden Sockel der Kraftverhältnisse«, die der Name »Macht« bezeichnet.[72] Wohl kann die Macht in »institutionellen Kristallisierungen« erscheinen, ist sie in den Apparaten des

---

70 Ebd., S. 113.
71 Ebd., S. 114.
72 Ebd.

Staates eine Weile lang auf Dauer gestellt. Aber diese Institutionen sind gleichsam, wie Foucaults Metapher suggeriert, aus einem »flüssigen« Kontext oder einem »Gewebe«[73] auskristallisiert worden, beruhen auf nichts anderem als auf diesem »Sockel« der dauernden Auseinandersetzungen, diesen immer »lokalen und instabilen« Kräften, die aufeinander einwirken. Dieser Sockel »bebt«, er ist buchstäblich lebendig. In letzter Instanz also – wie Friedrich Engels gesagt hätte – regieren in diesem »Gewebe« nicht die stummen Kräfte der Ökonomie, die »dialektischen« Spannungen zwischen den technischen Apparaturen der Produktivkräfte und den juridisch-sozialen Formen der Produktionsverhältnisse, sondern die Kräfteverhältnisse zwischen Menschen und gesellschaftlichen Gruppen. Alles leitet sich, so Foucault, von diesen Auseinandersetzungen ab, sie sind das »Letzte«, was sich sagen lässt, aus ihnen geht alles Weitere hervor. Selbst das, was man in den 1960er und 1970er Jahren mit einer Emphase, die heute ein wenig fremd wirkt, »Widerstand« nannte (gegen »den« Kapitalismus, »das« System), oder in Foucaults ironischen Worten die »Große Weigerung« – selbst der Widerstand also, jenes Zauberwort der Dialektik, auf das ihn der anonyme Student der University of California im Mai 1975 festlegen wollte, kann nichts anderes sein als ein Knoten im Geflecht der Kräfteverhältnisse: »Die Widerstände rühren nicht von irgendwelchen ganz anderen Prinzipien her« – sie sind nicht die Negativität, die auf eine Positivität trifft, wie Foucault den Studenten mit Blick auf die Biologie belehrte –, sie sind vielmehr »in den Machtbeziehungen die andere Seite, das nicht wegzudenkende Gegenüber«: Es sind »Widerstandspunkte, -knoten und -herde«, die sich manchmal »dauerhaft in Gruppen oder Individuen kristallisieren«, zuweilen aber auch »bestimmte Stellen des Körpers, bestimmte Augenblicke des Lebens, bestimmte Typen des Verhaltens an[stecken]«.[74] Foucault hörte

73 Ebd., S. 118.
74 Ebd., S. 117.

buchstäblich nicht auf, dem Denken der Dialektik seine biologischen Metaphern entgegenzusetzen.

Und was ist, Gretchenfrage, mit dem Subjekt? Die Machtbeziehungen seien, so Foucault etwas sibyllinisch, »gleichzeitig intentional und nicht-subjektiv«.[75] Das wirkt auf den ersten Blick tatsächlich sehr widersprüchlich, lässt sich aber nicht zuletzt von Darwin her leicht aufklären. Die Gesamtwirkung aller in unendlich verwickelter Weise miteinander verbundenen Organismen – etwa die evolutionären Veränderungen einer Art oder das Aussterben einer anderen – ist trivialerweise »nicht-subjektiv« bzw. von keinem Tier gewollt, und sie entspricht auch dort, wo der Mensch mit agiert, bekanntlich kaum je seinen guten (oder schlechten) Absichten. In beiden Fällen, bei Tieren wie bei Menschen, gilt daher, was Foucault von gesellschaftlichen Verhältnissen sagt: Sie »resultieren« nicht »aus der Wahl oder Entscheidung eines individuellen Subjekts«; es gebe keinen »Generalstab, der für ihre Rationalität verantwortlich ist«, und weder eine »regierende Kaste [oder] die Gruppen, die die Staatsapparate kontrollieren«, hätten »das gesamte Macht- und damit Funktionsnetz einer Gesellschaft in der Hand«. Blinde Mechanismen also? Ja und nein, denn die lokale, direkte Machtrelation ist sehr wohl »intentional«: Es gibt »keine Macht, die sich ohne eine Reihe von Absichten und Zielsetzungen entfaltet«. Das, was Foucault auf der Ebene einer Gesellschaft »Macht« nennt, ist die Gesamtwirkung von vielen kleinen Kräfteparallelogrammen, und auf dieser lokalen Ebene sind es individuelle Absichten und Zielsetzungen, »Taktiken« und taktische »Rationalitäten«, die die einzelnen Züge bestimmen. Es sind Züge im Rahmen der diskursiven Denkmöglichkeiten und der Kräfteverhältnisse, in die ein Subjekt verwoben ist, aber in diesem – einschränkenden – Rahmen sind sie bewusst, kalkulierend, zuweilen »unverblümt«.[76] Das ist in der Welt, die Darwin beschreibt, nicht anders: In jeder lokalen

75 Ebd., S. 116.
76 Ebd.

Konfrontation *will* ein Tier etwas – vor einem Angreifer flüchten, einem Beutetier auflauern, ans Wasserloch schleichen, ohne Gefahr zu laufen, beim Trinken von Raubtieren entdeckt zu werden etc. –, und in all diesen Fällen hat das Tier offenkundig verschiedene Verhaltensmöglichkeiten, zwischen denen es »abwägt«. Ob wir dabei unterstellen, sein Handeln sei von einem Instinkt geleitet[77] oder nicht, ist dabei unerheblich: Es ist in jedem Fall ein individuelles Handeln mit bestimmten Kraftwirkungen auf andere Individuen. Das ist insgesamt mehr als ein blinder Mechanismus. Das Geflecht der Abhängigkeiten zwischen Organismen ist im Ganzen zwar eine »strategische Situation«, die das einzelne Individuum weder hervorbringt noch überblickt; im lokalen Einzelfall jedoch erfordern diese Abhängigkeiten ein »Kalkül«, wie Foucault sagt, verlangen sie die »Rationalität von Taktiken«, die ihren Ausgangspunkt in den unmittelbaren Zielen und Absichten von Individuen haben.

Damit bleibt hier nur noch ein Letztes – beinahe eine bloße, allerdings doppelte Schussfolgerung aus dem bisher Gesagten, eine Konsequenz, die geradezu auf der Hand liegt, wenn man Foucaults Theorie der Macht im Lichte von Darwins *natural selection* liest: Macht ist immer die Macht über Leben und Tod – und Macht ist produktiv. Was heißt das? Im Falle von Darwin gibt es im *Origin of Species* nur diese eine Alternative: »Die natürliche Zuchtwahl arbeitet«, wie er schreibt, »mit Leben und Tod«,[78] und der Entscheid zwischen Leben und Tod ist buchstäblich immer in der Schwebe: »Ein Gran in der Waage« nur könne »den Ausschlag geben, welches Individuum fortleben und welches zugrunde gehen, welche Varietät oder Art sich vermehren und welche abnehmen und endlich erlöschen soll«.[79] Das Sterben der einen ist Voraussetzung für das Leben der anderen; Darwin tröstet sich angesichts der Kälte

77 Vgl. Darwin, *Entstehung der Arten*, S. 522-527.
78 Ebd., S. 487.
79 Ebd., S. 678.

dieser Vorstellung »mit dem festen Glauben, daß der Krieg der Natur nicht ununterbrochen ist, daß keine Furcht gefühlt wird, daß der Tod im allgemeinen schnell ist«.[80] Auch Foucaults »Macht« eignet vor allem eines: die Entscheidung über Leben und Tod. In den alten Gesellschaften von der Antike bis in die Frühe Neuzeit leitete sich die Macht des Herrschers von der römischen *patria potestas* ab, über das Leben der ihm Untergebenen verfügen zu können (in der Frühen Neuzeit freilich durch Gesetze reguliert und abgeschwächt). Dieses Recht über Leben und Tod sei »ein asymmetrisches Recht« gewesen, denn »der Souverän übt sein Recht über das Leben nur aus, indem er sein Recht zum Töten ausspielt – oder zurückhält«; es sei »das Recht, sterben zu *machen* und leben zu *lassen*«.[81] In der Moderne habe sich das geändert: die traditionelle Macht über Leben und Tod wurde abgelöst von einer Macht »leben zu *machen* oder in den Tod zu *stoßen*«.[82] Damit aber – und das ist der zweite Teil der doppelten Schlussfolgerung – ist die Macht »produktiv« geworden:[83] »Jetzt richtet die Macht ihre Zugriffe auf das Leben und seinen ganzen Ablauf«;[84] in der Moderne, wie Foucault sie darstellt, arbeiten die Mechanismen der Macht »an der Anreizung, Verstärkung, Kontrolle, Überwachung, Steigerung und Organisation der unterworfenen Kräfte«, denn »diese Macht ist dazu bestimmt, Kräfte hervorzubringen, wachsen zu lassen und zu ordnen, anstatt sie zu hemmen, zu beugen oder zu vernichten«.[85] Es sei dies eine »Macht zum Leben«,[86] geeignet, »die Kräfte, die Fähigkeiten, das Leben im ganzen zu steigern«,[87] ja, zu »Wachstum und Mehrung beizutragen«.[88]

Auf den ersten Blick also sind die Parallelen frappant: Bei

---

80 Ebd., S. 413.
81 Foucault, *Wille zum Wissen*, S. 162.
82 Ebd., S. 165.
83 Foucault, *Überwachen und Strafen*, S. 250.
84 Foucault, *Wille zum Wissen*, S. 164.
85 Ebd., S. 163.
86 Ebd., S. 166.
87 Ebd., S. 168.
88 Foucault, *Überwachen und Strafen*, S. 267.

Darwin wie bei Foucault haben die Kräfte, die auf das Individuum einwirken, das Potenzial, es am besten »angepasst« (*best fitted*) und »leistungsfähiger« zu machen. Für Darwin nun summierten sich diese Einzelkräfte insgesamt zur (positiven) Kraft schlechthin, nur vergleichbar mit der Gravitationskraft: »Welche Schranken kann man dieser Kraft setzen«, fragt er rhetorisch, »welche durch lange Zeiten hindurch tätig ist und die ganze Konstitution, Struktur und Lebensweise eines jeden Geschöpfes rigoros prüft, das Gute begünstigt und das Schlechte verwirft?« Keine, wie wir wissen. Darwin »vermag keine Grenze für diese Kraft zu sehen, welche jede Form den verwickeltsten Lebensverhältnissen langsam und wunderschön anpaßt«.[89] Die »Kraft« der *natural selection* ist für ihn daher nichts anderes als das gelüftete Geheimnis der Existenz höherer Tiere und des Menschen.[90] Gilt Ähnliches auch für Foucault? Man sollte zumindest den Anspruch nicht unterschätzen, den er mit seiner Beschreibung der auf das Individuum wirkenden Kräfte in *Überwachen und Strafen* verbunden hat – und diesem Anspruch war, vermittelt über Nietzsche,[91] eine zu Darwins genealogischem Unternehmen zumindest parallele Stoßrichtung eigen. Denn Foucaults historisch-genealogische Untersuchung des disziplinierten Individuums im 18. Jahrhundert wollte nichts weniger als das Geheimnis der »Seele« des moderne Individuums lüften: als eine Genealogie der Zwangs- und Disziplinarmaßnahmen, welche seine »Psyche, Subjektivität, Persönlichkeit, Bewußtsein, Gewissen usw.« überhaupt erst hervorgebracht hätten.[92] In ähnlicher Weise unternahm die thesenartige Geschichte der modernen Sexualität in *Der Wille zum Wissen* den weitgreifenden Versuch, den Sex als das – wie Foucault ironisch sagte – »Geheimnis, das allem, was wir sind, zugrunde zu liegen scheint«,[93] genealogisch zu

89 Darwin, *Entstehung der Arten*, S. 679.
90 Ebd., S. 691.
91 Vgl. Foucault, »Nietzsche, die Genealogie, die Historie«, S. 179.
92 Foucault, *Überwachen und Strafen*, S. 42-42.
93 Foucault, *Wille zum Wissen*, S. 185.

dekonstruieren, das heißt, den Sex als das historische Produkt der spezifischen Konstellationen von ärztlicher Macht und psychiatrischem Wissen zu entziffern.

Dennoch sind die Differenzen zu Darwins Theorie nicht zu übersehen. Zum einen können für den Historiker Foucault die Kräfteverhältnisse neben den erwähnten »hervorbringenden« auch eher unproduktive Effekte haben; sie können zum Beispiel darauf beschränkt bleiben, in einer Agrargesellschaft den feudalen Luxuskonsum einer kleinen aristokratischen Schicht zu ermöglichen, und sich ansonsten auf die blutig-symbolische Macht des »Sterben-Machens« beschränken.[94] Eine zweite Differenz zwischen Darwins Analytik der Kraft und Foucaults Analytik der Macht liegt darin, dass die *natural selection* darauf angelegt ist, grundsätzlich nur *positive* Effekte zu haben. Sie kann, wie Darwin bemerkt, »niemals in einer Spezies irgendein Gebilde erzeugen, was für dieselbe mehr schädlich als wohltätig ist, indem sie ausschließlich nur durch und zu deren Vorteil wirkt«; er lässt nicht den geringsten Zweifel daran aufkommen, wie staunenswert die Produkte der *natural selection* sind, jene »endlose Reihe der schönsten und wundervollsten Formen«.[95] Für Foucault indessen ist »Macht« nicht einfach nur das Parallelogramm der Kräfte, in das jedes Individuum unausweichlich eingebunden ist, sondern bezeichnet in kritischer Absicht die das Individuum disziplinierenden und formenden Zugriffe. »Macht« ist ein Kollektivsingular, an dessen soziologischer Undifferenziertheit Foucault trotz aller Kritik festhielt, weil dieser Begriff in zumindest *einem* Punkt präziser ist als der webersche Begriff »Herrschaft«:[96] Er nennt »Macht« diejenige Kraft, die auch den Körper des Individuums unterwirft und es vom Körper ausgehend einem bestimmten Typus ähnlich macht; von nichts andrem handeln *Überwachen und Strafen* und *Der Wille zum Wissen*. Solche Ähnlichkeiten seien, wie er

---

94 Vgl. ebd., S. 110, 161-166.

95 Darwin, *Entstehung der Arten*, S. 491, 691.

96 Michel Foucault: *Was ist Kritik?*, Berlin: Merve 1992 (Vortrag 1978), S. 40-41.

1969 mit Blick auf Darwins *natural selection* sagte, aber immer nur »das Resultat einer *Arbeit am Individuum*«.[97] Foucault teilte mit Darwin den Ansatz, vom Individuum und seiner »Variativität«,[98] seiner Variationsfähigkeit, auszugehen und die (in der Moderne) produktiven Effekte der Macht zu beschreiben. Aber es gab für ihn keinen Grund, daraus abzuleiten, dass diese Kraft nicht nur Positivitäten, sondern etwas an sich Positives hervorbringen würde. Auch die Vorstellung, die Zurichtungen der Individuen durch die Macht als irgendwie »notwendig« zu akzeptieren, ihnen gar eine bestimmte historische Entwicklungslogik zuzuschreiben, wäre genau das, was Foucault nicht zuletzt auch in der Gestalt des »Darwinismus« immer ablehnte: eine falsche »historische« Notwendigkeit und eine falsche »evolutionäre« Logik im Raum der Gesellschaft – überhaupt ein falsches Konzept von »kontinuierlicher« Geschichte und ein schlichter Irrtum, was die »Entwicklung«, gar den »Fortschritt« in der Natur betreffe.

Darwin selbst hatte sich auch nicht wenig gewundert, was im Jahrzehnt seit der Publikation des *Origin of Species* aus seiner »Theorie«, wie er sie zurückhaltend nannte, geworden ist: ein »-ismus« eben, so gemünzt von Darwins Weggefährten Alfred Wallace, in Großbritannien der Sammelbegriff einer kampfbereiten Truppe von Philosophen und Naturforschern, die mit Darwins Freund Hooker 1868 zum ersten Mal den Präsidenten der Britisch Association for the Advancement of Science (BAAS) stellte – und nicht zuletzt wurde aus seiner Lehre bei Haeckel, dessen atemlose Buchproduktion Darwin erstaunte, eine Art Philosophie, eine Entwicklungslehre der Welt im Ganzen.[99] In daher gar nicht so paradoxer Weise, wie es den Anschein macht, hat Foucault Darwin stets gegen den Strich des »Darwinismus« gelesen – und zwar, wie wir jetzt sehen

---

97 Vgl. Foucault, »Die Situation Cuviers in der Geschichte der Biologie«, S. 44-45 (Hervorhebung durch mich, Ph. S.).

98 Ebd., S. 38

99 Vgl. Adrian Desmond, James Moore: *Darwin*, London: Penguin Books 1992, S. 560-563.

werden, unter dem Titel eines Genealogen, den er auch für sich selbst in Anspruch nahm, um das Zufällige und das Diskontinuierliche, aber eben auch das Subjektive und das Widerständige in der Geschichte ans Licht zu bringen.

7. Genealogie und Geschichte

Im September und im November 1978 hatte Michel Foucault als Sonderberichterstatter für die italienische Tageszeitung *Corriere de la Sera* die revolutionäre Erhebung gegen das Regime des Schahs von Persien miterlebt. Er machte aus seiner Bewunderung für die »spirituelle« Kraft der schiitischen Aufständischen kein Hehl – und wurde für seine publizistische Unterstützung der revolutionär-islamischen Bewegung auch verschiedentlich scharf angegriffen. Als aber die Revolution im Frühjahr 1979 nach der Rückkehr Khomeinis aus dem Pariser Exil endgültig eine Richtung einschlug, die Foucault nicht mehr billigte, schrieb er im Mai in einem Zeitungsartikel für *Le Monde* das Folgende: »Menschen erheben sich, das ist eine Tatsache. Auf diesem Wege gelangt die Subjektivität (nicht die der großen Männer, sondern jedes beliebigen Menschen) in die Geschichte und haucht ihr Leben ein. Ein Strafgefangener setzt sein Leben gegen die allzu harte Strafe; ein Irrer will nicht mehr eingesperrt und seiner Rechte beraubt werden; ein Volk stellt sich gegen das Regime, das es unterdrückt. Dadurch wird der Gefangene nicht unschuldig, der Irre nicht gesund und das Volk nicht der versprochenen Zukunft teilhaftig. Und niemand muss solidarisch mit ihnen sein. Niemand muss glauben, diese wirren Stimmen sängen schöner als andere und sagten die letztgültige Wahrheit. Es genügt, dass sie da sind und alles sie zum Schweigen zu bringen versucht, damit es sinnvoll ist, sie anzuhören und verstehen zu wollen, was sie sagen. Eine Frage der Moral? Ganz sicher eine Frage der Realität. Daran ändern auch all die Enttäuschungen der Geschichte nichts. Weil es solche Stimmen gibt, hat die Zeit des Menschen nicht die Form der Evolution, sondern die der ›Geschichte‹.«[1]

1 Michel Foucault: »Nutzlos, sich zu erheben«, in: Foucault, *Schriften, Band III*, S. 987-992, Zitat S. 991.

Diese scheinbar nebenbei geäußerte Bemerkung ist aus verschiedenen Gründen bemerkenswert. Man erkennt leicht, dass Foucault hier seine großen Themen anspricht – die Geschichte des Wahnsinns, die Geschichte des Gefängnisses –, und dass er jeden Bezug auf eine diese Stimmen einholende, sie überwölbende Wahrheit ablehnt: Es geht nicht darum, dass sich in den Stimmen der Wahnsinnigen, der Eingesperrten oder der Unterdrückten etwas ausspräche, das wir nur vernehmen müssten, um die Wahrheit des historischen Augenblicks oder gar in ihnen den künftigen Gang der Geschichte entziffern zu können. Denn es gibt diese Wahrheit nicht, es gibt keine dialektischen Synthesen, die diese Stimmen mit dem Fortschritt der Menschheit vermitteln – sie sind kein »Widerspruch«. Nein, man soll auf diese Stimmen hören, weil sie da sind, weil sie die Wirklichkeit prägen und weil sich in ihnen Subjekte manifestieren. Genau damit aber – und nur damit – entsteht das, was Foucault mit einem von der Last seiner vielen Verwendungsweisen so überfrachteten Wort und vorsichtig in Anführungszeichen »Geschichte« nennt: Diese Stimmen schreiben in jede wie auch immer vorgestellte historische Verlaufs- oder Entwicklungslogik die Unwägbarkeiten des Subjektiven und des Menschlichen ein, damit aber auch des Zufälligen und des Diskontinuierlichen. Entwicklungslogiken hingegen, wie Foucault sie pauschal verwirft, haben einen gemeinsamen Namen: »Evolution«. Das soll uns nicht wundern: Selbst mit dem heißen Atem der Revolution im Nacken und den ersten Zeichen der Terrorjustiz der islamischen Revolutionswächter vor Augen, wägt Foucault Kultur und Biologie gegeneinander ab, geht ihm das Modell »Evolution« durch den Kopf – zehn Jahre nach seiner Beschäftigung mit Darwin und Cuvier, vier Jahre seit seiner letzten, seiner allerletzten Erwähnung Darwins im Gespräch mit den Studenten in Los Angeles im Mai 1975. Allein, hat er sich damit nicht endgültig für die Kultur entschieden und gegen jedes Liebäugeln mit biologischen Modellen?

Man könnte es fast meinen. Foucault hat die »große und alte biologische Metapher des Lebens und der Evolution« als Blaupause für die Geschichte menschlicher Gesellschaften immer kritisiert – obwohl deren »Vorteile« unbestreitbar seien, wie er in einen Vortrag an der Universität Keio (Japan) im Oktober 1970 ironisch sagte: Sie ermögliche zum einen, dass Geschichte scheinbar »ebenso wissenschaftlich wäre wie die Biologie« – und zum anderen: Wenn »die menschlichen Gesellschaften keine andere Gesetzlichkeit, keine andere Bestimmung oder Regelmäßigkeit haben als das Leben selbst«, scheint ihre Entwicklung ebenso kontinuierlich zu sein und jede Idee einer Revolution ausgeschlossen. So wie biologische Veränderungen durch »eine langsame Akkumulation winziger Mutationen« zustande kommen, »kann auch die menschliche Geschichte nicht wirklich eine gewaltsame Revolution in sich tragen«.[2] Einer solchen Gleichsetzung von Evolution und kontinuierlicher Geschichte mit ihren politisch konservativen Effekten entspricht allerdings die dazu vollkommen parallele, nach einem letztlich hegelianischen Modell konzipierte Vorstellung von Geschichte als Hervorbringung des menschlichen Bewusstseins. In der *Archäologie des Wissens* (1969) erinnerte er daran, dass die Ideengeschichte vor Bachelard und Canguilhem noch eine durch den »Fortschritt des Bewußtseins, die Teleologie der Vernunft oder die Evolution des menschlichen Denkens gebildete lange Abfolge« der Ideen angenommen hatte. Aber auch jede andere Form der Geschichte, die vom Bewusstsein des Subjekts und seinem Handeln ausgeht, könne nur die Kontinuitäten betonen. Die den Historikern bis heute teure Vorstellung, dass die Geschichte immer nur die Geschichte des Subjekts sein kann, impliziere, dass all diese fernen, vergangenen Dinge seiner eigenen Geschichte dem Subjekt »wiedergegeben werden«, das heißt von ihm »in der Form des historischen Bewußtseins erneut angeeignet werden können«, worin

2 Foucault, »Zur Geschichte zurückkehren«, S. 346.

es »seine Bleibe [...] finden« und sich wiedererkennen kann.[3] Der Historiker des Kontinuierlichen ist daher »daran gewöhnt«, so Foucault weiter, »nach Ursprüngen zu suchen, unbegrenzt die Linie des Rückläufigen abzulaufen, Traditionen zu rekonstruieren, Entwicklungskurven zu verfolgen, Teleologien zu entwerfen und unaufhörlich zu den Lebensmetaphern zurückzugreifen«.[4]

Foucaults Gegenentwurf zu diesem Denken der Kontinuitäten war, wie wir schon gesehen haben, einerseits der Blick auf Serien und Ereignisse, zum anderen aber die Genealogie. In seinem als trockenes Nietzsche-Referat inszenierten, dabei aber programmatischen Aufsatz »Nietzsche, die Genealogie, die Historie« – den er 1969 verfasste und der 1971 publiziert wurde – präsentierte er die genealogische Methode zwar als rein nietzscheanisch, aber das soll uns nicht daran hindern, sie auf ihre Verbindungen zu Darwin hin zu lesen. Schließlich ist es kein Geheimnis – wenn auch noch kein sehr starker Hinweis –, dass der Begriff »Genealogie« außer im Titel von *Zur Genealogie der Moral*, im Gesamtwerk Nietzsches nur sehr selten vorkommt; auch »genealogisch« und ähnliche Wortformen finden sich kaum. Nietzsche als »Genealogen« zu bezeichnen, bedarf also einer gewissen Interpretationskunst, und Foucault folgte darin zum einen sicher Deleuze, der diesen 1962 als »Genealogen« in die französische Philosophie eingeführt hatte.[5] Andererseits hatte er selbst in seiner Vorlesung *Problèmes de l'Anthropologie* von 1954/55 im Zusammenhang mit Nietzsche ebenfalls einmal von der »Généalogie« gesprochen.[6] Doch wie dem auch sei, im Aufsatz dreht sich alles um die tiefe Differenz zwischen der traditionellen Auffassung

3 Vgl. Foucault, *Archäologie des Wissens*, S. 23.
4 Ebd., S. 22.
5 Gilles Deleuze: *Nietzsche und die Philosophie*, Hamburg: Europäische Verlagsanstalt 1985; vgl. Jacques Le Rider: *Nietzsche in Frankreich*, München: Fink 1997, S. 122-125.
6 Foucault/Lagrange, *Problèmes de l'anthropologie*, S. 52.

von Geschichte und der Genealogie als der »wirklichen Historie«.[7]

Was also ist Genealogie im Gegensatz zur Geschichte der Historiker?[8] Foucault hebt drei Aspekte besonders hervor: das Problem des *Ursprungs bzw. der Herkunft*, die Frage nach der *Identität* und schließlich den *Zufall und die Diskontinuität*. Was das Problem des Ursprungs angeht, beobachtet er, dass Nietzsche oft, wenn auch nicht konsequent, zwischen Ursprung und Herkunft unterscheidet, um damit von der realen Herkunft im Gegensatz zu einem fiktiven, imaginären Ursprung reden zu können. Was ist damit gemeint? Wer von »Ursprung« spreche, suggeriere, »dass der Ursprung der Ort der Wahrheit sei«, jener verlorene Ort, wo »die Wahrheit der Dinge sich mit der Wahrheit des Diskurses verbinde«.[9] Diese Verbindung von prätendiertem Ursprung und Wahrheit aber ist nichts anderes als eine altbekannte Geschichte: Man »glaubt gerne, am Anfang seien die Dinge vollkommen gewesen; sie seien strahlend aus den Händen des Schöpfers hervorgekommen und in das helle Licht des ersten Tages getreten« – wie die Natur-Dinge, von denen Darwin spricht, wenn er gegen den Schöpfungsglauben polemisiert. Dabei soll man das epistemologische Gewicht der Suche nach dem Ursprung allerdings nicht unterschätzen. Denn bei dieser Suche gehe es »in erster Linie darum, das Wesen der Sache zu erfassen, ihre reinste Möglichkeit, ihre in sich gekehrte Identität, ihre unveränderliche, allem Äußerlichen, Zufälligem, Späterem vorausgehende Form«.[10] Die Suche nach dem Ursprung wäre also die Suche nach etwas, was schon im Anfang dem Bauplan seiner Identität entsprach, nach der Wahrheit seines »Typus«, wie man mit Cu-

---

7 Foucault, »Nietzsche, die Genealogie, die Historie«, S. 178; vgl. Nietzsche, *Zur Genealogie der Moral*, Vorrede, § 7, S. 254.

8 Vgl. zum Folgenden auch Raymond Geuss: »Kritik, Aufklärung, Genealogie«, in: *Deutsche Zeitschrift für Philosophie* 50 (2002), Nr. 2, S. 273-281.

9 Foucault, »Nietzsche, die Genealogie, die Historie«, S. 170.

10 Ebd., S. 168.

vier sagen müsste, nach etwas, das sich seither nicht veränderte, nicht von späteren Existenzbedingungen, von »Äußerlichen, Zufälligem, Späterem« modifiziert worden wäre. Wer so fragt und so sucht, »der will finden, ›was bereits war‹, das ›Eigentliche‹ eines mit sich selbst übereinstimmenden Bildes«; entsprechend hält er »alle Wechselfälle, Listen und Verkleidungen für bloße Zufälle und will alle Masken lüften, um die eigentliche Identität zu enthüllen«.[11] Für eine solche Metaphysik liege der Ursprung daher »stets vor dem Sündenfall, vor dem Körper, der Welt und der Zeit«; im Ursprung sind die Dinge rein, und wer in diesem Sinne vom Ursprung rede, »greift immer auf eine Theogonie« zurück, auf die hohe, ja göttliche Abkunft der Dinge.[12]

Mit Nietzsche nun verkehrt der Genealoge die Raummetapher des Ursprungs in ihr Gegenteil: Wirkliche historische Herkunft sei nicht »hoch«, sondern »etwas Niederes«, geeignet, »jede Selbstgefälligkeit zu zerstören«. Die paradigmatische Figur für diese niedere Herkunft und das Gegenbild zum Schöpfer ist natürlich der Affe: Der imaginäre Weg zurück zum göttlichen Ursprung der Dinge ist »jetzt«, wie Foucault Nietzsches *Morgenröte* zitiert, »ein verbotener Weg geworden, denn an seiner Thür steht der Affe«[13] – und Nietzsche fügte noch an: »nebst anderem greulichen Gethier, und fletscht verständnissvoll die Zähne, wie um zu sagen: nicht weiter in dieser Richtung!«[14] Wie auch immer also Foucault sich auf Nietzsche oder Darwin oder beide bezogen hat: das Denkmodell für die Ablehnung der Suche nach dem Ursprung war Darwins Ablehnung des Schöpfungsglaubens (vgl. oben, Kap. 1 und 3). Doch interessanter als diese in der Moderne durchaus konventionelle Zurückweisung eines alten Narrativs sind die Konsequenzen, die sich, mit Darwin und Nietzsche im Gepäck, für Foucaults Genealogie daraus ergeben. Denn wenn man nicht immer nur

11 Ebd.
12 Ebd., S. 169.
13 Ebd.
14 Friedrich Nietzsche, *Morgenröte*, in: KSA, Bd. 3, S. 54.

im Ursprung finden will, was man schon weiß, das »Eigentliche«, das »Identische«, verkehrt sich das schimmernde Bild des imaginären Ursprungs in die zahllosen Fragen nach der wirklichen Herkunft, und diese Fragen sind nur interessant, weil sie empirisch sind: »Was erfährt der Genealoge, wenn er aufmerksam auf die Geschichte hört, statt der Metaphysik zu glauben?«, fragt Foucault rhetorisch, und seine Antwort steht der aphoristischen Kunst Nietzsches kaum nach: »Dass es hinter den Dingen ›etwas ganz anderes‹ gibt: nicht deren geheimes, zeitloses Wesen, sondern das Geheimnis, dass sie gar kein Wesen haben oder dass ihr Wesen Stück für Stück aus Figuren konstruiert wurde, die ihnen fremd waren. [...] Am geschichtlichen Anfang der Dinge stößt man nicht auf die noch unversehrte Identität des Ursprungs, sondern auf die Zwietracht (*discorde*) fremder Dinge, auf das Ungleiche (*disparate*).«[15] Dass es das Geheimnis der Dinge sei, »dass sie gar kein Wesen haben«, ist nun allerdings ebenso erklärungsbedürftig wie die Zwietracht und Fremdheit im Ursprung der Dinge. Foucault erläutert es mit Nietzsche: Wie, zum Beispiel, ist »die Hingabe an die Wahrheit und die Strenge der wissenschaftlichen Methoden« entstanden? Die genealogische Antwort lautet: »Aus den Leidenschaften der Wissenschaftler, aus ihrem wechselseitigen Hass, aus fanatischen, ständig wiederholten Debatten, aus dem Willen zum Sieg – Waffen, die im Verlauf langer persönlicher Kämpfe langsam geschmiedet wurden.«[16] Es sind also nicht nur einfach »Kämpfe« (wie schon im letzten Kapitel gesagt), sondern, genauer noch, längst vergessene Verhältnisse und Konflikte, die zum einen dem prätendierten »Wesen«, der angeblichen »Identität« der gegenwärtigen Sache *fremd* sind, und es sind, zum anderen, auch sich widersprechende, *diskordante* Elemente, die im Verlaufe der Zeit gleichsam unter Druck, ja mit Gewalt zu einer Einheit zusammengefügt wurden. Das ist

15 Foucault, »Nietzsche, die Genealogie, die Historie«, S. 168-169 (Übersetzung angepasst).
16 Ebd., S. 169.

im Auge zu behalten: Anstelle der behaupteten Einheit und »Identität« einer gegenwärtigen Gestalt entdeckt der Genealoge, dass sie aus fremden, widersprüchlichen Figuren besteht.

Dies gelte, wenig überraschend, zuallererst für das Subjekt: »Genau dort, wo die Seele den Anspruch auf Einheit erhebt, wo das Ich sich eine Identität oder Kohärenz erfindet«, setzt die genealogische Dekonstruktion ein, »macht der Genealoge sich auf die Suche nach dem Anfang« – und findet »unzählige Anfänge«. Er erkennt sie an kaum noch wahrnehmbaren Spuren: Die disparaten »Anfänge« haben »eine unscheinbare Verfärbung oder ein kaum noch zu erkennendes Zeichen hinterlassen, auf die ein historischer Blick achten sollte«.[17] Diese historisch-genealogische Dekonstruktion des Subjekts – hier bloß als Konzept skizziert, später in *Überwachen und Strafen* durchgeführt – wäre etwas ganz anderes als die strukturalistisch-psychoanalytische Dekonstruktion des durch die Sprache und das Unbewusste »dezentrierten« Subjekts. Foucault versteht das Subjekt oder das Ich als reales historisches Produkt; folglich macht »die Analyse der Herkunft es möglich, das Ich aufzulösen und am Ort seiner leeren Synthesen zahllose heute verlorene Ereignisse hervortreten zu lassen«. Dieses Verfahren aber gilt generell: Der historisch-genealogische Blick auf »die Herkunft macht es auch möglich, unter der scheinbaren Einheit eines Merkmals oder Begriffs die vielfältigen Ereignisse ausfindig zu machen, durch die (gegen die) sie sich gebildet haben«.[18]

Das also sei, in der dürren Abstraktheit dieses Aufsatzes, die »wirkliche Historie«, oder zumindest einer ihrer wichtigsten Züge. Allein, Foucaults zuweilen recht eigenwillige Bezugnahmen auf Nietzsche (dessen referenzierte Texte sich oft dagegen zu sperren scheinen, ein bloßer Beleg für Foucaults Thesen zu

17 Ebd., S. 172.
18 Ebd.

sein[19]) lassen einige Fragen offen. Es wird Zeit, dass wir zu Darwin zurückkehren.

Darwins genealogische Methode

Die vielleicht merkwürdigste Passage in den eben zitierten Bemerkungen zur Genealogie des Subjekts handelt von den »unzähligen Anfängen, die eine unscheinbare Verfärbung oder ein kaum noch zu erkennendes Zeichen hinterlassen«. Dies ist, Irrtum vorbehalten, keine verblasste Spur Nietzsches in Foucaults Text, sondern ein – wenn auch unscheinbares – Zeichen, das genealogisch auf Darwin verweist. Der Genealoge kann gar nicht anders, als auf Unscheinbares sein Augenmerk zu richten, zum Beispiel auf spezielle Verfärbungen. Erinnern wir uns also an das Fohlen, dessen Eltern der Pferdezüchter Darwin zusammenbrachte und das bei seiner Geburt verdächtige Zebrastreifen »an der Kruppe sowie am Vorderkopf« zeigte, die bald wieder verblassten und verschwanden.[20] Ebenso unscheinbar sind die vielen rudimentären Organe und Glieder, die Darwin bei vielen Tierarten entdeckte. Es sind »Organe oder Teile«, die »den offenbaren Stempel der Nutzlosigkeit an sich tragen« und die »in der Natur äußerst gewöhnlich oder selbst allgemein« sind, wie er schreibt. Beispiele finden sich daher zuhauf: »Bei den Säugetieren besitzen z. B. die Männchen immer rudimentäre Zitzen; bei Schlangen ist der eine Lungenflügel rudimentär; bei Vögeln kann man den Afterflügel getrost als einen verkümmerten Finger ansehen und bei einigen Arten ist der ganze Flügel insoweit rudimentär, daß er nicht zum Fliegen benutzt werden kann. Was kann wohl merkwürdiger sein als die Anwesenheit von Zähnen bei den Embryonen der Wale, die im erwachsenen Zustand nicht einen Zahn im ganzen Kopf

19 Vgl. etwa Foucaults wichtige Passage zur »Herkunft« und zum »Zufall« mit Nietzsches Text aus *Zur Genealogie der Moral* (III, § 17), auf den Foucault in der Fußnote verweist.

20 Darwin, *Entstehung der Arten*, S. 465.

haben, und das Dasein von Schneidezähnen im Oberkiefer unserer Kälber vor der Geburt, welche aber niemals das Zahnfleisch durchbrechen?«[21] Das ist nicht nur eine hübsche *Higgledy-piggledy*-Reihe, sondern ein wichtiges Stück für Darwins Argument: All diese verkümmerten Organe oder Teile sind versteckte Hinweise auf »fremde« Ursprünge – man müsste sagen: Herkünfte, wenn das Wort nicht so hässlich wäre –, Hinweise jedenfalls auf »Anfänge« einer Spezies unter ganz anderen Lebensbedingungen und mit ganz anderen Funktionen ihrer Organe und Glieder. Unter der Bedingung der *natural selection* kann jedes Organ, »welches infolge geänderter Lebensweise nutzlos oder nachteilig für die eine Bestimmung wird, abgeändert und für andere Verrichtungen beibehalten werden«[22] – wie die Schwimmblase der Fische, von der Darwin sagt, sie sei zur Lunge der Säugetiere »umgeändert«[23] worden. Oder das Organ kann nutzlos bleiben und nur noch an die alte Verwendung erinnern. Es wird dann so weit in seiner Größe reduziert, »bis endlich nur eine Spur von ihm übrig bleibt« und es nur noch »die Geschichte eines früheren Zustandes der Dinge erzähl[t]«.[24]

Das Rudiment erzählt die Geschichte des Herkommens eines Organismus von älteren und ältesten Formen und aus längst vergessenen Kämpfen; es ist ein verblasstes Zeichen: »Rudimentäre Organe kann man mit den Buchstaben eines Wortes vergleichen, welche beim Buchstabieren desselben noch beibehalten, aber nicht mit ausgesprochen werden und bei Nachforschungen über dessen Ursprung als vortreffliche Führer dienen.«[25] Die Rudimente sind allerdings, um keine Missverständnisse aufkommen zu lassen, keine arbiträren Zeichen wie in der Linguistik Saussures, sie sind keine, mit Charles S. Peirce gesprochen, bloßen Symbole, sondern indexikalische

---

21 Ebd., S. 667.
22 Ebd., S. 670.
23 Ebd., S. 480.
24 Ebd., S. 671.
25 Ebd.

Zeichen, das heißt die direkte materielle Spur einer abwesenden Sache. Etwas Ähnliches zeigt sich im Verhalten und in den »Sitten« von Tieren, die an veränderte Lebensbedingungen angepasst wurden, obwohl der Körper die entsprechenden Veränderungen noch nicht vollzogen hat, sondern auf die ältere Lebensweise eingestellt bleibt. In solchen Fällen könne man »begreifen«, so Darwin, in Klammern mit der Bemerkung fortfahrend: »(wenn wir uns zugleich erinnern, daß jedes organische Wesen zu leben versucht, wo es nur immer leben kann), wie es zugegangen ist, daß es Landgänse mit Schwimmfüßen, am Boden lebende Spechte, tauchende Drosseln und Sturmvögel mit den Sitten von Alken gebe«:[26] Das sind Beispiele dafür, dass von einer »Einheit«, einer »Identität«, gar einem »Wesen« solcher Tiere nicht gesprochen werden kann; sie erscheinen vielmehr buchstäblich aus Elementen zusammengesetzt, die ihnen nicht nur fremd und widersprüchlich sind, wie Foucault sagte, sondern damit auch ihre Herkunft aus ganz anderen Bedingungen als den gegenwärtigen verraten.

Dieses Moment des Zusammengesetztseins der Organismen ist mithin eine zentrale Annahme für den Genealogen Darwin. Ich habe die Stelle aus der emphatischen Schlusspassage des *Origin of Species* schon einmal zitiert (dort aber vor dem entscheidenden Halbsatz aufgehört, um die Pointe aufzusparen): »Es ist anziehend, eine dichtbewachsene Uferstrecke zu betrachten, bedeckt mit blühenden Pflanzen vielerlei Art, mit singenden Vögeln in den Büschen, mit schwärmenden Insekten in der Luft, mit kriechenden Würmern im feuchten Boden« – soweit das Erinnerungsbild an seinen ersten Blick auf die bewaldete Küste Brasiliens –, »und sich dabei zu überlegen, daß alle diese künstlich gebauten Lebensformen, so abweichend unter sich und in einer so komplizierten Weise voneinander abhängig, durch Gesetze hervorgebracht sind, welche noch fort und fort um uns wirken«.[27] Das ist ein großes Wort, gelassen ausge-

---

26 Ebd., S. 493.
27 Ebd., S. 691.

sprochen: All diese Lebensformen sind »künstlich gebaut«, *elaborately constructed*, wie es im Original heißt (richtiger wäre also »kunstvoll gebaut«).[28] Das ist nicht bloß eine Redensart, sondern enthüllt den Kern von Darwins Naturauffassung. Jedes organische Wesen ist buchstäblich eine Konstruktion: »Wenn wir ein organisches Wesen nicht länger wie die Wilden ein Linienschiff als etwas ganz jenseits ihres Fassungsvermögens Liegendes betrachten« – man holt sich seine Beispiele halt jeweils dort, wo sie sich anzubieten scheinen, und wenn es die koloniale Differenz zwischen einem britischen Linienschiff und dem naiven Glauben der »Wilden« ist, dieses Wunderwerk könne nur von den Göttern gesandt sein –, nun, so fährt Darwin fort, »wenn wir jedem organischen Naturerzeugnis eine lange Geschichte zugestehen; wenn wir jedes zusammengesetzte Gebilde und jeden Instinkt als die Summe vieler einzelner, dem Besitzer nützlicher Einrichtungen betrachten, in derselben Weise, wie wir etwa eine große mechanische Erfindung als das Produkt der vereinten Arbeit, Erfahrung, Beurteilung und selbst der Fehler zahlreicher Arbeiter ansehen, wenn wir jedes organische Wesen auf diese Weise betrachten: wieviel interessanter (ich rede aus Erfahrung) wird dann das Studium der Naturgeschichte werden!«[29] Ein Linienschiff oder eine große mechanische Erfindung sind Konstruktionen – aber was heißt das? Es bedeutet, dass sie das Produkt vielfältigster menschlicher Tätigkeiten sind, das Erzeugnis spezialisierter Prozesse und geteilter Arbeit, wie man als Zeitgenosse der industriellen Revolution sagen konnte, aber auch, und das ist besonders interessant, das Produkt »selbst der Fehler zahlreicher Arbeiter«. Wir sollten uns an dieser Stelle daran erinnern, dass die Edinburgher Schule des Konstruktivismus in der Wissenschaftsgeschichte 1976 gegen den naiven Fortschrittsglauben in der älteren Wissenschaftsgeschichte gewendet betonte, dass nicht nur »wahre« Erkenntnisse und funk-

28 Darwin, *Origin of Species* [1859], S. 489.
29 Darwin, *Entstehung der Arten*, S. 689.

tionierende Erfindungen die Wissenschaften vorantreiben, sondern dass »Fehler« und Misserfolge genauso Teil dieser Geschichte sind.[30] Hans-Jörg Rheinberger hat später im Detail gezeigt, das ein »Experimentalsystem« als ein »Generator von Überraschungen« funktioniert und daher »Irrtümer, falsche Einschätzungen und Fehlkalkulationen« (das war jetzt allerdings ein Foucault-Zitat[31]) für den sehr mäandrischen Weg etwa der »Entdeckung« der *messenger*-RNA konstitutiv waren.[32]

Exkurs zur Vollkommenheit[33]

Doch wie es ist möglich, so könnte man hier einwenden, dass die Dinge in der Natur für Darwin auf der einen Seite Produkt »selbst der Fehler zahlreicher Arbeiter« sein kann, auf der anderen Seite aber »wundervollst«, ja »vollkommen«? Bedeutet *natural selection* nicht, dass fehlerhafte Produkte eben laufend eliminiert werden, dass ein stetiger Prozess der Fehlerkorrektur stattfindet? Ist der Fehler nicht just das Körnchen in der Waagschale, jene kleinsten individuellen Differenzen, die zwischen Weiterleben und Fortpflanzung oder Tod entscheiden? Fehler gehören dazu, sind unvermeidlich und weit verbreitet – die Natur ist ohne Fehler nicht denkbar, und daher ist der Tod auch nicht grausam, sondern meist schnell, und kein Tier

30 David Bloor: »The Strong Programme in the Sociology of Knowledge«, in: ders.: *Knowledge and Social Imagery*, London: Routledge and Kegan Paul 1976, S. 1-19.

31 Foucault, »Nietzsche, die Genealogie, die Historie«, S. 172.

32 Hans-Jörg Rheinberger: *Experimentalsysteme und epistemische Dinge. Eine Geschichte der Proteinsynthese im Reagenzglas*, Göttingen: Wallstein 2001, insb. S. 3, 76-87.

33 Dieser Exkurs folgt teilweise dem Text meines Aufsatzes »Fehler und Vollkommenheit. Über Darwins *Origin of Species*«, in: Felix Philipp Ingold, Yvette Sánchez (Hg.): *Fehler im System. Irrtum, Defizit und Katastrophe als Faktoren kultureller Produktivität*, Göttingen: Wallstein 2008, S. 145-158.

fürchtet ihn. Darwin schwebte offensichtlich so etwas wie eine »Ökonomie«[34] der Fehler vor: Was nicht optimal dem »Kampf ums Dasein« dient, hat keine oder nur geringere Chancen, vererbt zu werden, und scheidet langfristig als Charakteristikum dieser Organismen aus dem Evolutionsprozess aus – und damit letztlich diese Organismen als solche, wenn sie sich nicht anzupassen vermögen –, während andere, nützliche Abänderungen sich weitervererben. Es geht hier nicht darum, noch einmal festzustellen, dass dieses Bild der Natur auffallend viel mit dem Kapitalismus um 1850 zu tun hat (vgl. dazu unten, Kap. 9). Interessant ist in unserem Zusammenhang vielmehr, dass es so gesehen eigentlich keine »Fehler« geben könnte, die in die »Konstruktion« der Organismen konstitutiv eingeflossen wären, sondern nur vermiedene Fehler – Fehler, aus denen man gelernt hat, »Fehler der Arbeiter«, die korrigiert wurden etc. Die Evolution basiert zwar auf der Notwendigkeit des Kopierfehlers – Typen und identische Individuen können sich nicht verändern –, aber der »Kampf ums Dasein« sortiert die Fehler auch immer gleich wieder aus, sofern sie sich nicht als Verbesserungen erweisen. Fehler stellen die notwendige Diversität her, um der *natural selection* Wahlmöglichkeiten zu bieten, und dieser Prozess führt, so Darwin, »zur Vervollkommnung eines jeden Geschöpfes seinen organischen und unorganischen Lebensbedingungen gegenüber und mithin auch in den meisten Fällen zu dem, was man als eine Vervollkommnung der Organisation ansehen muß«.[35]

Die Evolutionsprozesse führen zur Vollkommenheit – nicht zur »absoluten Vollkommenheit«, die in der Natur nicht vorkomme,[36] aber zu einer im Hinblick auf die äußeren Lebensbedingungen doch beträchtlichen Perfektion der Angepasstheit auch an widrigste Umstände. Für Darwin war das eine empirische Beobachtung, von der er ausging – die augenscheinlichen

---

34 Darwin, *Entstehung der Arten*, S. 670.
35 Ebd., S. 445.
36 Ebd., S. 601-602.

Wunder des Regenwaldes etwa galten ihm als ein Beispiel für die überall in der Natur anzutreffende Vollkommenheit. Allein, war Fehlerfreiheit nicht das distinguierende Merkmal der göttlichen Schöpfung? Es ist nicht ohne Ironie, dass Darwins Dekonstruktion der Schöpfungsidee den Begriff der Vollkommenheit gleichsam verweltlicht, indem sie ihn mit der Logik der notwendigerweise auftretenden und dann ausgeschlossenen Fehler verbindet. In dieser Hinsicht steht die Natur den menschlichen Artefakten wiederum in nichts nach: »Fast jeder Teil eines jeden organischen Wesens«, wie Darwin schon zu Beginn des zweiten Kapitels notiert, »steht in einer so schönen Beziehung zu seinen komplizierten Lebensbedingungen, daß es ebenso unwahrscheinlich scheint, daß irgendein Teil auf einmal in seiner ganzen Vollkommenheit erschienen sei« – was nur bei einem göttlichen Schöpfungsakt der Fall wäre –, »wie daß ein Mensch irgendeine zusammengesetzte Maschine sogleich in vollkommenen Zustand erfunden habe«.[37] Vollkommenheit in der Natur ist das Resultat von insgesamt kontingenten Herstellungsprozessen, genauso wie »vollkommene« technische Artefakte nicht mit einem Schlag erfunden werden können, sondern das – um eine anachronistische Formulierung zu verwenden – *Trial-and-error*-Verfahren menschlicher Konstruktionsprozesse durchlaufen. Das gelte selbst für das Auge, jenes Organ, das als derart vollkommen galt (und gilt), dass bis heute alle Kritiker der Evolutionstheorie sich nicht vorstellen mögen, wie dieses schrittweise hätte entstehen können. Doch ist das wirklich der Fall? Darwin kann sich auf keinen Geringeren als den großen deutschen Physiologen Johannes Müller (1801-1858) stützen, der der Meinung gewesen sei, dass »[d]ie Korrektion für die Aberration des Lichts [...] selbst in dem vollkommensten aller Organe, dem menschlichen Auge, noch nicht vollständig [ist]«, und er konnte in einer Passage, die wir in voller Länge lesen sollten, gleich noch eine weitere, vielleicht noch größere deutsche Autorität zieren: »Helmholtz, dessen

37 Ebd., S. 391.

Urteilsfähigkeit niemand bestreiten wird, fügt, nachdem er in den kräftigsten Ausdrücken die wundervollen Kräfte des menschlichen Auges beschrieben hat, die merkwürdigen Worte hinzu: ›Das was wir von Ungenauigkeit und Unvollkommenheit in dem optischen Apparat und in dem Bild auf der Netzhaut entdeckt haben, ist nichts im Vergleich mit der Ungenauigkeit, der wir soeben auf dem Gebiet der Empfindungen begegnet sind. Man könnte sagen, daß die Natur daran ein Gefallen gefunden hat, Widersprüche zu häufen, um alle Grundlagen zu einer Theorie einer präexistierenden Harmonie zwischen der äußeren und inneren Welt zu beseitigen‹.« Darwin folgert daraus: »Wenn uns unsere Vernunft zu begeisterter Bewunderung einer Menge unnachahmlicher Einrichtungen in der Natur auffordert, so lehrt uns auch diese nämliche Vernunft, daß, trotzdem wir leicht nach beiden Seiten irren können, andere Einrichtungen weniger vollkommen sind.«[38] Die Natur also ist voller Spannungen und Widersprüche (keine dialektischen allerdings), weil in ihr nichts von Anfang an nach einem Plan ineinandergefügt wurde, sondern sich alles als Resultat von Kämpfen und Anpassungsleistungen so ergeben hat.

Daher steigert Darwin auf der letzten Seite des *Origin* die Paradoxie dieser unvollkommenen Vollkommenheit aufs äußerste, wenn er zuerst, wie wir gesehen haben, schreibt, die Natur sei *elaborately constructed*, entstanden in historischen Prozessen und unter der Wirkung von ganz weltlichen »Gesetzen«, die mit den beim Konstruieren von Maschinen beobachtbaren Abläufen vergleichbar seien, und dann die berühmten Worte folgen lässt: »So geht aus diesem Kampf der Natur, aus Hunger und Tod unmittelbar die Lösung des höchsten Problems hervor, das wir zu fassen vermögen: die Erzeugung der höheren Tiere«[39] – Worte, welche die Verkoppelung von Fehler

38 Ebd., S. 492.

39 Meine Übersetzung nach Darwin, *Origin of Species* (1859; dito aber auch noch in der 6. Ausgabe von 1872). In der Übersetzung von Carus heißt es »immer höherer und vollkommenerer Tiere« (Darwin, *Entstehung der Arten*, S. 691), was mit den offenkundigen teleologi-

und Vervollkommnung nochmals auf den emphatischen Begriff bringen –, um schließlich mit den letzten fünf Zeilen die Paradoxie auf die Spitze zu treiben: »Es ist wahrlich eine großartige Ansicht, daß der Schöpfer den Keim allen Lebens, das uns umgibt, nur wenigen oder nur einer einzigen Form eingehaucht hat und daß, während unser Planet den strengsten Gesetzen der Schwerkraft folgend sich im Kreise geschwungen, aus so einfachem Anfang sich eine endlose Reihe der schönsten und wundervollsten Formen entwickelt hat und noch immer entwickelt.«[40]

Am Ende also taucht der Schöpfer wieder auf, aber nach dieser 500-seitigen Dekonstruktion des Schöpfungsglaubens ist er ein anderer geworden: ein sehr ferner unbewegter Beweger (zum Beispiel), der vielleicht einigen wenigen, vielleicht auch nur einer einzigen »Form« den »Keim des Lebens« eingehaucht habe. Aber auch dies erst nach einer stillschweigenden Korrektur: In der ersten Auflage von 1859 hatte Darwin kühl geschrieben, dass das Leben den ersten Formen »eingehaucht« wurde (»having been originally breathed into a few forms or into one«), während er diese subjektlose Passivkonstruktion schon in der zweiten Auflage von 1860 durch die den Gefühlen seiner Leserinnen und Leser entgegenkommende Formulierung »having been originally breathed *by the Creator* into a few forms or into one« ersetzte.[41] Doch wie dem auch sei: Mehr blieb nicht übrig von Darwins ursprünglichem Kirchenglauben und seiner theologischen Ausbildung. Dieser ferne »Schöpfer«, wie er ihn nennt, hat mit der Realität dieser Welt, mit dem Leiden und dem Tod, mit dem Krieg in der Natur, aber auch mit ihrer Schönheit und Vollkommenheit nicht das Geringste mehr zu schaffen, geschweige denn mit unserem Leiden

schen Implikationen dieser Formulierung geradezu eine Fälschung der darwinschen Textaussage darstellt.

40 Darwin, *Entstehung der Arten*, S. 691

41 Darwin, *Origin of Species* (1859), S. 490, und *Origin of Species* (2. Aufl. 1860), S. 490 (Hervorhebung durch mich, Ph. S.).

an der Fehlerhaftigkeit und Zufälligkeit der menschlichen Existenz.

Genealogie bei Darwin (Forts.)

Für den Genealogen Darwin ist dieser ferne »Ursprung« – so es ihn denn gibt – außerhalb aller Betrachtung und für seine Arbeit absolut unerheblich. Sogar die Spekulation darüber, in welchen wenigen Formen die Linien A-L in seinem Diagramm »unten« – das heißt am »Anfang« –, vielleicht konvergieren mögen, ist für ihn müßig. Es gibt zwar gute Gründe, einen gemeinsamen Ursprung aller Organismen auf dem Planeten anzunehmen: Alle lebenden Wesen haben »vieles miteinander gemeinsam in ihrer chemischen Zusammensetzung, ihrer zelligen Struktur, ihren Wachstumsgesetzen, ihrer Empfindlichkeit gegen schädliche Einflüsse« etc., und Darwin folgert daraus: »[W]enn wir dies zugeben, so müssen wir auch zugeben, daß alle organischen Wesen, die jemals auf dieser Erde gelebt haben, von irgendeiner Urform abstammen.« Allein, was heißt das? Nicht viel, denn »dieser Schluß beruht hauptsächlich auf Analogie, und es ist unwesentlich, ob man ihn anerkennt oder nicht«.[42]

Damit kann der Genealoge, von metaphysischen Spekulationen ein für alle Mal geheilt, sich auf bloße Fortsetzungen einer mutmaßlich größeren Geschichte konzentrieren, deren »Anfänge« er sowieso nie zu fassen bekommt. Allein, wie rekonstruiert er, all die »vollkommenen« Organismen vor Augen, diese verwickelte Geschichte eines Herkommens aus »fremden«, aus anderen Formen? Welche Spuren und Zeichen liest er, und was sagen sie ihm über das »Wesen« eines Organismus, über seinen »Charakter«? Hier ist eine sehr wichtige Unterscheidung einzuführen: die Unterscheidung zwischen unserem *Bild* der Evolution als einer Repräsentation

42 Darwin, *Entstehung der Arten*, S. 688.

»gemeinschaftliche[r] Abstammung«[43] und dem *realen* historischen Prozess, der nachträglich sich mit diesem Bild erfassen lässt. Beginnen wir mit dem Bild – es ist üblicherweise der Stammbaum. Darwin schreibt dazu, ich zitiere wiederum eine etwas längere Passage: »Die Verwandtschaften aller Wesen einer Klasse zueinander sind manchmal in Form eines großen Baumes dargestellt worden. Ich glaube, dieses Bild entspricht sehr der Wahrheit. Die grünen und knospenden Zweige stellen die jetzigen Arten, und die in vorangehenden Jahren entstandenen die lange Aufeinanderfolge erloschener Arten vor. In jeder Wachstumsperiode haben alle wachsenden Zweige nach allen Seiten hinauszutreiben und die umgebenden Zweige und Äste zu überwachsen und zu unterdrücken gestrebt, ganz so wie Arten und Artengruppen andere Arten in dem großen Kampfe ums Dasein überwältigt haben. Die großen, in Zweige geteilten und in immer kleinere und kleinere Verzweigungen abgeteilte Äste sind zur Zeit, wo der Stamm noch jung war, selbst knospende Zweige gewesen; und diese Verbindungen der früheren mit den jetzigen Knospen durch sich verästelnde Zweige mag ganz wohl die Klassifikation aller erloschenen und lebenden Arten in anderen Gruppen subordinierte Gruppen darstellen.«[44]

Was wir hier zuerst bestätigt finden, ist Darwins Auffassung, dass das Aussterben ganzer Gattungen und Familien entscheidend gewesen sei für die Trennung der genealogischen Reihe in distinkte Arten, Gattungen und Klassen. Der Stammbaum ist damit buchstäblich ein Gerippe, nur die Blätter symbolisieren lebende Arten. Seine Funktion als Bild ist es, die Linien des Herkommens in einer vereinfachenden Weise zu *zeigen*. Darwin war sich der Tatsache, dass es sich dabei um ein bloßes Bild handelte, mehr oder weniger bewusst. Mit dem Verweis auf die seinen Lesern mutmaßlich bekannte Schwierigkeit, die »Blutsverwandtschaft zwischen den zahlreichen Angehörigen ir-

43 Ebd., S. 649.
44 Ebd., S. 446-447.

gendeiner alten oder vornehmen Familie sogar mit Hilfe eines Stammbaumes zu zeigen«, und der Unmöglichkeit, »es ohne dieses Hilfsmittel zu tun«, könne man, so Darwin, »auch die außerordentliche Schwierigkeit [begreifen], auf welche Naturforscher, ohne die Hilfe einer bildlichen Skizze, stoßen, wenn sie die verschiedenen verwandtschaftlichen Beziehungen zwischen den vielen lebenden und erloschenen Gliedern einer großen natürlichen Klasse nachweisen wollen«.[45] Der Stammbaum vereinfacht also; er ist eine grafische Repräsentation von sehr verwickelten Verhältnissen – er ist, wie wir schon gesehen haben, eigentlich ein Diagramm. Daher ist die von Horst Bredekamp angestoßene Debatte darüber, ob Darwin tatsächlich vom Bild eines Baumes (mit seiner eindeutigen Entwicklungsrichtung und seiner inneren Gliederung etc.) ausgegangen sei oder nicht vielmehr vom Bild der Koralle (die angeblich noch mehr als die Zweige eines Baumes »nach allein Seiten« wächst, scheinbar ursprungslos…), vollkommen müßig:[46] Im Diagramm als graphischer Repräsentation von Kräfteverhältnissen braucht es keinen »Ursprung«, keine Wurzeln, keinen Stamm und keine zwingende Richtung; das Diagramm ist auch untergründig weder »Baum« noch »Koralle«, sondern eine abstrakte graphische Annäherung an die verwickelten Abstammungs-, Diversifikations- und Aussterbeereignisse in der Zeit.

Darwin scheint sich allerdings nicht wirklich darüber im Klaren gewesen zu sein, zu welchem Quell tiefer Missverständnisse seine anstelle des reichlich spröde anmutenden Diagramms zuweilen verwendete Stammbaum-Metapher werden konnte. Obwohl Darwin seine Metaphern üblicherweise sorgfältig überdachte, konnte er hier ebenso wie im Fall der Metapher vom »Kampf ums Dasein« Missverständnisse nicht verhindern. Denn viele seiner Zeitgenossen verbanden das Bild des Stammbaums mit einer Bedeutung, die seinen Intentionen

---

45 Ebd., S. 654.

46 Vgl. oben, Kap. 6, sowie Bredekamp, *Darwins Korallen*, insb. S. 58 und S. 93.

widersprach; für den von Darwin bewunderten Wissenschaftstheoretiker John Herschel etwa (vgl. oben, Kap. 5) war, wie Silvan Schweber notiert, »the tree metaphor the iconic representation of the fixity of the Book of Nature«:[47] Unter dem Zeichen der Stammbaum-Metapher konnte es, diesem Verständnis gemäß, nichts wirklich Neues geben, weil alles schon in der Wurzel, im »Ursprung« angelegt war, wie bei Bäumen, die immer nur ihre typischen Blätter hervorbringen können. Das war, wie gesagt, der Ursprung vieler Missverständnisse von Darwin-Lektüren, Missverständnisse, welche Foucault später dazu geführt hatten, sich unter dem Titel der Genealogie von allem »evolutionären« Denken so fern wie nur möglich zu halten. Denn wenn das Bild des Baumes nicht nur mutmaßlich letzte Gemeinsamkeiten wie die »zellige« Struktur und eine ähnliche Empfindlichkeit aller organischer Wesen suggeriert, sondern tatsächlich einen der Natur unterlegten Großen Plan, ein umfassendes, in die Wurzel schon eingelassenes Entwicklungsschema, dem gemäß sich der »Baum« nur noch zu entfalten brauchte, dann wäre die »Richtung« dieser Entwicklung ebenso scheinbar evident wie die Baum-Metapher »wahr«. Es lässt sich leicht zeigen, wie sehr gerade in Deutschland auf diese Weise und ausgehend von Ernst Haeckels buchstäblich mächtiger Repräsentation der »natürlichen Schöpfungsgeschichte«[48] als knorriger deutscher Eiche die Entstehung der Arten als Entwicklungsgeschichte vorgestellt wurde, die mit Notwendigkeit von den Einzellern über das Nervensystem der Wirbeltiere bis zum Menschen führt: ein im Wortsinne geistvoller Plan, ein später von Haeckels forsch popularisierenden Nachfolgern wie Wilhelm Bölsche im ersten Drittel des 20. Jahrhun-

---

47 Schweber, »John Herschel and Charles Darwin«, S. 47.

48 Ernst Haeckel: *Natürliche Schöpfungsgeschichte. Gemeinverständliche wissenschaftliche Vorträge über die Entwickelungslehre im Allgemeinen und diejenige von Darwin, Goethe und Lamarck im Besonderen, über die Anwendung derselben auf den Ursprung des Menschen und andere damit zusammenhängende Grundfragen der Naturwissenschaft*, Berlin: Verlag von Georg Reimer 1868.

derts ausbuchstabiertes Konzept der Evolution, welches auf der sehr ideologieanfälligen Melange Darwin-*cum*-Goethe-Schelling-Hegel basiert.[49]

Doch dieses Konzept ist falsch, und damit kommen wir zum zweiten Teil der oben angesprochenen grundlegenden Unterscheidung: Nach der Repräsentation der Evolution im Stammbaum, diesem metaphorischen Bild mit seinen inhärenten Schwächen (denen sich Darwin immerhin so weit bewusst war, dass er zwar dann und wann vom »Stammbaum« sprach, mit Bedacht aber keinen im Bild darstellte und die entsprechende grafische Figur ein »Diagramm« nannte), haben wir jetzt zur Art und Weise überzugehen, wie er die tatsächlichen Abstammungsverhältnisse zu erforschen vorschlägt. »Wir besitzen keine Stammbäume und Wappenbücher«, bemerkt er lapidar – wie also sollen wir »die vielfältig auseinanderlaufenden Abstammungslinien« rekonstruieren?[50] Er antwortete mehrfach in derselben Weise: »Rudimentäre Organe werden mit untrüglicher Sicherheit von längst verlorengegangenen Gebilden sprechen«,[51] und man könne es »sogar als eine allgemeine Regel ansehen, daß, je weniger ein Teil der Organisation für Spezialzwecke bestimmt ist, desto wichtiger er für die Klassifikation wird«.[52] Oder nochmals anders: Die »Deszendenzlinien« ließen sich am besten »durch die beständigsten Charaktere entdecken, welches dieselben auch sein mögen und wie gering auch deren Wichtigkeit für das Leben sein mag«.[53] Aber auch Nebensächlichkeiten wie ein »eingebogener Unterkieferwinkel, oder die Faltungsweise eines Insektenflügels«, als solche nicht rudimentär, aber für das *survival of the fittest* kaum von

49 Vgl. dazu Philipp Sarasin, Michael Hagner: »Wilhelm Bölsche und der ›Geist‹. Populärer Darwinismus in Deutschland 1887-1934«, in: *Nach Feierabend. Zürcher Jahrbuch für Wissensgeschichte* 4 (2008), S. 47-68.

50 Darwin, *Entstehung der Arten*, S. 690.

51 Ebd., S. 690.

52 Ebd., S. 644.

53 Ebd., S. 684.

Bedeutung, haben für den Genealogen einen hohen Wert, denn »wir können [ihre] Anwesenheit in so vielerlei Formen mit so mannigfaltigen Lebensweisen nur durch [ihre] Ererbung von einem gemeinsamen Stamm erklären«.[54]

Darwins Argument hat erkennbar eine Vorder- und eine Rückseite. Auf der Vorderseite sagt es nichts anderes, als dass die Rudimente und andere morphologische Nebensächlichkeiten Spuren älterer Formen sind und daher für das tastende Suchen des Naturforschers auf dem Weg zurück durch die Zeiten die besten Wegmarken darstellen. Die Kehrseite dieses Arguments aber wird *vice versa* auch bei Foucault auftauchen: Wenn das Älteste, also dasjenige, das auf die Abstammung verweist, auf den gemeinsamen Stamm, das Herkommen, gar den Ursprung, das *Unwesentlichste* ist, ein nebensächlicher Zug bloß, etwas, das mit dem aktuellen Überleben eines Tiers nichts zu tun hat, das weder Vor- noch Nachteile bietet, sondern nur noch als Reminiszenz fortlebt, als Erinnerung an längst vergangene Zeiten, etwas, von dem niemand behaupten würde, es »wäre von hoher physiologischer Wichtigkeit oder von vitaler Bedeutung«[55] –, nun, was ist dann das *Wesentliche*? Was ist es, was einen Organismus »ausmacht«, ihn »charakterisiert«, ihn über die Zeit hinweg als mit sich selbst identischen ausweist? Für Darwin war klar, dass dies über seine Erwägungen der Existenzbedingungen und des von diesen modellierten Typus hinaus (vgl. oben, Kap. 5) vollkommen sinnlose Fragen sind. Es gibt aus der Perspektive des Genealogen nichts »Wesentliches« in der Naturgeschichte, keine »Identität«, die sich durchhält, nichts an einem Tier oder an einer Pflanze, was in irgendeinem fernen Anfang immer schon da gewesen sein muss, damit man von *dieser* Pflanze, von *diesem* Tier sprechen kann. Auch nicht »wesentlich«, aber fürs (Über-)Leben wichtig sind jene Charakteristika und Erscheinungsformen der aktuellen Gestalt, wie sie sich aus dem evolutionsgeschichtlich rezenten Anpas-

54 Ebd., S. 649 und S. 644.
55 Ebd., S. 644.

sungsdruck ergeben haben. Das Älteste hingegen ist das Unwesentliche, das »Generische«,[56] dasjenige, was keinem Zwang zur Veränderung ausgesetzt war und gleichsam im Schatten des Anpassungsdrucks weiterlebte – sei es, weil die Form sich als besonders brauchbar erwiesen hat, sei es, dass sie vollkommen bedeutungslos für das Leben des Tiers wurde und zum Rudiment verkümmerte.

Kurz, die Frage nach dem »Wesentlichen« stellt sich in beiden Fällen nicht. Dass zum Beispiel alle Wirbeltiere ein Rückgrat haben, ist zwar wichtig, aber nicht »wesentlich«, etwa für den Menschen im Unterschied zum Affen oder für diesen im Vergleich mit dem Erdmännchen. Auch dass wir knapp 99 Prozent der DNA mit den Schimpansen teilen, verweist zwar auf unsere Verwandtschaft mit diesen Primaten, sagt aber nichts aus über unser angeblich stabiles »Wesen« (das über die Maßen äffisch sein müsste). Nur die Sprache verführt zuweilen dazu, Gemeinsamkeiten zu sehen, durchlaufende Entwicklungen, kurz, eine »Identität«, ein »Wesen« zu vermuten, auf welches die einheitlichen Begriffe doch zu verweisen scheinen. Der Genealoge aber weiß, dass dies Chimären sind. Im sechsten Kapitel von *Die Abstammung des Menschen* (1871 – ich habe keinerlei Hinweis darauf, ob Foucault das Buch gelesen hat) mit dem Titel »Über die Verwandtschaften und die Genealogie des Menschen« schreibt Darwin zuerst: »[D]a der Mensch von dem genealogischen Standpunkt aus zu dem Stamm der catarhinen oder altweltlichen Formen gehört, so müssen wir schließen, wie sehr sich auch unser Stolz gegen diesen Schluss empören mag, daß unsere frühen Urerzeuger wahrscheinlich in dieser Weise bezeichnet worden wären.«[57] Das ist, wie Sigmund Freud sagte, die »Kränkung«, die Darwin dem menschlichen Narzissmus zugefügt habe, die zweite nach der frühneuzeitlichen Entdeckung, dass die Erde nicht im Zentrum des Universums steht, und vor Freuds eigener Entdeckung des

56 Ebd., S. 461.
57 Darwin, *Die Abstammung des Menschen*, S. 818.

Unbewussten.[58] Alles klar also? Wir sind »eigentlich« Affen, weil wir von Affen abstammen? Nein. Darwin fährt fort: »Wir dürfen aber nicht in den Irrtum verfallen, etwa anzunehmen, daß der frühere Urerzeuger des ganzen Stammes der Simiaden, mit Einschluß des Menschen, mit irgendeinem jetzt existierenden Affen identisch oder ihm auch nur sehr ähnlich gewesen sei.«[59] Die homogenisierende Funktion des Begriffs »Affe« verwischt die Tatsache, dass unser »Urerzeuger« uns und den heutigen Affen schlicht fremd und bestenfalls »affenähnlich«[60] war. Abstammung bedeutet nicht eine irgendwie »tiefe« Gemeinsamkeit wesentlicher Züge oder Charakteristika organischer Formen, sondern nur deren kontingente Herkunft aus einer im Prinzip bestimmbaren, *de facto* aber längst vergessenen Geschichte unaufhörlicher Auseinandersetzungen. Die Gestalt und Funktion dieser organischen Formen passten sich im Laufe dieser Geschichte und unter wechselnden Existenzbedingungen fortwährend an und veränderten sich, nicht ohne allerdings stets mehr oder weniger deutlich an zumindest einige der früheren Organismen zu erinnern, aus denen der aktuelle Organismus *elaborately constructed* wurde und hervorgegangen ist. Doch die Stammform, der »Ursprung«, kann, wie Darwin notiert, »allmählich so verdunkelt werden, daß er endlich ganz verlorengeht, sei es durch Verkümmerung und endlich durch vollständiges Fehlschlagen gewisser Teile, durch Verschmelzung anderer Teile, oder durch Verdoppelung oder Vervielfachung noch anderer: Abänderungen, die nach unserer Erfahrung alle in den Grenzen der Möglichkeit liegen«.[61]

Dem Begriff der Genealogie scheint demnach eine gewisse

58 Sigmund Freud: »Vorlesungen zur Einführung in die Psychoanalyse [1917]«, in: ders.: *Vorlesungen zur Einführung in die Psychoanalyse/ Neue Folge der Vorlesungen zur Einführung in die Psychoanalyse*, Band 1, »III. Teil: Allgemeine Neurosenlehre (1917)«, Frankfurt/M.: S. Fischer 1969, S. 245-430, S. 283 f.

59 Darwin, *Abstammung des Menschen*, S. 818.

60 Ebd., S. 819.

61 Darwin, *Entstehung der Arten*, S. 657.

Spannung inhärent zu sein. Zum einen erzählt der Genealoge die Geschichte eines Herkommens aus »fremden« und verstreuten Anfängen, aus denen nichts über das aktuelle »Wesen« eines Organismus sich ableiten lässt. Durch alle die unzähligen Kopier- und Kompilierprozesse hindurch bleibt nichts unverändert, erscheint nichts von der Geschichte unberührt, ist nicht unwandelbar und kein Organismus zu irgendeinem Moment ganz allein nur »sich selbst«. Auch für die heutige Biologie ist daher klar: »Weder gibt es eine Säuger-Natur, noch eine Natur des Menschen.«[62] Zum anderen aber bleibt die Frage zumindest unerledigt, wie sehr diese alten Geschichten und Zeichen nicht doch auf eine Herkunft verweisen, die gleichsam Spuren älterer Funktions- oder Verhaltensweisen in aktuelles Funktionieren oder Verhalten eintragen. Auch wenn es sich dabei nicht um die sinnlos gewordenen Fragen nach dem »Wesen« eines Organismus handelt und die stetige Abänderung außer Zweifel steht, stellt der Genealoge Darwin doch Fragen danach, wie eine von fernen Urerzeugern ererbte Struktur das Verhalten eines Tiers noch mitbestimme – und zwar *ohne* solche Fragen einfach mit dem Verweis auf Cuviers »Typus« zu beantworten (analog dazu wäre das heutige Mantra der genetischen »Programmierung« unseres Verhaltens). Es gibt, wie wir gesehen haben, für Darwin keinen stabilen Kern von typusgemäßen, dem Wandel enthobenen Charakteristika von Organismen; es kann für ihn nur die Frage geben, wie die mehr oder weniger deutlichen Spuren des Herkommens aus verschiedenen »Anfängen« sich in der Gegenwart auf die Gestalt und die Funktionsweisen der Organe und das Verhalten eines Organismus auswirken, ohne dass diese Spuren des Herkommens in irgendeiner Weise determinierend wären. Das gilt selbstverständlich auch für den Menschen und dessen Verhalten; namentlich im Hinblick auf die moralischen Gefühle schreibt er

---

62 Martin Mahner: »Biologische Klassifikation und Artbegriff«, in: Krohs/Toepfer (Hg.), *Philosophie der Biologie*, S. 231-248, insb. S. 238.

daher, dass seine Untersuchung »auch« den Versuch darstelle, »zu sehen, wie weit das Studium der niederen Tiere Licht auf eine der höchsten psychischen Fähigkeiten des Menschen werfen kann«.[63] Auf diese Genealogie der Moral, wie Darwin sie skizziert, werde ich im nächsten Kapitel zu sprechen kommen; hier will ich nur festhalten, dass diese ganze Problematik – Veränderung *versus* Stabilität im Prozess der Evolution – bei Darwin, wenn ich es recht sehe, nicht gelöst wurde. Und sie ist bis heute nicht gelöst, sondern wird im Gegenteil nach einer langen Phase des Glaubens an den Gen-Determinismus[64] als scheinbarer Lösung wieder als überaus komplexer, ja »vierdimensionaler« Prozess angesehen, indem neben genetischen neuerdings auch umwelt-, verhaltens- und kulturinduzierte Variationen von Organismen in den Blick genommen werden. Es scheint dabei kein Zufall zu sein, dass selbst der vielgeschmähte »Lamarckismus« Darwins – seine Überzeugung also, dass gewisse, auf regelmäßiger Gewöhnung oder Gebrauch bzw. regelmäßigem Nichtgebrauch beruhende Eigenschaften langfristig hereditär werden (was seit August Weismann als unmöglich galt[65]) – wieder sehr ernsthaft in Erwägung gezogen wird.[66]

Doch das ist nicht mehr unser Thema. Schon in Darwins Genealogie allerdings wird ein Problem erkennbar, das in all

63 Darwin, *Abstammung des Menschen*, S. 774.

64 Vgl. Evelyn Fox Keller: *Das Jahrhundert des Gens*, Frankfurt/M., New York: Campus 2001.

65 August Weismann: *Die Continuität des Keimplasmas als Grundlage einer Theorie der Vererbung*, Jena 1885

66 Eva Jablonka, Marion J. Lamb: *Evolution in Four Dimensions. Genetic, Epigenetic, Behavioral, and Symbolic Variation in the History of Life*, Cambridge, Mass.: MIT Press 2006; vgl. weiter (und aus einer Fülle von Literatur, die ich nicht überblicke) über den aus der Perspektive des von mir Dargestellten besonders interessanten Ansatz der *Developmental Systems Theory* (DST), der es in erster Linie darum geht, die sterile und überdies oft nur oberflächlich konzedierte Gen/Umwelt-Dichotomie zugunsten eines multifaktoriellen Ansatzes zu überwinden, der keine »grundlegenden« Ursachen mehr kennt, siehe Karola Stotz: »Organismen als Entwicklungssysteme«, in: Krohs/Toepfer (Hg.), *Philosophie der Biologie*, S. 125-143.

diesen Debatten der Biologie (und der diese reflektierenden Philosophie) eine Rolle spielt: die Kontingenz der Abstammungslinien und Diversifikationsereignisse oder, schlichter gesagt, der Zufall. Darwins Verwendung des Begriffs »Zufall« ist uneinheitlich. Dabei erscheinen die unendliche Verwickeltheit der Beziehungen zwischen Organismen und insbesondere der Entscheid, wer leben kann und wer sterben muss, in keiner Weise vorbestimmt zu sein, sondern das zufällige Ergebnis von ungesteuerten Prozessen, auf welche eine nicht erfassbare Zahl von Faktoren einwirkt. Für Foucault war es, wie wir uns erinnern, genau dieser immer nur zufällige Tod, der die Diskontinuität in die Geschichte einführt, genauer die »Diskontinuität der Bedingungen dieses Kampfes [ums Dasein], seines Ausgangs, seiner Phasen«.[67] Der Tod schlägt, wie Darwin sagte, riesige Lücken ins Kontinuum der Abstammungsereignisse und spaltet so die Äste der Gattungen und Familien voneinander ab. Für die neodarwinistische Evolutionsbiologie ab 1960 war dies kein zufälliger Vorgang; Ernst Mayr betonte, dass der Tod immer nur die weniger gut angepassten Formen vernichte und damit eben nicht zufällig die besseren überleben lässt.[68] Von Darwins Text her lässt sich hier allerdings ein Fragezeichen anbringen; Darwin schien in der Frage des Zufalls der evolutionären Entwicklung zumindest unentschieden gewesen zu sein; ja, es erschien ihm offenbar nicht gesichert, dass die *natural selection* tatsächlich immer zur besten aller möglichen Welten geführt hat bzw. führt. Denn es werde, so schreibt er an einer der wenigen Stellen, an denen er sich überhaupt zum Zufall äußert, »jährlich eine ungeheure Zahl von Eiern und Samen verzehrt«, von denen viele, »wären sie nicht zerstört worden« – in Vogelmägen oder auf trockenem Boden –, »vielleicht Individuen ergeben haben [könnten], welche ihren Lebensbedingungen besser angepaßt waren als irgendeines von denen, *welche*

67 Foucault, »Die Situation Cuviers in der Geschichte der Biologie«, S. 79.
68 Ernst Mayr: *Das ist Evolution*, München: Goldmann 2005, S. 153 f.

zufällig leben blieben«.[69] Die *natural selection* ist kein Vollkommenheitsmechanismus, sondern bringt bestenfalls situativ optimale Lösungen hervor; zudem ist sie nicht berechenbar und ihre Resultate sind nicht prognostizierbar; selbst wenn man die Ausgangsbedingungen kennen würde. Es geht hier nicht darum, dass Darwin noch nichts von Mendels stochastischen Erbregeln wusste (deren Resultate sich bei *eingeschränkten* Versuchsanordnungen tatsächlich prognostizieren lassen); es geht um das *Ereignis* im Raum außerhalb des Labors: Das Ereignis etwa des Absterbens oder des Aufkeimens eines einzelnen Pflanzensamens ist höchstens in der Bandbreite einer Wahrscheinlichkeit voraussehbar.[70] Daher besteht immer die Möglichkeit, dass andere individuelle Varianten zu anderen Varietäten geführt hätten und damit zu anderen Arten oder sogar Gattungen; das »Diagramm« zeigt (vgl. oben, Kap. 6), dass es immer kleine, unscheinbare Bifurkationen sind, die am Anfang neuer evolutionärer Pfade stehen. Hier regiert der Zufall.

Etwas anderes hingegen, so Darwin, sei das, was man als den Effekt der Kräfteverhältnisse auf einem bestimmten Territorium bezeichnen könnte. Er denkt wieder an sein brasilianisches Flussufer: »Wenn wir Büsche und Pflanzen betrachten, welche ein dicht bewachsenes Ufer überziehen, so werden wir versucht, ihre Arten und deren Zahlenverhältnisse dem zuzuschreiben, was wir Zufall nennen. Doch wie falsch ist diese Ansicht!« Warum? Seine Antwort besteht darin, den stillen »Kampf« in der Natur zu beschreiben, der auf dem Gelände von »alten Indianerruinen im Süden der Vereinigten Staaten«, wo der ursprüngliche Wald nachwachse, stattfinde (ich habe die Stelle schon einmal zitiert): der »Krieg zwischen Insekt und Insekt, zwischen Insekten, Schnecken und anderen Tieren mit Vögeln und Raubtieren, welche alle sich zu vermehren streben,

---

69 Darwin, *Entstehung der Arten*, S. 419 (Hervorhebung durch mich, Ph. S.).

70 Der Begriff und das Konzept probabilistischer Vorausschau kommen bei Darwin allerdings nicht vor, vgl. dazu Ian Hacking: *The Taming of Chance*, Cambridge: Cambridge University Press 1990.

alle sich voneinander oder von den Bäumen und ihren Samen und Sämlingen, oder von jenen anderen Pflanzen ernährten, welche anfänglich den Boden überzogen und hierdurch das Aufkommen der Bäume verhindert hatten«.[71] Aus diesem Krieg also entstehe eine Flora und Fauna mit »Zahlenverhältnissen« zwischen den Arten, die keineswegs zufällig seien, sondern denjenigen des benachbarten Urwaldes entsprechen, weil sie die realen Kräfte- und Abhängigkeitsverhältnisse der lokalen Pflanzen und Tiere spiegeln würden. Aber sind diese Verhältnisse nicht so komplex, dass ihr Produkt doch zufällig genannt werden muss? Darwin widerspricht mit einem weiteren Beispiel: »Wirft man eine Hand voll Federn in die Luft, so müssen alle nach bestimmten Gesetzen zu Boden fallen« – und folglich sei die Verteilung der Federn am Boden nicht zufällig, sondern, so dürfen wir ergänzen, durch die individuellen physikalischen Eigenschaften der beteiligten Federn, die Energie der Wurfhand, durch die Bewegungen der Moleküle in der Luft, die aktuelle Temperatur und Ähnliches bestimmt worden. Er fährt dann fort: »[A]ber wie einfach ist das Problem, wohin eine jede [Feder] fallen wird, im Vergleich zu der Wirkung und Rückwirkung der zahllosen Pflanzen und Tiere, welche im Laufe von Jahrhunderten das Zahlenverhältnis und die Arten der Bäume bestimmt haben, welche jetzt auf den alten indianischen Ruinen wachsen!«[72] Soll man das plausibel finden? Darwin konnte zwar noch der Meinung sein, das Muster der gefallenen Federn auf dem Boden sei prinzipiell determiniert – wenn auch schier unendlich komplex. Seit der Chaostheorie in der Mathematik weiß man genauer, dass auch ein determiniertes System sich »chaotisch«, das heißt nicht prognostizierbar verhalten kann; schon kleinste Verschiebungen können dazu führen, dass sich das System in eine ganz andere Richtung entwickelt (»Schmetterlingseffekt«).[73] Wenn das aber ein »einfa-

71 Darwin, *Entstehung der Arten*, S. 411.
72 Ebd.
73 Vgl. Benoit B. Mandelbrot: *Die fraktale Geometrie der Natur*, Basel: Birkhäuser 1991; für Hinweise danke ich Martin Schüle, Zürich.

ches« Problem sein soll verglichen mit dem der »Wirkung und Rückwirkung« der Tiere und Pflanzen in einem Zeitraum von ein paar Jahrhunderten, konnte Darwin zwar zu Recht sagen, dass nichts in der Natur ohne Grund geschehe, aber ein Argument gegen den Zufall, der diese natürlichen Verhältnisse regiert, lässt sich daraus wohl kaum gewinnen.

Oder ist das die falsche Alternative, eine im Stile der alten metaphysischen Entgegensetzung von »Zufall oder Notwendigkeit«? In keiner Weise zufällig, folgt man Darwins Beispiel, ist es, dass die anpassungsfähigeren Sorten von Pflanzensamen überleben, dass sich die stärkeren Tiere durchsetzen oder dass junge Bäume abgeweidet werden, wenn nicht eine Einzäunung das Grasen durch Pferde verhindert, oder dass der Wald nachwächst, wenn – auch kein Zufall – von einem alten Indianerdorf im Süden der USA nur noch Ruinen übrig bleiben. Und doch ist all dies vollkommen kontingent, das heißt ausschließlich von unendlich vielfältigen, komplexen und einmaligen historischen Bedingungen abhängig. Foucault hat Darwin in genau diesem Sinne gelesen: »Seit Darwin wußte man«, bemerkte er in einem Vortrag in Rio de Janeiro im Oktober 1974, »daß die Evolution der lebendigen Arten bis zu einem bestimmten Maße durch Zufälle bestimmt war«, und zwar durch Zufälle, die eben auch »von historischer Natur sein konnten. Darwin wußte zum Beispiel, daß die *enclosure* in England, eine rein ökonomische und rechtliche Praxis, die englische Fauna und Flora verändert hatte.«[74] Das intelligenteste Tier hat die Existenzbedingungen für andere Organismen verändert – irgendwie zufällig gerade an diesem Ort und nicht an einem anderen, nicht zufällig hingegen, wenn man die naturräumlichen Bedingungen und die aus sozialen Kämpfen hervorgegangenen Besitzverhältnisse des Landes in Betracht zieht. Kurzum, die Zufälle, die Darwin in Rechung stellt, sind von derselben Art, von

74 Michel Foucault: »Krise der Medizin oder Krise der Antimedizin?«, in: Foucault, *Schriften, Band III*, S. 54-76, Zitat S. 64; Foucault bezieht sich auf das von mir schon in Kapitel 5 zitierte Kiefern-Beispiel in Darwin, *Entstehung der Arten*, S. 409.

der auch Foucault spricht, indem er sich nun wieder auf Nietzsche bezieht: »Die Kräfte, dic in der Geschichte am Werk sind, gehorchen weder einer Bestimmung« – das wäre Metaphysik – »noch einer Mechanik« – das wäre platter Materialismus –, »sondern nur den Zufällen des Kampfes«.[75]

Genealogie und Geschichte bei Foucault

Die Passage aus *Zur Genealogie der Moral*, auf die Foucault beim eben zitierten Satz in der Fußnote verweist,[76] hat zwar wie so oft mit dem dort unmittelbar Ausgesagten nicht direkt zu tun, aber sie ist erkennbar eine jener Stellen in Nietzsches Werk, die Foucaults Verständnis von Genealogie geprägt haben. So ist hier unter anderem davon die Rede, dass »die ganze Geschichte eines ›Dings‹, eines Organs, eines Brauchs [...] eine fortgesetzte Zeichen-Kette von immer neuen Interpretationen und Zurechtmachungen« sei, »deren Ursachen selbst unter sich nicht im Zusammenhange zu sein brauchen« – sondern dem Ding »fremd« sind, wie Foucault sagte –, das heißt also »unter Umständen sich bloss zufällig hinter einander folgen und ablösen«. Folglich gebe es auch keine zielgerichtete Entwicklung: »›Entwicklung‹ eines Dings, eines Brauchs, eines Organs ist demgemäss nichts weniger als sein progressus auf ein Ziel hin, noch weniger ein logischer und kürzester, mit dem kleinsten Aufwand von Kraft und Kosten erreichter progressus, – sondern die Aufeinanderfolge von mehr oder weniger tiefgehenden, mehr oder minder von einander unabhängigen, an ihm sich abspielenden Überwältigungsprozessen, hinzugerechnet die dagegen jedes Mal aufgewendeten Widerstände, die versuchten Form-Verwandlungen zum Zweck der Vertheidigung und Reaktion, auch die Resultate gelungener Gegenak-

---

75 Foucault, »Nietzsche, die Genealogie, die Historie«, S. 180.
76 Nietzsche, *Zur Genealogie der Moral*, II, § 12, S. 313-316.

tionen.«[77] Nietzsche bezieht sich hier erkennbar auf Darwin: »Selbst innerhalb jedes einzelnen Organismus steht es nicht anders: mit jedem wesentlichen Wachsthum des Ganzen verschieben sich auch der ›Sinn‹ der einzelnen Organe« – Darwin spricht von der »Funktion« der Organe, die sich ändern kann –, oder auch, so Nietzsche: »unter Umständen kann deren theilweises Zu-Grunde-Gehn, deren Zahl-Verminderung (zum Beispiel durch Vernichtung der Mittelglieder) ein Zeichen wachsender Kraft und Vollkommenheit sein«, was exakt Darwins Theorie der Durchsetzung einer neuen Art auf Kosten der »Mittelglieder«, das heißt der Übergangsvarietäten, entspricht.[78] Dies impliziert auch Darwins Theorie des Rudiments: »Ich wollte sagen«, fährt Nietzsche fort, »auch das theilweise *Unnützlichwerden*, das Verkümmern und Entarten, das Verlustiggehn von Sinn und Zweckmässigkeit, kurz der Tod gehört zu den Bedingungen des wirklichen progressus: als welcher immer in Gestalt eines Willens und Wegs zu *grösserer Macht* erscheint und immer auf Unkosten zahlreicher kleinerer Mächte durchgesetzt wird.«[79] Letzteres – der Wille zur Macht als dem eigentlichen Antrieb in allen Auseinandersetzungen – findet sich so bei Darwin bekanntlich nicht (weshalb Nietzsche bestreitet, dass Darwins Konzepte auf den Menschen übertragbar seien, um genau dies unter der Hand immer wieder selbst zu praktizieren); auf die Differenz zwischen dem »Willen zur Macht« und dem »Willen« zum Leben/Überleben, wie Darwin ihn den Organismen unterstellt, komme ich gleich zurück.

Doch abgesehen davon scheint auch hier nicht wirklich klar zu sein, wie sich das Spiel der Bezugnahmen zwischen Foucault, Nietzsche und Darwin klar strukturieren ließe, und ich beabsichtige auch nicht, dies zu tun. Was daher jenseits von philologischen Fragen des »Einflusses« und des »Bezugs« bleibt, ist die Kongruenz von Aussagemustern in Texten. Wie

---

77 Ebd., S. 314-315.
78 Vgl. etwa Darwin, *Entstehung der Arten*, S. 401, S. 654-55
79 Nietzsche, *Zur Genealogie der Moral*, S. 315.

Foucault die Aufgaben und die Möglichkeiten des Genealogen darstellt, kann nach der Lektüre Darwins jedenfalls keine Überraschung mehr sein – selbst wenn er sich gegen jeden Vergleich mit der Evolution verwahrt. Was ist Geschichte und Genealogie für Foucault? Was tut der Genealoge als der »wirkliche Historiker«? Was zeichnet seine Methode aus? Zuerst lehnt er, wie wir schon wissen, die Suche nach der Kontinuität der Entwicklung ab: »Die Genealogie erhebt nicht den Anspruch, in die Zeiten hinabzusteigen und eine das Vergessen übergreifende Kontinuität herzustellen; sie soll nicht zeigen« – das wäre die Aufgabe einer auf Kontinuitäten bedachten Geschichtswissenschaft –, »dass die Vergangenheit noch da ist und die Gegenwart immer noch insgeheim mit Leben erfüllt, nachdem sie den Lauf der Zeit von Anfang an geprägt hat.« Denn – und nun folgen wieder die beiden Gegenbilder – »nichts ähnelt hier der Evolution der Arten oder dem Schicksal eines Volkes«.[80] Das wären die bekannten Geschichten mit ihrem schon in die Wurzel eingeschriebenen Entwicklungsplan: Geschichten der Evolution, wie eine zumindest problematische Darwin-Lektüre seit dem späten 19. Jahrhundert und nicht zuletzt ihre populäre Rezeption[81] sie verstanden hat, sowie das historiographische Ausmalen des »Schicksals« eines Volkes oder einer Nation, wie es seit den frühmittelalterlichen »Ursprüngen« angelegt gewesen sei und seit der romantischen Geschichtsschreibung als sinnstiftende Ursprungslegende erzählt wurde.[82] Geschichten also, die sich »die Fans westlicher Kultur

80 Foucault, »Nietzsche, die Genealogie, die Historie«, S. 172.

81 In Deutschland im ersten Drittel des 20. Jahrhunderts besonders von Wilhelm Bölsche, etwa: *Der Stammbaum der Tiere*, Stuttgart: Franckh'sche Verlagshandlung 1904 (Kosmos, Gesellschaft der Naturfreunde); ders.: *Die Abstammung des Menschen*, Stuttgart: Franckh'sche Verlagshandlung 1907; ders.: *Stirb und Werde! Naturwissenschaftliche und kulturelle Plaudereien*, Jena: Franckh'sche Verlagshandlung 1913.

82 Vgl. dazu etwa Patrick J. Geary: *Europäische Völker im frühen Mittelalter. Zur Legende vom Werden der Nationen*, Frankfurt/M.: S. Fischer 2002.

gegenseitig erzählen«, wie Donna Haraway einmal spöttisch sagte.[83]

Daneben nimmt sich Foucaults Idee einer genealogischen Geschichtsschreibung sperriger aus. Sie bestünde aus Erzählungen, die sich an den verstreuten, vielfältigen Anfängen, an der nicht abreißenden Serie von Konflikten mit wechselndem Schlachtenglück und auch an den Fehlern orientieren, die für die historische Entstehung dessen, was heute ist, konstitutiv wurden. Wer auf diese Weise nichtkontinuierliche Geschichten erzählen will, muss »das komplizierte Netz der Herkunft aufdröseln« und »festhalten, was in der ihr eigenen Zerstreuung geschehen ist«: das heißt »die Zufälle, die winzigen Abweichungen – oder totalen Umschwünge –, die Irrtümer, falschen Einschätzungen und Fehlkalkulationen nachvollziehen, die hervorgebracht haben, was für uns existiert und Geltung besitzt«. Diese Art der Geschichtsschreibung untergräbt, darin zielstrebig, liebgewonnene Gewissheiten und mit Macht auftretende historische Identitäten und Wahrheitsbehauptungen: Ihr zu folgen, so Foucault, heißt daher »entdecken, daß an der Wurzel dessen, was wir erkennen und was wir sind, nicht die Wahrheit liegt und auch nicht das Sein, sondern die Äußerlichkeit des Zufalls«.[84] Gilles Deleuze hat scharfsinnig bemerkt, dass Foucault mit dieser Wendung gegen das Sein sich immer auch von Nietzsche her gegen Heidegger gestellt habe, dem er eher »begegnet« sei, als dass Heidegger ihn »beeinflusst« habe. Deleuze zitiert als Beleg für diese Einschätzung eine Passage aus *Die Ordnung der Dinge*, in der Foucault sich auf die Biologie des 19. Jahrhunderts bezieht und in der es um die »Erfahrung des Lebens« als »allgemeines Gesetz der Wesen« geht, was Foucault aber gleich gegen die heideggersche Seins-Metaphy-

83 Donna Haraway: »Situiertes Wissen. Die Wissenschaftsfrage im Feminismus und das Privileg einer partialen Perspektive«, in: Elvira Scheich (Hg.): *Vermittelte Weiblichkeit. Feministische Wissenschafts- und Gesellschaftstheorie*, Hamburg: Hamburger Edition 1996, S. 217-248, Zitat S. 219.

84 Foucault, »Nietzsche, die Genealogie, die Historie«, S. 172.

sik präzisiert: »Aber diese Ontologie enthüllt weniger das, was die Wesen begründet, als das, was sie einen Augenblick lang zu einer prekären Form führt [...].«[85] Und Deleuze kommentiert seinerseits diese Bemerkung Foucaults, die *nur* von Darwin her verstanden werden kann, mit den Worten: »Dieser Text [...] scheint mir sehr bedeutsam zu sein und einen konstanten Zug des Foucaultschen Denkens auszudrücken.«[86]

Deleuze vermag zwar die direkte Verbindung von Darwin und Foucault nicht explizit zu machen. Aber er verdeutlicht auf seine Weise, dass die Kritik an einem stabilen Sein und an prätendierten Wesenheiten, dieses Aufsplittern von Identitäten und diese Vervielfältigung von Erscheinungsformen des scheinbar Ein und Desselben, diese Dekonstruktion des »Sinns«, keineswegs irgendwie »postmodern« wäre, sondern seit Darwin zu einer nicht immer gut sichtbaren, dabei aber radikalen Möglichkeit der Moderne gehört. Ihre Waffe ist es zuallererst, auf der Kontingenz allen Geschehens zu beharren: dass »die wirkliche Historie nur ein einziges Reich kennt, in dem es weder Vorsehung noch Endursache gibt, sondern nur ›jene eisernen Hände der Notwendigkeit, welche den Würfelbecher des Zufalls schütteln‹«.[87] Das verändert den Blick auf die Welt gehörig und zerstört den Glauben, die Historiker seien dazu da, uns zu zeigen, dass die »Gegenwart auf tiefgründigen Absichten und stabilen Notwendigkeiten beruhte« – oder dass zumindest irgendein Sinn, eine freundliche Absicht in der Geschichte walte, und sei dieser Glaube noch so diffus. Nein, so Foucault: »Der wahre historische Sinn erkennt, daß wir ohne sicheres Bezugssystem inmitten zahlloser verlorener Ereignisse leben.«[88]

All das ist unterdessen – um kurz den Blick zu wenden – für die Geschichtswissenschaft keine ganz bahnbrechende Neuig-

---

85 Foucault, *Ordnung der Dinge*, S. 340, zitiert in Deleuze, *Foucault*, S. 184.

86 Ebd.

87 Foucault, »Nietzsche, die Genealogie, die Historie«, S. 181; vgl. Nietzsche, *Morgenröte*, § 130, S. 122; Deleuze, *Foucault*, S. 165.

88 Foucault, »Nietzsche, die Genealogie, die Historie«, S. 181.

keit mehr (insofern ist auch Foucault schon ein wenig historisch), wenngleich die Lust, Ursprungsgeschichten zu erzählen, besonders bei jenen Historikern, die für ein breiteres Publikum schreiben, noch keineswegs vergangen scheint.[89] Dennoch, der Historiker, die Historikerin glauben in wachsender Zahl nicht mehr, dass unsere heutigen Kategorien wie zum Beispiel »Körper«, »Kindheit« oder »Jugend«, »Familie«, »Arbeit«, »Liebe« oder »Sexualität«, die scheinbar dem Menschen »von Anfang an« und »immer schon« zugehörten, mehr als nur für ein paar wenige Jahrzehnte – wenn überhaupt – jenen stabilen Sinn und jenen Bedeutungsumfang aufwiesen, die wir heute (in Mitteleuropa beispielsweise) mit ihnen verbinden. Und die heutigen Historiker entdecken in den Tiefen der Zeiten nicht mehr scheinbar zwanglos die »ursprüngliche« Wahrheit einer Nation oder eines »Volkes« – wie dies besonders vom Ende des 19. bis ins mittlere Drittel des 20. Jahrhunderts von der Geschichtsschreibung behauptet und wortreich gefeiert wurde.[90] In der Schweiz des späten 19. Jahrhunderts – um nur ein prominentes Beispiel zu nennen – hatten die Historiker den »Ursprung« der Eidgenossenschaft und damit die Entstehung der »Urschweiz« als dem »Wesenskern« der Schweiz im Rütlischwur vom 1. August 1291 und in einem entsprechenden Quellendokument, dem sogenannten »Bundesbrief«, festgemacht (was 1891 durch einen Bundesrats-, also Regierungsbeschluss als offizielles Gründungsdatum der Schweiz bestätigt wurde!). Heute hingegen kann die Historiographie eine »Gründungs[geschichte] ohne Eidgenossen« schreiben,[91] eine Geschichte des hoch- und spätmittelalterlichen Alpenraums ohne jene angeblich republikanischen »Gründer«, die Fried-

89 Vgl. Valentin Groebner: *Das Mittelalter hört nicht auf. Über historisches Erzählen*, München: C. H. Beck 2008.

90 Vgl. dazu insbesondere Peter Schöttler (Hg.): *Geschichtsschreibung als Legitimationswissenschaft 1918-1945*, Frankfurt/M.: Suhrkamp 1997.

91 Roger Sablonier: *Gründungszeit ohne Eidgenossen. Politik und Gesellschaft in der Innerschweiz um 1300*, Baden: hier + jetzt 2008

rich Schiller 1804 aus nachvollziehbaren politischen Motiven in seinem *Wilhelm Tell* feierte. Sichtbar wird dabei eine Geschichte von verwickelten, lokalen und überregionalen Konflikten und Bündnissen, die keineswegs schon eine »Entwicklung« auf eine staatliche Gestalt hin impliziert hätten, wie sie sich *de facto* erst im 17. Jahrhundert langsam abzeichnete und die im Übrigen noch im 19. Jahrhundert immer wieder in ihrer Existenz in Frage stand.

Doch die Schweiz und ihr Rütli-Mythos sind nur ein Beispiel. Das Bedürfnis nach »Identitätspolitik« im und durch das Medium der Geschichte – das heißt nach der Bestätigung der »Identität« einer nationalen, »ethnischen« oder auch »rassischen« Gruppe durch die »Rekonstruktion« ihrer möglichst langen Vergangenheit – war, wie angedeutet, in der Moderne weit verbreitet und ist bis heute virulent. Entsprechend findet die dienstfertige Bereitschaft der Historikerinnen und Historiker, diesem Bedürfnis nach Ursprungserzählungen und kohärenten »geschichtlichen« Identitäten nachzukommen, auch immer wieder einen Markt. Die Historikerin Joan W. Scott hat in einem bemerkenswerten Aufsatz die Neigung seitens aller gesellschaftlichen und ethnischen Gruppen zur historisch gestützten *identity politics* gleichsam als Zerfallsform »nach der Geschichte«, nach den großen Erzählungen der Liberalen und der Marxisten – sie bezieht sich auf Francis Fukuyamas *The End of History and the Last Man* von 1991 – scharf kritisiert, und zwar maßgeblich unter Berufung auf Foucaults »Nietzsche, die Genealogie, die Historie«. Ihre Schlussfolgerung ist, dass die genealogische Geschichtsschreibung die »Identität« von wem auch immer nicht zu bestätigen, vielmehr diese prätendierten, dabei aber vollkommen ideologischen »Identitäten« aufzulösen habe. Darüber hinaus müsse die Geschichtsschreibung sich auch selbst als *interpretierende* bekennen: Sie »übernimmt Verantwortung für [ihre] Interpretationen, für den Ort, von dem aus [sie] spricht«.[92] Indem die Geschichts-

92 Joan W. Scott: »Nach der Geschichte?«, in: *WerkstattGeschichte* 17 (1997), S. 5-23, Zitat S. 20.

schreibung selbst Interpretation wird und nicht behauptet, die »Wahrheit« zu kennen, werden nicht nur vielfältige »Anfänge« und Geschichten sichtbar, sondern erlangt auch die Historikerin, der Historiker wieder die Möglichkeit, Geschichten jenseits von angeblich determinierten Entwicklungspfaden und -logiken zu erzählen und mit solchen Erzählmöglichkeiten zu experimentieren, wie Scott mit Bezug auf Jacques Rancière sagt.[93] Das bedeutet nicht, Geschichte zu erfinden bzw. bloßen Fiktionen nachzuhängen.[94] Foucault paraphrasierte dazu Nietzsches erste Definition dessen, was Genealogie sei, und alle professionellen Historiker können ihm darin nur beipflichten: »Die Genealogie ist grau. Gewissenhaft und geduldig sichtet sie Dokumente, arbeitet an verwischten, zerkratzen, mehrmals überschriebenen Pergamenten« – oder, wie es bei Nietzsche heißt, »das *Graue*, will sagen, das Urkundliche, das Wirklich-Feststellbare, das Wirklich-Dagewesene«.[95]

Hier zeigt sich noch einmal, dass die Genealogie Foucaults nicht vom semiotischen Erkenntnisrelativismus des *linguistic turn* begrenzt wird: Nicht die Sprache, sondern unsere notwendigerweise parteiischen Perspektiven strukturieren unser Wissen von der Welt. Der Genealoge glaubt daher, dass er zwar in diesem Sinne nur partiales, dennoch aber ein gutes Stück weit »realistisches«, auf Urkunden und zerkratzte Dokumente gestütztes Wissen generieren kann – genauso übrigens wie Foucault annahm, dass Gregor Mendel in seiner eigenartigen Position außerhalb der Diskurse seiner Zeit »die Wahrheit sagte«.

---

93 Jacques Rancière: *Die Namen der Geschichte. Versuch einer Poetik des Wissens*, Frankfurt/M.: S. Fischer 1994, zitiert in: Scott, »Nach der Geschichte?«, S. 21.

94 Vgl. zu dieser Debatte Rainer Maria Kiesow, Dieter Simon (Hg.): *Auf der Suche nach der verlorenen Wahrheit. Zum Grundlagenstreit in der Geschichtswissenschaft. Mit Beiträgen von Lorraine Daston, Egon Flaig et al.*, Frankfurt/M., New York: Campus 2000.

95 Foucault, »Nietzsche, die Genealogie, die Historie«, S. 166; Nietzsche, *Zur Genealogie der Moral*, Vorrede, §7, S. 254.

Damit ist im Wesentlichen alles gesagt. Wenn es keine allgemeine Wahrheit gibt, die irgendwo in der Geschichte angelegt ist, dann gibt es auch keine Stimmen, die von ihr künden können. Der Genealoge entdeckt nur – dies allerdings tatsächlich – Kräfte, Konflikte und Kommentare, die diese Konflikte mit Worten ausdrücken und begleiten, ohne damit aber eine »Wahrheit« auszusprechen. Bei Darwin sind die Konflikte im Wesentlichen stumm, ausgetragen, wie ihm schien, ohne große Furcht vor dem Tod, und ihr konstanter Effekt ist allein die Notwendigkeit der »Anpassung« an die herrschenden Bedingungen. Nietzsche hat scharfsinnig darin »eine Aktivität zweiten Ranges« gesehen, »eine blosse Reaktivität«, ja, man habe »das Leben selbst« – und hier verweist er auf Herbert Spencer – »als eine immer zweckmässigere innere Anpassung an äussere Umstände definiert«.[96] Diese Passivität lehnt Nietzsche ab, und von hier aus ist die wichtigste Differenz zwischen Foucault und Darwin auszumachen: Tiere wollen zwar leben, überleben und sich reproduzieren – aber wollen sie auch etwas darüber hinaus? Nietzsche nennt genau dieses Zusätzliche, über das bloße Lebenwollen Hinausreichende den spezifisch menschlichen »Willen zur Macht« (den er allerdings in die Natur zurückprojiziert,[97] aber das tut hier nichts zur Sache). Vom darwinschen »Willen« zum Überleben und zur Reproduktion unterscheiden ihn »die spontanen, angreifenden, übergreifenden, neu-auslegenden, neu-richtenden und gestaltenden Kräfte«, die den »Willen zur Macht« prägen und »auf deren Wirkung erst die ›Anpassung‹ folgt«.[98]

Das gilt natürlich auch für Foucault: Menschen wollen *irgendetwas* – »ein Strafgefangener setzt sein Leben gegen die allzu harte Strafe; ein Irrer will nicht mehr eingesperrt und

---

96 Ebd., S. 316.
97 Friedrich Nietzsche: *Götzen-Dämmerung*, KSA, Bd. 6, S. 120.
98 Nietzsche, *Zur Genealogie der Moral*, S. 316.

seiner Rechte beraubt werden; ein Volk stellt sich gegen das Regime, das es unterdrückt«[99] –, ohne dass das allein in den biologischen Kategorien des Lebens und Überlebens, der Fortpflanzung und des Sterbens messbar wäre (auch wenn diese elementaren Ziele solchen Wünschen nicht fern sind) und ohne dass sich ihr Handeln auf Anpassungsleistungen zurückführen ließe, die wiederum in der biologischen Währung des Fortpflanzungserfolgs zu messen wären. Von solchen, dem gegenwärtigen Hype der Soziobiologie und der evolutionären Psychologie folgenden Überlegungen ist Foucault nicht zuletzt dank Nietzsche um Lichtjahre entfernt. Aber Irre, Strafgefangene oder Unterdrückte wollen *irgendetwas*, ohne dass sich daraus, wie gesagt, ein »Sinn« der Geschichte ableiten ließe. Das hat eine doppelte Konsequenz: Zum einen kann der Genealoge nicht mehr sagen, worauf es in der Geschichte besonders ankäme, welche Kräfte oder Elemente wichtiger wären als andere. In einem Gespräch mit Paul Rabinow, publiziert im März 1982, sagte Foucault in diesem Sinne dezidiert: »Nichts ist grundlegend. Das ist gerade das Interessante an der Analyse der Gesellschaft. Deshalb irritiert mich nichts mehr als diese – *per definitionem* metaphysischen – Fragen nach den Grundlagen der Macht in einer Gesellschaft [...]. Es gibt keine grundlegenden Phänomene. Es gibt nur Wechselbeziehungen und ständige Verschiebungen zwischen ihnen.«[100] Damit sind aber, auf der anderen Seite, selbstverständlich auch keine Zukunftsprognosen möglich; Foucault weigerte sich sogar, Programme für das Handeln in naher Zukunft in einem ganz beschränkten Feld aufzustellen, das ihn selbst betraf. Befragt über ein »Programm« für das künftige (Aus-)Leben von Homosexualität antwortete er dezidiert: »Das Programm muss leer sein.« Auch wer andere Lebensformen für Homosexuelle erträumt, könne diese nicht in einem »Programm« festschreiben. Wichtig bleibe

---

99 Michel Foucault: »Nutzlos, sich zu erheben«, in: Foucault, *Schriften, Band III*, S. 987-992, Zitat S. 991.

100 Michel Foucault: »Raum, Wissen und Macht. Gespräch mit P. Rabinow«, in: Foucault, *Schriften, Band IV*, S. 324-341, S. 332.

hingegen der Blick zurück, der Blick auf die Geschichte: »Es [das Programm] muß in der Vergangenheit graben und aufzeigen, das die Dinge aus bestimmten intelligiblen« – nachvollziehbaren – »Gründen historisch kontingent, aber nicht notwendig waren.« Wie zum Beispiel die Geschlechterbeziehungen oder das Verhältnis zum homosexuellen Begehren gestaltet wurden und bis in die Gegenwart sich entwickelten, war abhängig von vielen historisch singulären, rekonstruierbaren Verhältnissen und Ereignissen. Aber es war in dieser Form und Gestalt nicht *notwendig* – und kann daher verändert werden. Allein dieses Konzept der Leere, des Nichtnotwendigen müsse Programm sein: »Wir müssen das Intelligible vor dem Hintergrund einer Leere aufscheinen lassen, jede Notwendigkeit bestreiten und zugleich denken, dass die Dinge, die existieren, keineswegs alle möglichen Räume füllen.«[101]

Damit aber ist die Freiheit des Subjekts, sich in einer kontingenten, nicht determinierten historischen Situation zu bewegen, auf die Zukunft hin offen: eine Perspektive, die sich Menschen bietet, nicht aber Darwins Tieren. Genau darin unterscheidet sich der Mensch vom Tier: »Wir müssen« – weil wir es können – »die Frage, welches Spiel wir spielen und wie wir ein Spiel erfinden können, zu einer echten und unabweisbaren Herausforderung machen.«[102]

---

101 Michel Foucault: »Freundschaft als Lebensform«, in: Foucault, *Schriften, Band IV*, S. 200-206, S. 206.
102 Ebd.

III.
Das Zeitalter der Biologie

Wann begann das Zeitalter der Biologie? Mit dem Aufstieg der Molekulargenetik, also etwa in der Mitte der 1950er Jahre, als nach der Entdeckung von Watson und Crick, dass die DNA als Trägerin der Erbinformation eine Doppelhelix-Struktur aufweist, die Identifizierung einzelner Gene als »Codes« für die Produktion aller Proteine eines Organismus möglich wurde? Oder 1975, als auf der internationalen Konferenz in Asimolar, Kalifornien, die schnell wachsende Gemeinde der Genetiker verbindliche Sicherheitsstandards für die vielfältigen neuen Technologien beschloss und staatliche Regulierungen einforderte, weil sie sich der Wucht der neuen bio- und gentechnologischen Instrumente nicht ohne Schrecken bewusst wurde? Oder 1983, als mit der Entwicklung der Technik der »Polymerase Chain Reaction« (PCR), die das Kopieren und Vervielfältigen von beliebigen Gensequenzen ermöglichte und die zum Standardwerkzeug aller rekombinanten Gentechnolgien geworden ist, sich das Tor zur Herstellung »neuer« Organismen öffnen sollte? War das keine Epochenschwelle? Damals hatten die Hochenergiephysik und die Atomtechnologie als Paradigmen für menschliche Naturbeherrschung, Fortschritt und militärische Macht, die mit ihren Atomkraftwerken und Atombomben die Welt in den Untergang zu treiben drohten, den Höhepunkt ihres Einflusses schon überschritten. Gegenüber der smarten Eleganz der jungen Bio- und Gentechnologien erschien die Kernphysik zunehmend wie ein schwerfälliger, gefährlicher Wissenschaftssaurier; das Gen hingegen wurde zu einer »kulturellen Ikone«,[1] zu einem Boten eines neuen Zeitalters. Selbst Michel Foucault konnte sich 1970 der Faszination dieser neuen Technologie nicht entziehen, als er mit nur leiser Ironie und ohne allzu viel Distanz, wie wir sehen werden,

---

1 Dorothy Nelkin, Susan M. Lindee: *The DNA Mystique. The Gene as a Cultural Icon*, New York: Freeman 1995.

von der Genetik als dem »Neuen Testament der Biologie« sprach.[2] Kurzum, es gäbe gute Gründe, das, was ich gerne als »Zeitalter der Biologie« bezeichnen möchte, erst in den 1970er Jahren beginnen zu lassen.

Dennoch wäre dies zu kurz gegriffen: die Geburtsstunde dieses Zeitalters liegt im 19. Jahrhundert. Bis zu Cuviers Begründung der Biologie um 1800 zurückzugehen hieße zwar, die Wirkung einer jungen Wissenschaft überschätzen, denn gesellschaftliche Auswirkungen und Konsequenzen für das, was man üblicherweise das »Menschenbild« nennt, gingen von ihr noch keine aus.[3] Und selbst von Darwins *On the Origin of Species* kann man zwar sagen, dass er mit der ebenso berühmten wie knappen Bemerkung »Light will be thrown on the origin of man and his history«,[4] der künftigen Ära der Biologie buchstäblich die Lichter aufsetzte. Trotzdem ließ sich der *Origin*, einen dezidierten Willen an alten Denkweisen festzuhalten vorausgesetzt, zur Not noch als Buch für Fachbiologen beiseitelegen, denn von der Genealogie des Menschen war hier noch nicht die Rede. Nein, das Zeitalter der Biologie begann 1871, mit der Publikation von Darwins thematisch überbordenden Buch *The Descent of Man, and Selection in Relation to Sex*; zuerst publiziert in zwei Bänden, in späteren Auflagen zu einem zusammengefasst. Auch wenn selbstverständlich die Rede vom »Anfang« einer historischen Epoche auf Jahr und Tag genau bloß dem imaginären Begehren nach narrativer Klarheit entspricht, gibt es Gründe, die Geschichte auf diese Weise zu erzählen. Vor dem Hintergrund einer schon vom grellen Licht des *Origin of Species* angeregten hitzigen öffentlichen und wissenschaftlichen Debatte über die »Abstammung vom Affen« rückte Darwin den Menschen nun seinerseits in einen,

---

2 Michel Foucault: »Wachsen und vermehren«, in: Foucault, *Schriften, Band II*, S. 123-128, Zitat S. 126.

3 Vgl. Achim Barsch, Peter M. Hejl (Hg.): *Menschenbilder. Zur Pluralisierung der Vorstellungen von der menschlichen Natur (1850-1914)*, Frankfurt/M.: Suhrkamp 2000.

4 Darwin, *Origin of Species*, S. 487, *Entstehung der Arten*, S. 690.

wie er sagte, »Stammbaum von wunderbarer Länge«[5] ein. Und das Entscheidende dabei war, dass diese Genealogie nicht nur den Körper betraf – das hatte schon die traditionelle *Scala-naturae*-Vorstellung zumindest irgendwie zu denken nahegelegt –, sondern auch den menschlichen Geist. »So groß nun auch [...] die Verschiedenheit an Geist zwischen dem Menschen und den höheren Tieren sein mag, so ist sie doch« – wie Darwin mit Bestimmtheit und gestützt auf unzählige empirische Beobachtungen sagte – »sicher nur eine Verschiedenheit des Grades und nicht der Art (*of degree and not of kind*)«.[6] Damit geriet der Mensch als Vernunftwesen in den – wie soll man sagen? – Sog des biologischen Denkens, und wie weitreichend die Konsequenzen aus dieser epochalen Diskontinuität waren, ist schon im Text Darwins selbst zu erkennen. Wenn der Mensch in allem, was ihn ausmacht, ein biologisches Wesen ist, muss ihn Darwin konsequenterweise der *natural selection* unterwerfen. Doch was heißt das? Gilt nun das »Gesetz« des *struggle for existence* auch in menschlichen Gesellschaften? Gilt es selbst für zivilisierte Engländer am Ende des 19. Jahrhunderts? Oder beschreibt dieses Gesetz vor allem das Verhältnis der »Zivilisierten« zu den »Wilden«, deren langsames Zurückdrängen, wenn nicht überhaupt deren Ausrottung nun verständlich und begründbar würde? Ja, noch mehr, lässt sich jetzt nicht endgültig beweisen, dass die Menschheit in verschiedene Spezies zerfällt, in Rassen, die von tiefen Differenzen getrennt werden? Und was bedeutet es, dass auch der Geist im Lichte der »Stammesgeschichte« neu verstanden werden muss: Gelten die üblichen moralischen Grundsätze und Gesetze nun nicht mehr? Wie ließe sich vor diesem Hintergrund noch eine Moral begründen, die auf die Gleichheit der Menschen als Vernunftwesen abstellt, oder die die Vernunft für den Kampf gegen die »niederen«, die »tierischen« Begierden in Anspruch

---

5 Darwin, *Abstammung des Menschen*, S. 826.

6 Ebd., S. 795; vgl. Charles Darwin: *The descent of man, and selection in relation to sex*, London: John Murray 1871, Volume 1, S. 105.

nimmt? Gilt auch in moralischer Hinsicht jetzt das Gesetz des Stärkeren? Ich will hier nicht darstellen, dass eine bestimmte Lektüre Darwins (die damit einsetzte, dass sein Cousin Francis Galton in einem Aufsatz von 1865 im *Macmillan's Magazine* und angeregt vom *Origin of Species* forderte, die Möglichkeiten der Zuchtwahl seien nun auf den Menschen und seine geistigen Fähigkeiten anzuwenden[7]) zumindest mitgeholfen hat, eine rassistische und später dann auch eugenische Politik zu begründen, die für das 20. Jahrhundert die verheerendsten Konsequenzen hatte – das ist allzu bekannt. Damit jedenfalls und eingedenk dieser Geschichte lässt sich *auch* begründen, warum das Zeitalter der Biologie 1871 begann: als dessen Schattenseite, von der manche meinen, sie sei überhaupt das Einzige, was die Biologie über die Moderne gebracht habe. Und hatte daher nicht auch Michel Foucault rund hundert Jahre nach Darwin zu Recht in einem entsprechend düsteren Ton notiert, »die ›biologische Modernitätsschwelle‹ einer Gesellschaft« liege dort, »wo es in ihren politischen Strategien um die Existenz der Gattung selber geht« – eine Bemerkung wie ein Überblendungsbild zwischen der Erinnerung an den Holocaust und die Verbrechen der Eugenik auf der einen Seite und dem Blick auf die zeitgenössische atomare Aufrüstung mit ihrer *Mutual Assured Destruction*-Strategie (MAD), die endgültig jedes Kräfte- und Machtverhältnis auf dem Planeten beendet hätte, auf der anderen?[8] Zweifellos, und dennoch könnte alles noch schlimmer kommen: Wirkliche Biomacht, so Foucault 1976 in seiner Vorlesung, sei nicht die »traditionelle« Drohung mit dem Atomtod, viel zeitgemäßer sei es, »wenn dem Menschen technisch und politisch die Möglichkeit gegeben ist, nicht allein das Leben zu meistern, sondern es zu vermehren, Lebendiges herzu-

---

7 Francis Galton: »Hereditary Talent and Character«, in: *Macmillan's Magazine* 12 (1865), S. 157-166 und S. 318-327; vgl. Galtons Hauptwerk *Hereditary genius. An inquiry into its laws and consequences*, London: Macmillan 1869.

8 Foucault, *Wille zum Wissen*, S. 170f.; zur atomaren Aufrüstung vgl. Foucault, *In Verteidigung der Gesellschaft*, S. 293.

stellen und Monströses und – nicht zuletzt – unkontrollierbare und universell zerstörerische Viren zu fabrizieren. Schreckliche Ausdehnung der Bio-Macht, die im Gegensatz zu dem, was ich gerade über die Atommacht gesagt habe, die ganze menschliche Souveränität überschwemmen wird«[9] – bis die Gattung Homo sapiens überhaupt verschwinden würde.

Doch das Zeitalter der Biologie allein mit dieser dunklen Geschichte zu identifizieren wäre bloße Apokalyptik, und es ist ein weiteres Mal die Lektüre des Textes von Darwin selbst, die das zeigen wird. Darwin war, wie wir sehen werden, weder Rassist noch Eugeniker, sondern ein genealogischer Denker, der in *The Descent of Man* zwei Fragen sehr intensiv diskutierte: die Kulturgeschichte der Körper und die Genealogie der Moral. Und in dieser Hinsicht war er, wiederum vermittelt über Nietzsche, auch ein Referenzpunkt für Foucaults Denken des Körpers und der Moral. Die Fragen, die damit aufgeworfen werden, reichen allerdings weit über die Feinheiten philosophischer Traditionsbildung hinaus: Im Zeitalter der Biologie den Menschen, den Körper und die Moral zu denken heißt, in der Gegenwart anzukommen. Foucault jedenfalls nahm diese Gegenwart genau wahr, wenn er sich, wie wir im letzten Kapitel sehen werden, angesichts der zeitgenössischen Molekulargenetik seiner Darwin-Lektüre erinnerte.

---

9 Ebd., S. 294.

8. *Sexual selection* und die Kulturgeschichte der Körper

Darwin publizierte *The Descent of Man* aus einem doppelten Grund: Zum einen war es notwendig geworden, dass er seine im *Origin of Species* bloß implizit geäußerten Ansichten über die Abstammung des Menschen nach langem Zögern nun doch in der Öffentlichkeit und in aller Breite darlegte. Dies nicht zuletzt, weil sein Weggefährte Alfred Wallace, beeinflusst vom damals modischen Spiritismus, in einem Artikel von 1869 von der These abrückte, dass insbesondere die geistigen Fähigkeiten des Menschen sich durch *natural selection* erklären ließen.[1] Zum anderen aber ahnte Darwin schon seit der Abfassung des *Origin* und drängte sich ihm in den Jahren danach zunehmend die Einsicht auf, »daß ich in den früheren Ausgaben meiner Entstehung der Arten wahrscheinlich der Wirkung der natürlichen Zuchtwahl oder des Überlebens des Passendsten zu viel zugeschrieben habe«.[2] Das hatte er in der fünften Auflage ein wenig korrigiert (die deutsche Übersetzung von Carus folgt der sechsten Auflage), dennoch zeige der *Origin of Species* immer noch, dass er »die Existenz vieler Strukturverhältnisse nicht hinreichend beachtet« habe, »welche, soweit wir es für jetzt beurteilen können, weder wohltätig noch schädlich zu sein scheinen; und ich glaube, dies ist eines der größten Versehen, welches ich bis jetzt in meinem Werk entdeckt habe«. Mit anderen Worten, er hatte geglaubt, dass »jedes einzelne Strukturdetail, mit Ausnahme der Rudimente, von irgendwelchem speziellen, wenn auch unerkannten Nutzen sei«; ausnahmslos

1 Vgl. Browne, *The Power of Place*, S. 317-321; Engels, *Charles Darwin*, S. 131-136; Bowler, *Evolution*, S. 215.
2 Darwin, *Abstammung des Menschen*, S. 746.

alles in und an einem Körper wäre dann funktional im Hinblick auf das Überleben des Organismus – und »[m]it dieser Annahme im Sinne würde wohl ganz natürlich jedermann die Wirkung der natürlichen Zuchtwahl, sei es während früherer oder jetziger Zeiten, zu hoch anschlagen«. Jetzt aber scheine es ihm »wahrscheinlich«, dass »alle organischen Wesen mit Einschluß des Menschen viele Modifikationen des Körperbaus darbieten, welche für dieselben weder jetzt von irgendeinem Nutzen sind, noch es früher gewesen sind und daher keine physiologische Bedeutung haben«.[3]

»Geschlechtliche Zuchtwahl« als Zeichenprozess

Diese Passage ist nicht nur deswegen bemerkenswert, weil sie die Bereitschaft und die Fähigkeit Darwins zeigt, auch zentrale Elemente seiner Theorie laufend kritisch zu überprüfen. Sie zeigt vor allem, dass er kein *survivalist* war, in dessen Welt es nur den »Kampf ums Dasein« gibt (auch wenn jeder Organismus diesem *struggle* unterworfen bleibt): Die Natur bringt Formen hervor, die keinen erkennbaren physiologischen Nutzen für das Tier haben. Nicht, dass Darwin seinen Grundsätzen untreu geworden wäre: im Allgemeinen und hauptsächlich sind die organischen Formen und Funktionen Produkte der *natural selection* – aber eben bei weitem nicht ausschließlich und vollständig. Woher stammen sie dann? Darwins Antwort hatte Victor Carus etwas sperrig mit »geschlechtliche Zuchtwahl« übersetzt, was eher unangenehme Assoziationen weckt, während der englische Ausdruck *sexual selection* zumindest für unsere Ohren etwas eleganter klingt. Doch für welche sprachliche Form man sich auch entscheidet – ich werde mich, wie schon bei der *natural selection*, an das englische Original halten –: Ganz ohne Assoziationen und kulturelle Überfrachtungen scheint es kaum möglich zu sein, überhaupt über die-

3 Ebd., S. 747.

ses Thema zu sprechen. Gerade beim narrativen Stil, der Darwins Texte auszeichnet und diese so überaus angenehm zu lesen macht, scheint es unvermeidlich, dass alles, was er zur Form, Funktion und Gestalt der primären und sekundären Geschlechtsmerkmale und zum Verhältnis zwischen den Geschlechtern geschrieben hat, »an anderen Sprachformen teilhat«, wie Judith Butler von der Biologie insgesamt sagt, und dass Darwin daher auch nichts anderes als »die kulturelle Sedimentierung reproduziert«,[4] also die kulturellen Prägungen und Werturteile von Männern der britischen Oberschicht um 1870 im Medium scheinbar objektiver Wissenschaft reifiziert hätte. Das aber könnte insgesamt das kulturalistische Voraburteil Butlers, dass »die Biologie« mit all ihren sozialen und politischen Implikationen aus anderen Diskursen ihre Objekte bloß »angeblich entdeckt«,[5] nur bestätigen.

Doch schauen wir, was Darwin schreibt. Grundsätzlich sind die Formen, ja sogar die Anzahl der Geschlechter für ihn keineswegs fixiert, sondern erscheinen in der Natur in vielfältigsten Varianten und Kombinationen; im Falle der Reproduktion mit unterschiedlichen Geschlechtern zeige sich allerdings durchgängig, dass »die Männchen notwendig von den Weibchen in ihren Reproduktionsorganen ab[weichen]«.[6] Die Männchen der von ihm besonders genau untersuchten Cirripeden (Rankenfußkrebse) etwa »leben wie epiphytische [das heißt auf Pflanzen aufsitzende] Pflanzen entweder auf der weiblichen oder der hermaphroditishen Form und entbehren einer Mundöffnung und der Greiffüße«. Das heißt: »In diesen Fällen ist es das Männchen, welches modifiziert worden ist und gewisse bedeutungsvolle Organe verloren hat, welche die Weibchen besitzen.« Es gibt aber auch die gegenteilige Möglichkeit; in solchen Fällen »ist es das Weibchen, welches derartige Teile verloren hat. So ist zum Beispiel der weibliche Leuchtkäfer

4 Butler, *Unbehagen der Geschlechter*, S. 163.
5 Ebd.
6 Darwin, *Abstammung des Menschen*, S. 861.

ohne Flügel, wie es auch viele weibliche Schmetterlinge sind«, weil sie für das Geschäft der Reproduktion nur hinderlich wären.[7] Darwin kann lange Serien solcher Beispiele beibringen, um zu argumentieren, dass sich die Bildung dieser unendlich vielfältigen Formen von »primären« und »sekundären« Geschlechtsmerkmalen – wobei die Trennung zwischen den beiden keineswegs immer klar sei – grundsätzlich als nicht direkt abhängig von den physiologischen Überlebensnotwendigkeiten, sondern ausschließlich von den Eigenarten der sexuellen Reproduktion erkläre. Die prächtigen Federn des Pfaus, das Geweih des Hirsches oder der rote Kamm des Hahns, aber auch die Farben unzähliger Fische und Insekten sind für das Überleben eher hinderlich – zum Beispiel erschweren sie die Tarnung oder schränken die Beweglichkeit ein –, aber sie bieten Vorteile im Rahmen der Partnerwahl. Es gibt also organische Formen, die nicht im »Kampf ums Dasein« entstanden seien, wie Darwin es im *Origin of Species* noch als allgemeines Gesetz postuliert hatte, sondern durch diesen anderen Mechanismus der *sexual selection*.

Liest man Darwins Ausführungen zu diesem zweiten Selektionsmechanismus, fällt zuerst auf, dass er wie selbstverständlich das konventionelle Bild bestätigt, dass das Männchen in den allermeisten Fällen von den niedersten Tieren bis zu den Primaten die aktivere, das Weibchen hingegen die passivere Rolle in der Balz und der Paarung spiele: »Das Weibchen ist [...] mit sehr seltenen Ausnahmen weniger begierig als das Männchen« und »verlangt im allgemeinen geworben zu werden; es ist spröde, und man kann oft sehen, daß es eine zeitlang den Versuch macht, dem Männchen zu entrinnen«.[8] Also entscheidet das Männchen alles? Das wäre nur ein oberflächlicher Eindruck, denn Darwin ist überzeugt, dass die Weibchen gleichsam unter dem Schleier ihrer größeren Zurückhaltung unter den balzenden Männchen eines auswählen, mit dem sie

7 Ebd., S. 862.
8 Ebd., S. 872.

sich paaren werden, und zwar nach einer Wahl gemäß bestimmten Kriterien: »Die Weibchen werden durch die geschmückteren oder die sich als die besten Sänger zeigenden oder die am besten gestikulierenden Männchen am meisten angeregt oder ziehen vor, sich mit solchen zu paaren.«[9] Bei vielen Tierarten erscheinen bekanntlich die Männchen als besonders geschmückt und auffallend – der Hahn mit seinem geschwollenen roten Kamm, der Pfau mit seinem zum Rad aufstellbaren Gefieder, der Löwe mit seiner Mähne etc. –, also insgesamt, wie Darwin zusammenfasst, ausgestattet »mit Angriffswaffen und [den] Verteidigungsmittel[n], welche die Männchen zum Kampf mit ihren Nebenbuhlern und zum Zurücktreiben derselben besitzen – ihr Mut und ihre Kampflust, – ihre Ornamente verschiedener Art, – ihre Organe zur Hervorbringung von Vokal- und Instrumentalmusik – und ihre Drüsen zur Absonderung riechbarer Substanzen«. Die Funktion all dieser Bildungen ist klar: Sie »dienen nur dazu, das Weibchen anzulocken oder aufzuregen.«[10] Die Männchen unterliegen mit anderen Worten dem Selektionsdruck, sich als der Schönste, der Kräftigste, der beste Sänger etc. vor den Weibchen präsentieren zu können, und sie finden sich meist auch in der Lage, untereinander um die begehrten Weibchen kämpfen zu müssen: »Im ganzen läßt sich nicht daran zweifeln, daß fast bei allen Tieren, bei denen die Geschlechter getrennt sind, ein beständig wiederkehrender Kampf zwischen den Männchen um den Besitz der Weibchen stattfindet.«[11]

Diese Beschreibungen der Geschlechterbeziehungen in »der Natur« können einem nicht anders als allzu bekannt vorkommen, weil sie bei aller möglichen Empirie, die Darwin beizubringen wusste, offenkundig zumindest *auch* ein in die Natur projiziertes, anthropomorphes Bild des Geschlechterverhältnisses seiner eigenen Gegenwart darstellen. Das scheint Butlers

9 Ebd., S. 866.
10 Ebd., S. 863.
11 Ebd., S. 865.

Urteil über die Biologie des 19. Jahrhunderts nur zu bestätigen, und auch Jim Endesby hält lapidar fest: Darwin »saw the patterns of his society repeated throughout the natural world«.[12] Was Darwin persönlich betraf, so waren diese *patterns* in mancher Hinsicht mehr als nur konservativ. Berühmt-berüchtigt ist unter anderem sein Abwägen für oder wieder eine Heirat im Sommer 1838 in Form einer Tabelle, die Vor- und Nachteile einer Ehe auflistete: Eine Ehefrau erschien ihm hier nicht nur als »constant companion« (ein Vorteil), sondern genauer noch als »object to be beloved & played with. – better than a dog anyhow«, und die Aufsicht auf ein »soft wife on a sofa with good fire, & books & music perhaps« versprach definitiv, den Nachteil des »terrible loss of time« auszugleichen...[13] Doch auch noch abgesehen von solchen im besten Fall »zeittypischen« Sichtweisen scheint es generell kaum möglich, wissenschaftliche Beobachtungen und Thesen gerade in diesem Feld des tierischen und menschlichen Verhaltens so weitgehend von unseren eigenen kulturellen Basisannahmen und *Gender*-Stereotypen freizuhalten, dass ein »objektives« Bild dieser »im äußersten Grade kompliziert[en]« Verhältnisse vorstellbar wäre[14] – auch unsere Kritik an Darwins Frauenbild ist von

---

12 Jim Endersby: »Generation, pangenesis and sexual selection«, in: Hodge/Radick (Hg.), *The Cambridge Companion to Darwin*, S. 69-91, Zitat S. 70.

13 Zitiert in: Desmond/Moore, *Darwin*, S. 257.

14 Darwin, *Abstammung des Menschen*, S. 886; aus einer längst unüberschaubar gewordenen Debatte zu diesem weiten Feld von Fragen seien als prominente Beispiele genannt Evelyn Fox Keller: *Liebe, Macht und Erkenntnis. Männliche oder weibliche Wissenschaft?*, Frankfurt/M.: S. Fischer 1998; Anne Fausto-Sterling: *Myths of Gender. Biological Theories about Women and Men*, New York: Basic Books 1985; Barbara Orland, Elvira Scheich (Hg.): *Das Geschlecht der Natur. Feministische Beiträge zur Geschichte und Theorie der Naturwissenschaften*, Frankfurt/M.: Suhrkamp 1995; Ludmilla Jordanova: »Body Image and Sex Roles«, in: ders.: *Sexual Visions: Images of Gender in Science and Medicine Between the Eighteenth and Twentieth Centuries*, Madison: University of Wisconsin Press 1989, S. 43-65; Londa Schiebinger: *Nature's Body. Gender in the Making of the Modern Science*, Boston: Beacon Press 1993; David Buss, Neil

»zeittypischen« Mustern geprägt, die wir kaum durchschauen. Es wäre daher entschieden ein Irrtum, Darwins Theorie der *sexual selection* gleichsam mit schrägem Blick auf sein Verhältnis zu Frauen ideologiekritisch zu erledigen. Denn wie er zu denken nahelegt, sind die Geschlechterverhältnisse und unser Bild von ihnen wohl auch deshalb so kompliziert, weil schon in die evolutionäre Selektion der Organismen durch die *sexual selection* kulturelle, das heißt Zeichenprozesse eingeschrieben sind. Dieser Gedanke ist es wert, die weitere Kritik an Darwins »zeittypischen« Stereotypen hier zu suspendieren und dafür seine Beschreibung der *sexual selection* genau zu lesen.

Ausgehend vom Beispiel der Züchtung von Kampfhähnen, bei der jeweils der die blutigen Kämpfe überlebende Hahn weitergezüchtet wird, schreibt er zuerst: »In derselben Art und Weise [...] haben auch, wie es den Anschein hat, die stärksten und siegreichsten Männchen oder diejenigen, welche mit den besten Waffen versehen sind, im Naturzustand den Sieg davongetragen und haben zur Verbesserung der natürlichen Rasse oder Spezies geführt. Im Verlauf der wiederholten Kämpfe auf Leben und Tod wird ein geringer Grad von Variabilität, wenn derselbe nur zu irgendeinem Vorteil, wenn auch noch so unbedeutend, führt, zu der Wirksamkeit der geschlechtlichen Zuchtwahl genügen; und es ist sicher, daß sekundäre Sexualcharaktere außerordentlich variabel sind.«[15] Das ist noch kaum ein neues Argument, sondern scheint eher die Bestätigung der kriegerischsten Mechanismen der *natural selection* im Feld des Geschlechtslebens zu sein, und damit die umfassende Gültigkeit des Prinzips des »Kampfs ums Dasein« zu bestätigen: Das

---

Malamuth (Hg.): *Sex, Power, Conflict. Evolutionary and Feminist Perspectives*, New York u.a.: Oxford University Press 1996; Emily Martin: »The Egg and the Sperm. How Science constructed a Romance based on Stereotypical Male-Female Roles«, in: *Signs: Journal of Women in Culture and Society* 3 (1991), Nr. 16, S. 485-501; Anne Fausto-Sterling: *Sexing the Body. Gender Politics and the Construction of Sexuality*, New York: Basic Books 2000.

15 Darwin, *Abstammung des Menschen*, S. 864.

Männchen tut alles in seiner Macht Stehende, um sich – bzw. seine Gene, wie man heute sagt – zu reproduzieren. Doch das ist nur die eine Seite, denn genau an diesem Punkt spaltet sich Darwins Argument auf. Er schreibt weiter: »In derselben Weise, wie der Mensch je nach seiner Ansicht von Geschmack seinem männlichen Geflügel Schönheit geben oder, richtiger ausgedrückt, die ursprünglich von der elterlichen Spezies erlangte Schönheit modifizieren kann, – wie er den Sebright-Bantam-Hühnern eine neues und elegantes Gefieder, eine aufrechte und eigentümliche Haltung geben kann –, so haben auch allem Anschein nach im Naturzustand die weiblichen Vögel die Schönheit oder andere anziehende Eigenschaften ihrer Männchen dadurch erhöht, daß sie lange Zeit hindurch die anziehenderen Männchen sich erwählt haben.« Die Weibchen also sind es, die wählen, doch ändert dies schon etwas an der Richtung des Arguments? Ja, denn »[o]hne Zweifel setzt dies ein Vermögen der Unterscheidung und des Geschmacks von Seiten des Weibchens voraus, welches auf den ersten Blick äußerst unwahrscheinlich erscheint«.[16] Wieso unwahrscheinlich? Darwins Zeitgenossen – etwa sein Kollege Alfred Russel Wallace oder auch Darwins schärfster Kritiker George Jackson Mivart – bezweifelten schlicht, dass Weibchen oder Frauen in der Lage wären, durch ihre Wahl eine konstante »Kraft« auf den männlichen Organismus auszuüben, weil sie zu »flatterhaft« seien und ihren Geschmack zu oft ändern würden.[17] Doch Darwin hielt an seiner Theorie der weiblichen Wahl mit einer gewissen Sturheit fest – just zu der Zeit übrigens, als die Suffragetten in England begannen, das Wahlrecht für Frauen zu fordern (1869) –; die *sexual selection* erschien ihm unausweichlich, weil die *natural selection* viele Erscheinungsformen der Natur nicht erklären konnte, obwohl sie ihrerseits die Dinge noch komplizierter macht: Die geschlechtliche Zuchtwahl sei, wie er an anderer Stelle schreibt, »eine äußerst verwickelte Angelegenheit«,

16 Ebd.
17 Endersby, »Generation, pangenesis and sexual selection«, S. 85.

»da sie von der Glut der Liebe, dem Mut und Geschmack und dem Willen der Weibchen abhängt«.[18]

Ob nun nur die Weibchen wählen, dabei ein wenig »spröde« sind und damit alles so kompliziert machen, oder ob die Fähigkeit der Wahl auch bei Männchen anzutreffen ist (was Darwin als seltene Möglichkeit ebenfalls annimmt), ist eine eher nebensächliche Frage. Es geht beim Konzept der *sexual selection* primär darum, dass die Notwendigkeit, einen Geschlechtspartner zu finden, überhaupt die Möglichkeit einer Wahl eröffnet und dass diese gemäß *ästhetischen* Kriterien erfolgt.[19] Die Wahl nach ästhetischen Kriterien bedeutet zwar im engeren Sinne, dass der leuchtend rote Kamm des Hahns oder die prächtigen Federn des Argusfasans dem Weibchen besondere Kraft und Fruchtbarkeit signalisieren sollen, aber diese Zeichen stehen nur assoziativ *für* Kraft oder Potenz: Sie sind als Zeichen vollständig arbiträr und, wie Darwins Beispiele zeigen, angesichts der armseligen Begrenztheit dessen, was sie bezeichnen sollen, unendlich vielfältig und nicht selten von überbordender Üppigkeit. Nicht arbiträr ist allein der Umstand, dass, wie Darwin vermutet, die stärkeren Männchen auch die deutlicheren, die kräftigeren Zeichen hervorbringen und damit eine stärkere Anziehungskraft auf die Weibchen ausüben als schwächere Männchen.[20] Die Zeichen haben insofern durchaus so etwas wie eine genealogische Wurzel, verweisen auch, und vielleicht primär, auf die Kraft des »Interpreten«, um mit Nietzsche und Foucault zu sprechen (vgl. oben, Kap. 6), aber sie haben eindeutig einen darüber hinausschießenden ästhetischen Wert und unterliegen der Eigenlogik semiotischer Prozesse. Das Weibchen, wie Darwin es beschreibt, wählt *Schönheit*, nicht Reproduktionskraft, das heißt, es wählt nach Kriterien, die seinen visuellen Sinn reizen und befriedigen. Die Zeichen, die diese

---

18 Darwin, *Abstammung des Menschen*, S. 886.

19 Vgl. dazu die sehr viel ausführlichere Darstellung der *sexual selection* bei Winfried Menninghaus: *Das Versprechen der Schönheit*, Frankfurt/M.: Suhrkamp 2003, S. 66-137.

20 Vgl. Darwin, *Abstammung des Menschen*, S. 865 f.

Wahl ermöglichen, sind – von ihrer Materialität und den physischen Voraussetzungen zu ihrer Hervorbringung abgesehen – Symbole und keine indexikalischen Zeichen: der rote Kamm verhält sich zur Potenz des Hahns nicht wie der Rauch zum Feuer. Damit aber wird – und das erst ist die *wirkliche* Aufspaltung, die Darwins *natural selection* durch die Einführung der *sexual selection* erfährt – ein Zeichenprozess konstitutiv für die Evolution der Organismen.[21] Das Bild von unglaublich perfekt schattierten und mit Glanzlichtern versehenen Augen oder Kugeln (wie auf Sockeln) im Gefieder des Argusfasans ist weder von Gott geschaffen – wie Darwins Kritiker sagen, denn es sei zu schön, um durch die *natural selection* hervorgebracht worden zu sein (womit sie zweifellos recht haben) –, noch ist es folglich durch den »Kampf ums Dasein« erzeugt worden, noch verdankt es sich dem »zufälligen Zusammentritt von Atomen gefärbter Substanzen«.[22] Es ist für Darwin allein das Resultat der ästhetischen Wertschätzung, evolutionärer Effekt der durch die von Farben, Mustern und »Ornamenten« des männlichen Gefieders angeleitete Wahl des Weibchens, und er zögert nicht, dies mit der menschlichen Mode zu vergleichen: »Wie eine jede schwankende Mode in der Kleidung beim Menschen allmählich bewundert wird« – wie also jede neue Kaprice der Mode von Saison zu Saison wieder neu Gefallen findet –, »so scheint auch bei Vögeln eine Veränderung beinahe jeder Art in der Struktur oder der Färbung der Federn beim Männchen von dem Weibchen bewundert worden zu sein«.[23]

Dieser Zeichenprozess hat selektive und evolutive Effekte, weil das Weibchen jeweils ein *noch* schöneres Männchen, ein *noch* stärker ausgeprägtes Muster wählen konnte, wobei es bestimmte Männchen »ohne irgendeine nachweisbare Ursache« abwies (Darwin beobachtete »Antipathie[n] von Tauben gegen gewisse Männchen«[24]) – und genau durch diese *selection* die

---

21 Ebd., S. 863; vgl. Voss, *Darwins Bilder*, S. 209-223.
22 Darwin, *Abstammung des Menschen*, S. 1018.
23 Ebd., S. 985.
24 Ebd., S. 1007.

äußere Gestalt der Männchen langsam veränderte. Die Ornamente des männlichen Gefieders sind, mit anderen Worten, weder unwandelbar, noch stehen sie in einer stabilen Weise für Potenz oder Kraft (oder Treue oder die Fähigkeit zum Nestbau oder was auch immer), sondern sie können immer noch ein wenig anders und noch ein wenig schöner sein, um für das Weibchen möglicherweise *irgendetwas* von alldem oder auch alles zusammen zu bedeuten. Man kommt daher nicht umhin, es mit einem großen Wort aus dem Reich der Kulturtheorien zu sagen: Auch die Henne, die vom Kamm des stolzen Hahns »aufgeregt« wird, ist der *différance* unterworfen. Mit diesem Kunstwort bezeichnete Jacques Derrida den Umstand, dass Zeichenbedeutungen nie fixiert sind, sondern immer dem Aufschub und der Verschiebung der Bedeutung (verstanden als Festlegung des Verhältnisses von Signifikant und Signifikat) unterliegen.[25] Es gibt in Zeichenprozessen keine endgültige Fixierung der Bedeutung, kein Ende der Bewegung der *différance* (darin ist sie der Unabgeschlossenheit der evolutionären Bewegung analog). Erst hier also wird die *sexual selection* zu einen anderen Prinzip als die *natural selection* und ist nicht nur einfach deren Anwendung im Feld der zweigeschlechtlichen Reproduktion. Von diesem Punkt an gilt neben dem Grundsatz, dass alles in der Natur der Reproduktion dient und eine höhere Reproduktionsrate auf bessere Anpassung verweist (wie auch der heutige Biologismus gebetsmühlenartig behauptet), *auch* der Grundsatz, dass Tiere mit zunehmender Komplexität und Verfeinerung ihres Nervensystems und ihres Gehirns in der Lage sind, ästhetische Urteile zu fällen. Sie schätzen visuelle Zeichen, verknüpfen sie mit einem bestimmten Wert – es ist im Wortsinne eine Wertschätzung, die sich eben *nicht* unmittelbar physiologisch im »Kampf ums Dasein« auszahlt (wie etwa die Verbesserung einer Tarnung), sondern sogar, wie bei den das Fliegen behindernden Federn des Pfaus

---

25 Jacques Derrida: »Die différance«, in: ders.: *Randgänge der Philosophie*, Wien: Passagen 1988, S. 29-52.

oder des Argusfasans, zu eindeutig dysfunktionalen Bildungen führt. »Selbst gut bewaffnete Männchen, von denen man hätte glauben mögen, daß sie in bezug auf ihren Erfolg nur von dem Gesetz des Kampfes abhingen, sind«, so Darwin, »in den meisten Fällen im hohen Grade verziert, und ihre Zierate sind auf Kosten eines gewissen Betrags an Kraft erlangt worden. In anderen Fällen sind Zierate um den Preis einer vergrößerten Gefahr vor Raubtieren oder Raubvögeln erlangt worden.«[26] Diese über das physiologisch Notwendige und die Kampfeskraft oft weit hinausschießenden Zeichen sind wie gesagt vollkommen arbiträr in Bezug auf das Bezeichnete, das heißt die reproduktiven Kapazitäten des entsprechenden Organismus. Das bedeutet aber nicht, dass sie für die betreffenden Tiere völlig beliebig wären: Die Henne wird vom Kamm und dem Gefieder des Hahns angezogen, während diese für sie so ausdrucksvollen Symbole der männlichen Macht für das Spatzenweibchen ziemlich bedeutungslos sind. Diese Zeichen werden, mit anderen Worten, in einer evolutionsgeschichtlich gesehen vorübergehenden, nur »eine Zeitlang« gültigen Zeichenordnung für Hühnervögel in ihrer Bedeutung fixiert; zieht man nicht nur körperliche Zeichen, sondern auch etwa die »Vokal- und Instrumentalmusik« besonders der Vögel in Betracht, lässt sich – wie Erkenntnisse zu den lokalen Melodien von Singvögeln nahelegen – sogar sagen, dass diese Zeichenbedeutungen nicht einmal unbedingt hereditär stabilisiert sein müssen, sondern durch Lernprozesse weitergegeben werden können. Symbolgebrauch und damit Kultur sind nicht erst Errungenschaften des Menschen.[27]

Darwins zweite Theorie wurde, wie erwähnt, schon zu seinen Lebzeiten in Zweifel gezogen: Der kapriziöse weibliche Blick auf männliche Ornamente und die Wahl nach bloßen ästhetischen Kriterien könnten nicht konstitutiv sein für die Se-

---

26 Darwin, *Abstammung des Menschen*, S. 1009 f.

27 Michael Tomasello: *Die kulturelle Entwicklung des menschlichen Denkens. Zur Evolution der Kognition*, Frankfurt/M.: Suhrkamp 2006, S. 15.

lektion und Formung von Organismen, sondern seien nur als Mechanismen zu verstehen, inwiefern sich besonders gut an die Umweltbedingungen angepasste Organismen erfolgreicher reproduzieren als andere. Das Körperornament wäre demnach nichts anderes als ein Index ihrer *fitness*. Auch die »neuere Evolutionstheorie« hat, wie Winfried Menninghaus spitz bemerkt, »einen erheblichen Einfallsreichtum entfaltet, um Darwins zweite große Theorie zu einem bloßen Unterkapitel seiner ersten herunterzustufen«.[28] Vor allem seit Robert L. Trivers' Reformulierung von Darwins Modell der Geschlechterrollen (1971[29]) geht die Evolutionsbiologie von der Annahme aus, dass es bei allen männlichen Kämpfen um die Weibchen und den Kapricen der weiblichen Wahl immer darum gehe, für die mit weniger Energieaufwand zu produzierenden, »billigeren« und reichlich vorhandenen Spermien einerseits und die weniger zahlreichen und energetisch »teureren« Eizellen andererseits eine jeweils optimale Reproduktionsstrategie zu finden. Diese einflussreiche Reformulierung sei aber, so Menninghaus, »biologistischer als Darwins eigene Fassung, da sie deren komplexe Merkmalsverteilung« zwischen Männchen und Weibchen »an die Unterscheidung von Ei- und Samenzelle zurückkoppelt«. Die Konsequenz dieser biologistischen Fundierung der *sexual selection* führte seither dazu, »in zahlreichen Studien die traditionelle Vorstellung männlicher Schönheits- und weiblicher Ressourcenwahl als eine quasi ›natürliche‹ Gegebenheit zu befestigen«.[30] Diese neuere Diskussion müssen wir hier nicht weiterverfolgen; es reicht festzuhalten, dass dieser Biologismus (zumindest) Darwins Argument verfehlt, die in der ganzen Natur vorkommenden Ornamente und Muster seien als *Zeichen* arbiträr und damit der Eigenlogik semiotischer Prozesse unterworfen. Dass diese Zeichen den *Effekt* ha-

---

28 Menninghaus, *Das Versprechen der Schönheit*, S. 139.

29 Robert L. Trivers: »Parental Investment and Sexual Selection«, in: Bernard Campell (Hg.): *Sexual Selection and the Descent of Man 1871-1971*, London: Heinemann 1971, S. 136-179.

30 Menninghaus, *Das Versprechen der Schönheit*, S. 89 f.

ben, als Attraktoren für das andere Geschlecht die Reproduktion ihrer Träger zu sichern, ist unbestritten; wichtig ist nur der Umstand – wenn man Darwins Argument ernst nimmt –, dass die Zeichen keinen biologischen Referenten, keinen »Grund« haben, sondern nur Effekte. Dies so zu sehen, bedeutet zweierlei: Zum einen werden männliche und weibliche Rollen damit nicht »in der Biologie« (etwa in der »Energie« zur Produktion von Ei- bzw. Samenzellen) verankert, und zweitens bietet sich so eine genealogische Erklärung für den Zeichen- bzw. Symbolgebrauch des Menschen an. Kultur kann nur auf diese Weise nichtreduktionistisch und ihrerseits fundierend gedacht werden, und nur so ist es verstehbar, dass Tiere mit verschiedenen Gebärden und Gesichtsausdrücken, in Lautzeichen und Handlungen Formen von Emotion und Verstand zeigen, die Darwin als genealogische Wurzel dieser nur scheinbar rein menschlichen Fakultäten darstellt (was zu zeigen den Rahmen unseres Themas sprengen würde).[31]

Die Schönheit der tierischen »Zierate« verweist in diesem Sinne auf gar nichts, weder (wie man, heutige Argumente im Ohr, sagen muss) auf Gesundheit oder auf besonders agile Spermien noch auf die Abwesenheit von Gendefekten oder auf was auch immer. Denn noch immer gilt, dass wir »nicht wissen«, warum »glänzende Farben und gewisse Formen ebenso wie harmonische und rhythmische Laute Vergnügen gewähren und schön genannt werden«, denn die faktische Bandbreite dieser Zeichen, die »letztlich« immer dasselbe bedeuten, ist viel zu groß. Entscheidend sei vielmehr, so Darwin, die bloße *Differenz* zwischen den einzelnen Zeichen und Mustern: »Wie der große Anatom Bichat vor längerer Zeit schon sagte: Wenn ein jeder nach derselben Form gegossen wäre, so würde es keine Schönheit geben.« Darwin folgerte daraus ein Prinzip, das Insektenweibchen, Vogelpärchen und viktorianische Gentlemen miteinander teilten (aber nur Letztere in genau diese Worte fas-

31 Vgl. Darwin, *Abstammung des Menschen*, S. 751-773, und vor allem ders., *Ausdruck der Gemütsbewegungen*.

sen): »Wenn alle unsere Frauen so schön wie die Venus von Medici wären, so würden wir eine Zeitlang bezaubert sein; wir würden aber sehr bald Abwechslung wünschen; und sobald wir eine Abwechslung erlangt hätten, würden wir gewisse Eigenschaften bei unseren Frauen etwas über den nun existierenden gewöhnlichen Maßstab hinausragend zu sehen wünschen.«[32] Dass es hier der männliche Blick ist, der die Schönheit der Frauen über den »gewöhnlichen Maßstab« hinaus steigert, erscheint allerdings als Spezialfall. Bei der überwiegenden Mehrheit der Tiere ist es umgekehrt: der Blick des Weibchens formt den Körper des Männchens. Doch in beiden Fällen gilt (wenn wir Darwin mit heutigen Begriffen lesen): Schönheit ist das Produkt der *différance* im Feld visueller Zeichen.

Kulturgeschichte der Rassen

Darwins Erinnerung an Bichat hat schon gezeigt, dass er in Bezug auf die ästhetische Wertschätzung keinen grundlegenden Unterschied zwischen Tieren und Menschen gelten lassen wollte. Daher erweist sich die Radikalität seiner *sexual selection* in aller Deutlichkeit erst dort, wo er über den Menschen spricht. Seine »Ästhetik« (Menninghaus) brachte ihn dazu, auf einem Gebiet Ansichten zu vertreten, die der *communis opinio* der meisten seiner Zeitgenossen und selbst der gelehrtesten unter ihnen widersprachen: dem ebenso weitläufigen wie dornenvollen Feld der Theorie der so genannten »Menschenrassen«. Diesen Ansichten müssen wir uns nun zuwenden – als dem vielleicht entscheidenden Anwendungstest seiner Theorie einer Kulturgeschichte der Körper.

Als Darwin die »Menschenrassen« in den Fokus seiner wissenschaftlichen Aufmerksamkeit rückte, stellte er ganz selbstverständlich die Fragen eines »Naturforschers«.[33] Und als

32 Darwin, *Abstammung des Menschen*, S. 1130.
33 Ebd., S. 833.

solcher war er dezidiert der Auffassung, dass diese im Horizont seiner Lehre zu beantworten seien. War denn nicht der Mensch, wie *The Descent of Man* endgültig zeigen sollte, als Teil der Natur vollständig ihren Gesetzen unterworfen? Das von Darwin auf diese Weise gelöste Rätsel der Abstammung des Menschen jedenfalls verlieh der alten Frage, wie die Rassen entstanden seien, wie sie zu klassifizieren wären und was ihre offenkundigen Differenzen bedeuteten, eine ganz neue Schärfe: Sind auch aus der Sicht des Biologen alle Menschen gleich, Angehörige derselben Spezies, trotz der manifesten Unterschiede – oder doch nicht, wie die Polygenisten seit langem behaupteten?[34] Gibt es irgendeine biologisch begründbare Hierarchie zwischen den Rassen und wie tiefgreifend wäre diese? Solche Fragen nach der Natur des Menschen vermischten sich zudem unvermeidlich mit dem verwirrenden Problem der »Zivilisation«: Was bedeutet es in Darwins Augen, wenn die »wilden« Rassen in Kontakt mit »zivilisierten« Engländern geraten? Könnten die »Wilden« je die Kulturstufe der »Zivilisierten« erreichen oder droht ihnen unausweichlich die »Ausrottung«? Für eine in alle Himmelsrichtungen expandierende Nation wie Großbritannien waren das unmittelbar politische Fragen, und angesichts der kolonialen und imperialistischen Unternehmungen der Krone und ihrer Handelsgesellschaften konnten sie die britischen Bildungseliten nicht anders als intensiv beschäftigen.[35] Und schließlich hatten sie auch Darwin während Jahrzehnten persönlich bewegt, seit er angesichts der fast unbekleideten »Wilden« in Feuerland, seit der Konfrontation mit den blutigen Indianerjagden des General Rozas in Argentinien oder unter dem Eindruck der Sklaverei in Brasilien zuweilen zwischen zivilisatorischem Überlegenheitsgefühl und seiner entschiedenen Menschenfreundlichkeit schwankte.

Nun: Sind Rassen »Arten«? Das jedenfalls glaubten viele

---

34 Vgl. Poliakov, *Der arische Mythos*, S. 179-208.
35 Vgl. Wende, *Das Britische Empire*, S. 136f.

Anhänger Darwins, etwa der berühmte Physiologe und Materialist Carl Vogt, der die verschiedenen »Menschenrassen« je von verschiedenen Primaten (Schimpansen, Gorilla, Orang-Utan) abstammen sah, oder auch Ernst Haeckel, der eine Koevolution der verschiedenen Rassen annahm und daher von den tiefen Differenzen zwischen ihnen überzeugt war?[36] Darwin schlüpft in die Rolle eines vorurteilslosen »Naturforschers« und betrachtet die Rassen des Menschen »in demselben Sinne, in welchem [er] irgendein anderes Tier ansehen würde«.[37] Auf den ersten Blick würden die unterschiedlichen Menschen auf der Erde sehr verschieden erscheinen, »so daß wir ganz entschieden in unserem Urteil durch die bloße Farbe der Haut und des Haars, durch unbedeutende Verschiedenheiten in den Gesichtszügen und durch den Ausdruck sehr beeinflußt werden« würden. Diesen Anschein könnten genaue Messungen nur bestätigen: Die Rassen unterscheiden sich »in der Textur des Haars, den relativen Proportionen aller Teile des Körpers, der Kapazität der Lungen, der Form und dem Rauminhalt des Schädels und selbst in den Windungen des Gehirns«, in der »Konstitution« oder den »intellektuellen Fähigkeiten«.[38] Der »angenommene Zoologe«, dessen Blick Darwin hier mimt, würde noch viele weitere Unterschiede finden, zum Beispiel auch, dass die verschiedenen Rassen angeblich von unterschiedlichen, jeweils spezifischen Parasiten befallen werden.[39] Weiter ließen sich – Darwin stützt sich selbstverständlich laufend auf die aktuelle Forschungsliteratur – auch Indizien für eine verminderte Fruchtbarkeit bei Rassenvermischungen finden, so dass insgesamt »ein Naturforscher sich für völlig berechtigt halten könnte, die Menschenrassen als distinkte Spezies einzuordnen«.[40]

Könnte, würde. Was nun folgt, ist eine kurze, aber entschie-

36 Bowler, *Evolution*, S. 296.
37 Darwin, *Abstammung des Menschen*, S. 827.
38 Ebd., S. 828.
39 Ebd., S. 830.
40 Ebd., S. 832.

dene Dekonstruktion all dieser scheinbar wissenschaftlichen Vermessungen und Argumente für die Spezies-Hypothese. Darwin erinnert seine Leser zuerst daran, dass eine auch nur minimale Unfruchtbarkeit zwischen »irgend zwei Formen« organischer Wesen üblicherweise als »eine entscheidende Probe für ihre spezifische Verschiedenheit angesehen« werde; dazu kämen die Verbreitung in geographisch getrennten Gebieten als Kriterium hinzu (wenn auch als ein nur selten wirklich verlässliches). Doch wie verhielt es sich damit in Bezug auf die Menschenrassen? In weiten Teilen Südamerikas, so erinnert sich Darwin, lebt eine riesige Mischbevölkerung von »kompliziertesten Kreuzungen zwischen Negern, Indianern und Europäern«, und der mutmaßliche »Naturforscher« müsste anerkennen, dass »derartige dreifache Kreuzungen die schärfste Probe für wechselseitige Fruchtbarkeit der elterlichen Formen dar[bieten]«.[41] Aber schlimmer noch: »Unser Naturforscher würde gleichfalls sehr beunruhigt werden, sobald er bemerkte, daß die Unterscheidungsmerkmale aller Rassen des Menschen in hohem Grade variabel sind«, ja, es könne »bezweifelt werden, ob irgendein Charakter angeführt werden kann, welcher für eine Rasse distinktiv und konstant ist«.[42] Heute nennt man eine solche Sichtweise antiessentialistisch,[43] und genau so hat Darwin es auch gemeint: Haare, Hautfarben, Gesichtszüge oder Hinterteile (selbst die berühmten der »Hottentottenfrauen«[44]) variieren innerhalb einer Rasse oder eines »Stamms«

41 Ebd., S. 833.

42 Ebd.

43 Vgl. Alison Stone: »Essentialism and Anti-Essentialism in Feminist Philosophy«, in: *Journal of Moral Philosophy*, 2 (2004), Nr. 1, S. 135-153.

44 Vgl. dazu Anne Fausto-Sterling: »Gender, Race, and Nation: The Comparative Anatomy of ›Hottentot‹ Women in Europe, 1815-1817«, in: Jennifer Terry, Jacqueline Urla (Hg.): *Deviant Bodies. Critical Perspectives on Difference in Science and Popular Culture*, Bloomington, Indianapolis: Indiana University Press 1995, S. 19-48; Sander L. Gilman: *Difference and Pathology. Stereotypes of Sexuality, Race, and Madness*, London: Cornell University Press 1985.

jeweils »bis zu einem bedeutendem Grade«, und auch »die Form des Schädels variiert in manchen Rassen bedeutend«. Darwin befindet sich hier auf seinem ureigensten Territorium, und er kann sein wichtigstes Argument aus dem *Origin of Species* (vgl. oben, Kap. 1) daher nur ausdrücklich wiederholen: »[D]as gewichtigste aller Argumente gegen die Betrachtung der Rassen des Menschen als distinkter Spezies ist, daß sie gradweise ineinander übergehen und zwar, soweit wir es beurteilen können, in vielen Fällen ganz unabhängig davon, ob sie sich miteinander gekreuzt haben oder nicht.«[45] Im *Origin* war dieses Ineinanderübergehen das primäre Merkmal von Varietäten, und Darwin benutzte es, um den Begriff der Spezies überhaupt zu destabilisieren. Entsprechend sind auch die Unterschiede und Gemeinsamkeiten zwischen den Menschen insgesamt zu vielfältig und vielfach überlagert, als dass sich klare, distinkte Muster und Typen isolieren ließen. Darwin demonstriert diese Unmöglichkeit wiederum mit dem ironischen Gestus des gelehrten Bücherfreundes, mit dem er seinerzeit schon die Idee einer Stabilität der Arten zu dekonstruieren begonnen hatte, wenn er fortfährt: »Der Mensch ist sorgfältiger als irgendein anderes Wesen studiert worden, und doch besteht die größtmögliche Verschiedenheit des Urteils zwischen fähigen Richtern darüber, ob er als eine einzige Spezies oder Rasse klassifiziert werden solle, oder als zwei (Virey), als drei (Jacquinot), als vier (Kant), fünf (Blumenbach), sechs (Buffon), sieben (Hunter), acht (Agassiz), elf (Pickering), fünfzehn (Bory St. Vincent), sechzehn (Desmoulins), zweiundzwanzig (Morton), sechzig (Crawfurd), oder als dreiundsechzig nach Burke.«[46]

Darwin bestreitet nicht, dass Menschen äußerlich verschieden sind, dennoch würden sie sich, »wenn man ihre ganze Organisation in Betracht zieht, als einander in einer Menge von Punkten äußerst ähnlich heraus[stellen]« – und zwar von der Struktur ihrer Knochen und dem Bau des Körpers über ihre

---

45 Darwin, *Abstammung des Menschen*, S. 833.
46 Ebd.

Sitten und Gebräuche bis hin zu den geistigen Fähigkeiten.[47] Dies alles mache es sehr unwahrscheinlich, dass Menschen verschiedene Ursprünge hätten, sondern würde ganz im Gegenteil die Vermutung nahelegen, dass sie von einem affenähnlichen Wesen als dem allen Menschen gemeinsamen »Urerzeuger« herstammen. Das muss uns hier nicht mehr weiter beschäftigen – allein, wie kommen die doch so manifesten Unterschiede zwischen den Menschen gemäß Darwin zustande? Er bestreitet, gestützt auf viele empirische Belege, dass die verschiedenen Lebensbedingungen und klimatischen Verhältnisse dafür verantwortlich seien (wie die meist christlich motivierten Monogenetiker behaupteten).[48] Ist es also die »natürliche Zuchtwahl«, welche die Ausdifferenzierung der Rassen bewirkt hat? Auch diese Möglichkeit lehnt er ab: Auf diese Weise können »nur wohltätige Abänderungen erhalten werden«, und, Irrtum vorbehalten, wie er schreibt, »ist nicht eine einzige der Verschiedenheiten zwischen den Menschenrassen von irgendwelchem direkten oder speziellen Nutzen für dieselben«. Von dieser Feststellung möchte er zwar – ganz Eurozentriker, der er war – die geistigen Fähigkeiten ausnehmen; dennoch weise »[d]ie große Variabilität der sämtlichen äußeren Verschiedenheiten zwischen den Rassen der Menschen« darauf hin, »daß diese Verschiedenheiten von keiner großen Bedeutung sein können; denn wären sie von Bedeutung gewesen, so würden sie« – gemäß den Prinzipien der *natural selection* – »schon lange entweder fixiert und erhalten, oder eliminiert worden sein«.[49]

Die Antwort auf die Frage nach der Verschiedenheit der »Menschenrassen« kommt daher, wie angekündet, aus dem Feld der *sexual selection*. Denn die These, die von der *sexual selection* hervorgebrachten Zeichen seien arbiträr, bedeutet zuallererst, dass diese auf nichts »Wesentliches« verweisen, weil sie nicht der »Ausdruck« von etwas seien, das den betreffenden

---

47 Ebd., S. 836f.
48 Ebd., S. 846-850.
49 Ebd., S. 851.

Organismus in irgendeiner Weise »ausmacht« bzw. für ihn einen physiologischen Überlebensvorteil bietet, und das gilt auch für den Menschen. Um dies zu zeigen, habe er es »für nötig gehalten, das ganze Tierreich Revue passieren zu lassen«:[50] Alle der im zweiten, wiederum 450-seitigen Band von *The Descent of Man* folgenden sehr detaillierten Darstellungen der »äußerst verwickelten« Geschlechtsverhältnisse von den Insekten über die Fische, Amphibien, Reptilien und den Vögeln bis zu den Säugetieren dienen ihm zum besseren Verständnis der geschlechtlichen und »rassischen« Differenzierung des Menschen. Das Resultat dieser in jeder Hinsicht erschöpfenden Studie ist für ihn eindeutig: Die Unterschiede zwischen den Rassen sind das Produkt der »geschlechtlichen Zuchtwahl« auf der Basis des unterschiedlichen ästhetischen Empfindens verschiedener Menschen. Weil überall, bei den Tieren wie bei den Menschen, Männchen um Weibchen kämpfen und die Weibchen die attraktivsten Männchen auswählen, habe sich nicht nur, so Darwin, die Intelligenz des Menschen als zunehmendes Distinktionsmerkmal gegenüber anderen Primaten entwickelt – aber auch als tendenziell männlicher Geschlechtscharakter[51] –, sondern eben auch die Differenz der Rassen nach ausschließlich ästhetischen Kriterien. Der Ausgangspunkt dieser *sexual selection* waren nicht etwa schon bestehende Unterschiede zwischen »Rassen«, sondern kleinste, vollständig unbedeutende Differenzen zwischen Individuen – eine etwas hellere oder dunklere Haut, etwas schmalere oder rundere Augen etc. –, die in der geographischen Separierung verschiedener Horden des frühen Menschen und nach gleichsam regional verschieden sich ausbildenden Kriterien für Schönheit verstärkt wurden. Darwin weiß von der Völkerkunde seiner Zeit, dass die Schönheitsmaßstäbe rund um den Globus *sehr* verschieden sind; er zitiert die entsprechenden Beispiele mit hör-

50 Ebd.
51 Ebd., S. 1115.

barem Erschaudern,[52] um dann nach seitenlangen pittoresken Schilderungen zu folgern: »Wir sehen hieraus, wie sehr die verschiedenen Rassen des Menschen in ihrem Geschmack fürs Schöne verschieden sind.«[53] Daraus schließt er nun aber *nicht* auf eine »wesensmäßige« Verschiedenheit der Rassen, und er folgt auch nicht dem klassischen, im späten 18. Jahrhundert unter anderem von Blumenbach und Camper entwickelten und seither weit verbreiteten Argument, dass die Rassen nach Kriterien der Schönheit (bzw. Hässlichkeit) und gemessen am Schönheitsideal der griechischen Antike zu klassifizieren seien. Im Gegenteil: Dieser faktisch so verschiedene Schönheitssinn und diese so vielfältigen ästhetischen Kriterien – die nicht jenen Darwins entsprachen, die er aber für nicht weiter beurteilenswert hält – hätten dazu geführt, dass durch die Wahl der Geschlechtspartner (beim Frauenraub, beim Frauentausch, bei der weiblichen Wahl der attraktivsten Männer, etc.[54]) die anfänglich minimalen körperlichen Unterschiede der von nur einer einzigen Form abstammenden und durch Wanderung verstreuten frühen Menschen sich zu signifikant unterschiedlichen Körperformen ausgebildet hätten. Dazu zählten vor allem die unterschiedlichen Hautfarben als einem bei allen Völkern »äußerst bedeutungsvolle[n] Element bei ihrer Schönheit«.[55]

Mit anderen Worten: Der Geschlechtsdimorphismus und die Kämpfe und Listen der *sexual selection* führen zur Differenz der »Rassen«: Sobald geographische Isolation verschiedener Horden entstehe, »würde jeder isolierte Stamm für sich selbst einen unbedeutend verschiedenen Maßstab der Schönheit sich bilden, und dann würde unbewußte Zuchtwahl dadurch in Wirksamkeit treten, dass die kraftvolleren und leitenden Glieder der wilden Stämme gewisse Frauen anderen vorzögen.« Die Folgen sind unausweichlich: »Hierdurch wer-

52 Vgl. ebd., S. 1115-1128.
53 Ebd., S. 1128.
54 Ebd., S. 1136, S. 1139-1142.
55 Ebd., S. 1145.

den die anfangs sehr unbedeutenden Verschiedenheiten zwischen den Stämmen allmählich und unvermeidlich in einem immer größeren und bedeutenderen Grade verschärft werden.«[56] Abgesehen von der wiederum sehr zeittypischen Beschreibung vorgeschichtlicher Geschlechterverhältnisse gilt es festzuhalten, dass Darwin durch seine ästhetische Theorie der *sexual selection* immerhin dem Rassismus den Boden jeder möglichen »biologischen« Argumentation entzieht. Die von Anthropologen, Anatomen, Ethnologen, Biologen, Philosophen und Medizinern aller Couleur in Europa seit dem 18. Jahrhundert in unendlich wiederholten Anläufen unternommenen Versuche der genauen Beschreibung, Vermessung und Klassifikation der physischen Unterschiede von Menschen laufen bei ihm vollständig ins Leere. Für ihn bedeuten diese Differenzen buchstäblich nichts, sosehr er sie, etwa in den Publikationen des von ihm geschätzten Pariser Anthropologen Paul Broca, faktisch wahrnimmt. Das alles zeigt auch, wie wenig er jetzt, zwölf Jahre nach der Publikation des *Origin of Species*, ausschließlich auf die Wirkung der *natural selection* als Antrieb der Evolution zu setzen bereit war – und wie sehr er das, was den Menschen ausmacht, nicht einfach auf einen Willen zum Überleben reduzieren wollte. »Ich für meinen Teil«, erklärt er am Ende seiner zweibändigen Überlegungen, »komme zu dem Schluß, daß von allen den Ursachen, welche zu den Verschiedenheiten in der äußeren Erscheinung zwischen den Rassen des Menschen und den niederen Tieren geführt haben« – also auch, mit anderen Worten, zur Verschiedenheit zwischen Mensch und Tier – »die geschlechtliche Zuchtwahl bei weitem die wirksamste gewesen ist«.[57] Diese aber ist, wie wir gesehen haben, ein Zeichenprozess, und Darwin sagt auf seine Weise, dass man »zu der merkwürdigen Schlußfolgerung geführt« werde, »daß das Nervensystem nicht bloß die meisten der jetzt bestehenden Funktionen des

56 Ebd., S. 1139.
57 Ebd., S. 1147.

Körpers reguliert, sondern auch indirekt die progressive Entwicklung verschiedener körperlicher Bildungen und gewisser geistiger Eigenschaften beeinflußt hat«, und zwar »durch den Einfluß der Liebe und Eifersucht, durch die Anerkennung des Schönen im Klang, in der Farbe oder der Form«. Hat der »alte Hegel« (Foucault) also doch recht? Ist es der Geist, der die Materie formt? Diese »Fähigkeiten des Geistes hängen«, so Darwin, »offenbar von der Entwicklung des Gehirns ab«.[58] Dessen Entwicklung aber wiederum ist, wie schon Darwin vermutete und sich heute mit Bestimmtheit sagen lässt, durch einen – man zögert, den Begriff zu verwenden – dialektischen Prozess mit der zunehmenden geistigen Tätigkeit der Hominiden vermittelt.[59]

Damit bliebe hier nur das zu besprechen übrig, was man Darwins Eurozentrismus nennen muss:[60] Es wäre zu zeigen, dass Darwin wie selbstverständlich und trotz seiner festen Überzeugung von der Gleichheit aller Menschen von einer durch Kultur und Zivilisation induzierten Hierarchie zwischen den Rassen ausging, dass er nicht nur mit großer Distanz von den »Wilden« sprach, sondern der Meinung war, dass die Konkurrenzsituation der verschiedenen Rassen im Zeitalter der kolonialen Globalisierung fraglos zur Verdrängung bzw. zur »Ausrottung« der »Wilden« führen werde: »Wenn zivilisierte Nationen mit Barbaren in Berührung kommen, so ist der Kampf kurz.«[61] Das lässt keinen Raum für Illusionen: »In irgendeiner künftigen Zeit, welche nach Jahrhunderten gemessen nicht einmal sehr entfernt ist, werden die zivilisierten Rassen der Menschheit beinahe mit Bestimmtheit auf der ganzen

58 Ebd., S. 1156.
59 Vgl. Ludwig Jäger: »Sprachevolution. Neuere Befunde zur Audiovisualität des menschlichen Sprachvermögens«, in: *Nach Feierabend, Zürcher Jahrbuch für Wissensgeschichte* 4 (2008), S. 149-169; sowie Zollikofer/Ponce de León: »Evolution im Bild«, in: ebd., S. 11-30.
60 Vgl. Engels, *Charles Darwin*, S. 161.
61 Darwin, *Abstammung des Menschen*, S. 839.

Erde die wilden Rassen ausgerottet und ersetzt haben.«[62] Man kann diese Passagen als bloße Beschreibung (und als Prognose) dessen lesen, was in den letzten 200 Jahren – von 1800 bis heute – mit nichtweißen Völkern geschehen ist; man kann aber auch genügend Stellen in *The Descent of Man* finden, die zumindest in ihren normativen Zwischentönen äußerst zweideutig sind, Passagen, in welchen das zivilisatorische Überlegenheitsgefühl Darwins (wie fast aller Europäer seiner Epoche) sich einigermaßen ungebrochen manifestiert.[63]

Die hier offene Frage nach dem Rassismus wird uns im Folgenden aus dem Hintergrund weiterhin beschäftigen, und zwar als ein doppeltes Problem: Einerseits, wenn es um die Variabilität und Vielgestaltigkeit der Körper, und andererseits, wenn es um die Theorie der Moral geht. Zuerst stellt sich die Frage, ob die Kulturgeschichte der Körper, wie Foucault sie postulierte und wie Darwin sie hinsichtlich der Evolution über den Prozess der *sexual selection* konzipierte, auch für die kurzen *historischen* Zeiträume gilt. Wir werden sehen, dass Darwin »unseren« Körper zwar als veränderlich und different denkt – jedoch nicht so weitgehend, wie dies der Rassismus behauptet. Und auch was Darwins ethische Position angeht, wird sich zeigen, dass ihn seine Ideen zur Genealogie der Moral zumindest in offenkundige Widersprüche verwickelten, wenn er das neue eugenische Programm seines Cousins Francis Galton in Betracht zog. Mit seiner Genealogie der Moral stellt Darwin jedoch, wie das nächste Kapitel zeigen wird, eine Herausforderung für jene Form der genealogischen Dekonstruktion der Moral dar, wie Foucault sie im Anschluss an Nietzsche unternimmt.

---

62 Ebd., S. 819.

63 Sven Lindqvist liest sie als Bestätigung einer Siegermentalität des weißen Mannes, was Darwin nicht gerecht wird (Lindqvist, *Durch das Herz der Finsternis*, S. 145).

In seinem scharfzüngigen Aufsatz »Nietzsche, die Genealogie, die Historie« hatte Foucault – auf den wir nun wieder zurückkommen müssen – den Historikern vorgeworfen, sie suchten sich »einen Standort außerhalb der Zeit« und würden für ihre Urteile Objektivität beanspruchen, was sie aber nur können, »weil sie eine ewige Wahrheit, eine unsterbliche Seele und ein Bewußtsein voraussetzen, die sich stets gleich bleiben«.[64] Dieses pauschale Urteil ist heute kaum mehr gültig: Viele Historiker haben unterdessen nicht zuletzt Foucault gelesen und wissen daher, wie wandelbar das Bewusstsein und die Wahrheiten sind. Doch gilt dies auch für den Menschen, insofern dieser einen Körper hat? Fungiert nicht zumindest dieser Körper als Basis dessen, was wir den Menschen nennen, und damit als fraglose gemeinsame Referenz aller Geschichten, die Historiker erzählen – als Referenz für die menschliche Geschichte *tout court*, die man üblicherweise im Neolithikum um etwa 10000 vor unserer Zeit beginnen lässt? Sind wir uns seither »gleich«? Foucault bezweifelt das: »Wir glauben, der Leib unterliege allein den Gesetzen der Physiologie und sei daher der Geschichte entzogen. Doch auch das ist ein Irrtum« – so wie es ein Irrtum sei, zu meinen, die Gefühle oder die Triebe stünden außerhalb der Geschichte. Nein, wie diese sei auch der Leib (*corps*) historisch: »Der Leib ist einer ganzen Reihe von Regimen unterworfen, die ihn formen (*qui le façonnent*), etwa dem Wechsel von Arbeit, Muße und Festlichkeiten; er wird vergiftet, von Nahrung und von Werten, von Ernährungsgewohnheiten geradeso wie von Moralgesetzen; und er bildet Resistenzen aus.«[65] Foucault paraphrasiert damit einen Ausschnitt aus Nietzsches *Die fröhliche Wissenschaft*.[66] Was genau mit den »Regimen« und dem »Wechsel von Arbeit und Muße« oder

64 Foucault, »Nietzsche, die Genealogie, die Historie«, S. 178.
65 Ebd., S. 179.
66 Friedrich Nietzsche: *Die fröhliche Wissenschaft*, in: KSA, Bd. 3, § 7.

den »Ernährungsgewohnheiten« gemeint ist (abgesehen von den »Moralgesetzen«, auf die wir später zurückkommen), sagen aber weder Nietzsche noch Foucault: Es sind unverkennbar Bruchstücke des Hygienediskurses der Aufklärungszeit und des 19. Jahrhunderts, welcher als revitalisierte, modernisierte Gesundheitslehre der Antike auf der Grundlage der sogenannten *sex res non naturales* das Wissen vom Körper und seines Wohlergehens zuhanden des bürgerlichen Lesepublikums popularisierte.[67] »Hygiene« im damaligen Verständnis des Begriffs war eine Praxis der selbstauferlegten und selbstkontrollierten Mäßigung, eine bewusste Anstrengung, »im Gleichgewicht« zu bleiben – und zwar in allen Feldern der *sex res non naturales*: im Verhältnis zu Wasser und Luft (*circumfusa*), zum Essen und Trinken (*ingesta*), zu den Bewegungen und zur Ruhe (*gesta*), in Bezug zu den Dingen, die auf die Körperoberfläche aufgetragen werden (*applicata*), zu den Ausscheidungen (*excreta*) und schließlich auch im Hinblick auf die *percepta*, die Wahrnehmungen beziehungsweise die Bewegungen der Sinne und des Geistes.[68] Weil die Hygieniker ihre Ratschläge nicht an physiologischen Normen ausrichteten, sondern den Körper konsequent als je »individuellen« zu denken lehrten, musste das lesende bürgerliche Subjekt für sich selbst herausfinden, wo das richtige Maß im Essen, Schlafen, in körperlicher Anstrengung, bei geistiger Arbeit und beim Sex liegt. Es musste sein eigenes »Gesetz« für den Umgang mit sich

---

67 Siehe dazu Sarasin, *Reizbare Maschinen*, Kap. 1 und 3, sowie Antoinette Emch-Dériaz: »The Non-naturals Made Easy«, in: Roy Porter (Hg.): *The Popularization of Medicine, 1650-1850*, London: Routledge 1992, S. 134-159; Saul Jarcho: »Galen's Six Non-naturals: A Bibliographic Note and Translation, in: *Bulletin of the History of Medicine* 44 (1970), S. 372-377; vgl. zum Folgenden auch Philipp Sarasin: »Foucault, Burckhardt, Nietzsche – und die Hygieniker«, in: Jürgen Martschukat (Hg.): *Geschichte schreiben mit Foucault*, Frankfurt/M., New York: Campus 2002, S. 195-218.

68 Vgl. z. B. Paul Labarthe: *Dictionnaire populaire de médicine usuelle, d'hygiène publique et privée* (2 Bde.), Paris: Marpon et Flammarion 1885, Bd. 2, S. 64.

selbst, für seine eigene »Diät« finden. Auch Nietzsche hat sein Verhältnis zum Leib und zur Gesundheit nach der Diätetik der *sex res non naturales* konzipiert und gelebt; in *Ecce Homo* heißt es unter dem Titel »Warum ich so klug bin«: »Diese kleinen Dinge – Ernährung, Ort, Clima, Erholung, die ganze Casuistik der Selbstsucht – sind über alle Begriffe hinaus wichtiger als Alles, was man bisher wichtig nahm.«[69] Der Körper wird also nicht nur für den aufgeklärten Bürger des 19. Jahrhunderts zu einem Gegenstand der Sorge, weil seine Gesundheit von dieser Aufmerksamkeit abhängt und keine transzendenten Tröstungen mehr über die Hinfälligkeit der fleischlichen Hülle hinweghelfen, sondern im selben Sinne auch für den Philosophen. Und Nietzsche zieht gleich scharfsinnig die Konsequenz aus seiner Erfahrung mit diesen auf den eigenen Leib zentrierten Praktiken: »Diese kleinen Dinge«, wie er sie nennt, haben das Potenzial, den Körper zu verändern. Je nach Ernährung, je nach der Umgebung und der Luft, die er atmet – am liebsten jene im Oberengadin, dem »Lande der Verheißung«[70] –, je nach dem Maß an Arbeit und Muße, an Wachen und Schlafen verändert sich sein Leib, zeigt dieser seine Unterworfenheit unter die »Existenz-Bedingungen«,[71] die man ihm bereitet.

Foucault nun verlängert diese Erfahrung Nietzsches ins Grundsätzliche und erhebt sie zum Programm der »›wirkliche[n]‹ Historie«: »Nichts am Menschen – und auch nichts an seinem Körper – ist so unveränderlich [*n'est assez fixe*], daß

69 Friedrich Nietzsche: *Ecce Homo. Wie man wird, was man ist*, in: KSA, Bd. 6, S. 255-321, S. 295; vgl. Heinrich Schipperges: *Am Leitfaden des Leibes. Zur Anthropologik und Therapeutik Friedrich Nietzsches*, Stuttgart: Klett-Cotta 1975.

70 Vgl. dazu und zu Nietzsches Diätetik ausführlich Curt Paul Janz: *Friedrich Nietzsche. Biographie*, München: Hanser, 1993 (2. revidierte Auflage) (3 Bde.), etwa: »Die Wahl der Umwelt – Land und Leute – und die Bereitschaft, mit dieser Umwelt in ein fruchtbares Verhältnis zu treten, gehören neben der ›kleinen‹ Lebensführung – Essensgepflogenheiten, körperliche Bewegung, Tageseinteilung – zur Diätetik im weitesten Sinne.« (Bd. 2, S. 247 – vgl. auch Bd. 2, S. 24, 75, 195 etc.).

71 Nietzsche, *Die fröhliche Wissenschaft*, § 7.

man die anderen Menschen dadurch begreifen und sich selbst in ihnen wiedererkennen könnte.«[72] Nichts ist hinreichend fest, stabil und außerhalb der Geschichte, damit Menschen in anderen Menschen ihresgleichen finden könnten – auch nicht dieser menschliche Leib. Diese doch sehr starke These basiert zuerst auf Foucaults ausgeprägten Nominalismus, der allen Allgemeinheiten und Großbegriffen zutiefst misstraut. Vor allem aber soll der Körper selbst als so sehr von den Praktiken einer bestimmten Kultur »fassoniert«, so sehr durch die Praktiken der Macht, durch die Disziplinierung und Zurichtung des Körpers, aber auch durch die Selbsttechniken der diätetischen Sorge um sich veränderlich erscheinen, dass jeder Versuch, in ihm ein Allgemein-Menschliches zu entdecken, nur eine humanistische Illusion wäre. Foucault hat später ausdrücklich betont, dass es dabei nicht einfach nur um eine historisch wandelbare Codierung des Körpers gehe, nicht um bloße Repräsentationen und Zeichenordnungen, das heißt um eine »›Geschichte der Mentalitäten‹, die an den Körpern nur die Art und Weise in Rechnung stellt, in dem man sie wahrgenommen und ihnen Sinn und Wert verliehen hat«. Im Gegenteil, Foucault zielt auf eine »›Geschichte der Körper‹ und der Art und Weise, in der man das Materiellste und Lebendigste an ihnen eingesetzt und besetzt hat«; in dieser Geschichte sollen sich überdies in einer für die Moderne spezifischen Weise »das Biologische und das Historische [...] in einer Komplexität verschränken, die im gleichen Maße wächst, wie sich die modernen Lebens-Macht-Technologien entwickeln«.[73] Gerade in der Moderne der Biomacht werden also, so Foucault, Körper durch Geschichte *realiter* verändert.

Dass *Der Wille zum Wissen* dies am Beispiel der Sexualität – als dem »Intimsten« des Menschen – demonstrierte oder dass *Überwachen und Strafen* zeigen sollte, wie der »Mensch«, auf

72 Foucault, »Nietzsche, die Genealogie, die Historie«, S. 179 (Übersetzung angepasst, Ph. S.).

73 Foucault, *Wille zum Wissen*, S. 181.

den sich der Humanismus bezieht, erst durch die den Körper unterwerfenden Straf- und Disziplinarpraktiken seit dem 18. Jahrhundert hergestellt wurde, muss hier nicht nachgezeichnet werden. Ich will stattdessen den Verdacht aufgreifen, den Judith Butler dieser Geschichte gegenüber geäußert hat: dass Foucault trotz seiner zitierten programmatischen Äußerungen im Grunde nichts anderes als historisch veränderliche Praktiken *an* und *um* den Körper herum beschrieben habe – nicht aber die historische Veränderung des Körpers selbst. »Sogar in Foucaults Aufsatz zur Genealogie«, so Butler, erscheine der Körper bloß als »Bühne einer kulturellen Einschreibung«, ja, es müsse bei ihm, weil die Praktiken der »Einschreibungen« (wie in Kafkas *Strafkolonie*) als die »kulturellen« Praktiken der Macht dasjenige seien, was ihn interessierte, notwendigerweise ein unveränderliches bzw. nur zerstörbares *Medium* dieser »Einschreibung« geben. Das bedeute: Es »muß einen Körper geben, der als fester und selbstidentischer der Einschreibung vorangeht und dieser Opfer-Zerstörung unterworfen ist«; damit aber scheine Foucault »eine der Bedeutung und Form vorgängige Materialität vorauszusetzen«, die der Geschichte enthoben wäre.[74]

Vor dem Hintergrund unserer parallelen Lektüre Darwins und Foucaults lässt sich zwar einwenden, dass Foucault die »vorgängige Materialität des Körpers« nicht ahistorisch denkt, sondern als sich ständig veränderndes Produkt von historisch konkreten Kräfteverhältnissen konzipiert (vgl. oben, Kap. 6). Die Frage ist allerdings – und das scheint Butlers Punkt zu sein –, ob er dies auch tatsächlich in konkreten historischen Analysen nachvollziehbar zeigen kann. In *Überwachen und Strafen* jedenfalls bleiben die *realen* Effekte der die Körper formenden Praktiken ziemlich blass, und die Frage, ob diese Disziplinierungspraktiken tatsächlich und im längerfristigen historischen Vergleich den *Körper* verändert haben (und nicht »nur« das Subjekt), bleibt unbeantwortet. Doch selbst der Ver-

74 Butler, *Unbehagen der Geschlechter*, S. 191-193.

weis auf die Diätetik im Genealogie-Aufsatz – dort findet sich das einzige empirische Argument für die Veränderlichkeit und Historizität des Körpers – bleibt in Foucaults Werk folgenlos. Es war offensichtlich nicht seine Absicht, empirische Daten wie zum Beispiel die Größenmaße von Rekruten, die über den gesamten Zeitraum der letzten 200 Jahre vorliegen, für Fragen nach den Einflüssen von sich verändernden diätetischen »Regimes« (der Ernährung, veränderter Wohnverhältnisse, der Arbeitsbelastung, etc.) zu nutzen – obwohl die »Annales«-Historiker, die er so bewunderte, dies gleichzeitig und bereits seit Jahren getan hatten.[75]

Doch das ist lange her. Seit Foucault und seit dem nicht zuletzt von ihm angeregten Hype um Körpergeschichte in den 1990er Jahren[76] stand die beschreibbare physische Veränderung des Körpers, eventuell auch in langfristiger historischer Perspektive, paradoxerweise nicht auf der Agenda der Historiker. Weshalb nicht? Warum haben wir mit und seit Foucault eine offenkundige Scheu, gleichsam so konkret, so »physisch« zu werden? Warum haben wir nicht wirklich und in systematischer Weise versucht, Foucaults Behauptung zu überprüfen, wonach selbst der Körper es nicht gestatte, dass Menschen sich über eine Distanz von beispielsweise 200 Jahren in anderen Menschen »wiedererkennen« könnten, weil deren Körper tatsächlich und real anders waren – anders ernährt, kleiner, krän-

---

75 Vgl. Emanuel Le Roy Ladurie, Paul Dumond, Jean-Paul Aron: *Anthropologie du circonstrit français*, Paris: Mouton 1972; vgl. zur Veränderung des Körpers durch Hygiene auch Marc Bloch: *Apologie der Geschichtswissenschaft oder Der Beruf des Historikers*, Stuttgart: Klett-Cotta 2002, S. 49.

76 Vgl. als Ausgangspunkt auch für die Diskussion im deutschen Sprachraum Michael Feher, Ramona Naddaff u. Nadia Tazi (Hg.): *Fragments for a History of the Human Body*, New York: Zone 1990 (3 Bde.); Mike Featherstone, Mike Hepworth, Bryan S. Turner (Hg.): *The Body. Social Process and Cultural Theory*, London: Sage 1991; Jonathan Crary, Sanford Kwinter (Hg.): *Incorporations*, New York: Zone 1992; Roy Porter: »History of the Body«, in: Peter Burke: *New Perspectives on Historical Writing*, Cambridge: Cambridge University Press 1992.

ker, aber vielleicht auch physisch stärker, eher an Kälte gewöhnt, dafür häufig von Parasiten befallen, mit verfaulten Zähnen und ziemlich ungewaschen? Oder warum haben wir nicht systematisch überprüft, ob Körper je nach Beschäftigung oder Wohnort »verschieden« wären – oder je nach sozialer Klasse – und wie sich diese Gruppen im Verlauf von ein-, zweihundert Jahren veränderten? Man hätte ja in dieser Weise fragen können. Hat man nicht so gefragt, weil die geschlechtliche (*gender*), die kulturellen oder die politischen Codierungen des Körpers als viel wichtiger angesehen wurden als der empirische Nachweis physisch differenter Körper?[77] Das aber kann wohl nur bedeuten, dass der physische Körper keineswegs verschwand, wie Barbara Duden argwöhnte,[78] sondern *de facto* als der immer gleiche, mit sich selbst identische Einschreibegrund diesen Codierungen vorausging und vorausgesetzt wurde, und tatsächlich haben verschiedene Historikerinnen und Historiker dargestellt, wie »der« Körper als Ort historischen Handelns und der Bedeutungsstiftung erscheint.[79] Hat

---

77 Margaret Lock: »Cultivating the Body: Anthropology and Epistemologies of Bodily Practice and Knowledge«, in: *Annual Review of Anthropology* 22 (1993), S. 133-155; Thomas Laqueur: *Making Sex. Body and Gender from Greeks to Freud*, Cambridge/Mass., London: Harvard University Press 1990; David Michael Levin, George Solomon: »The Discursive Formation of the Body in the History of Medicine«, in: *Journal of Medicine and Philosophy*, 1990, S. 515-537; Philipp Sarasin: »Mapping the body. Körpergeschichte zwischen Konstruktivismus, Politik und ›Erfahrung‹«, in: *Historische Anthropologie* 7 (1999), Nr. 3, S. 437-451.

78 Barbara Duden: »Geschlecht, Biologie, Körpergeschichte. Bemerkungen zu neuerer Literatur der Körpergeschichte«, in: *Feministische Studien* 2 (1991), S. 105-122; dies.: »Die Frau ohne Unterleib. Zu Judith Butlers Entkörperung. Ein Zeitdokument«, in: *Feministische Studien* 2 (1993), S. 24-33; vgl. dies.: *Geschichte unter der Haut. Ein Eisenacher Arzt und seine Patientinnen um 1730*, Stuttgart: Klett-Cotta 1992.

79 Vgl. z.B. Elaine Scarry: *Der Körper im Schmerz – Die Chiffren der Verletzlichkeit und die Erfindung der Kultur*, Frankfurt/M.: S. Fischer 1992; Svenja Goltermann: *Körper der Nation. Habitusformierung und die Politik des Turnens 1860-1890*, Göttingen: Vanden-

man also zum Beispiel nach dem »falschen Körper« gefragt,[80] weil der »richtige« eben doch außer Frage stand? Interessierten wir uns für die »Normalisierung« des Körpers, für Praktiken und Diskurse, die ihn als »normalen« und »natürlichen« erst herstellen sollten, ohne wirklich zu glauben, dass er je tatsächlich ganz anders gewesen wäre?[81] Oder haben wir das nicht *zeigen* wollen, weil Foucault es für uns dekretiert hat? Das mag unter der Hand alles eine Rolle gespielt haben – doch in erster Linie haben wir uns wohl vor einer »harten« historischen Statistik des Körpers gescheut, weil solche Daten zwar tatsächlich in verschiedensten Formen und Qualitäten verstreut vorliegen, sie aber im allerhöchsten Maße als problematisch erscheinen müssen. Denn diese Daten sind meist von Anthropologen erhoben worden, die damit vor allem die »Reinheit« oder die »Differenz« von Rassen beweisen wollten[82] oder die Devianz von kriminellen Körpern[83] oder von

---

hoeck & Ruprecht 1998; Peter Burschel, Goetz Distelrath, Sven Lembke (Hg.): *Das Quälen des Körpers. Eine historische Anthropologie der Folter*, Köln, Weimar, Wien: Boehlau 2000; Valentin Groebner: *Ungestalten. Die visuelle Kultur der Gewalt im Mittelalter*, München: Hanser 2003.

80 Michael Hagner (Hg.): *Der falsche Körper. Beiträge zu einer Geschichte der Monstrositäten*, Göttingen: Wallstein 1995; Jennifer Terry, Jacqueline Urla (Hg.): *Deviant Bodies. Critical Perspectives on Difference in Science and Popular Culture*, Bloomington, Indianapolis: Indiana University Press 1995.

81 Maren Möhring: *Marmorleiber. Körperbildung in der deutschen Nacktkultur (1890-1930)*, Köln: Böhlau 2004; Sarasin, *Reizbare Maschinen*.

82 Stephen Jay Gould: *Der falsch vermessene Mensch*, Frankfurt/M.: Suhrkamp 1994; Christine Hanke: *Zwischen Auflösung und Fixierung: zur Konstitution von »Rasse« und »Geschlecht« in der physischen Anthropologie um 1900*, Bielefeld: transcript 2007.

83 Peter Becker: »Der Verbrecher als ›monstruoser Typus‹. Zur kriminologischen Semiotik der Jahrhundertwende«, in: Hagner (Hg.), *Der falsche Körper*, S. 147-173; ders.: »Physiognomie des Bösen. Cesare Lombrosos Bemühungen um eine präventive Entzifferung des Kriminellen«, in: Claudia Schmölders (Hg.): *Der exzentrische Blick. Gespräch über Physiognomik*, Berlin: Akademie 1996, S. 163-186; Maren

Prostituierten[84] etc. Es ist zweifellos so, dass die Wissenschaft der physischen Anthropologie gerade in Deutschland eine dermaßen problematische Geschichte hat, dass hier äußerste Vorsicht geboten ist.[85] Und Foucault hatte natürlich genau diese Datenerhebung als eine Praktik der Macht über die Individuen im Auge, als er über die Techniken der Registrierung der individuellen Züge durch die Aufzeichnungs- und Registraturapparate in Disziplinaranstalten schrieb: »Mit Hilfe dieses angeschlossenen Aufzeichnungsapparates eröffnet das Examen zwei miteinander zusammenhängende Entwicklungen: einerseits konstituiert sich das Individuum als beschreibbarer und analysierbarer Gegenstand« – das ist die »Einschreibung«, von der Butler spricht –, »der aber nicht wie das Lebewesen der Naturforscher« (Foucault denkt diesen Vergleich immer mit) »in ›spezielle Eigenschaften‹ zerlegt wird, sondern unter dem Blick eines beständigen Wissens in seinen besonderen Zügen, in seiner eigentümlichen Entwicklung, in seinen Fähigkeiten und Fertigkeiten festgehalten wird«. Andererseits – und das ist die biopolitische Dimension dieser Datenerhebung – »baut sich ein Vergleichssystem auf, das die Messung globaler Phänomene, die Beschreibung von Gruppen, die Charakterisierung kollektiver Tatbestände, die Einschätzung der Abstände zwischen den Individuen in einer ›Bevölkerung‹ erlaubt.«[86]

Kurzum, eine empirische Beschreibung der Veränderung von Körpern, die erst Foucaults starkes Postulat belegen

---

Lorenz: *Kriminelle Körper – gestörte Gemüter. Die Normierung des Individuums in Gerichtsmedizin und Psychiatrie der Aufklärung*, Hamburg: Hamburger Edition 1998.

84 Mary Gibson: »The ›Female Offender‹ and the Italian School of Criminal Anthropology«, in: *Journal of European Studies*, 1982, S. 155-165.

85 Hans-Walter Schmuhl: *Grenzüberschreitungen. Das Kaiser-Wilhelm-Institut für Anthropologie, menschliche Erblehre und Eugenik 1927-1945*, Göttingen: Wallstein 2005; vgl. Doris Kaufmann (Hg.): *Geschichte der Kaiser-Wilhelm-Gesellschaft im Nationalsozialismus. Bestandsaufnahme und Perspektive der Forschung*, Göttingen: Wallstein 2000 (2 Bde.).

86 Foucault, *Überwachen und Strafen*, S. 245.

könnte, dass Körper sich nicht einfach »gleich« sind, sondern der Geschichte unterworfen, erscheint unmöglich, weil die Daten, die zumindest in der Geschichte der Moderne diese Analyse erlauben würden, aus dem Feld einer Macht stammen, die dezidiert biopolitisch ausgerichtet war. Problematisch sind andere historische Quellen zwar auch (was ihre reflektierte Verwendung nicht ausschließt), doch die Rede von Körpermaßen und ihrer historischen Veränderungen scheint spätestens seit den Verbrechen des Nationalsozialismus mit einem Tabu belegt zu sein – und dies wohl zu Recht. Heißt das also, dass das Projekt einer Geschichte des Körpers trotz Foucaults Beteuerungen des Gegenteils gar nicht möglich ist? Hatte Judith Butler recht mit ihrem paradoxen Befund, dass selbst Foucaults Radikalität es nicht vermochte, den menschlichen Körper *wirklich* zu historisieren? Setzt seine Rede von den Zugriffen der Macht auf die Individuen und ihren Körper (die mit den Anfängen der »Macht zum Leben« im 17./18. Jahrhundert historisch lokalisierbar sind) doch heimlich voraus, dass diese Körper gleichsam in ihrer angenommenen primordialen Macht-Unähnlichkeit einander als Einschreibefläche »gleich« waren? Oder dass sie zumindest eine ahistorische, träge, allein biologische »Materialität« darstellten, wie Butler vermutet?

Butler als reflektierteste Kritikerin Foucaults hat eine eigene Lösung für die Historisierung des Körpers vorgeschlagen, die wiederum die Karte der Codierungen spielt. Gestützt auf Mary Douglas Buch *Reinheit und Gefährdung*[87] versucht sie zu zeigen, dass Körper zum Beispiel durch Waschpraktiken und Reinlichkeitsnormen, durch Strafformen und bestimmte Tabus oder durch Sexualpraktiken in ihrer »kulturellen Kohärenz« jeweils anders konstituiert werden. Im Gegensatz zu Douglas' eigener Schlussfolgerung, die von der »unvermeidlich binären Struktur der Unterscheidung Natur/Kultur ausgeht«, ließe sich aber, so Butler, auf der Basis von Douglas' Analysen pos-

---

87 Mary Douglas: *Reinheit und Gefährdung. Eine Studie zu Vorstellungen von Verunreinigung und Tabu*, Frankfurt/M.: Suhrkamp 1988.

tulieren, dass die Grenzen des Körpers, sein Innen/Außen, seine Umrisse etc. durch kulturelle Codierungen überhaupt erst geschaffen würden und auf diese Weise der Körper als tatsächlich »kulturell konstruiert« denkbar werde.[88] Allein, dass der Körper dabei von Butler in seiner physischen Materialität nicht ebenso vorausgesetzt werde wie bei Foucault, ist eine bloße Behauptung – oder Butler glaubt tatsächlich, dass die Organe, Formen und Funktionen des Körpers über die Grenzen seiner individuellen Variabilität und üblichen Formbarkeit hinaus durch Diskurse und performative Praktiken frei gestaltbar seien. Es wäre wiederum eine empirische Frage, wie weit die schier unendlich vielfältigen, in allen menschlichen Kulturen verbreiteten und zuweilen sehr weitgehenden ästhetischen, religiösen, sexuellen oder leistungssteigernden Codierungen, Eingriffe, Techniken und Praktiken den Körper in einem von Butler gemeinten Sinne verändern. Aber wieso hat sie die entsprechenden, seit dem 19. Jahrhundert angehäuften ethnographischen und historischen Daten nicht für ihr Argument eingesetzt? Etwa, weil diese Zeugnisse stillschweigend voraussetzen, dass all diese Praktiken und Codierungen sich immer auf den einen menschlichen Körper bezogen haben und namentlich die Zweigeschlechtlichkeit dabei nicht in Frage stand? Mit anderen Worten, auch Butlers Postulat des kulturell formierbaren Körpers scheint deutlich stärker zu sein als seine empirische Validierung.

Damit aber sind die Möglichkeiten der *grosso modo* poststrukturalistischen Körpergeschichte ausgeschöpft: Auf der einen Seite bleibt die Körpergeschichte in der Nachfolge Foucaults darauf beschränkt, die Machtwirkungen auf »den« Körper zu beschreiben und (erfolgreich) zu zeigen, wie politische Macht immer auch auf den Körper zielt.[89] Gleichzeitig

---

88 Butler, *Unbehagen der Geschlechter*, S. 193-198.

89 Vgl. als neuere Publikationen z.B. Martin Dinges (Hg.): *Männer – Macht – Körper. Hegemoniale Männlichkeiten vom Mittelalter bis heute*, Frankfurt/M., New York: Campus 2005; Tony Ballantyne, Antoinette Burton (Hg.): *Bodies in Contact. Rethinking Colonial En-*

aber ist sie durch das Tabu blockiert, die Daten über die physische Geschichte und Variationsbreite des Körpers zu nutzen und damit auf einer empirischen Basis Foucaults Behauptung zu prüfen, dass der Körper signifikanten historischen Veränderungen (und nicht nur individuellen Variationen) unterworfen sei.[90] Auf der anderen Seite müsste die These von der kulturellen und diskursiven Codierung des Körpers mit Judith Butler zur idealistischen Behauptung einer tatsächlichen Neuformung des Körpers durch codierende Praktiken übergehen, wenn sie sich nicht allein auf der Ebene der aus der Ethnographie längst bekannten Variationen durch kulturelle Körperpraktiken bewegen will. Doch diese weitergehende Perspektive einer kulturellen Neuformierung des Körpers hat viel von ihrem ehemaligen *radical chic* verloren, seit sie gentechnisch in den Bereich des Möglichen gerückt ist und die Reproduktionsmedizin Geschlechter und Genealogien durcheinanderzuwürfeln beginnt.[91] Entsprechend still ist es heute um das vor kurzem noch so aufregende Projekt der Körpergeschichte geworden.

---

counters in World History, Durham, NC: Duke University Press 2005; Michael Gamper: *Masse lesen, Masse schreiben. Eine Diskurs- und Imaginationsgeschichte der Menschenmenge 1765-1930*, München: Fink 2007.

90 Vor allem amerikanische Wirtschafthistoriker nutzen solche Daten allerdings seit längerem; vgl. dazu neuerdings auch die seit 2003 am Seminar für Wirtschaftsgeschichte der Ludwig-Maximilians-Universität München publizierte Zeitschrift *Economics and Human Biology*, vgl. z. B. Ulrich Woitek, Marco Sunder: »Boom, Bust, and the Human Body: Further Evidence on the Relationship between Height and Business Cycles«, in: *Economics and Human Biology*, 3, 2005.

91 Vgl. Sigrid Weigel (Hg.): *Genealogie und Genetik. Schnittstellen zwischen Biologie und Kulturgeschichte*, Berlin: Akademie 2002; Brigitta Hauser-Schäublin, Vera Kalitzkus et al.: *Der geteilte Leib. Die kulturelle Dimension von Reproduktionsmedizin und Organtransplantation in Deutschland*, Frankfurt/M., New York: Campus 2001.

Blickt man von diesen Debatten rund 120 Jahre zurück auf *The Descent of Man*, zeigt sich vielleicht ein weiterer Grund für die angedeuteten Schwierigkeiten einer Körpergeschichte: Darwin sieht keinen Anlass, die Veränderung des menschlichen Körpers auf die Zeit vor der Geschichte des sesshaften, Felder bebauenden und Handel treibenden Menschen zu begrenzen, weil damals, in der neolithischen Revolution, die kulturelle Evolution das Zepter von der biologischen übernommen hätte, wie heutige Biologen sagen, und er sieht grundsätzlich keinen Grund, dabei nicht weiterhin von »Zuchtwahl« (*selection*) zu reden. Wir fürchten uns heute in Bezug auf den Menschen aus guten Gründen vor dieser Begrifflichkeit – während Darwin das Offensichtliche festhielt: Er beobachtete, dass »der Mensch gegenwärtig einer bedeutenden Variabilität unterliegt«, dass keine zwei Gesichter gleich, dass die Proportionen des Körpers und namentlich die Länge der Beine äußerst variabel seien, dass »in einigen Teilen der Erde ein langer Schädel, in anderen Teilen ein kurzer Schädel vorherrscht« und »selbst innerhalb der Grenzen ein und derselben Rasse [...] eine große Verschiedenheit der Form« bestünde etc.[92] Belege für diese Variabilität des menschlichen Körpers finden sich in der ethnographischen und anthropologischen Literatur, die er konsultiert, zuhauf, die Frage hingegen, wie sie zu erklären seien, scheint ihm komplizierter zu sein. Die Mitglieder zivilisierter Nationen, die »verschiedenen Rangklassen angehören und verschiedene Beschäftigungen haben«, weisen eine große »Verschiedenartigkeit von Eigentümlichkeiten« auf. Vielleicht – und darin domestizierten Tieren ähnlich – wegen der »wechselnden Lebensbedingungen, denen sie ausgesetzt« sind?[93] In vielen Fällen scheint ihm das die plausibelste Annahme zu sein; er kann solche Zusammenhänge zwar nicht beweisen und tappt – was die Regeln

92 Darwin, *Abstammung des Menschen*, S. 721.
93 Ebd., S. 722.

der Vererbung betrifft – bekanntermaßen völlig im Dunkeln. Aber es könne doch »kein Zweifel sein, daß veränderte Bedingungen fluktuierende Variabilität in fast endloser Ausdehnung veranlassen, wodurch die ganze Organisation in gewissem Grade plastisch gemacht wird«.[94] Beispiele? In den USA wurden während des Bürgerkriegs »über eine Million Soldaten« anthropometrisch »gemessen« und diese Daten zu ihren Geburts- und späteren Herkunftsorten in Beziehung gesetzt. Aus dieser »staunenswerten Zahl von Beobachtungen« ergebe sich »als bewiesen, daß lokale Einflüsse irgendwelcher Art direkt auf die Größe wirken«, dass die Lebensweise der Matrosen ihr Wachstum hemme.[95] Villermé in Frankreich habe die Zusammenhänge von Körpergröße und hygienischen Lebensbedingungen an Rekruten in Frankreich demonstriert; Daten aus Polynesien für verschiedene soziale Gruppen, von vulkanischen und unfruchtbaren ozeanischen Inseln oder aus verschiedenen, unterschiedlich fruchtbaren Regionen Feuerlandes, schließlich auch Forschungen zur Körpergröße von Städtern und Landbewohnern in Großbritannien machten es unmöglich, so Darwin, »den Schluss zu umgehen, daß bessere Nahrung und größerer Komfort die Körpergröße beeinflussen«, und überdies würden diese Effekte »in einer gewissen Ausdehnung vererbt«.[96] Aber auch Beschäftigungen scheinen einen Einfluss auszuüben. Die Payaguas-Indianer haben »dünne Beine und dicke Arme«, weil sie »Generationen hindurch fast ihr ganzes Leben in Kanus zugebracht haben«; bekannt sei auch, dass »Uhrmacher und Kupferstecher sehr leicht kurzsichtig werden, während Leute, die viel im Freien leben,

94 Ebd., S. 724.

95 Darwin zitiert B[enjamin] A[pthorp] Gould, *Investigations in Military and Anthropological Statistics*, [Cambridge] 1869, in: *Abstammung des Menschen*, S. 724; vgl. dazu Robert A. Margo and Richard H. Steckel: »Heights of Native-Born Whites During the Antebellum Period«, in: *The Journal of Economic History*, 43(1983), Nr. 1, S. 167-174, insb. S. 168.

96 Darwin, *Abstammung des Menschen*, S. 725.

und besonders Wilde meist weitsichtig sind« – und beides neige dazu, erblich zu sein.[97]

Ob sie dies wirklich sind, war hinsichtlich dieser »Einflüsse« natürlich die zentrale Frage. Darwin nahm an – und er folgte darin Lamarck –, dass der spezielle Gebrauch oder der Nichtgebrauch von Organen und Körperteilen diese nicht nur beim einzelnen Organismus stärken oder schwächen, sondern dass diese Effekte, die lang andauernden Wirkung dieser Einflüsse über mehrere Generationen vorausgesetzt, sich mit der Zeit vererben würden. Eine wirkliche theoretische Erklärung konnte er dazu nicht beibringen – und August Weismann wird ein Jahrzehnt später die bis heute noch weitgehend sakrosankte Lehre aufstellen, dass sich Veränderungen an den somatischen Zellen (also den allermeisten Körperzellen) nicht auf die Keimzellen auswirken würden:[98] Wer tätowiert ist, zeugt keine tätowierten Kinder, und auch sportliches Training zahlt sich für die Nachkommen nicht aus; der »Darwinismus« lässt Veränderungen des Körpers nur über die *natural* oder die *sexual selection* zu. Darwin seinerseits glaubte zwar viele empirische Belege für eine flexiblere, wenngleich theoretisch nicht begriffene Sichtweise zu besitzen, aber auch er war überzeugt, dass die Wirkungen des spezifischen Gebrauchs oder Nichtgebrauchs von Organen niemals so weit gehen würden, um die Unterschiede zwischen den Rassen erklären zu können.[99] Er schrieb diese Differenzen, wie wir gesehen haben, den Wirkungen der *sexual selection* zu, und diese Form der »Zuchtwahl« sei selbst in der modernen Geschichte des Menschen bis in den Gegenwart am Werk. Was einem Briten des 19. Jahrhunderts vor allem auffallen musste, war der Umstand, »daß die Glieder unserer Aristokratie, wobei ich unter diesem Ausdruck alle wohlhabenden Familien mit umfasse, in welchen Primogenitur seit langem geherrscht hat, – weil sie viele Generationen hindurch aus allen

---

97 Ebd., S. 726.

98 August Weismann: *Die Continuität des Keimplasmas als Grundlage einer Theorie der Vererbung*, Jena: Gustav Fischer 1885.

99 Vgl. Darwin, *Abstammung des Menschen*, S. 850, 1144f.

Klassen die schöneren Mädchen sich zu ihren Frauen erwählt haben, dem europäischen Maßstabe von Schönheit zufolge schöner geworden sind als die mittleren Klassen«; letztere würden immerhin, »was die vollkommene Entwicklung des Körpers« betreffe, »unter gleich günstigen Bedingungen« wie die Aristokratie leben (die Mittelklasse ist, mit anderen Worten, zwar ebenso gesund, aber nicht so wohlgestaltet wie die Aristokratie).[100] Das passt insgesamt gut zu Darwins Annahme, dass der Frauentausch und die weibliche Wahlmöglichkeiten, wie sie auch bei vielen »wilden« Völkern vorkämen,[101] die *sexual selection* begünstigen und wie geschildert zur Ausbildung von »Menschenrassen« nach ästhetischen Kriterien sowie zur Differenzierung der Geschlechter geführt hätten.

Damit ist deutlich geworden, dass Darwins Vorstellung einer Kulturgeschichte des Körpers mit ihren Einflüssen der Ernährung, der Beschäftigung und des Wohnorts – ob erblich oder nicht sei dahingestellt – sich leicht mit Nietzsches Ansichten über die Variabilität und Veränderbarkeit des Körpers in Einklang bringen lassen, dass zugleich aber die Geste Foucaults, Nietzsches Betonung der diätetischen Macht des Subjekts über seinen Körper zu wiederholen, im Vergleich dazu als vorsichtig, wenn nicht gar als blass erscheint. Die Selbstverständlichkeit, mit der Darwin ethnographische und anthropologische Daten zu den verschiedensten Praktiken der ästhetischen Körperveränderung (von der Bemalung und Tätowierung der Haut über die gezielte Narbenbildung bis zum Abplatten der Nase oder des Schädels und die Formung der Knochen von Beinen und Füßen[102]), damit insgesamt zur großen Variabilität des Körpers und schließlich auch zu seiner realen historischen Veränderung durch *sexual selection* beibringt, übersteigt alles, was Foucault oder Butler in dieser Hinsicht je geschrieben haben – man ist versucht zu sagen: zu denken wag-

100 Ebd., S. 1131-1132 (Übersetzung angepasst, Ph. S.).
101 Vgl. ebd., S. 1136-1141.
102 Vgl. ebd., S. 1122-1129.

ten. Es wird dabei aber auch deutlich, worin die Gefahr liegt, die die Geschichtswissenschaft seit Foucault davor zurückschrecken ließ, den Körper tatsächlich als veränderlich anzusehen: Es würde bedeuten, ihn nicht mehr bloß als Einschreibefläche codierender Praktiken zu sehen oder, in einem anderen theoretischen Register formuliert, allein als Träger der kulturellen Evolution – und damit als Garanten der Einheitlichkeit des Humanen, als die letzte Referenz für alle Kritik an den Praktiken der Macht –, sondern als ein real veränderbares, das heißt durch historische Kräfteverhältnisse geformtes und sie physisch repräsentierendes Objekt, das auf verwirrende Weise wir selbst sind.

Darwin schwankte erkennbar angesichts solcher Möglichkeiten. Während ihm die Begründungen für eine ausgeprägte Geschlechterdifferenz beim Menschen ideologisch überhaupt keine Probleme bereiteten, galt dies nicht, wie gesagt, für die »rassischen« Differenzen des Menschen: Zum einen betont er mehrfach, dass diese Unterschiede bloße Oberflächlichkeiten darstellen und die Einheit des Menschengeschlechts bei aller Variationsbreite außer Zweifel stünde. Zum anderen aber war er der Meinung, dass die kulturellen Differenzen zwischen »Wilden« und Zivilisierten auf eine Hierarchie und damit letztlich auf eine evolutionäre Stufenleiter innerhalb der Spezies Homo sapiens hindeute, wie seine notorische Rede von den »niedrigsten Wilden« belegt.[103] Das aber war die dunkle Kehrseite seiner Theorie, dass die *sexual selection* als zweite Kraft der Evolution ein kultureller Prozess sei: Kulturelle Differenzen schreiben sich als Differenzen besonders der »geistigen« Fähigkeiten in Darwins Bild des Menschen ein. Wenn es ein Kontinuum zwischen den geistigen Fähigkeiten von Mensch und Tier gibt, gibt es auch, so Darwin, unter den Menschen verschiedener Zivilisationsgrade und Kulturstufen irgendeine Art von Skala.

An diesem Punkt seiner Argumentation wurde er gleichsam

103 Vgl. etwa ebd., S. 1146, 1157f.

nachträglich empfänglich für jene Art der Lektüre des *Origin of Species* und der dort noch alles dominierenden Betonung der *natural selection*, die sein Cousin Francis Galton vorgenommen hatte. Galton hatte in seinem Buch *Hereditary Genius* von 1869, das aus seiner Darwin-Rezeption[104] und aus umfangreichen statistischen Arbeiten hervorgegangen war, ausgehend von seiner eigenen Idee der Erblichkeit geistiger Eigenschaften die Eugenik (sowie die quantitative Genetik) begründete. Darwin las dieses Buch mit großer Begeisterung, um nun seinerseits Galtons Text in *The Descent of Man* in fast wörtlichen Übernahmen zu referieren: »Wir bauen Zufluchtstätten für die Schwachsinnigen, für die Krüppel und die Kranken«, schreibt er etwa, und »es ist Grund vorhanden, anzunehmen, daß die Impfung Tausende erhalten hat, welche infolge ihrer schwachen Konstitution früher den Pocken erlegen wären. Hierdurch geschieht es, daß auch die schwächeren Glieder der zivilisierten Gesellschaft ihre Art fortpflanzen« – etc.[105] Das geht noch über ein paar Seiten so weiter. Allein, Darwin erinnert sich hier auch, dass er den Menschen kurz zuvor als ein moral- und empathiefähiges Wesen beschrieben hat, welches damit, dass er den Schwachen seinen Schutz entziehen würde, seiner eigenen Menschlichkeit widerspräche. Das werden wir im nächsten Kapitel in den Blick nehmen – hier ist bloß die Widersprüchlichkeit zu betonen, die Darwins Position kennzeichnet. Er schwankte zwischen dem Nachweis der Einheitlichkeit der Gattung Mensch (mit ihrer einzigen Spezies Homo sapiens) und seinem auch von Galton bestätigten Glauben an tiefe »zivilisatorische« Differenzen zwischen den Rassen. Er schwankte auch zwischen Galtons Folgerungen aus seiner Lehre der *natural selection*, dass die Schwachen der »Zuchtwahl« ausgesetzt bleiben müssten, einerseits, und seiner – wie wir jetzt sehen werden – Theorie des Menschen als moralfähiges und mit einem Gewissen begabtes Tier andererseits. Bietet denn, fragte

104 Galton, *Hereditary Genius*, S. 1.
105 Darwin, *Abstammung des Menschen*, S. 802.

sich Darwin am Schluss seines 900-seitigen *Descent of Man*, das komplizierte Spiel der Attraktionen im Feld der *sexual selection* genügend Garantien dafür, dass die harten Anforderungen der *natural selection* nicht gänzlich ausgeschaltet würden, wenn die Zivilisationsstufe auch das Überleben der Schwachen zulässt? Müsste es nicht Gesetze geben, die das Heiraten solcher Menschen oder auch die Heirat naher Verwandter verhindern würden (wie die Heirat mit seiner Cousine Emma, was ihn angesichts ihrer oft kranken Kinder mit großer Unruhe erfüllte[106]) – oder, da es solche Gesetze nie geben werde, bräuchte es nicht zumindest mehr Einsicht in diese Zusammenhänge, mehr Wissen um die »Gesetze der Vererbung«?[107]

106 Endersby, »Generation, pangenesis and sexual selection«, S. 87.
107 Darwin, *Abstammung des Menschen*, S. 1157.

9. Die Genealogie der Moral und die Wissenschaft ohne Gott

1966, im »année lumière« des Strukturalismus in Frankreich,[1] publizierte Claude Lévi-Strauss sein 1949 erschienenes Hauptwerk *Les structures élémentaires de la parenté* in einer zweiten Auflage. Beim Wiederlesen zwanzig Jahre nach der Abfassung des Buchs komme ihm »die Dokumentation verstaubt und der Ausdruck altmodisch vor«, aber an den Grundzügen der Methode und der Interpretation gebe es nichts zu ändern. Zweifel beschlichen ihn allerdings, was das »grundlegende Proble[m]« des Inzestverbots angeht: »Ich glaube zwar immer noch«, schreibt er, »daß das Inzestverbot einzig und allein soziologische Ursachen hat, aber ganz sicher habe ich den genetischen Aspekt etwas zu oberflächlich behandelt.« Es geht um die möglichen Erbschäden bei Inzucht und Inzest: Noch immer war er zwar der Meinung, dass »die ungesunden Folgen konsanguiner Verbindungen bei der Entstehung oder der Fortdauer der Exogamie-Regeln keine Rolle gespielt haben«, aber eine »richtigere Würdigung des sehr hohen Prozentsatzes der Mutationen und des Verhältnisses derjenigen, die schädlich sind, hätte nuanciertere Argumentationen verlangt«; heute sei er nur noch der Meinung, dass die Ethnologie der Hypothese einer »biologischen Kausalität [...] nicht bedarf«, um das Inzestverbot zu begründen (vgl. oben, Kap. 4).[2]

Doch auch da scheint er sich nicht mehr so sicher zu sein. Vielleicht könnte zwar bald einmal durch den »Fortschritt auf dem Gebiet der Gehirnanatomie und -physiologie« nachge-

1 Vgl. zu dieser Formulierung die französische Originalfassung des schon zitierten Werks von François Dosse: *Histoire du structuralisme, I. le champ du signe, 1945-1966,* Paris: La découverte 1991, S. 384 f.

2 Lévi-Strauss, *Die elementaren Strukturen der Verwandtschaft*, S. 23.

wiesen werden, dass die Sprachfähigkeit des Menschen (die als Grundlage menschlicher Kultur ebenfalls auf dem Inzestverbot als der »Regel aller Regeln« beruht) ihre reale Grundlage im menschlichen Gehirn habe. Andererseits würden jüngere Erkenntnisse der Biologie »die Demarkationslinie« zwischen Natur und Kultur »zwar nicht weniger real, aber doch sehr viel schmaler und gewundener machen«; bei Insekten, Fischen und Säugetieren seien »komplexe Kommunikationsverfahren entdeckt worden, die zuweilen wirkliche Symbole ins Spiel bringen«, und insbesondere Schimpansen würden »Werkzeuge herstellen und benutzen können«. Damit aber rücke die Wissenschaft die »Zeit, da die Epoche begonnen haben soll, die wir weiterhin als das Jung-Paläolithikum bezeichnen müssen«, in »immer weitere Ferne«, jene Epoche in der Geschichte der frühen Menschheit also, in der »verschiedene Spezies und sogar Gattungen von Hominiden, die Stein und Knochen bearbeiteten, in denselben Gegenden zusammengelebt zu haben« scheinen.[3] Das entspricht auch der heute akzeptierten Vorstellung von einer langen Koexistenz zwischen Neandertalern und dem Homo sapiens, und sie wirft für Lévi-Strauss ein entscheidendes Problem auf: Wie genau muss man sich folglich die Entstehung des Inzesttabus vorstellen, welches die Trennung von Natur und Kultur vollzieht und garantiert? 1950, im Vorwort zu den neu aufgelegten Schriften des französischen Ethnologen Marcel Mauss, hatte er noch behauptet, dass »die Sprache nur mit einem Schlag hat entstehen können«, weil Zeichen nicht bloß ein wenig etwas bedeuten können und sich folglich Bedeutungen auch nicht graduell, sondern nur vollständig und plötzlich vor dem Hintergrund des Nicht-Sinns abzeichnen.[4] Entsprechend musste auch das Inzesttabu als die Regel aller Regeln gleichsam plötzlich in Geltung getreten sein, um den Menschen von seinen affenähnlichen Vorfahren zu scheiden. Dieser einigermaßen mythischen Ursprungserzählung hielt er

---

3 Ebd., S. 24.
4 Lévi-Strauss, »Einleitung in das Werk von Marcel Mauss«, S. 38.

1966 eine nüchternere, ja entschieden düsterere Theorie für die Entstehung und die »wahr[e] Bedeutung des Gegensatzes zwischen Kultur und Natur« entgegen: Die bisher von ihm angenommene und postulierte »Einfachheit« dieses Gegensatzes würde sich nämlich dann als »illusorisch« erweisen, »sollte er weitgehend das Werk jener Spezies der Gattung *homo* (antiphrastisch *sapiens* genannt) gewesen sein, die wild darauf aus war, zweideutige Formen auszuschalten, die man an das Tierische grenzend wähnte«. Die *Sapiens*-Spezies der Hominiden, schreibt Lévi-Strauss mit dem heiligen Zorn des Ethnologen und mit jener Trauer über das Verschwinden indigener Völker, die sein Reisebericht *Tristes Tropiques* (1955) berühmt gemacht hatte, war »wahrscheinlich schon vor Tausenden von Jahren von demselben bornierten und zerstörerischen Geist beseelt, der sie heute dazu treibt, andere Lebensformen zu zerstören, nachdem sie schon so viele menschliche Gesellschaften vernichtet hat, die fälschlicherweise der Seite der Natur zugeordnet wurden, weil diese selbst die Natur nicht verwarfen (Naturvölker); so als hätte sie als Erstes den Anspruch erhoben, als einzige die Kultur gegenüber der Natur zu personifizieren [...]«.[5] Am Anfang der Kultur stünde nicht die wundersame *creatio ex nihilo* der Sprache und der Regel aller Regeln, sondern ein blutiger Gewaltakt, mit welchem die erfolgreichste Hominidengruppe die Regel der Exogamie ihren Feinden als neues Gesetz aufzwang und jene, die sich widersetzten, als zweifelhafte, dunkle Ängste vor dem Rückfall in die Natur einflößende Gestalten zwischen Mensch und Tier schlicht ausrotteten. Die exterminatorische Gewalt, die bis heute die Zivilisierten den »Barbaren« gegenüber anwenden – von denen Darwin sagte: »So waren unsere Vorfahren«[6] –, wäre also nichts anderes als das ferne, aber fortgesetzt dröhnende Echo jener blutigen Anfänge der Kultur.

---

5 Lévi-Strauss, *Die elementaren Strukturen der Verwandtschaft*, S. 24 (der Ausdruck »Naturvölker« erscheint im Original deutsch; vgl. ebd., Fn.)

6 Darwin, *Abstammung des Menschen*, S. 1157.

Damit aber ist, so Lévi-Strauss, »der Gegensatz zwischen Kultur und Natur weder eine ursprüngliche Gegebenheit noch ein objektiver Aspekt der Weltordnung«. Es war vielmehr ein Gewaltakt, mit dem die Kultur »ein Bollwerk, das diese um sich herum errichtet hätte, da sie sich nicht in der Lage sah, ihre Existenz und Originalität anders zu behaupten als dadurch, daß sie alle Verbindungen abschnitt, die geeignet waren, ihre ursprüngliche Verbindung mit den übrigen Manifestationen des Lebens zu bezeugen«.[7] Man darf vermuten, dass das 100-Jahr-Jubiliäum der Publikation des *Origin of Species*, das 1959 weltweit gefeiert wurde,[8] nicht spurlos an Lévi-Strauss vorüberging. Denn der zitierte Abschnitt aus seinem zweiten Vorwort von 1966 spricht eine deutliche Sprache: Die Kultur hat sich zu Unrecht als jener nur scheinbar unblutige Schnitt gebärdet, der alle genealogischen Verbindungen zur Welt der Tiere abgetrennt hat und den der (Post-)Strukturalismus seither als Voraussetzung von Kultur immer nur zu wiederholen vermochte (vgl. oben, Kap. 4). Das aber ist falsch, schreibt Lévi-Strauss im ungewohnten Ton des Genealogen: »Um das Wesen der Kultur zu verstehen, müssen wir also zu ihrer Quelle zurückgehen, ihrem Vorwärtsstürmen entgegenwirken, alle abgerissenen Fäden wieder verknüpfen und deren freies Ende in anderen Tier- und sogar Pflanzenfamilien suchen.«[9] Dann aber werde man entdecken, dass die Anfänge ganz anders sind, als der Strukturalist sie sich ausgedacht hat, nämlich, »daß die Verzahnung von Natur und Kultur nicht so beschaffen ist, daß die eine Ordnung die andere hierarchisch überlagert und sich nicht auf sie zurückführen läßt« – sondern? »... sondern vielmehr die Form einer synthetischen Reprise bereits bestehender Mechanismen annimmt, die das tierische Leben jedoch nur in getrennter Form und verstreut zeigt, einer Reprise, die sich dem Auftauchen bestimmter Gehirnstrukturen verdankt,

7 Lévi-Strauss, *Die elementaren Strukturen der Verwandtschaft*, S. 24.
8 Vgl. Janet Browne: »Commemorating Darwin«, in: *British Journal for the History of Science* 38 (2005), Nr. 3, S. 251-174.
9 Lévi-Strauss, *Die elementaren Strukturen der Verwandtschaft*, S. 24.

die ihrerseits zur Natur gehören«.[10] Langsam also bauen sich aus vielfältigen Anfängen und verstreuten Formen in rekursivem Verhaftetsein an frühere Stadien neue Strukturen und Funktionen auf, die in (dialektischen?) Synthesen zwischen der Biologie des Nervensystems bzw. des Gehirns und den immer komplexeren symbolischen Tätigkeiten des frühen Menschen Sprache und Kultur entstehen lassen.

Es ist leicht erkennbar, dass diese von Lévi-Strauss vorgeschlagene alternative Erzählung der Genealogie der Kultur sich einigermaßen in einen darwinistischen Theorierahmen einfügt (auf die Probleme komme ich später zurück) – dass sie vor allem aber präzise Foucaults schon zwei Jahre früher erprobtem nietzscheanischen Gedanken entspricht (was keinen »Einfluss« suggerieren soll), dass hinter jeder Regel immer die Gewalt der »Interpreten« liegt: Gewaltverhältnisse, aus denen die Regeln erst hervorgingen (vgl. oben, Kap. 6). Lévi-Strauss war nicht der Meinung, dass diese alternative Ursprungsgeschichte etwas an der Bedeutung und der Funktion des Inzesttabus als der fundierenden Regel aller Regeln ändern würde; Foucault hingegen wollte das im Lichte einer dekonstruktiven und nietzscheanischen Genealogie der Moral nicht gelten lassen. Wir werden daher im Folgenden zuerst kurz noch einmal auf seine Ablehnung der Theorie des Inzesttabus blicken, um dann zu Darwin zurückzukehren und zu untersuchen, warum dieser als Genealoge (und Biologe) den Menschen als moralfähiges Tier zu beschreiben vermochte. In einem größeren dritten Schritt schließlich werde ich mich dann wieder Foucault zuwenden: Es soll um die Frage gehen, wie er die Ökonomie und Gouvernementalität des (Neo-)Liberalismus als eine vergleichsweise unregulierte Gesellschaftsform beschreibt, die angeblich oder tatsächlich durch die Biologie Darwins reifiziert worden sei.

---

10 Ebd., S. 25.

Das Inzesttabu, der Ödipus-Mythos und seine Verwendung in der Psychoanalyse waren ein Thema, das Foucault in seinem ganzen Werk immer wieder beschäftigte. In *Wahnsinn und Gesellschaft* hatte er gegen den Anspruch einer »universellen« Geltung des Inzesttabus und des entsprechenden psychoanalytischen Mythos das schneidende genealogische Argument verwendet, dass die von Freud im Unbewussten seiner Patienten entdeckte psychische Grundstruktur von frühkindlichem Begehren gegenüber der Mutter und Tötungswunsch gegenüber dem Vater alles andere als eine grundlegend menschliche »Struktur« sei. Freud habe ihr zwar (ich habe die Stelle schon einmal zitiert) »in einem neuen Mythos die Bedeutung des Schicksals [gegeben], das die abendländische Kultur und vielleicht jede Zivilisation durchfurchen soll«,[11] tatsächlich aber sei sie bloß die Kopie einer vergessenen Praxis patriarchalischer Anstaltsführung durch Pinel und Tuke (vgl. oben, Kap. 4). Das Thema beschäftigte ihn als empirisch-theoretisches Vexierbild weiter, und er behandelt es unter dem für ihn maßgebenden methodischen Grundsatz, dass ein Unterschied bestehe zwischen der Existenz eines Verbots und der Problematisierung des Verbotenen, das heißt zwischen der Gesetzesnorm und dem Sprechen über das, was das Verbot reguliert, was es verhindern soll und ob es dennoch übertreten werde etc. In einem Zeitschriftenbeitrag zum Rahmenthema »La situation de la psychiatrie« vom Mai 1964 schreibt er zuerst: »Es gibt nicht eine einzige Kultur in der Welt, in der es erlaubt wäre, alles zu tun. Und es ist durchaus seit langem bekannt, dass der Mensch nicht mit der Freiheit beginnt, sondern mit der Grenze und der Linie des Unübertretbaren.« Das ist eine Referenz auf – oder auch an – Lévi-Strauss; Foucault jedenfalls fährt fort: »Man kennt die Systeme, denen die verbotenen Handlungen gehorchen; für jede Kultur lässt sich etwa ein Bereich von Verboten

---

11 Foucault, *Wahnsinn und Gesellschaft*, S. 512.

des Inzests herausheben.« Das war so weit tatsächlich bekannt, nun aber formuliert er seinen Einwand: »Dagegen kennt man die Organisation der sprachlichen Verbote noch kaum. So dass die beiden Restriktionssysteme sich nicht übereinander legen, als ob das eine nur die verbale Version des anderen wäre: Was auf der Ebene des Sprechens nicht erscheinen darf, ist nicht mit unbedingter Notwendigkeit auf der Ebene der Tat verboten. Die Zuni untersagen den Inzest, aber berichten vom Inzest zwischen Bruder und Schwester, und die Griechen haben die Legende von Ödipus.«[12] Mit anderen Worten, die Existenz des Gesetzes beweist weder, dass darüber auch nicht geredet werden kann, weil das Verbotene tatsächlich unaussprechlich wäre, noch dass aus dem Nichtsprechen auch das Nichthandeln zu folgern wäre, noch schließlich, dass das Sprechen vom Verbot auch dessen Geltung bedeute. Daher ist es für Foucault prinzipiell möglich, die Fragen nach dem »ursprünglichen«, dem »immer schon« bestehenden Verbot des Inzests – und sei dieses, wie Lévi-Strauss dann zwei Jahre später erwägen wird, durch einen Gewaltakt erst als allgemeines Gesetz etabliert worden – als irrelevant beiseitezuschieben; das ermögliche erst zu untersuchen, wann und unter welchen Bedingungen der Inzest als *Praxis* problematisch erscheint und zum Gegenstand eines Diskurses wird. Weil Foucault als Genealoge zum Paläolithikum und damit über den »Ursprung« der Menschheit nichts zu sagen hat, kann er umso genauer die Funktion des Inzestverbots im Spiel des Sprechens und Schweigens in konkreten historischen Situationen untersuchen – und er kann ebenso die Mythen, die vom Inzestverbot erzählen, einer genealogischen Lektüre unterziehen und sie auf ihre Funktion in einer gegebenen Gesellschaft hin befragen. Diesen doppelten genealogischen Zugang zur Frage des Inzestverbots erprobte er im März 1972 in Buffalo in einem Seminar unter anderem über *König Ödipus* von Sophokles sowie im September an der Cor-

12 Michel Foucault: »Der Wahnsinn, Abwesenheit eines Werks«, in: Foucault, *Schriften, Band I*, S. 539-550, S. 544.

nell University,[13] beide Male wohl entlang ähnlicher Linien wie dann im Mai 1973 in Rio de Janeiro, wo er einen ganzen Vortrag über das Ödipus-Thema hielt.[14] Dort konnte er sich zusätzlich auf den kurz zuvor erschienenen *Anti-Ödipus* von Gilles Deleuze und Felix Guattari beziehen, für welche der Ödipus-Mythos eine in die bürgerliche Familie eingelassene und von der Psychoanalyse als Repressionsinstrument endlos wiederholte Erzählung mit der Funktion darstellt, den Wunsch entlang familialer Strukturen zu kanalisieren und ihm überhaupt eine hierarchische und gesetzesmäßige Struktur zu geben.[15] Insbesondere die kritische Spitze gegen die Psychoanalyse entsprach vollständig seiner eigenen Sichtweise; im Herbst 1974 sprach er wiederum in Rio über die »Généalogie de la psychoanalyse au sein des pratiques de la psychiatrie du XIXe siècle«, und im Mai 1975 in Berkeley über die »Sexualité infantile avant Freud«, was wohl Teilen einer Vorlesung aus demselben Jahr entsprochen hat, auf die ich gleich zurückkommen werde. Aus dieser regelmäßig wiederkehrenden Beschäftigung mit dem Themenfeld resultierte dann schließlich die endgültige Abrechnung mit der Psychoanalyse in *Der Wille zum Wissen* (publiziert im Dezember 1976). Auch als Foucault sich in den späten 1970er Jahren intensiver mit der Geschichte des Subjekts in der Antike zu befassen begann, ließ ihn das Thema nicht los: Die (nicht edierte) Vorlesung von 1980, »Die Regierung der Lebenden«, leitete er mit einer langen Untersuchung zu Sophokles' *König Ödipus* ein, und auch in der Vorlesung von 1982, *Die Hermeneutik des Subjekts*, kam er auf Ödipus zurück.[16] Die Lektüre des Traumbuchs des Artemidor schließlich bestätigte ihn in seiner Auffassung, dass ein Verbot des In-

---

13 Alle diese Angaben folgen der »Zeittafel« in: Foucault, *Schriften, Bd. I*, S. 15-105.

14 Foucault, *Die Wahrheit und die juristischen Formen*, S. 29-51.

15 Vgl. Gilles Deleuze, Félix Guattari: *Anti-Ödipus. Kapitalismus und Schizophrenie I*, Frankfurt/M. 1988.

16 Foucault, *Hermeneutik des Subjekts*, S. 541, und Frédéric Gros: »Situierung der Vorlesung«, in: ebd., S. 618.

zests nicht heiße, dass man nicht von ihm träumen konnte – das wusste allerdings auch Freud –, vor allem aber, dass bestimmten Formen des Inzests *als Traum* von den Griechen eine sehr positive und als solche gesellschaftlich akzeptierte Bedeutung zugeschrieben wurde, mit anderen Worten: dass, wie gesagt, das nominelle Verbot noch nichts über die gesellschaftliche Funktion und Praxis des Inzests aussagt.[17]

Auch in Gesprächen in jenen letzten Jahren kam Foucault vereinzelt auf den Inzest zurück, etwa 1982, als er seine Sichtweise bündig zusammenfasste: »Der Inzest war über sehr lange Zeit eine volkstümliche Praxis«, unabhängig vom Existieren des nominellen Verbots; erst »gegen Ende des 19. Jahrhunderts« sei es »zur Entwicklung von vielfältigen Formen von sozialem, gegen den Inzest gerichtetem Druck gekommen«; wenn man hingegen »in der Literatur des 19. Jahrhunderts nach soziologischen oder anthropologischen Untersuchungen über den Inzest« sucht, werde man »nichts dergleichen finden«, denn »die Praxis des Inzests [stellte] in jener Zeit nicht wirklich ein Problem dar«.[18] In der Vorlesungsreihe *Die Anormalen* (1975) hatte Foucault diese knapp skizzierte Geschichte anschaulich gemacht; er zeigte mit einiger Ausführlichkeit mit Beispielen aus der Psychiatrie, der Gerichtspraxis, vor allem aber der populären Publizistik in der Zeit rund um die Französische Revolution eine doppelte Bewegung: Einerseits einen medizinischen Kreuzzug seit der Mitte des 18. Jahrhundert, der sich gegen das »einsame Laster« der Masturbation der Kinder wandte und den Eltern empfahl, den Kindern so nahe wie möglich zu sein, um die schändliche Selbstbefleckung zu verhindern – ohne dass dabei die Frage einer zu großen, einer in-

---

17 Michel Foucault: »Von seinen Lüsten träumen. Das *Traumbuch* des Artemidor«, in: Foucault, *Schriften, Band IV*, S. 561-594, insb. S. 578-581, vgl. S. 588.

18 Michel Foucault: »Sexuelle Wahl, sexueller Akt«, in: Foucault, *Schriften, Band IV*, S. 382-402, Zitat S. 401.

zestuösen Nähe problematisch erschienen wäre.[19] Auf der anderen Seite aber wurden vor allem in der politischen Pamphlet-Literatur jener Zeit Ludwig XVI. und seine Gattin Marie Antoinette, die vielgeschmähte österreichische »Hure« am Hof von Versailles, als »politische Monster« dargestellt, die sich ganz spezieller Verbrechen schuldig gemacht hätten: das sprichwörtliche Sich-Mästen am Körper des Volkes – also Kannibalismus –, sowie unter den vielen Ausschweifungen, die der Königin zur Last gelegt wurden, zuvorderst der Verlust ihrer »Blume« ausgerechnet durch das »kaiserliche Glied« ihres eigenen Bruders Joseph II. – also Inzest.[20] Dieser dunkle Doppelklang erscheine dann in allen kriminalistischen und psychiatrischen Texten des 19. Jahrhunderts über Verbrecher, sofern ihre Taten »monströs« genannt wurden, und die beiden Figuren des kannibalistischen und des inzestuösen Monsters hätten in der Folge gar »als Erkenntnisraster, als Zugangsweg zu einer Reihe von Disziplinen gedient«. Foucault kann sich die Pointe nicht verkneifen, dass insbesondere die Ethnologie – Durkheim – als »akademische Reflexion über die so genannten primitiven Völker« im »Grunde ihrer Fragestellung ausgerechnet [von] Anthropophagie und Inzest« ausging.[21]

Dass diese Genealogie in der Vorlesung bei Freud endet, muss hier nicht mehr dargestellt werden, denn Foucault hat seine Ablehnung einer »universellen« Bedeutung des Inzestverbots dann in *Der Wille zum Wissen* mit einiger Grundsätzlichkeit festgehalten. Die paar Seiten sind von ätzender Schärfe: Ausgerechnet in dem Moment am Ende des 19. Jahrhunderts, als »eine systematische Jagd auf inzestuöse Praktiken einsetze, wie sie auf dem Land oder in bestimmten städtischen Milieus üblich waren«, entdecke, so Foucault, Freud den Ödipus; im selben Augenblick, »da Freud Doras Begehren aufdeckte und sprechen ließ, rüstete man sich, um in anderen Gesellschafts-

19 Michel Foucault: *Die Anormalen. Vorlesungen am Collège de France (1974-1975)*, Frankfurt/M.: Suhrkamp 2003, S. 344-379.
20 Ebd., S. 132.
21 Ebd., S. 139.

schichten diesen schimpflichen Nahverhältnissen ein Ende zu setzen.«[22] Und auf der einen Seite behaupte die Psychoanalyse fortan die Universalität des Inzestverbotes, auf der anderen »aber [macht sie] sich in ihrer Praktik anheischig, bei denen, die sich ihre Hilfe leisten können, die Wirkungen jener Verdrängung aufzuheben; sie gestattet ihnen, ihr inzestuöses Begehren diskursiv zu artikulieren«.[23] Die ganze psychoanalytisch-strukturalistische Rede vom »Gesetz« – dem »Gesetz der Sprache« (Lacan), von der »Regel aller Regeln« als der Grundlage der Kultur (Lévi-Strauss) – gehörte für ihn daher historisch einer um 1900 versunkenen Epoche an, die von dem neuen, um die Gesundheit des Gattungskörpers zentrierten »Sexualitätsdispositiv« mit seinem Denken nicht des Gesetzes und des Symbolischen, sondern der Norm, der Disziplin und der Regulierung abgelöst worden sei. Und dieses Sexualitätsdispositiv sei keine »Befreiung« der Sexualität und kein Versprechen auf die Ankunft des guten Sex, sondern eine Regulation der Individuen ebenso wie der Bevölkerung über die diskursive und institutionelle Hervorbringung und Kontrolle einer spezifisch modernen Sexualität. Mit aller Ironie, zu der er fähig war, spottet Foucault daher: »Wenn das Inzestverbot die Schwelle aller Kultur ist, dann steht auch die Sexualität seit Anbeginn der Zeiten unter dem Zeichen des Gesetzes und des Rechtes. Die Ethnologie, die seit langem emsig an der transkulturellen Theorie des Inzestverbots arbeitet, hat sich um das gesamte moderne Sexualitätsdispositiv und die von ihm produzierten theoretischen Diskurse verdient gemacht.«[24] Nein, die Zeit der Theorie des Inzestverbots als einer wie auch immer gedachten Grundlage aller Kultur und Moralsysteme sei abgelaufen, und Foucault machte seine Auffassung am heikelsten aller möglichen historischen Beispiele noch einmal klar: »In Reaktion auf den zeitgenössischen Aufstieg des Rassismus bemühte sich

---

22 Foucault, *Wille zum Wissen*, S. 156.
23 Ebd., S. 155.
24 Ebd., S. 132.

Freud, der Sexualität das Gesetz zugrunde zu legen – das Gesetz der Allianz, das Gesetz der verbotenen Blutschande, das Gesetz des Vater-Souveräns«; Freud habe, mit anderen Worten, »die Thematik der Sexualität wieder in das [alte] System des Gesetzes, der symbolischen Ordnung und der Souveränität« eingeschrieben. Das war durchaus auch eine letzte Verbeugung vor der politischen Gradlinigkeit Freuds und der Psychoanalyse, denn dieser Haltung »verdankt es die Psychoanalyse, daß sie sich [...] in theoretischer und praktischer Gegnerschaft zum Faschismus befand«: Sie hielt dem biologistischen Degenerations- und Rassekonzept die Idee einer auf dem Ödipus-Mythos begründeten symbolischen Ordnung als Grundlage der Gesellschaft und einer alle Menschen umfassenden Humanität entgegen. Die Fallhöhe von Foucaults Argument ist mithin beträchtlich, denn die Gegnerschaft zum Faschismus ist keine geringe Sache. Dennoch fährt er fort: »Aber diese Position der Psychoanalyse war an eine bestimmte historische Konjunktur gebunden. Und nichts vermag zu verhindern, daß das Denken der Ordnung des Sexuellen in den Begriffen des Gesetzes, des Todes, des Blutes und der Souveränität [...] letztlich nur eine nostalgische Rückwendung in die Geschichte ist.«[25] Auch die Erfahrung des Faschismus war für Foucault kein Grund, das Denken »in den Begriffen des Gesetzes« – das Denken gemäß dem Ödipus-Mythos – anders als ein bloßes historisches Phänomen zu verstehen.

Darwins Genealogie der Inzestvermeidung

Es ist Zeit, sich wieder Darwin zuzuwenden. Denn dieser sah als Genealoge genauso wenig wie Foucault einen Grund, irgendwelche universelle Regeln anzunehmen, die den Menschen angeblich von den Tieren und die Kultur von der Natur trennen. Und galt für ihn, wenn schon, nicht jener universelle

---

25 Ebd., S. 179.

»Kampf ums Dasein«, der selbst in Großbritannien um 1871 nicht aufhören dürfe, wenn man den Niedergang der Zivilisation aufhalten wolle? Doch die Dinge verhalten sich noch einmal anders. Darwin hat den Begriff »Inzest« zum ersten Mal kurz in *The Variation of Animals and Plants under Domestication* (1868) verwendet, um gegen eine anders lautende Auffassung von Ethnologen zu betonen, dass auch bei australischen »Wilden«, »who have no [...] fine moral feelings to confuse«, der Abscheu vor dem »Verbrechen des Inzests« (*crime of incest*) selbstverständlich sei,[26] und er hat diesen Hinweis im 4. Kapitel des *Descent of Man* in einer Nebenbemerkung wieder aufgenommen.[27] Im 20. Kapitel findet sich dann eine weitergehende und tiefsinnige Reflexion über die Genealogie des »ehelichen Bandes«, die ein »dunkler Gegenstand«[28] sei und von der Frage auszugehen habe, ob *sexual selection* stattfinde. Denn wenn es keine Wahl der Geschlechtspartner gäbe, sei die »allgemeine Vermischung« wahrscheinlich. »Nun wird behauptet«, so Darwin, »daß heutigen Tages noch Stämme existieren, bei welchen das besteht, was Sir J. Lubbock aus Höflichkeit kommunale Ehen nennt, d.h. alle Männer und Frauen in dem Stamm sind Ehegatten untereinander«.[29] Ihm scheinen zwar die Belege für diese Ansicht weitgehend zu fehlen, trotzdem würden viele vertrauenswürdige Autoren glauben, dass »kommunale Ehen (der Ausdruck wird in verschiedener Weise umgangen) die ursprüngliche und allgemeine Form auf der ganzen Erde war, mit Einschluß der Heiraten zwischen Brüdern und Schwestern«.[30] Darwin mag das nicht glauben und orientiert sich in seinen Überlegungen am Modell der »monogamen Tiere« sowie an der polygamen Variante dauernder oder zeitweiser geschlechtlicher Gemeinschaften auf der Grundlage von *sexual selection*.

---

26 Charles Darwin: *The variation of animals and plants under domestication*. London: John Murray 1868, Vol. 2, S. 123.
27 Darwin, *Abstammung des Menschen*, S. 787.
28 Ebd., S. 1134.
29 Ebd., S. 1133.
30 Ebd., S. 1133.

Auch unter diesem Blickwinkel existierten zwar, den ethnographischen Daten zufolge, kommunale Ehen in dem Sinne, dass Frauen der Gemeinschaft der Männer gehören und der Vater der Kinder jeweils nicht bekannt sei. Die sich daraus ergebende Frage der Verwandtschaftsgrade sei äußerst verwickelt, aber es lägen dennoch keinerlei Hinweise auf eine »absolut allgemeine Vermengung« vor; diese scheint ihm vor allem »wegen der Stärke des Gefühls der Eifersucht durch das ganze Tierreich hindurch« und besonders bei jenen, »welche dem Menschen in der Tierreihe am nächsten kommen«, sehr unwahrscheinlich zu sein: »Wir können in der Tat nach dem, was wir von der Eifersucht aller männlichen Säugetiere wissen, von denen viele mit speziellen Waffen zum Kämpfen mit ihren Nebenbuhlern bewaffnet sind, schließen, daß allgemeine Vermischung der Geschlechter im Naturzustand äußerst unwahrscheinlich ist.«[31] Die Vorstellung, dass Inzucht bzw. Inzest im engeren Sinne (also Verbindungen zwischen Geschwistern oder Eltern und Kindern) bei Tieren oder Pflanzen in irgendeiner Weise »üblich«, oder, wenn sie vorkomme, unschädlich sei, widersprach nicht nur vollständig Darwins Naturauffassung und insbesondere seinen Dutzende von Seiten langen, beinahe lyrischen Beschreibungen monogamer (und nichtinzestuöser) Verbindungen von männlichen und weiblichen Tieren, sondern auch deutlich seinen eigenen Ängsten vor allzu engem familiären *interbreeding*.[32] Die heutige Biologie und insbesondere die Tierethologie hat diese Ansicht von der Inzestvermeidung als der deutlich dominierenden Strategie bei Tieren bestätigt.[33] Auch wenn sie in der Mitte des 20. Jahrhunderts noch nicht von allen Biologen geteilt wurde, so erweist sich doch schon angesichts des von Darwin entworfenen und heute nur noch einmal bestä-

31 Ebd., S. 1134f.

32 Vgl. Endersby, »Generation, pangenesis and sexual selection«, S. 75.

33 Vgl. Arthur P. Wolf, William H. Durham (Hg.): *Inbreeding, Incest, and the Incest Taboo. The State of Knowledge at the Turn of the Century*, Stanford: Stanford University Press 2005; für den Hinweis danke ich Harald von Keyserlingk (Berlin).

tigten Bildes der biologisch begründeten Inzestvermeidung, dass die von Lévi-Strauss 1966 erwogene traurige Geschichte von der Ausrottung jener Hominiden, die in ihrer angeblichen regellosen Endogamie noch eine verfängliche Nähe zur Natur verrieten, nur der tragischste und zugleich schönste aller kulturalistischen Mythen war.[34]

Darwin jedenfalls hat aus dem Verhalten der männlichen Tiere in der oben zitierten Passage unmittelbar folgend auf den Menschen zurückgeschlossen, und – seine eigenen sozialen Maßstäbe als gegeben betrachtend – mit wenigen Strichen eine Genealogie der Familienverhältnisse des urzeitlichen (*primeval*) Menschen konstruiert: »Wenn wir daher im Strom der Zeit weit genug zurückblicken und nach den sozialen Gewohnheiten des Menschen, wie er jetzt existiert, schließen« – das ist jene reichlich zirkelschlüssige Hermeneutik, die er ganz unproblematisch zu finden scheint –, »so ist die wahrscheinlichste Annahme die, daß der Mensch ursprünglich in kleinen Gesellschaften lebte, jeder Mann mit einer Frau oder, wenn er die Macht hatte, mit mehreren, welche er eifersüchtig gegen alle anderen Männer verteidigte. [...] Die jüngeren Männchen, welche hierdurch ausgestoßen sind und nun umherwandern, werden auch, wenn sie zuletzt beim Finden einer Gattin erfolgreich sind, die zu enge Inzucht innerhalb der Glieder einer und derselben Familie verhüten.«[35]

Man sieht, dass dies eine ganz andere Erklärung für die Exogamie darstellt, als Lévi-Strauss sie vorschlägt: Nicht die kulturelle Regel des Inzesttabus ist es, die den jungen Mann zwingt, außerhalb der eigenen Blutsverwandtschaft nach einer Geschlechtspartnerin Ausschau zu halten, sondern die Tatsache, dass ein älteres Männchen – der »Vater«, wie Freud in *Totem und Tabu* ihn nannte[36] – ihm den Zugang zu »seinen« eifer-

---

34 Vgl. dazu auch Zollikofer/Ponce de Léon, »Bilder des Übergangs«, S. 19.

35 Darwin, *Abstammung des Menschen*, S. 1135.

36 Sigmund Freud: »Totem und Tabu (Einige Übereinstimmungen im Seelenleben der Wilden und der Neurotiker)«, in: ders: *Fragen der*

süchtig von ihm verteidigten Frauen verwehrt. »Kultur« aber entsteht nicht mit diesem Schritt des jungen Mannes aus dem engen Kreises der Konsanguinität hinaus, und das Inzesttabu hat für Darwin daher keine gleichsam »strategische« Bedeutung wie bei Lévi-Strauss. Seine weitgehende Vernachlässigung der Frage der (biologischen) Inzucht und des Inzesttabus im *Origin of Species* wie auch im *Descent of Man* scheint nebenbei vielmehr Foucaults Feststellung zu bestätigen, dass der Inzest erst gegen Ende des 19. Jahrhundert etwas darstellte, was als problematisch erschienen und besonders der Rede wert gewesen wäre. Jedenfalls können wir festhalten, dass es für Darwin eine genealogische Linie gibt, die von der selbstverständlichen Abneigung der Tiere gegenüber dem *interbreeding* zum Verhalten der frühen Menschen führt, in ihren Horden Inzucht auszuschließen – zum Beispiel aus Eifersucht –, was sich schließlich auch an der Geltung dieses Tabus in der Welt des modernen Menschen zeige. In der Vorgeschichte des Menschen, wie er sie von den »Wilden« repräsentiert findet, entdeckt Darwin dann mit der Ethnologie seiner Zeit und aus eigener, mehr oder weniger verlässlicher Anschauung in Feuerland, dass, »[o]bgleich Wilde jetzt äußerst ausschweifend sind und obschon kommunale Ehen früher in hohem Grade geherrscht haben mögen«, dennoch »bei vielen Stämmen irgendeine Form von Ehe« bestehe, »freilich von viel lockerer Natur als bei zivilisierten Nationen«.[37] Auch hier erübrigt sich ein Kommentar zum »zeittypischen« Kolorit dieser Beobachtung; wichtig ist nur festzuhalten, dass Darwin das Faktum irgendeiner Form von geregelter Exogamie als gegeben erachtet. Von einer klaren Trennung zwischen Menschen und Tieren, zwischen Natur und Kultur jedoch kann in dieser Hinsicht und aus diesen Gründen nicht die Rede sein.

Was aber taugt sonst zum Kriterium, welches den Menschen

Gesellschaft, Ursprünge der Religion, Frankfurt/M.: S. Fischer 1974. S. 425.

37 Darwin, *Abstammung des Menschen*, S. 1135.

tatsächlich und überzeugend von den Tieren zu unterscheiden gestatten würde? Für Darwin ist es die *Moralfähigkeit* des Menschen: »Ein moralisches Wesen ist ein solches, welches imstande ist, seine vergangenen und zukünftigen Handlungen oder Beweggründe miteinander zu vergleichen und sie zu billigen oder zu mißbilligen.« Damit ist für ihn die entscheidende Differenz zum Tier gegeben, denn »[z]u der Annahme, daß irgendeines der niederen Tiere diese Fähigkeit habe, haben wir keinen Grund«.[38] Der Mensch allein sei zu diesem beurteilenden Vergleichen von vergangenen und zukünftigen Handlungen und ihren Beweggründen in der Lage, weil die »Lebendigkeit seiner geistigen Fähigkeiten« ihm keine andere Wahl lasse. Genauer gesagt: Es ist sein großes, ursprünglich aus dem Schneckengang der *sexual selection* und damit der wachsenden Unterscheidungsfähigkeit von ästhetischen Zeichen bis hin zur Ausbildung von Kunst, Musik und Sprache hervorgegangenes Gehirn (vgl. oben, Kap. 8), das ihm keine andere Wahl lässt. Wie Darwin in den Grundzügen schon vermutete und man heute bestätigt findet, setzte vor rund 250000 Jahren mit der Entstehung der langsam aus der ursprünglichen Gebärdensprache hervorgegangenen vokalen Sprachfähigkeit des Menschen ein Prozess kulturell-biologischer Evolution ein, in welchem sich das Hirnvolumen vergleichsweise explosionsartig vergrößerte und »vor etwa 40000 Jahren [...] den gegenwärtigen bio-historischen Entwicklungsstand« erreichte.[39] Dieses durch kulturelle Prozesse aus seiner ursprünglichen Tiergestalt weiterentwickelte Organ habe, so nun wieder Darwin, den zwingenden Effekt, dass der Mensch es »nicht vermeiden [kann] zu reflektieren: Vergangene Eindrücke und Bilder durchziehen unaufhörlich mit Deutlichkeit seine Seele«.[40] Die Verarbeitungsgeschwindigkeit des menschlichen Gehirns ist

38 Ebd., S. 784.

39 Jäger, »Sprachevolution. Neuere Befunde zur Audiovisualität des menschlichen Sprachvermögens«, S. 151; vgl. Tomasello, *Die kulturelle Entwicklung des menschlichen Denkens*, S. 14.

40 Darwin, *Abstammung des Menschen*, S. 784.

mit anderen Worten so hoch, dass der innere *flow* der Erinnerungen und Eindrücke das Bewusstsein des Menschen reflexiv werden lässt.

Doch welche Form von Reflexion meint Darwin genau, die dem Menschen aus diesem Bewusstseinsstrom beinahe als Zwang erwachse? Er ist der Ansicht, dass sich in diesem Zusammenfließen von inneren Bildern und Eindrücken, von Erinnerungen und Handlungsmotiven aus einem doppelten Grund ein spezifisch *moralisches* Bewusstsein entwickelte, das heißt ein »Gewissen«.[41] Zum *einen* seien diese »Eindrücke und Bilder« die Empfindungen eines Wesens, das in seinem noch halbmenschlichen Zustand wahrscheinlich relativ schwach war und sich nicht durch schiere Kraft gegen seine Feinde behaupten konnte. Natürlich wisse man nicht, ob der Mensch »von irgendeiner vergleichsweise kleinen Art wie dem Schimpansen abstammt oder von einer so mächtigen wie dem Gorilla«; daher können »wir auch nicht sagen, ob der Mensch größer und stärker oder kleiner und schwächer im Vergleich zu seinen Urerzeugern geworden ist«[42] (heute weiß man, dass er weitaus schwächer und kleiner war als ein Gorilla[43]). Doch was bedeutet das? Das sei insofern wichtig, als »ein Tier, welches bedeutende Größe, Kraft und Wildheit besitzt und welches, wie der Gorilla, sich gegen alle Feinde verteidigen kann, wahrscheinlich nicht sozial geworden sein wird, und dies würde in äußerst wirksamer Weise die Entwicklung jener höheren geistigen Eigenschaften beim Menschen, wie Sympathie und Liebe zu seinen Mitgeschöpfen, gehemmt haben. Es dürfte daher von einem unendlichen Vorteil für den Menschen gewesen sein, von irgendeiner verhältnismäßig schwachen Form abgestammt zu sein.«[44] Der Mensch ist demnach nicht das stärkste und grausamste Tier, das je auf der Erde erschien, im Gegenteil: Es war

41 Ebd., S. 774.
42 Ebd., S. 749.
43 Vgl. Tom Gundling: *First in Line. Tracing our Ape Ancestry*, New Haven: Yale University Press 2000, insb. S. 59-61.
44 Darwin, *Abstammung des Menschen*, S. 749.

für ihn von *unendlichem* Vorteil, dass er so schwach war[45] – und dies ist laut Darwin der *eine* Grund für sein Moralfähigkeit: Der Mensch als ursprünglich kleine Affenart, die aus einer unscheinbaren Diversifikation vor (wie man heute annimmt) 6 Millionen Jahren sich herausbildete, war zur Kooperation mit seinesgleichen gezwungen, wenn er seine physischen Mängel kompensieren wollte. Und Darwin suggeriert mit einem Gedankenexperiment, dass sich Kooperation tatsächlich als bessere evolutionäre Strategie auszahlte: »Kamen zwei Stämme des Urmenschen, welche in demselben Lande wohnten, miteinander in Konkurrenz, so wird, wenn der eine Stamm bei völliger Gleichheit aller übrigen Umstände eine größere Zahl mutiger, sympathischer und treuerer Glieder umfaßte, welche stets bereit waren, einander vor Gefahr zu warnen, einander zu helfen und zu verteidigen, dieser Stamm ohne Zweifel am besten gediehen sein und den anderen besiegt haben.«[46] Das nennt die Biologie heute Gruppenselektion: das Erlangen von komparativen Reproduktionsvorteilen durch die Kooperation in Gruppen anstelle des Verfolgens von je individuellen Überlebensstrategien. Altruismus erscheint dabei als ergänzende Strategie zum primären, aber nicht immer und nicht für jedes Individuum Erfolg versprechenden Egoismus.[47]

Eine Theorie der Anerkennung

Gruppenselektion bedeutet schlaue, »strategische« Kooperation; sie ist als Ganzes eher unbewusst und wie bei den Bienen oder den Ameisen einzig auf die Maximierung der Überlebenswahrscheinlichkeit eines jeweiligen »Stamms« ausgerichtet und

45 Vgl. dazu auch René Scheu: *Das schwache Subjekt. Zum Denken Pier Aldo Rovattis*, Wien: Turia & Kant 2008.
46 Darwin, *Abstammung des Menschen*, S. 799.
47 Vgl. Robert J. Richards: »Darwin on Mind, Morals and Emotions«, in: Hodge/Radick (Hg.), *The Cambridge Companion to Darwin*, S. 92-115, insb. S. 99.

damit insgesamt die Strategie einer Spezies, die es im puren *survival of the fittest* nicht allzu weit gebracht hätte, weil ihr zum Beispiel, wie Darwin notiert, die entsprechenden Eckzähne fehlen.[48] Ist damit nicht alles gesagt? Ist die Lehre von der Gruppenselektion nicht eine Hypothese, die Darwins altmodisch erzählten Genealogien spieltheoretisch als strategische Kalküle rekonstruiert und damit die Logik auf ihrer Seite hat? Man sollte wohl nicht versuchen, gegen die gesamte Weisheit der heutigen Biologie anzurennen – allein, Darwins Weisheit führte ihn zu zumindest differenzierteren Schlüssen.[49] Wir kommen damit zum *zweiten* Grund für die Entwicklung der Moralfähigkeit des Menschen gemäß jener Genealogie, die Darwin entwarf; sie hängt unmittelbar mit der Schwäche des Menschen und seinem Angewiesensein auf Kooperation zusammen.[50] Er schreibt: »Der folgende Satz scheint mir in hohem Grade wahrscheinlich zu sein, nämlich daß jedes Tier, welches es auch sein mag, wenn es nur mit scharf ausgesprochenen sozialen Instinkten (die elterliche und kindliche Zuneigung hier mit eingeschlossen) versehen ist, unvermeidlich ein moralisches Gefühl oder Gewissen erlangen würde, wenn sich seine intellektuellen Kräfte so weit oder nahezu so weit wie beim Menschen entwickelt hätten.«[51] Das ist die These von der Moralfähigkeit des Menschen – doch weshalb ist sie »in hohem Grade wahrscheinlich«? Darwin führt drei Gründe an: »[E]rstens führen die sozialen Instinkte ein Tier dazu, Vergnügen an der Gesellschaft seiner Genossen zu haben, einen gewissen Grad von Sympathie mit ihnen zu fühlen und verschiedene Dienste für sie zu verrichten. [...] Diese Gefühle und Dienste erstrecken sich aber durchaus nicht auf alle Individuen derselben Spezies, sondern nur auf die derselben Gemeinschaft.«[52]

48 Vgl. Darwin, *Abstammung des Menschen*, S. 731.

49 Vgl. Richards, »Darwin on Mind, Morals and Emotions«, S. 107-109.

50 Vgl. zum Folgenden auch den ausführlichen Überblick in Engels, *Darwin*, S. 164-204.

51 Darwin, *Abstammung des Menschen*, S. 774-775.

52 Ebd., S. 775.

Für soziale Tiere bereitet das Zusammenleben in der konkreten Gruppe in irgendeiner Weise »Vergnügen«, wird als positiv und wertvoll empfunden, und zwar letztlich deswegen, weil es überlebensnotwendig ist.[53] Daraus ergäbe sich »[z]weitens: Sobald die geistigen Fähigkeiten sich hochentwickelt haben, durchziehen Bilder aller vergangenen Handlungen und Beweggründe unaufhörlich das Gehirn eines jeden Individuums« – diese Passage kennen wir schon, doch Darwin fährt fort – »und jenes Gefühl des Unbefriedigtseins oder selbst Unglücks [...] wird entstehen, so oft bemerkt wird, daß der andauernde und stets gegenwärtige soziale Instinkt irgendeinem anderen zu der Zeit stärkeren, aber weder seiner Natur nach dauernden, noch einen sehr lebhaften Eindruck zurücklassenden Instinkte nachgegeben hat.«[54] Ein ständig vielerlei Eindrücke und Erinnerungen verarbeitendes Gehirn wird Widersprüche zwischen den sozialen Instinkten und egoistischen, einem kurzfristigen Impuls entstammenden Handlungen feststellen, und es wird dem hochentwickelten Tier bzw. dem frühen Menschen signalisieren, dass dieser Widerspruch unangenehm sei, weil die spontane egoistische Handlung das für das Überleben notwendige Eingebundensein in die Gruppe gefährden könnte. Darwin fügt dem noch eine weitere Überlegung hinzu: »Drittens: Nachdem die Fähigkeit der Sprache erlangt worden ist und die Wünsche der Mitglieder einer und derselben Gemeinschaft deutlich ausgedrückt werden können, wird die allgemeine Meinung darüber, wie ein jedes Mitglied zum allgemeinen Besten zu wirken hat, naturgemäß in einem ganz hervorragenden Grade das Bestimmende bei den Handlungen werden.«[55]

Die Sprache also mit ihrer inhärenten Tendenz, einzelne äußere Verhältnisse und individuelle innere Empfindungen einander je ähnlich und damit vergleichbar zu machen – austauschbar mit der Münze des Begriffs –, führt zur Ausbildung

---

53 Vgl. über die Neigung zur Geselligkeit und Soziabilität bei Tieren ebd., S. 776-782.

54 Ebd., S. 775.

55 Ebd.

einer »allgemeinen Meinung« über das allgemeine Beste, die nun »naturgemäß« zur bestimmenden Motivation des Handelns der Gruppenmitglieder wird. Ist Darwin also ein Sprachphilosoph? Ist es die Ausbildung der Sprache als dem einen Stamm gemeinsamen Medium der Verständigung, die zum »Gesetz« des Handelns des Einzelnen wird, weil das gemeinsame Gute sich nur sprachlich ausdrücken lässt? Meint Darwin damit das, was Nietzsche nur zwei Jahre nach dem Erscheinen der deutschen Ausgabe des *Descent of Man*[56] in Basel seinem Freund Carl von Gersdorf unter dem Titel »Ueber Wahrheit und Lüge im aussermoralischen Sinn« in die Feder diktierte,[57] dass nämlich der Mensch, weil er »zugleich aus Noth und Langeweile gesellschaftlich und heerdenweise existiren will«, »einen Friedensschluss [braucht] und darnach [trachtet], dass wenigstens das allergröbste bellum omnia contra omnes aus seiner Welt verschwinde«? Denn mit »diese[m] Friedensschluss« werde »eine gleichmässig gültige und verbindliche Bezeichnung der Dinge erfunden und die Gesetzgebung der Sprache giebt auch die ersten Gesetze der Wahrheit«.[58] Mit anderen Worten: Der Friedensschluss von klugen Tieren, die aus Not und Langeweile gesellschaftlich existieren wollten, wurde begleitet von der Erfindung der Sprache – und diese Sprache wurde, so ließe sich daraus zumindest ableiten, nicht nur zum Gesetz ihrer Wahrheit, sondern auch zum Gesetz ihres Friedens und ihres Stamms.

Eine weitere Ursprungserzählung… – ist es diejenige, die Darwin im Auge hat? Nicht ganz. Er schreibt in unmittelbarem Anschluss an die letzte Passage, die ich zitiert habe, zur Begründung dafür, dass das Handeln des Einzelnen den

56 Charles Darwin: *Die Abstammung des Menschen und die geschlechtliche Zuchtwahl*, Stuttgart: E. Schweizerbart'sche Verlagshandlung (E. Koch) 1871 (zweite nach der letzten Ausgabe des Originals berichtigte Auflage).

57 Janz, *Friedrich Nietzsche, Biographie*, Bd. 1, S. 503.

58 Nietzsche, »Ueber Wahrheit und Lüge im aussermoralischen Sinne«, S. 877.

sprachlich formulierten Maximen des allgemeinen Guten folge – und dass, falls es das nicht tue, das Gehirn einen Konflikt signalisiere –: »Wir dürfen aber nicht vergessen, daß, ein wie großes Gewicht wir auch der öffentlichen Meinung einräumen, unsere Rücksicht auf die Billigung oder Mißbilligung unserer Genossen doch auf Sympathie beruht, die, wie wir sehen werden, einen wesentlichen Teil des sozialen Instinkts ausmacht und geradezu sein Grundstein ist.«[59] Der Grundstein also ist nicht die Sprache, sondern die wechselseitige »Sympathie«. Es sind nicht Instinkte, die das Handeln des Menschen lenken (wie Darwin ausführlich zeigt), sondern, so Darwin, seine tiefe und primordiale Empfindung des elementaren Angewiesenseins auf den Anderen, die ihn dessen *Anerkennung* suchen lässt und ihn als soziales Wesen von dieser Anerkennung abhängig macht. »[I]nstinktive Sympathie« werde ihn »veranlassen, die Billigung seiner Mitmenschen hoch anzuschlagen, denn die Empfänglichkeit für Lob und das starke Gefühl für Ruhm einer-, andererseits der noch stärkere Widerwille gegen Spott und Verachtung sind [...] Folgen der Sympathie«.[60] Auf dieser Basis nun, die noch ganz ohne Rekurs auf die Sprache oder ein allgemeines Gesetz auskommt, entwickelt Darwin, wie mir scheint, seine ganze Theorie der hohen Moralität, zu der allein der Mensch fähig ist (zuerst nur innerhalb seines »Stammes«, während anderen »Stämmen« mit scharfer Feindschaft begegnet wird). Der Mensch werde »durch die Wünsche, den Beifall und Tadel seiner Mitmenschen, wie diese durch deren Gesten und Sprache ausgedrückt werden, bedeutend beeinflußt«, weil sein Überleben von seinem Akzeptiertsein als Gruppenmitglied abhängt. Das aber ist nach Darwin der entscheidende Mechanismus der Genealogie der Moral: »So geben die sozialen Instinkte, welche der Mensch in einem sehr rohen Zustand erlangt haben muß, und die vielleicht selbst von seinen früheren, affenähnlichen Urerzeugern

59 Darwin, *Abstammung des Menschen*, S. 775.
60 Ebd., S. 783.

erlangt worden sind, noch immer den Anstoß zu vielen seiner besten Handlungen.«[61] Er wiederholt, dass zwar Konflikte verschiedener Handlungsmotive – soziale *vs.* egoistische – sich nicht vermeiden lassen, doch er vertraut darauf, dass dieser Mechanismus der Genealogie der Moral eine selbstverstärkende Dynamik angenommen habe, die zu einer letztlich die gesamte Menschheit einschließenden Moralfähigkeit führe[62] – beziehungsweise er kann sich die faktische Existenz moralischer Individuen und einer universalistischen Moral, die alle Menschen umfasst, anders nicht erklären: »In dem Maße aber, wie die Gefühle der Liebe und Sympathie und die Kraft der Selbstbeherrschung und die Gewohnheit verstärkt werden, und wie das Vermögen des Nachdenkens klarer wird, so daß der Mensch die Gerechtigkeit der Urteile seiner Mitmenschen würdigen kann, wird er sich unabhängig von irgendeinem Gefühl der Freude oder des Schmerzes, das er in dem Augenblick fühlen könnte, zu einer gewissen Richtung seines Benehmens getrieben fühlen.« Natürlich ist das die Moral eines britischen Gentleman des 19. Jahrhunderts, und daher schreibt er schließlich: »Dann – und kein Barbar oder unkultivierter Mensch könnte so denken – kann er sagen: Ich bin der oberste Richter meines eigenen Betragens; oder mit den Worten Kants: ›Ich will in meiner eigenen Person die Würde der Menschheit nicht verletzen.‹«[63]

Die Überheblichkeit, die sich bei aller Liebe zur Moral in diesen Worten ausspricht, ist zweifellos *shocking*. Man sollte dennoch nicht mit Darwins Biographen Adrian Desmond und James R. Moore in die Falle der postkolonialen Entrüstung tappen und nicht nur dieser Theorie der Anerkennung, sondern überhaupt Darwins Buch über den Menschen vorwerfen, es sei schon 1871 »rather old fashioned« gewesen.[64] Dieses spöttische Verdikt (dem die Autoren eine weitere Seite ironischer Verachtung folgen lassen) ist von bedauerlicher Ober-

61 Ebd.

62 Vgl. ebd., S. 792.

63 Ebd., S. 783.

64 Desmond/Moore, *Darwin*, S. 579.

flächlichkeit. Denn wenn wir schon nichts anderes tun können, als uns »Geschichten zu erzählen«, wie Donna Haraway bemerkte, dann kommt es immerhin darauf an, dass wir uns gute Geschichten erzählen.[65] Und Darwins Ursprungserzählung hat immerhin ein paar bestechende Vorteile auf ihrer Seite. *Erstens* vermag sie plausibel zu machen, dass Menschen nicht einfach bloß – alleine oder in Gruppen – das Überleben ihrer Gene optimieren. Das wird vielleicht am leichtesten verständlich, wenn wir auf die erheblichen Schwierigkeiten einiger heutiger Biologen blicken, die zu erklären versuchen, warum und auf welcher Basis Menschen anders handeln sollten oder könnten denn als »Überlebensmaschinen«, wie Richard Dawkins sagte. Dieser schreibt in seinem bezeichnenderweise *The Selfish Gene* genannten Bestseller von 1976: »Ich trete nicht für eine Ethik auf der Grundlage der Evolution ein. [...] Wenn der Leser jedoch eine Moral möchte, möge er es als Warnung lesen: Wenn er – wie ich – eine Gesellschaft aufbauen möchte, in der die einzelnen großzügig und selbstlos zugunsten eines gemeinsamen Wohlergehens zusammenarbeiten« – das entspricht noch ganz Darwins Werten –, »kann er wenig Hilfe von der biologischen Natur erwarten. Laßt uns versuchen, Großzügigkeit und Selbstlosigkeit zu *lernen*, denn wir sind egoistisch geboren. Laßt uns verstehen lernen, was unsere eigenen egoistischen Gene vorhaben, denn dann haben wir vielleicht die Chance, ihre Pläne zu durchkreuzen – etwas, das keine andere Art bisher jemals angestrebt hat.«[66] Das also ist die Alternative: Zu akzeptieren, dass wir »Überlebensmaschinen [sind] – Roboter, blind programmiert zur Erhaltung der selbstsüchtigen Moleküle, die Gene genannt werden«,[67] und die einfach nur »versuchen« können, moralisch zu handeln – *ohne* dass Dawkins al-

65 Donna Haraway: »Bescheidener Zeuge@Zweites Jahrtausend. MannFrau© trifft OncoMouse™. Leviathan und die vier Jots: Die Tatsachen verdrehen«, in: Elvira Scheich (Hg.), *Vermittelte Weiblichkeit*, S. 347-389, insb. S. 368 f.

66 Dawkins, *Das egoistische Gen*, S. 25 f.

67 Ebd., S. 18.

lerdings anzugeben vermöchte, woher die Motive für dieses Handeln kommen sollten. In dieser Erzählung gibt es keinen genealogischen Grund für die Vermutung, dass Menschen dazu fähig sein könnten, die »Würde der Menschheit nicht [zu] verletzen«, wie Darwin mit Kant sagte. Denn was hat ein »egoistisches Gen« mit der Menschheit zu schaffen (sofern sein Handeln nicht gerade darauf zielt, den Genpool zu gefährden, wie man im Kalten Krieg Grund zu befürchten hatte)? Auf was, mit anderen Worten, stützt der Biologe seine Vermutung, dass »wir vielleicht die Chance« haben, die Pläne der egoistischen Gene zu »durchkreuzen«? Im Vergleich mit Darwins wie auch immer fiktionaler, aber immerhin kohärenter genealogischer Erzählung wirkt Dawkins Botschaft, dass wir als egoistische »Roboter« »versuchen« sollten, unser eigenes Programm zu überlisten, ebenso hilflos wie widersprüchlich. Und es wäre wohl zu maliziös, ausgerechnet ihm nachzuweisen, dass sein Text und seine unreflektierten Metaphern keine andere Wahl lassen, als anzunehmen, dieser »Versuch« könne nur dank eines göttlichen Funkens gelingen, der die auf *survival* programmierte Software des Roboters zum Absturz bringt.

Solche widersprüchlichen Konzeptionen, wie das biologistische Bild eines humanoiden Roboters, der nur noch auf das Wunder einer notfalls divinen Vernunft hoffen kann, lassen sich wohl nur vermeiden, wenn man das »Programm« bzw. die stammesgeschichtliche »Anlage« des Menschen anders versteht. In dieser Hinsicht ist die tierethologisch fundierte These von Michael Tomasello zweifellos bedenkenswert, wonach Menschen die einzigen Wesen mit der »Fähigkeit zum Verstehen der Artgenossen als intentionale und geistbegabte Akteure« seien. Dieser »kleine biologische Unterschied zwischen Menschen und ihren engsten Primatenverwandten«, dessen »evolutionäre[n] Bedingungen, unter denen sich diese einzigartige sozio-kulturelle Fähigkeit entwickelte«, unbekannt seien, kommt wahrscheinlich jenem »relationale[n] Denken«[68] am nächsten,

68 Tomasello, *Die kulturelle Entwicklung des menschlichen Denkens*, S. 74.

welches ich – Darwin folgend – mit dem altmodischen Wort der (notwendigerweise wechselseitigen) Anerkennung bezeichnet habe.

Damit verbunden ist ein *zweiter* Vorteil – oder vielleicht besser: charmanter Zug – von Darwins Theorie der Anerkennung. Dieser liegt darin, dass Darwin keine Anerkennungs*dialektik* wie in Hegels Herr-Knecht-Modell zu unterstellen braucht. Hegels Theorie der Dialektik von Herr und Knecht kann unter anderem als eine Ursprungserzählung gelesen werden, die von einem vorgeschichtlichen Kampf aller gegen alle ausgeht, in dem derjenige sich zum Herrn aufzuschwingen vermag, der keine Angst vor dem Tod hat: »Das Verhältnis beider Selbstbewußtseine«, so schreibt Hegel in der *Phänomenologie des Geistes*, »ist also so bestimmt, das sie sich selbst und einander durch den Kampf um Leben und Tod *bewähren*.«[69] Genau in diesem Tod aber und im Sterben der am Kampf um Anerkennung des eigenen Lebens Beteiligten sei, so Hegel, keine wechselseitige Anerkennung möglich; diese bleibt gleichsam immer nur ein Anspruch, eine Forderung, die im Tod des Anderen sich nur erfüllt, indem sie mit ihm verschwindet. Anerkennung ist, in den Worten Hegels, nur möglich, wenn sie im »Bewusstsein« der Herr-Knecht-Spannung »aufgehoben« ist – aufgehoben in einer Gesellschaft mit Herren und Knechten und hier konkret im Kampf des Knechts, der sich über seine Arbeit die reale Welt aneignet, mit dem Herrn, der das Bewusstsein seiner eigenen Freiheit genießt, dem aber der Zugang zur realen Welt nur über die Arbeit des Knechts möglich ist. Die geschichtliche Dialektik zwischen Herr und Knecht führt zum Tod des Herrn, weil der Knecht sich die Anerkennung des Herrn erstreiten will (und sie so verliert) – und nach dessen Tod an seine Stelle tritt, womit die dialektische Bewegung erneut beginnt (oder, wie Marx hoffte, im Kommunismus zu ihrem Ende kommt). Im Vergleich nun mit einer solchen Konzeption der konfliktträch-

69 Georg Wilhelm Friedrich Hegel: *Phänomenologie des Geistes*, Frankfurt/M.: Suhrkamp 1973, S. 145-155, Zitat S. 148 f.

tigen, jederzeit auf »Leben und Tod« ausgelegten Dynamik von Machtverhältnissen müsste eine Theorie wechselseitiger »Sympathie« und Anerkennung als Grundlage von Gesellschaft fraglos ebenso vollkommen naiv erscheinen wie der Glaube an die selbstverstärkende Kraft des ursprünglich nur auf die eigene Horde, am Schluss aber auf die gesamte Menschheit bezogenen »Gewissens« – wenn beides nicht ausgerechnet von Darwin formuliert worden wäre. Darwin geht, wie gezeigt, nicht vom *Kampf* um Anerkennung als dem Ursprünglichen aus, sondern von einer Art von wechselseitiger Anerkennungspluralität unter einigermaßen Gleichen.

Dieses tendenziell »liberale« Modell wird uns wiederbegegnen, wenn wir Foucaults Darstellung der Gouvernementalität des (Neo-)Liberalismus ins Auge fassen; hier sei zuerst ein *dritter* Vorzug von Darwins Genealogie der Moral genannt. Dieser besteht darin, dass sie es im Prinzip ermöglicht, die real existierende Welt von konfligierenden Handlungsantrieben (egoistisch/altruistisch) ebenso zu beschreiben, wie sie es erlaubt, die auf allen sozialen Niveaus (vom Dorf bis zur globalisierten Menschheit) existierenden Spannungen zwischen graduell unterschiedlich großen Gruppenegoismen und letztlich der moralischen Haltung, die Menschheit und ihre »Würde« in allen eigenen Handlungen zu respektieren, in den Blick zu nehmen. Sie kann im Prinzip, wie wir gesehen haben, beschreiben – was etwas anderes ist als normativ festzulegen –, dass diese verschiedenen Niveaus moralischen Handelns erstens in Abhängigkeit stehen von der Empfindung oder gar der Einsicht des Einzelnen in die (wachsende) gegenseitige Abhängigkeit als Mitglied immer größerer Sozialverbände und Verflechtungen, und zweitens dass sie eine Folge von Kommunikation bzw. Sprache und ihrer Medien ist, die uns die über Lob oder Tadel modellierte Anerkennung von immer mehr Menschen zur Kenntnis bringen.[70]

---

70 Es würde sich wahrscheinlich lohnen zu überprüfen, wie weit Norbert Elias' Theorie des Zivilisationsprozesses mit seiner Annahme wachsender gegenseitiger Abhängigkeiten als Grund für zunehmende »Zivilisierung des Verhaltens« von diesem darwinschen Mo-

Ein *vierter* Vorzug von Darwins genealogischer Geschichte der Moral kann kaum überschätzt werden: Sie ermöglichte es ihm, gegen die Eugenik seines Cousins Galton Einspruch zu erheben. Auch wenn er, wie erwähnt, seine Position nicht durchhielt und seine Auskünfte in dieser Frage ziemlich widersprüchlich bleiben, schreibt er doch an der Stelle, an der mit Bezug auf Galtons *Hereditary Genius* von 1869 davon die Rede war, dass man mit Spitälern und Asylen nur künstlich das Leben von Kranken und »Krüppeln« verlängere und damit das Wirken der *natural selection* behindere: »Die Hilfe, welche wir dem Hilflosen zu widmen uns getrieben fühlen, ist hauptsächlich das Resultat des Instinkts der Sympathie, welcher ursprünglich als ein Teil der sozialen Instinkte erlangt, aber später in der oben bezeichneten Art und Weise zarter gemacht und weiter verbreitet wurde. Auch können wir unsere Sympathie, wenn sie durch den Verstand hart bedrängt würde, nicht hemmen, ohne den edelsten Teil unserer Natur herabzusetzen.«[71] Das ist zwar die einzige Bemerkung dieser Art, und Darwin macht keinen Hehl daraus, dass er hofft, dass die Kranken, Armen und Schwachen sich weniger stark vermehren als die Gesunden und Wohlhabenden – was menschenverachtende Maßnahmen wie die Verweigerung von Hilfe den Schwachen gegenüber unnötig machen würde. Darwin erkannte im galtonschen Text zwar die »Wahrheit« seines eigenen Arguments aus dem *Origin of Species* im Raum menschlicher Gesellschaften – aber immerhin wusste er gleichzeitig und sprach es auch aus, dass das Zusammenleben von Menschen eigentlich einem *anderem* Prinzip seine evolutionäre Überlegenheit gegenüber der Sozialorganisation niederer Tiere verdankte. Diese aus der sozialen Logik der Anerkennung entstandene »Sympathie« den Mitmenschen gegenüber erschien ihm, mit anderen Worten, als ein so starkes Argument, dass er bereit war, den Wir-

dell angeregt worden ist (Norbert Elias: *Über den Prozess der Zivilisation. Soziogenetische und psychogenetische Untersuchungen*, Frankfurt/M.: Suhrkamp 1976).

71 Darwin, *Abstammung des Menschen*, S. 802.

kungskreis der *natural selection* dafür einzugrenzen – auch wenn ihm das »hart« gegen den eigenen Verstand geht.

Man scheint dies ein wenig vergessen zu haben; den ersten deutschen Rassehygienikern am Ende des 19. Jahrhunderts allerdings ist diese Widersprüchlichkeit nicht verborgen geblieben, wenn sie Darwin das Festhalten an »christlichen«, »humanitären« Idealen vorwarfen.[72] Auch nicht verborgen allerdings blieb dessen Haltung den Autoren der UNESCO-Deklaration gegen den Rassismus vom 18. Juli 1950 (unter ihnen Claude Lévi-Strauss), die Darwins Auffassung, dass die »Sympathie«, die ein Urmensch gegenüber den Mitgliedern seiner Horde empfunden habe, im Verlauf der Geschichte zum Respekt vor der Menschheit als ganzer sich verallgemeinert habe, mit den Worten kommentierten: »[I]ndeed, the whole of human history shows that a cooperative spirit is not only natural to men, but more deeply rooted than any self-seeking tendencies. If this were not so we should not see the growth of integration and organization of his communities which the centuries and the millennia plainly exhibit.«[73] Allein, war diese schöne Referenz nicht etwas zu sehr vom Optimismus und dem Entkolonialisierungsschwung der Nachkriegszeit motiviert, vom Entsetzen über die rassistischen Verbrechen der Nazis und von der allgemeinen Hoffnung auf eine bessere Welt? Zweifellos. War also Darwins Genealogie der Moral, die nicht anders konnte, als in seiner eigenen zu gipfeln, nicht doch im besten Falle *very british*? Ja, erweist sie sich, genau besehen, nicht als durchdrungen vom kolonialen Dünkel eines bornierten weißen Engländers, der Asien oder Afrika nur auf dem Nachhauseweg von Südamerika am Rande kurz bereist hat, nicht aber den »Kontinent«? Zudem, sind die moralischen Maßstäbe weltweit nicht viel zu verschiedenartig und widersprüchlich, als dass sie alle in der kantischen »Menschen-

72 Engels, *Darwin*, S. 200.

73 »The Scientific Basis of Human Unity«, in: *Courier UNESCO* 3 (1950), Nr. 6-7, S. 8-9, Zitat S. 8.

würde«, wie ein viktorianischer Naturforscher sie in seinem komfortablen Studierzimmer interpretieren mochte, konvergieren könnten? Vielleicht müsste man, um diesen Einwänden zu begegnen, noch einen (und ohne Anspruch auf Vollständigkeit) letzten, einen *fünften* Vorzug von Darwins Genealogie der Moral erwähnen: Er weiß, dass alle Gesetze, Normen und Regeln nur *Fiktionen* sind, kulturabhängige Konventionen. Es gibt sie aus keinem anderen Grund als aus der Notwendigkeit, das Zusammenleben von Menschen irgendwelchen Regeln zu unterwerfen, das heißt, »um es zu ermöglichen, daß sie in einer Gemeinsamkeit verbunden leben können«.[74] Regeln und Gesetze, Verbote und Gebote sind für Darwin bloß das Medium, durch welches hindurch und über dessen Vermittlung sich die Mitglieder einer Gruppe oder einer Gesellschaft wechselseitig ihrer Anerkennung versichern, so dass die Verletzung der Regel, so »absurd«[75] diese auch sein möge, ihnen das Gefühl gibt, außerhalb der Gemeinschaft zu stehen. Das wird sehr deutlich in einer Passage, in der Darwin eine britische – und ihm wohl sehr verständliche – Regel mit einer hinduistischen, ihm vollkommen fremden vergleicht. Er schreibt: »[Z]u wissen, daß unsere Freunde und Gleichstehenden uns verachten, ist hinreichend, uns sehr unglücklich zu machen. Wer kann daran zweifeln, daß die Verweigerung eines Duells aus Furcht manchem Mann die allerbitterste Scham verursacht hat? So mancher Hindu ist, wie man sagt, bis auf den Grund seiner Seele erschüttert worden, weil er unreine Nahrung zu sich genommen hat.«[76] Diese beiden für Außenstehende gleichermaßen »absurde[n] Gesetze des Benehmens«[77] sind für die Angehörigen der entsprechenden Gruppe zwingend, und ihre Verletzung kommt der Gefahr gleich, von der Gemeinschaft verstoßen zu werden. Beide aber sind wie gesagt ohne sachlichen Grund, und ihre Herkunft ist dementsprechend unbekannt: »Wie so

74 Darwin, *Abstammung des Menschen*, S. 788.
75 Ebd., S. 792.
76 Ebd., S. 787.
77 Ebd., S. 792.

viele fremdartige Formen des Aberglaubens auf der ganzen Erde entstanden sind, wissen wir nicht« – und das gelte selbst für den Inzest: »[W]ir können auch nicht angeben, woher es kommt, daß einige wirkliche und schwere Verbrechen, wie z. B. Inzest, selbst von den niedersten Wilden verabscheut werden (doch dies ist allerdings nicht ganz allgemein).«[78] Man sollte nicht der Versuchung nachgeben, Darwin in den besseren Lévi-Strauss zu verwandeln, wenn es darum geht, die Arbitrarität des Inzesttabus festzustellen – schlicht deshalb nicht, weil auch das Inzesttabu für Darwin nur eine Regel unter anderen war. Entscheidend ist die Tatsache, dass für ihn *alle* Regeln im Raum der Kultur fiktional sind, und ihre faktische Existenz allein ausreicht, Menschen dazu zu bringen, moralisch zu handeln: »Das gebieterische Wort ›soll‹ scheint nur das Bewußtsein von der *Existenz* einer Regel des Betragens zu enthüllen, wie immer diese auch entstanden sein mag.«[79]

Woher aber stammt der Sinn für Recht und Unrecht, wenn wir diesen für den Kern aller Moral halten wollen? Darwin glaubt, dass dieser Sinn letztlich – und insofern »evolutionär« – aus den Überlebensanforderungen einer Gruppe oder einer Spezies resultiert. Er wolle nicht behaupten, »daß jedes streng soziale Tier, wenn nur seine intellektuellen Fähigkeiten zu gleicher Tätigkeit und gleicher Höhe wie beim Menschen entwickelt wäre, genau dasselbe moralische Gefühl wie der Mensch erhalten würde«.[80] Beim Menschen ist dieses moralische Gefühl, wie wir gesehen haben, durch die Erfahrung gemeinsamer Abhängigkeit strukturiert und mündet daher in ein Gefühl von »Sympathie und Liebe« als der Richtschnur des Handelns der Gruppenmitglieder. Aber es gibt keine »evolutionäre« Logik, die zwingend dahin führen würde – genauso, »wie verschiedene Tiere ein [allgemeines] Gefühl von Schönheit haben, trotzdem sie sehr verschiedene Gegenstände bewundern«.[81]

78 Ebd., S. 787.
79 Ebd., S. 788 (Hervorhebung durch mich, Ph. S.).
80 Ebd., S. 775.
81 Ebd.

Mit anderen Worten, die Notwendigkeit einer Ästhetik und die Notwendigkeit einer gruppen- oder speziesspezifischen Moral ist für alle Tiere inklusive den Menschen gegeben, ihre konkrete Ausgestaltung, ihre Ziele und Regeln hingegen sind beliebig variabel.

Das lässt sich auch an einem »extremen Fall« demonstrieren: »Wäre z. B. der Mensch unter genau denselben Zuständen erzogen wie die Stockbiene, so dürfte sich kaum zweifeln lassen, daß unsere unverheirateten Weibchen es ebenso wie Arbeiterbienen für eine heilige Pflicht halten würden, ihre Brüder zu töten, und die Mutter würde versuchen, ihre fruchtbaren Töchter zu vertilgen, und niemand würde daran denken, dies zu verhindern.«[82] Darwin zieht daraus zwei Schlussfolgerungen, eine implizite und eine explizite. Die implizite: Wir sind eben keine Bienen und unsere Anforderungen ans Überleben haben uns dazu gebracht, auf »Sympathie und Liebe« bzw. genauer noch auf unsere wechselseitige Anerkennung als »intentionale und geistbegabte Wesen« (Tomasello) zu setzen. Und die explizite Schlussfolgerung: Auch die Bienen würden, »wie es mir scheint, doch irgendein Gefühl von Recht und Unrecht oder ein Gewissen erhalten«, weil auch die Bienen zwischen alternativen Instinkten und Impulsen wählen könnten.[83] Man mag bezweifeln, ob das Bienen-Beispiel uns auch in dieser Hinsicht überzeugen soll, weil das Abwägen zwischen verschiedenen Impulsen und Handlungsmotiven von Darwin als Produkt eines hochentwickelten Gehirns bezeichnet wurde. Aber das tut nichts zur Sache. Moral und das Gefühl für Recht und Unrecht haben, so können wir zusammenfassen, laut Darwin eine »tiefe« Grundlage in den Überlebensanforderungen einer Gruppe oder Spezies – es kommt aber darauf an, diese je spezifischen Anforderungen richtig zu verstehen. Denn nur so kann verhindert werden, dass von Stockbienen oder Ameisen umstandslos auf den Menschen geschlossen wird, wie eine mäch-

82 Ebd., S. 775 f.
83 Ebd., S. 776.

tige Denktradition von den ersten Eugenikern am Ende des 19. Jahrhunderts bis zur Soziobiologie unserer Tage es immer wieder versucht hat.[84] Edward O. Wilson, der Begründer der Soziobiologie, ist wohl nicht zufällig – Ameisenforscher.[85]

Kleines Fazit zur praktischen Philosophie

Wir sind damit an einem Punkt angelangt, an dem wir nicht nur Darwin endgültig verlassen werden, sondern an dem ich als *your local guide* durch das Dickicht alter Texte meine speziell an Fragen der praktischen Philosophie interessierten Leserinnen und Leser alleine auf die weitere Reise schicken muss. Die Höhenzüge und Gipfel, die vor ihnen liegen, kenne ich nur aus der Distanz. Ich wäre ein schlechter *guide* auf jenen schwindelerregenden Pfaden, auf denen praktische Philosophen sich von Berufs wegen auskennen, und würde abstürzen beim Versuch, die Konsequenzen aus der hier nur grob skizzierten darwinschen Ethik systematisch zu entfalten. Ich würde mich vor allem vor den möglichen Sinnestäuschungen, Echos und labyrinthischen Wegen in jenen noch unerforschten, vielleicht auch

---

84 Vgl. August Forel: *Mensch und Ameise. Ein Beitrag zur Frage der Vererbung und Fortschrittsfähigkeit*, Wien, Berlin, Leipzig: Rikola 1922; Sarah Jansen: »Ameisenhügel, Irrenhaus und Bordell. Insektenkunde und Degenerationsdiskurs bei August Forel (1848-1931), Psychiater, Entomologe und Sexualreformer«, in: Norbert Haas et al. (Hg.): *Kontamination*, Eggingen: Edition Klaus Isele 2001, S. 141-184; dies.: *»Schädlinge«. Geschichte eines wissenschaftlichen und politischen Konstrukts 1840-1920*, Frankfurt/M., New York: Campus 2003; Torsten Rütting: »Von der Erbsünde zur Eugenik, von Ameisen zu Menschen – Auguste Henri Forel (1848-1931)«, in: *Acta Historica Leopoldina* 39 (2004), S. 227-265; Eva Johach: »Termitodoxa. William M. Wheeler und die Aporien eugenischer Sexualpolitik«, in: *Nach Feierabend, Zürcher Jahrbuch für Wissensgeschichte* 4 (2008), S. 69-86.

85 Edward O. Wilson: *Sociobiology. The new synthesis*, Cambridge, Mass. etc.: Harvard University Press, 1982 1975; ders.: *Biologie als Schicksal. Die soziobiologischen Grundlagen menschlichen Verhaltens*, Frankfurt/M.: Ullstein 1980.

gar nicht wirklich existierenden Bergregionen fürchten, wo die darwinsche Ethik der »Sympathie« (die, was ich hier nicht mehr zeigen kann, von der schottischen Moralphilosophie des späten 18. Jahrhunderts beeinflusst war[86]) mit Foucaults »Ethik der Existenz« zusammentreffen könnte. Foucault schlug eine Ethik vor (um nur so viel noch zu sagen), die darauf abzielte, aus »seinem Leben ein Kunstwerk zu machen« – jedoch nur aus dem *eigenen* Leben, wenn ich recht sehe.[87] Er propagierte – jenseits und gleichsam nach seiner genealogischen Dekonstruktion aller Regeln und Gesetze des Zusammenlebens – die »Freundschaft als Lebensform«.[88] Daneben war er ein für das Leiden von Menschen äußerst sensibler Zeitgenosse, der sich immer wieder in zum Teil spektakulären, zum Teil ganz stillen »politischen« oder »militanten« Aktionen für seine vom Geheimdienst verfolgten tunesischen Stundenten einsetzte, oder für Strafgefangene, die unter den damals noch sehr harschen Haftbedingungen in französischen Gefängnissen litten, später für einen zum Tode verurteilten spanischen Anarchisten oder für medizinische Hilfe an die polnische Gewerkschaftsbewegung Solidarność – und so weiter. Wenn es sich darum handelte, Menschen vor den Zugriffen der Macht zu schützen,

86 Vgl. Engels, *Darwin*, S. 165-169; Richards, »Darwin on Mind, Morals and Emotions«, S. 107-109.

87 Michel Foucault: »Zur Genealogie der Ethik: Ein Überblick über die laufende Arbeit«, in: Foucault, *Schriften, Band IV*, S. 747-776; ders.: »Die Ethik der Sorge um sich als Praxis der Freiheit«, in: Foucault, *Schriften, Band IV*, S. 875-902; vgl. aus der vielfältigen Literatur zur Foucaults Ethik u.a. Arnold I. Davidson: »Ethics as ascetics. Foucault, the history of ethics, and ancient thought«, in: Gutting (Hg.), *The Cambridge companion to Foucault*, S. 115-140; Timothy O'Leary: *Foucault: The art of ethics*, London: Continuum 2002; Pierre Macherey: »Foucault: Ethik und Subjektivität«, in: Wilhelm Schmid (Hg.): *Denken und Existenz bei Michel Foucault*, Frankfurt/M.: Suhrkamp 1991, S. 181-196; Wilhelm Schmid: *Auf der Suche nach einer neuen Lebenskunst. Die Frage nach dem Grund und die Neubegründung der Ethik bei Foucault*, Frankfurt/M.: Suhrkamp 2000.

88 Michel Foucault: »Freundschaft als Lebensform«, in: Foucault, *Schriften, Band IV*, S. 200-206.

konnte er sogar, wie aus dem Stegreif, auf »universellen Prinzipien«, auf »unüberschreitbare Gesetze und uneingeschränkte Rechte« des Menschen rekurrieren, so etwa in seinem bereits zitierten Text über die iranische Revolution und über die Menschen, die »sich erheben«. Solche »unüberschreitbaren Gesetze« sind meines Erachtens aus seinen Texten nicht ableitbar. Aber er braucht sie, »wenn man heute gegen das Abhacken von Händen ist und gestern gegen die Folter des Savak war«.[89]

All dies zu durchdenken, ist hier nicht mehr meine Aufgabe. Ich werde mich stattdessen einem etwas flacheren, dafür aber – Achtung! – ausgesprochen weitläufigen Gelände zuwenden, einem Gebiet mit leichter zu begehenden, vielleicht sogar schon ein wenig ausgetretenen Pfaden. Der Ausgangspunkt dafür soll die bekannte Schlaumeierei sein, Darwin habe doch nur die kalte Logik des Kapitalismus in die Natur projiziert, um dann von dort aus mit den neuen Wahrheiten seiner Biologie wiederum den Kapitalismus zu rechtfertigen. Doch damit will ich mich nicht lange aufhalten, sondern schnell dazu übergehen, zu untersuchen, wie Michel Foucault (der doch wohl, so kann man annehmen, die Machtwirkungen des Kapitalismus durchschaut haben dürfte und der, wie wir wissen, die Gefahren des Biologismus genau kannte) unter dem Schlagwort der »Gouvernementalität« den (Neo-)Liberalismus darstellte: Als die staatlich-administrative und ökonomische Praxis kapitalistischer Gesellschaften, in der alles darauf ankäme, wie Foucault sagt, möglichst wenig zu regieren, möglichst keine Regeln »von oben« dem Leben der Gesellschaft aufzuzwingen. Dieser letzte Abschnitt in diesem Kapitel wird uns mithin zu der Frage führen, wie Foucault eigentlich die ethischen und moralischen Konzepte beurteilte, die *grosso modo* die Gesellschaft dominierten, in welcher Darwin lebte, und die diesem auf seinem Hochsitz in einem geruhsamen ländlichen Vorort

89 Foucault, »Nutzlos, sich zu erheben«, S. 990 (der Savak war der gefürchtete Geheimdienst des Schahs).

Londons als so überaus wünschenswert und menschenfreundlich erschienen.

Die Wissenschaft ohne Gott und die Gouvernementalität des (Neo-)Liberalismus

Der Vorwurf ist so bekannt und so breitgetreten, dass er kaum wiederholt werden muss:[90] Insbesondere mit dem *Origin of Species* habe Darwin mit der *natural selection* und der Idee des *survival of the fittest* nichts anderes getan, als die sozialen Werte und Verhaltensmuster seiner eigenen Klasse und des Industriekapitalismus um 1860 zu naturalisieren. Jonathan Hodge hat gegenüber dieser verbreiteten Ansicht kühl darauf hingewiesen, dass Darwin seine Konzepte nicht in den späten 1850er Jahren erarbeitet hatte, sondern in den für ihn intellektuell außerordentlich ertragreichen Jahren 1838 bis 1839.[91] Damals aber sei insbesondere aus Londoner Perspektive (und nicht etwa der von Manchester oder Leeds) der Kapitalismus noch weit weniger die Wirtschaftsform von städtischen, bürgerlichen Industrieunternehmern gewesen, die bei ihrem persönlichen Gewinnstreben auch vor Ruchlosigkeiten nicht zurückschrecken, sondern war noch ein Kapitalismus einer *landed aristocracy* am Werk, deren Reichtum auf Grundbesitz beruhte, die Bankgeschäfte tätigte und in kolonialen *settlements* und Handelsunternehmungen investiert war. Dieser aristokratische Handelskapitalismus aber, der 1830 noch sehr viel mehr jenem von 1730 geglichen hat als dem industriellen Kapitalismus späterer Jahrzehnte, segelte buchstäblich unter der Flagge der Royal Navy, denn er konnte, so die Überzeugung vieler, weniger durch eigene industrielle Aktivitäten als vielmehr durch eine imperialistisch-kolonialistische Seitwärtsbewegung

---

90 Vgl. dazu die Hinweise bei Bowler, *Evolution*, S. 299 ff.

91 Hodge »The notebook programmes and projects of Darwin's London years«, S. 64-67.

wachsen. Darwin hatte auf seiner Reise mit der *H. M. S. Beagle* diese von aristokratischen Offizieren (wie dem *Beagle*-Captain Robert Fitz Roy) getragene maritime Expansion direkt miterlebt bzw. mit seiner kolonialen Sammeltätigkeit als *Royal Navy naturalist* mitgetragen, und er wusste, dass dieser Imperialismus sich in erster Linie um Bevölkerungsgrößen, natürliche Ressourcen, landwirtschaftliche Produktion, Territorien und geographische Verbreitung sorgte – Gegenstände, die er dann 1838 in seiner Malthus-Lektüre wieder antraf –, zudem um Fragen der Pflanzen- und Tierzucht, die ihn ein Leben lang intensiv beschäftigten. Zwar hatte er sich später auch mit der auf die industrielle Produktion orientierten Ökonomie seiner Zeit auseinandergesetzt, und über die Familie seiner Frau war er mit der Welt von (allerdings global agierenden) Unternehmern bestens vertraut.[92] Doch im Milieu der Londoner Elite um 1830 erschien der eigene Wohlstand weit weniger dem Bienenfleiß einzelner Unternehmer in rußigen Städten geschuldet als der kolonialen Macht des Empire und dem Landbesitz wohlhabender Gentlemen.[93] Das bedeutet nicht, dass Darwin die Vorstellung von politischer oder ökonomischer Konkurrenz fremd gewesen wäre; im globalen Maßstab und in der Konfrontation von »Zivilisierten« mit »Wilden« erschien sie ihm, wie wir gesehen haben, geradezu natürlich zu sein, und die Sätze über die »Ausrottung« der Letzteren flossen ihm offenkundig leicht aus der Feder.

Die eigentliche Frage jedoch, die uns in diesem Abschnitt beschäftigt, ist jene nach der Regel bzw. nach der Herkunft von Gesetzen des Zusammenlebens in Gesellschaften unterschiedlichster Größe. Vor diesem Hintergrund lässt sich sowohl der koloniale als auch der industrielle Kapitalismus als eine Wirtschafts- und Gesellschaftsform kennzeichnen, die, idealtypisch gesprochen, die Regulierung der Beziehungen zwischen ihren Mitgliedern weitgehend von deren respektiven Stärkeverhält-

92 Vgl. Desmond, *Politics of Evolution*, S. 406.
93 Vgl. dazu auch Wende, *Das Britische Empire*, S. 125-144.

nissen abhängen lassen wollte. Darwin hegte zwar, wie wir gesehen haben, die Vorstellung, dass diese Verhältnisse in starkem Maße – und besonders auf einem hohen zivilisatorischen Niveau – von »Sympathie und Liebe« getragen sein sollten, doch das hat ihn nicht dazu geführt, sich zu den wirtschaftlichen oder politischen Realitäten seiner eigenen Gesellschaft zu äußern. Immerhin aber empfand er die Schlussfolgerungen, die die Sozialdarwinisten aus seiner Biologie zogen, als befremdlich.[94]

Doch wie beschrieb Foucault, zu dem wir jetzt zurückkehren wollen, in seinen Vorlesungen zur Gouvernementalität diese kapitalistische Wirtschaftsweise und ihre Gesellschaftsform?[95] Welche Interferenzen zwischen seiner Auffassung und derjenigen Darwins lassen sich erkennen, wenn wir hier, im Stile unseres Experimentalsystems, Darwins einigermaßen freundliche Nähe zu kapitalistischen Konkurrenzverhältnissen als gegeben annehmen, die entsprechende »ideologiekritische« Frage dabei als vergleichsweise uninteressant beiseitelassen und stattdessen untersuchen, wie sich Foucaults Text über die liberale Gouvernementalität – gleichsam als die abhängige Variable dieses Teils des Experiments – im Vergleich dazu bewegt? Foucault hatte sich nach der Publikation von *Der Wille zum Wissen* 1976 und seinen ersten fünf Jahren Vorlesung am Collège de France, die sich alle im thematischen Rahmen der Psychiatriegeschichte, der Machtanalyse und der Geschichte der Disziplinen bewegten, ein Jahr Auszeit genommen. Als er am 11. Januar 1978 mit dem zweisemestrigen Vorlesungszyklus zur »Geschichte der Gouvernementalität« mit den beiden Teilen »Sécurité, Territoire et Population«[96] und »Naissance de la bio-

---

94 Vgl. Desmond/Moore, *Darwin*, S. 560ff.

95 Dieser Abschnitt folgt in Teilen einigen leicht überarbeiteten Passagen aus Philipp Sarasin: »Unternehmer seiner Selbst. Über Michel Foucault: Geschichte der Gouvernementalität, Bd. 1 und 2«, in: *Deutsche Zeitschrift für Philosophie* 55 (2007), Nr. 3, S. 473-479.

96 Michel Foucault: *Geschichte der Gouvernementalität I: Sicherheit,*

politique«[97] seine Lehrtätigkeit wieder aufnahm, präsentierte er seine jüngsten Arbeiten und Lektüren zur Geschichte und Theorie des Liberalismus; in diese Zeit fallen auch die Anfänge seiner Erforschung der antiken Selbsttechniken und schließlich die zumindest anfängliche Begeisterung über den »Geist« der schiitischen Revolte im Iran.

Die gesamte zweisemestrige Vorlesungsreihe beschreibt einen weiten historischen Bogen vom 16. bis zum späten 20. Jahrhundert. Ihr Thema ist die »Makromacht«:[98] das Regieren, Administrieren auf der Ebene des Staates, jener Institutionen, die für ganze Bevölkerungen und Territorien zuständig sind. Obwohl Foucault, die Kohärenz seines Denkens behauptend, unterstreicht, es sei ihm darum gegangen, zu zeigen, dass man »eine Analyse in Begriffen von Mikromächten ohne Schwierigkeit mit der Analyse von Problemen wie dem der Regierung und das Staates verknüpfen« könne,[99] bleibt er den Nachweis, dass sich die Analyse der Mikromächte so ohne weiteres auf die Ebene der Makromächte skalieren lässt, bezeichnenderweise schuldig. Die Diskontinuität zwischen den beiden Konzepten ist stärker – im Zusammenhang mit dem zentralen Problem der Freiheit und mit Blick auf seine machtanalytischen Studien aus *Überwachen und Strafen* bemerkt er daher im Januar 1978: »Nun gut, ich glaube, ich hatte unrecht.«[100] Denn in seiner Analyse moderner Regierungsrationalität erscheint jetzt die Freiheit der Individuen in neuer Weise als etwas Irreduzibles, »etwas absolut Grundlegendes«: Die moderne Gouvernementalität sei eine Machtform, »die nur durch die Freiheit und auf die Freiheit eines jeden sich stüt-

---

Territorium, Bevölkerung. Vorlesung am Collège de France 1977-1978, hg. von Michel Sennelart, Frankfurt/M.: Suhrkamp 2004.

97 Michel Foucault: *Geschichte der Gouvernementalität II: Die Geburt der Biopolitik. Vorlesung am Collège de France 1978-1979, hg. von Michel Sennelart*, Frankfurt/M.: Suhrkamp 2004.

98 Foucault, *Geschichte der Gouvernementalität I*, S. 514.

99 Ebd.

100 Ebd., S. 78.

zend sich vollziehen kann«,[101] was etwas von der alten Machtökonomie mit ihrer »Ausübung der Souveränität bis in die feinsten Quentchen der individuellen Verhaltensweisen hinein völlig Verschiedenes« sei.[102]

Die neue Bedeutung des Konzepts der Freiheit ist die eine Differenz zu den alten Machtanalysen (ich komme darauf zurück); die andere besteht darin, dass Foucault die Frage aufwirft, ob gleichsam hinter einer Reihe von Disziplinarinstitutionen und Mikromächten nicht jeweils eine bestimmte Form staatlicher Machtausübung stehe, eine bestimmte Art des Regierens als »außerinstitutionelle Allgemeinheit«, als »nichtfunktionelle Allgemeingültigkeit«,[103] die nicht einfach als Verlängerung der Disziplinarinstitutionen gedacht werden kann, sondern eigens analysiert werden muss. Das ist nicht nur ein formales Problem, sondern auch eine Frage nach der Einschätzung der Funktion von staatlicher Macht überhaupt: Die politische Macht selbst entsteht in Foucaults Augen nun nicht länger, wie noch in *Der Wille zum Wissen*, aus den »lokalen« Konfrontationen, sondern auch aus den Problemen, die sich den Regierenden stellen – aus »ökonomischen und demographischen Prozessen«, wie er 1978 in einem Gespräch sagte: Er anerkannte nun ein genuines Verwaltungs- bzw. Regierungsproblem, weil er die Machtbeziehungen nicht mehr als alleinigen Ausgangspunkt der Erklärung gesellschaftlicher Prozesse verstehen wollte, sondern neu als Beziehungen, »die notwendigerweise als *Wirkungen* und Bedingungen aus *anderen* Prozessen hervorgehen«.[104]

Auch wenn Foucault in dieser Hinsicht nicht sehr explizit ist, so kann man daraus doch die Schlussfolgerung ziehen, dass er das Regieren nun als eine Tätigkeit betrachtete, die die Be-

---

101 Ebd., S. 79.
102 Ebd., S. 103.
103 Ebd., S. 178
104 Michel Foucault: »Erläuterungen zur Macht. Antwort auf einige Kritiker«, in: Foucault, *Schriften, Band III*, S. 784-795, insb. S. 790f. (Hervorhebung durch mich, Ph. S.)

wegungen und Effekte der Kräfteverhältnisse und Konfrontationen in einer Gesellschaft (vgl. oben, Kap. 6) in einer gewissen Weise mediatisiert und gleichsam im Rahmen eines politisch bestimmten »Maßes« hält. Foucault leitet seinen Begriff des Regierens im Wesentlichen vom orientalisch-jüdischen und vom christlichen Pastorat ab:[105] Wie der Schäfer seine Herde führt, für sie sorgt und sie in diesem Sinne regiert, bedeutet Regierung die Führung und die Sorge um eine Menge von Menschen.[106] Vor diesem historischen Hintergrund entwickelt sich im 16. und 17. Jahrhundert die moderne Regierungskunst als eine Kunst der Führung der Individuen, verstanden als Teil einer statistisch beschreibbaren Bevölkerung. Der Fokus dieser Regierung ist die Bevölkerung selbst: deren »Geschick zu verbessern, ihre Reichtümer, ihre Lebensdauer, ihre Gesundheit zu mehren«.[107] Diese Ziele scheinen sich zwar problemlos in das Analyseraster »Biopolitik« einzufügen, doch der Schein trügt. Foucault unterscheidet zwei Formen der neuzeitlichen Gouvernementalität – die des absolutistischen »Polizeistaates«[108] und jene des liberalen »Rechtsstaates«[109] –, und er führt den Begriff der Freiheit als »fundamental« für das Verständnis der modernen Gouvernementalität ein. Das konzeptionelle Problem, das sich daraus ergibt, ist für Foucault unlösbar: Der »Polizeistaat«, wie er ihn beschreibt (und worauf ich aus Platzgründen nicht eingehe), verfügte zwar über ein Instrumentarium, das man »biopolitisch« nutzen könnte, aber diese polizeistaatliche Gouvernementalität ist in Foucaults Darstellung just in dem Augenblick – das heißt seit der Mitte des 18. Jahrhundert – am Verschwinden, als eine Biopolitik mit ihren sexualitätstheoretischen und zugleich rassistischen Konnotationen überhaupt erst auftauchen kann. Foucault versucht zwar zu Beginn der zweiten Vorlesungsreihe

105 Vgl. Foucault, *Geschichte der Gouvernementalität I*, S. 186f.
106 Ebd., S. 192.
107 Ebd., S. 158.
108 Foucault, *Geschichte der Gouvernementalität II*, S. 62.
109 Ebd., S. 237

in ausgesprochen vager Weise, die Biopolitik in einen Zusammenhang mit dem neu aufkommenden Liberalismus zu bringen,[110] aber das funktioniert offenkundig nicht. Am Anfang der Stunde vom 7. März 1979 sagt er daher entschuldigend: »Ich möchte Ihnen trotz allem versichern, daß ich zu Beginn die Absicht hatte, über Biopolitik zu sprechen, und dann habe ich, wie die Dinge sich eben entwickelten, am Ende lange, und vielleicht zu lange, über den Neoliberalismus gesprochen [...]«.[111] Der Begriff »Biopolitik« wird zwar in der Zusammenfassung der Vorlesung noch einmal mit der Bemerkung aufgerufen, dass nun die Frage nach der Biopolitik im Neoliberalismus untersucht werden müsste, damit aber verschwindet sie aus Foucaults Werk. Das ist wohl kein Zufall: Zwar stellen sich auch in modernen Gesellschaften die Probleme der Regulation des »Lebens« (von der Empfängnisverhütung über die Reproduktionsmedizin bis zur Sterbehilfe), aber moderne Gouvernementalität lässt sich für Foucault offenkundig nicht mehr im Stil jenes biopolitischen Staatsrassismus beschreiben, den er noch in seiner Vorlesung *In Verteidigung der Gesellschaft* von 1976 im Sinn hatte. Vielmehr gerät nun ein moderner Staat in den Blick, der sich *erstens* permanent und konstitutiv der Kritik der Liberalen ausgesetzt sieht, ja nicht zu viel zu regieren: das heißt, nicht zu viel zu *regulieren*, das Leben der Gesellschaft möglichst wenigen allgemeinen Regeln zu unterwerfen, sondern, wie wir gleich sehen werden, auf ihre Selbststeuerung nach dem Muster der Selbstregulation des Marktes zu vertrauen. *Zweitens* rückt in dieser Form von Gouvernementalität konsequent die Freiheit des Individuums ins Zentrum der Problematisierung des Regierens: Wie kann und wie muss regiert werden, wenn die Individuen frei sein sollen?

Es ist zwar auffallend, dass Foucault dieses neue Verhältnis des Individuums zum Staat in keiner Weise im Kontext des realen, kolonialistisch expansiven Kapitalismus denkt und der

110 Ebd., S. 42f.
111 Ebd., S. 260.

Kolonialismus als der dunkle Schatten des Liberalismus (die Metapher ist diskutabel) in Foucaults Nachdenken über die liberale Gouvernementalität nie thematisch wird.[112] Doch wenn wir diesen Punkt hier (mit nicht unerheblichen Bedenken) aussparen, lässt sich dennoch fragen: Woher kommen laut Foucault im 18. Jahrhundert die neuen Konzepte der »Freiheit« der Individuen und der gegen den »Polizeistaat« gerichtete Ansatz der Liberalen, der Staat solle möglichst wenig regieren? Foucault entdeckt, dass im 18. Jahrhundert eine neue Form der »Veridiktion«,[113] der Wahrheitsproduktion, auftaucht: der Markt. Auf ihn bezieht sich das neue Wissen der Ökonomen von der spontanen Regulation der Preise, wenn der Staat *nicht* in das Spiel von Angebot und Nachfrage interveniert. Es seien bezeichnenderweise nicht die Juristen, die als Erste im 18. Jahrhundert den »Polizeistaat« kritisieren, sondern die Ökonomen, die ein völlig neues Konzept von Freiheit entwickeln, welches der »Künstlichkeit der Politik, der Staatsräson und der Polizei« die »Natürlichkeit der Gesellschaft« und des Marktes gegenüberstellen: »Es handelt sich um die Natürlichkeit jener Mechanismen, die bewirken, daß, wenn die Preise steigen, wenn man sie steigen läßt, sie von alleine anhalten werden.«[114] Wiederum also spricht Foucault nicht von Regeln, von einem Symbolischen, von Gesetzen, sondern von der »Natur« – hier der »Natürlichkeit« jener Bewegungen, die zum Beispiel die Getreidepreise auf unregulierten Märkten vollziehen könnten. Das ist zwar primär ein Referat, aber es ist wohl dennoch kein Zufall, wie er den Diskurs der Ökonomie des späten 18. Jahrhunderts (das heißt der Physiokraten) insgesamt charakteri-

---

112 Vgl. dazu u. a. Ann Laura Stoler: »Foucaults ›Geschichte der Sexualität‹ und die koloniale Ordnung der Dinge«, in: Sebastian Conrad, Shalini Randeria (Hg.): *Jenseits des Ethnozentrismus. Postkoloniale Perspektiven in den Geschichts- und Kulturwissenschaften*, Frankfurt/M., New York: Campus 2002, S. 313-334; dies.: *Race and the Education of Desire. Foucault's History of Sexuality and the colonial Order of Things*, London: Duke University Press 1995.

113 Foucault, *Geschichte der Gouvernementalität II*, S. 72.

114 Foucault, *Geschichte der Gouvernementalität I*, S. 501.

siert: »Die Welt der Wirtschaft ist von Natur aus undurchsichtig. Sie ist von Natur aus nicht vollkommen erfaßbar. Sie wird ursprünglich und definitiv von Standpunkten konstruiert, deren Vielfalt um so irreduzibler ist, als diese Vielfalt selbst spontan ist und letzten Endes ihre Konvergenz sichert.« Wir wissen, dass Darwin die Natur ziemlich genau auf diese Weise verstanden hat; Foucault fährt fort, und auch das wird uns vertraut vorkommen: »Die Ökonomie ist eine atheistische Disziplin; die Ökonomie ist eine Disziplin ohne Gott; die Ökonomie ist eine Disziplin ohne Totalität [...].«[115] Es fällt schwer, sich beim Lesen dieser Charakterisierung der Ökonomie nicht daran zu erinnern, dass er die philosophische Bewegung, die zum Tode Gottes und damit auch zum Ende einer substantivistischen, essentialistischen Vorstellung vom »Menschen« führte, mit Nietzsches »Biologismus« beginnen ließ (vgl. oben, Kap. 4) – will heißen: Sowohl die Biologie wie auch die Ökonomie sind Wissenschaften ohne Gott, weil sie gegenüber allen Regulationsprätentionen und Totalitätsannahmen einer souveränen Vernunft, die sich im Ancien Régime nicht nur in ihrer staatlich-absolutistischen Form auf die unergründlichen Ratschlüsse Gottes bezogen hat,[116] die Realität der in ihrer Komplexität nicht erfassbaren Selbstbewegung natürlicher Prozesse beschreiben.

Im Anschluss an diese – wie soll man sagen – philosophische Verortung der Ökonomie leitet er, nach einem Semikolon, zur Frage nach der Macht und folglich auch des Staates über: »[...] die Ökonomie ist eine Disziplin, die nicht nur die Nutzlosigkeit, sondern Unmöglichkeit einer souveränen Perspektive manifestiert, der Perspektive des Souveräns auf die Gesamtheit des Staates, den er zu regieren hat.« Die Ökonomie entwende damit dem Staat etwas, »was als wesentlicher Bestandteil des Lebens einer Gesellschaft erscheint, nämlich die Wirtschafts-

115 Foucault, *Geschichte der Gouvernementalität II*, S. 387.
116 Vgl. ebd., S. 400.

prozesse«.[117] Der liberale Staat, der sich ausgehend von diesem Prinzip auszubilden beginnt, kann daher die Gesellschaft nicht mehr reglementierend durchdringen, sondern muss eine Ordnung schaffen, innerhalb deren sie selbstgesteuert und ohne Regulation von außen funktioniert:[118] Er nennt dies die »Sicherheitsmechanismen«, die garantieren sollen, dass sich die Freiheit des Marktes und der Individuen ausformen kann. Vor allem Letztere wird zentral: »Man kann jetzt nur noch unter der Bedingung gut regieren, daß die Freiheit oder bestimmte Formen der Freiheit wirklich geachtet werden.«[119] Man könnte versucht sein zu argumentieren, dass das, was Foucault »Sicherheitsdispositiv«[120] nennt, Formen der Freiheitsbeschränkung impliziert, die nicht nur ein »Korrelat« zur individuellen Freiheit sind und das Gehäuse ihrer konkreten Ausgestaltung bilden, sondern *de facto* immer schon ihre Aufhebung mit sich bringen. Das scheint mir die Argumentationslinie zumindest von Teilen der gegenwärtigen »Gouvernementalitäts«-Debatte zu sein: dass die Freiheit im Liberalismus nur ein (um Max Weber zu zitieren) »dünner Mantel« sei, hinter dem sich das »stahlharte Gehäuse« des »Sicherheitsdispositivs« sowie die flexiblen, dabei aber umso effektiveren Machttechniken der »Technologien des Selbst« verbergen – oder genauer noch: dass just diese »Technologien des Selbst« zu jenem »stahlharten Gehäuse« geworden seien.[121]

---

117 Ebd., S. 387.
118 Vgl. Foucault, *Geschichte der Gouvernementalität I*, S. 507.
119 Ebd., S. 506.
120 Ebd., S. 78.
121 Vgl. Graham Burchell, Colin Gordon und Peter Miller (Hg.): *The Foucault Effect. Studies in Governmentality, with Two Lectures by and an Interview with Michel Foucault*, Chicago: University of Chicago Press 1991; Alan McKinlay, Ken Starkey (Hg.): *Foucault, Management and Organization Theory: From Panopticon to Technologies of Self*, London: Sage 1998; Ulrich Bröckling, Susanne Krasmann, Thomas Lemke (Hg.): *Gouvernementalität der Gegenwart. Studien zur Ökonomisierung des Sozialen*, Frankfurt/M.: Suhrkamp 2000; Nancy Fraser: »Von der Disziplin zur Flexibilisierung? Foucault im Spiegel der Globalisierung«, in: Honneth/Saar

Es ist nun aber überaus bezeichnend, dass diese Vermutungen durch den Text Foucaults in keiner Weise gestützt werden können: Weder beschreibt er in der gesamten Vorlesung »Geburt der Biopolitik«, die dem Neoliberalismus im 20. Jahrhundert – dem deutschen Ordo-Liberalismus und dem amerikanischen Neoliberalismus der Chicagoer Schule – gilt, die Ausgestaltung des »Sicherheitsdispositivs« in einer solchen Weise, noch fällt der Ausdruck »Technologien des Selbst« oder wird die Freiheit der Individuen der Sache nach mit einer solchen Konzeption in Verbindung gebracht. Foucaults Analyse ist im Gegensatz dazu eine ökonomische, und zwar davon ausgehend, dass er die Wahrheitsfunktion des Marktes[122] so weit anerkennt, als sie in der Moderne tatsächlich zu den bürgerlichen Freiheiten geführt hat, die *de facto* zu einer »inneren Begrenzung« der staatlichen Macht wurden.[123] Diese »Vernunft des minimalen Staates« ziele nicht mehr auf die tatsächliche Reglementierung der Bevölkerung, sondern auf die Regulierung der »Interessen«[124] und dabei eben darauf, die Freiheit der Individuen zu ermöglichen. Und als wollte er vor den Fallstricken der heutigen »Gouvernementalitäts«-Theorie warnen, schreibt Foucault: »Die neue Regierungskunst stellt sich also als Manager der Freiheit dar, und zwar nicht in dem Sinne des Imperativs: ›Sei frei‹, was den unmittelbaren Widerspruch zur Folge hätte, die dieser Imperativ in sich trägt. Es ist nicht das

---

(Hg.): *Michel Foucault. Zwischenbilanz einer Rezeption. Frankfurter Foucault-Konferenz 2001*, Frankfurt/M.: Suhrkamp 2003, S. 239-258; Susanne Krasmann, Michael Volkmer (Hg.): *Michel Foucaults »Geschichte der Gouvernementalität« in den Sozialwissenschaften. Internationale Beiträge*, Bielefeld: transcript 2007; Swen Seebach, Robert Feustel: »Freiheit im Vollzug: Foucaults Vorlesungen von 1978/79. Eine Replik auf Philipp Sarasin«, in: *Deutsche Zeitschrift für Philosophie* 56 (2008) Nr. 1, S. 152-154; Maria Muhle: *Eine Genealogie der Biopolitik. Zum Begriff des Lebens bei Foucault und Canguilhem*, Bielefeld: transcript 2008, insb. S. 264-275.

122 Vgl. Foucault, *Geschichte der Gouvernementalität II*, S. 38-40, S. 57.

123 Ebd., S. 63, S. 67 etc.

124 Ebd., S. 73 f.

›Sei frei‹, was der Liberalismus fordert, sondern einfach Folgendes: ›Ich werde dir die Möglichkeit zur Freiheit bereitstellen. Ich werde es so einrichten, daß du frei bist, frei zu sein‹.«[125] Diese Freiheit ist mithin nicht das »Genieße!« der gegenwärtigen Konsumkultur, das Slavoj Žižek als die schärfste Überich-Forderung überhaupt bezeichnet hat,[126] und sie ist auch nicht einfach ein listiges, selbsttechnologisches Strategem der »Sicherheits«-Mächte. Foucault zeigt zwar ausführlich, dass die Freiheit im liberalen Staat nicht die Abwesenheit des Staates oder von Einschränkungen bedeutet, sondern durch die liberale Gouvernementalität hergestellt und gesichert werden muss. Aber sie ist dennoch irreduzibel, und es ist nicht zu erkennen, was er in seinem Vorlesungstext gegen sie einzuwenden hätte.

Gleichzeitig nimmt Foucault den Staat in liberalen Gesellschaften davor in Schutz, als große totalitäre Maschine zu erscheinen. Denn erst dort, wo die liberale Gouvernementalität im 20. Jahrhundert verdrängt worden sei, habe eine totalitäre Gouvernementalität die Macht ergriffen, von der Foucault in einer luziden Analyse sagt, sie betreibe nicht einen Exzess von Staatlichkeit, sondern die Verdrängung des Staates zugunsten einer allmächtigen Partei.[127] Liberalismus, ja ausgerechnet »das deutsche Modell« der Ära Brandt/Schmidt, »das zu unserer Gegenwart gehört, das ihr unter seinem wirklichen Zuschnitt eine Struktur und ein Profil gibt«,[128] sei im Kern etwas anderes als jener »Faschismus«, in dessen Nähe damals die Regierung der BRD gerückt wurde. Ja, deutlicher noch: Foucault distanziert sich mit Entschiedenheit von jener »Staatsphobie«, die nach der Logik der »allgemeinen Disqualifikation durch das

---

125 Ebd., S. 97.
126 Slavoj Žižek: »Wer naiv fragt, wird schockiert. Fragen wir also naiv! Skizze eines Forschungsprogramms über die Selbsttäuschungen der Postmoderne«, in: *DIE ZEIT*, 1999, Nr. 50 (online).
127 Vgl. Foucault, *Geschichte der Gouvernementalität II*, S. 267 f.
128 Ebd., S. 269.

Schlimmste«[129] jede auch minimale staatliche Handlung unter Faschismusverdacht stellt: Der »Wohlfahrtsstaat hat«, wie er seinen Hörern »nahelegen« will, »weder dieselbe Form noch, wie mir scheint, den selben Ursprung wie der totalitäre Staat, der Nazistaat, der faschistische oder stalinistische Staat«.[130] Das zeigt insgesamt für alle, die es hören wollen, mit einiger Klarheit, dass Foucault »den Staat« nicht mehr mit einer Art Macht gleichsetzt, die generell abzulehnen sei. Wenn wir weiter unten noch einmal auf den Wohlfahrtsstaat zurückkommen werden, wird sich zeigen, dass seine Analyse des Verhältnisses von Staat, Individuum und Freiheit seit dem Ende der 1970er Jahre nicht nur zunehmend differenzierter wurde, sondern sich auch ziemlich weit von einigen linken Gemeinplätzen entfernt hatte. Er ging in jenen Jahren kurz nach dem so genannten Deutschen Herbst sogar so weit zu sagen: »So paradox das auch sein mag, die Freiheit in dieser zweiten Hälfte des 20. Jahrhunderts, die Freiheit, oder sagen wir genauer: der Liberalismus ist ein Wort, das aus Deutschland zu uns kommt.«[131] Das war von einem Leittheoretiker gerade der radikalen Linken ein deutlicher Wink in Richtung eines Umdenkens in einem Ausmaß, das vielleicht sogar Darwins Infragestellung der allumfassenden Geltung der *natural selection* nahekommt.

Was die Frage nach dem *Subjekt* im Rahmen der liberalen Gouvernementalität angeht, so skizzierte Foucault wohl die weitesten Perspektiven seiner Analyse. Danach besteht die Konsequenz der neoliberalen Gouvernementalität vor allem in ihrer amerikanischen Ausprägung für das Subjekt im Wesentlichen darin, dass dieses zum »*homo oeconomicus*« und damit zum »Unternehmer seiner selbst« wird:[132] Die die neoliberale Gesellschaftsform strukturierende Markt- und Verwertungslogik bedeute, dass etwa der Lohn nicht mehr wie noch bei Marx das sei, was die Reproduktion der Arbeiter sicherstellt,

---

129 Ebd., S. 263.
130 Ebd., S. 267.
131 Ebd., S. 269.
132 Ebd., S. 314.

sondern ein »Einkommensstrom« für den »Kapitaleinsatz« und die »Kompetenz« des Einzelnen.[133] Dass das »Humankapital« auch eine biologische, »genetische« Grundlage habe, was biopolitische Perspektiven eröffnen könne, deutet er zwar kurz an, aber es interessiert ihn nicht mehr.[134] Wichtiger ist ihm, herauszustreichen, wie sehr die Analyse der liberalen Gouvernementalität ihn von der Theorie der Disziplinargesellschaft weggeführt hat: »Im Gegenteil haben wir in diesem Horizont das Bild, die Idee oder das politische Thema einer Gesellschaft, in der es eine Optimierung der Systeme der Unterschiede gäbe, in der man Schwankungsprozessen freien Raum zugestehen würde, in der es eine Toleranz gäbe, die man den Individuen und den Praktiken von Minderheiten zugesteht, in der es keine Einflußnahme auf die Spieler des Spiels, sondern auf die Spielregeln geben würde und in der es schließlich eine Intervention gäbe, die die Individuen nicht innerlich unterwerfen würde, sondern sich auf die Umwelt bezöge.«[135] Es ist fast unmöglich, diese Zeilen *nicht* als politische Vision Foucaults zu lesen. Es ist die Vision einer Gouvernementalität, die unter dem Titel »Liberalismus« *idealiter* die staatliche Intervention in das Leben der Individuen nicht mehr als Disziplinarmacht organisiert, sondern sie auf das Niveau der allgemeinen Spielregeln zurückführt und angesichts der »Praktiken von Minderheiten« maximale Diversität erlaubt. In einem solchen Sinne sagte er zum Beispiel 1982 in einem Gespräch über die von ihm ausgeübte Praxis des Sadomasochismus, heutzutage sei es möglich, dass man als Schwuler offen nach einer neuen »Lebenskunst« suchen und sich dabei von den alten Etiketten freimachen könne. Denn generell bilde die Sexualität »einen Teil der Freiheit, die wir in dieser Welt genießen«.[136] Auf die Frage des Interviewers,

133 Ebd., S. 312f.
134 Ebd., S. 316-318.
135 Ebd., S. 359.
136 Michel Foucault: »Michel Foucault, ein Interview: Sex, Macht und die Politik der Identität«, in: Foucault, *Schriften, Band IV*, S. 909-924, Zitat S. 909; vgl. Didier Eribon: *Foucault und seine Zeitgenossen*, München: Fink 1998, S. 29-81.

ob man denn als Subjekt nicht grundsätzlich so sehr in Machtverhältnisse verstrickt sei, dass jeder Traum von Freiheit illusorisch wäre und wir »immer in der Falle sitzen«, antwortete Foucault sehr dezidiert: »In der Tat denke ich nicht, dass das Wort ›in der Falle sitzen‹ das richtige Wort ist. Es geht um einen Kampf, doch wenn ich von Machtbeziehungen spreche, meine ich damit, dass wir, die einen im Verhältnis zu den anderen, in einer strategischen Situation sind. [...] Wir stecken also nicht in der Falle. Zwar befinden wir uns stets in einer Art Situation. Was aber bedeutet, dass wir stets die Möglichkeit haben, die Situation zu verändern, dass diese Möglichkeit stets existiert. Wir können uns nicht aus dieser Situation herausversetzen, und wir sind nirgendwo frei von jeder Machtbeziehung. [...] Ich habe also nicht sagen wollen, dass wir stets in der Falle sitzen, sondern im Gegenteil, dass wir stets frei sind.«[137] Subjekte haben, mit anderen Worten, auch im Rahmen von Machtverhältnissen immer Wahlmöglichkeiten.

Ob Foucault also im Hinblick auf eine sexuelle Praktik, in der es um kontrollierte und einvernehmliche Formen von Gewalt und Machtausübung geht,[138] über Freiheit sprach oder in den Vorlesungen zur Geschichte der liberalen Gouvernementalität: In jedem Fall meint sie nicht die Abwesenheit von Machtrelationen, das heißt von Relationalität, die fundamental bleibt, sondern die möglichst geringe Anwesenheit von staatlichem Zwang und eine möglichste kleine staatliche Einflussnahme auf das Leben der Individuen – was allerdings offenkundig Foucaults Anerkennung gewisser Regulations- und Sicherheitsaufgaben des Staates nicht mehr grundsätzlich in Frage stellte. Und überdies ist klar, dass sich Foucaults Argument ebenso grundsätzlich innerhalb des Rahmens des Kapitalismus bewegt. Er macht sich zwar keine Illusionen über die sozialen Auswirkungen des Kapitalismus, aber das ändert nichts daran, dass er ihn als eine Gesellschaftsform darstellt, die

137 Foucault, »Sex, Macht und die Politik der Identität«, S. 916.
138 Vgl. ebd., S. 912 ff.

ausgehend vom Prinzip freier Preisbildung auf Märkten die Freiheit der Individuen ebenso hoch veranschlagt wie die Skepsis gegen eine allzu starke staatliche Intervention in den Raum der Gesellschaft. Es könnte im Detail gezeigt werden, dass sich alles, was er in seinen Vorlesungen zur Geschichte der Gouvernementalität über den »Markt« sagt, entlang einer Linie bewegt, die vom Kampf gegen den »Polizeistaat« – den zu überwinden ja für ihn die erklärungsbedürftige Leistung des Liberalismus war – über die »Wahrheit« des Marktes und von dort zu der durch die »Sicherheitsdispositive« des Staates zwar ein Stück weit begrenzten, zugleich aber auch ermöglichte Freiheit der Individuen führt, einer Freiheit jedenfalls, die historisch weit über das hinausgeht, was der Staat des Absolutismus konzeptionell erlauben wollte und was mit dem starken Bild der »Disziplinargesellschaft« uns zu denken erlaubt sein sollte.[139]

Zumindest *ein* Einwand aber liegt auf der Hand, und er ließe sich ein letztes Mal von Darwin her formulieren: Entsteht so nicht das Bild einer Gesellschaft, in der alle »Liebe und Sympathie« für die Schwachen nicht nur den entfesselten Marktkräf-

---

139 Man sollte vielleicht ein wenig vorsichtig mit der Vorstellung umgehen, dass Foucault zum Beispiel die liberale Gouvernementalität nur »analytisch« betrachtet habe (vgl. z. B. Muhle, *Genealogie der Biopolitik*, S. 273) – so als wäre er allen Formen des Regierens und allen Äußerungen der Macht gegenüber teilnahmslos neutral gewesen und als habe er die Gesellschaft nur in den kalten Blick des unbeteiligten Archäologen genommen. Das widerspricht nicht nur komplett seinem eigenen politischen und persönlichen Verhalten (was vielleicht kein Argument sein müsste – außer bei Foucault, der diese Verbindungen immer gesucht hat), es widerspricht vor allem vollständig seiner zur Genüge explizierten Theorie von Genealogie, die immer parteiisch, perspektivisch und polemisch sei, weil der Genealoge einen eigenen Standpunkt zu verteidigen und zu befestigen habe (vgl. oben, Kap. 7). Der Genealoge ist ein »Sprengmeister«, er sitzt nicht als fleißiger Student oder eifrige Dozentin im medienwissenschaftlichen Oberseminar, und der Genealoge ist ein Mitleidender, vgl. Michel Foucault: »Neutralität ist nicht möglich (Gespräch mit Didier Eribon)«, in: Foucault, *Schriften, Bd. IV*, S. 405-408.

ten, sondern auch den von allen moralischen Normen losgelösten Selbstverwirklichungsspielen der Starken weichen müssten? Ist nicht jedes noch so differenzierte positive Urteil über den Neoliberalismus unausweichlich die *carte blanche* für den »Raubtierkapitalismus« und seine soziale Kälte? Und führte die neokonservative Wende im Feld der Politik unter Reagan und Thatcher nicht dazu, dass der Marktfetischismus des Neoliberalismus die seit dem *New Deal* der 1930er Jahre ausgebauten wohlfahrtsstaatlichen Sicherungssysteme bedroht? In einem langen Gespräch über die Zukunft des Sozialstaates reflektierte Foucault 1983 diese Entwicklungen, und seine Einschätzung fällt vorsichtig und nuanciert aus (so wie er einen anderen Gespräch aus demselben Jahr sagte, dass man »eine anspruchsvolle, vorsichtige, ›experimentelle‹ Haltung haben muss«[140]): Die Sozialversicherung habe »neben ihren möglichen positiven Effekten auch ›perverse Effekte‹ gehabt: eine zunehmende Starrheit bestimmter Mechanismen und Abhängigkeitssituationen«.[141] Weil das System der sozialen Absicherung die Tendenz habe, den Individuen »eine bestimmte Lebensweise auf[zu]erlegen«, brauche es ein neues Denken für ein System, dessen begriffliche Kategorien »sich noch in gedanklichen Rahmen entfalten, die zwischen 1920 und 1940 im Wesentlichen unter dem Einfluss von Beveridge, eines Mannes, der heute mehr als hundert Jahre alt wäre, gebildet wurden«, und es brauche Experimente, um neue Lösungen zu finden.[142] Foucault plädiert nicht für soziale Kälte, sondern für die Einsicht, dass die Absicherung eines jeden Risikos, jeder Krankheit und aller grundsätzlich »unendlichen« Ansprüche auf Gesundheit nicht finanzierbar sei. Man müsse so weit kommen,

---

140 Michel Foucault: »Politik und Ethik: ein Interview«, in: Foucault, *Schriften, Bd. IV*, S. 715-724, Zitat S. 717.

141 Michel Foucault: »Ein endliches System angesichts einer unendlichen Nachfrage«, in: Foucault, *Schriften, Band IV*, S. 440-461, Zitat S. 441.

142 Foucault, »Ein endliches System angesichts einer unendlichen Nachfrage«, S. 446-448.

bewusst und explizit zu wählen, welche Absicherung sich eine Gesellschaft leisten wolle und welche nicht mehr. Zeit für Revisionen also: »Es ist eine ungeheure Arbeit an Untersuchungen, Erprobungen, Maßnahmen und an intellektueller und moralischer Überarbeitung zu leisten«, es gehe insgesamt »offensichtlich um eine Wende, die es auszuhandeln gilt«.[143]

Diese Diskussion müssen wir nicht mehr verfolgen. Die wenigen Ausschnitte haben uns schon gezeigt, dass Foucault es ernst meinte mit seiner Ansicht, »dass wir ohne sicheres Bezugssystem inmitten zahlloser verlorener Ereignisse leben«, wie es in seinem Aufsatz zur Genealogie heißt.[144] Eine solche Haltung war dem Weltbild des Liberalismus nicht fremd. Er »preise selbstverständlich nicht irgendeinen wilden Liberalismus an«,[145] aber vor dem Hintergrund seiner Analysen der liberalen Gouvernementalität versteht man nun doch besser, dass Foucault den Sozialstaat nicht als jenes Bezugssystem verstand, das die Ungesichertheit der Existenz aufheben kann, wenn der Grad der Abhängigkeit der Individuen von staatlicher Macht und Regulierung ein gewisses Maß nicht übersteigen sollte.

Fazit

Dieses Kapitel hat einige sehr weite thematische und konzeptionelle Bögen geschlagen, um einen einzigen Komplex von Fragen einzukreisen: Nach welchen Regeln funktionieren menschliche Gesellschaften? Woher kommen diese Regeln? Haben sie eine genealogische »Wurzel« in der Natur? Oder machen sie erst den Unterschied von Natur und Kultur aus? Und was bedeutet es, wenn eine Gesellschaft wie diejenige des Liberalismus und Kapitalismus auf eine ganze Reihe von Re-

143 Ebd., S. 452-456.
144 Foucault, »Nietzsche, die Genealogie, die Historie«, S. 181.
145 Foucault, »Ein endliches System angesichts einer unendlichen Nachfrage«, S. 458.

gulationen des Zusammenlebens und auf Garantien der Existenzsicherung verzichtet – wie ein guter König, ein bürgerliches Zunftregiment oder ein ausgebauter Sozialstaat sie bieten können – und stattdessen in hohem Maße auf die »Freiheit« setzt, die das »Spiel« der Kräfteverhältnisse eröffnet? Darwin, so haben wir gesehen, hat in seiner Theorie nicht einfach die harte Wirklichkeit des Manchester-Liberalismus auf den naturalistischen Begriff gebracht oder gar gerechtfertigt, denn sein Weltbild wurde sehr viel stärker von seiner Erfahrung als *Royal Navy naturalist* und von der distanzierten Londoner Perspektive distinguierter Handelsherren oder Besitzer ferner Plantagen geformt als vom harten Konkurrenzkampf industrieller Unternehmer in schmutzigen Industriestädten. Dass im Zuge des imperialen Ausgreifens der britischen »Zivilisation« in fremde Welten die dort lebenden »Wilden« den Kampf ums Dasein verlieren würden, hielt er allerdings für unausweichlich. Kein Gesetz und keine Regel des Zusammenlebens würden sie vor dem Untergang bewahren, ja, allein schon die bloße Veränderung des um den Kelp aufgebauten Ökosystems in Terra del Fuego könnte, wie er in seinem Reisebericht als Gedankenexperiment angenommen hatte, zum »Verschwinden« des »kannibalischen Wilden« führen (vgl. oben, Kap. 1). Das ändert allerdings nichts daran, dass Darwin dem Menschen die einzigartige Fähigkeit zuschrieb, als das einzige Tier mit einem Gewissen für seine Genossen Liebe und Sympathie zu empfinden und umgekehrt auch auf ihre Anerkennung angewiesen zu sein. Im Raum dieser Anerkennungsbeziehungen sah Darwin kontingente Regeln entstehen, die das friedliche Zusammenleben möglich machen – als eine aus den Mechanismen der Gruppenselektion bei sozial lebenden Tieren entstandene, aber über diese hinausreichende, spezifisch menschliche Funktion.

Foucault, auf der anderen Seite, hat die kolonialen und rassistischen Dimensionen und Effekte des späteren Darwinismus stets in aller Schärfe kritisiert, aber er hat diese Kritik just in diesem Moment verstummen lassen, als er das Gesellschafts- und Regierungssystem des Liberalismus untersuchte. Was er dort entdeckte, war eine gewisse »Regellosigkeit«, das heißt die relative Abwesenheit staatlicher Regulation des individuellen und sozialen Lebens im Rahmen der (neo)liberalen Gouvernementalität, sowie das damit verbundene, historisch zwar kontingente, gleichwohl aber begrüßenswerte Auftauchen eines Konzepts individueller Freiheit. Dass er diese Form des Regierens insgesamt positiv dargestellt hat, ist keine Wahrnehmungstäuschung des Lesers und keine ironische Finte Foucaults, der »eigentlich« etwas ganz anders meinte. Es ist die *direkte Konsequenz* aus Foucaults schon seit langem gehegter Auffassung, dass es keine »kulturelle« Regel geben könne, die, als angeblich für das Menschsein konstitutiv, der Ungesichertheit der Existenz und den Kräfteverhältnissen vorausgehen würde oder die zumindest fiktional unterstellt werden müsste, um vom Kriegszustand zu menschlichen Verhältnissen zu gelangen. Im Gegenteil: Die schneidende Ironie, mit der er durch sein ganzes Werk hindurch den Glauben an die Ursprünglichkeit des Inzesttabus bedachte, sodann seine Affinität zu Darwins Konzept der offenen Kräfteverhältnisse und schließlich die positive Darstellung der liberalen Gouvernementalität sind miteinander kongruent: Sie lassen sich wie die verschiedenen Gestalten einer topologischen Figur in jede Richtung umstülpen und gehen ohne Rest ineinander über.

Der Drehpunkt dieses Transformationssystems aber liegt in Foucaults Idee von der Freiheit des Subjekts. Das meint keineswegs eine angebliche »Rückkehr« zu den Seichtigkeiten der Subjektphilosophie, sondern ist die Frucht dessen, was er 1966 den »Tod des Menschen« genannt hat. Es ließe sich zeigen, dass die »Ästhetik der Existenz« und die »Sorge um sich« in Foucaults Spätwerk Praktiken darstellen, die es dem Einzelnen erlauben, sich selbst zu erfinden, ohne wissen zu müssen, was »der Mensch« sei, und ohne sich einem allgemeinen »Gesetz« zu unterstellen. Doch das ist hier nicht mehr unser Thema. In den Blick nehmen möchte ich bloß noch eine kleine Seitenlinie von Foucaults Denken, eine Linie, die er nie zu einem größeren Projekt ausgebaut und dennoch mit sehr entschiedenen und prägnanten Äußerungen skizziert hat. Die Rede ist von der »Verstreuung« des Menschen im Raster eines in den Jahren nach 1945 erneuerten Darwinismus, und das heißt: im Feld der Molekulargenetik.

10. Das Neue Testament der Biologie und die Freiheit des Subjekts

Zwischen 1950 und 1970, rund hundert Jahr nachdem Charles Darwin seine wichtigsten Bücher publiziert hatte, in der Zeit auch, als Michel Foucault sein Studium abschloss und bald als Historiker und Philosoph auf sich aufmerksam machte, erlebte die Biologie den tiefgreifendsten Wandel ihrer Geschichte seit der Begründung der Evolutionstheorie im 19. Jahrhundert. Es ist kein Zufall, dass dieser methodische und konzeptionelle Veränderungsschub ausgerechnet auf jenem Feld sich ereignete, auf dem Darwin sein komplettes Nichtwissen eingestand: auf dem Feld der Vererbung.[1] Und vielleicht ist es auch kein Zufall, dass die Geschichte der Genetik zum einen ganz in seiner Nähe begann, als sein Cousin Francis Galton mathematische und statistische Methoden in die Biologie einführte, um den Regelmäßigkeiten und Gesetzen der Vererbung auf die Spur zu kommen und so auf seine Art das »Gesetz« der *natural selection* zu bestätigen. Zum andern aber entstand die Genetik eher im Schatten des Darwinismus, ja geradezu in Opposition zu ihm: Gregor Mendel, von dessen Vererbungsexperimenten mit Erbsen seit den 1850er Jahren Darwin nichts wusste, wurde auch von den Darwinisten seiner Zeit nicht beachtet, und als Hugo de Vries, Erich von Tschermak und Carl Erich Correns um 1900 Mendel »wiederentdeckten« und zusammen mit William Bateson (der 1906 den Begriff »Genetik« prägte) die Wissenschaft der Vererbung begründeten, hat das neue Wis-

---

1 Vgl. zu den Theorien der Vererbung vor Darwin Mary Terrall: »Speculation and Experiment in Enlightenment Life Sciences«, in: Staffan Müller-Wille, Hans-Jörg Rheinberger (Hg.): *Heredity Produced. At the Crossroads of Biology, Politics, and Culture, 1500-1870*, Cambridge, Mass.: MIT Press 2007, S. 253-276.

sen von der blinden Kombinatorik genetischer Merkmale die darwinschen Formeln vom »Kampf ums Dasein« und von der *natural selection* als bloße Anthropomorphismen und glücklich überwundene Wissenschaftsmythen aus dem 19. Jahrhundert erscheinen lassen. Die neue Biologie der Genetik bewegte sich lange Zeit auf anderen Wegen als den von Darwin vorgezeichneten, und die Wissenschaftsgeschichte sprach nachträglich vom *Eclipse of Darwinism*, vom zeitweiligen Verschwinden Darwins aus den Debatten der Biologen.[2]

Die Geschichte der Genetik im 20. Jahrhundert ist zu bekannt, als dass ich sie hier darstellen müsste (abgesehen von den Stationen, die wir im Folgenden noch genauer unter die Lupe nehmen werden); es reicht daran zu erinnern, dass Wilhelm Johannsen 1909 für die Strukturmuster der Chromosomen den Begriff »Gene« prägte und 1944 die Desoxyribonukleinsäure (DNA) als deren chemisches Substrat identifiziert wurde; dass George Beadle und Edward Tatum ein Jahr später die Hypothese aufstellten, dass ein Gen jeweils ein Protein codiere; und schließlich, dass James Watson und Francis Crick 1953 die Struktur der DNA als Doppelhelix darstellten und sich damit die Teilungs- und Kopiervorgänge dieses Makromoleküls als die biochemische Grundlage aller Vererbungsvorgänge verstehen ließen.[3] Unterdessen allerdings hatte sich der *Eclipse of Darwinism* ein wenig abgeschwächt; namentlich der russisch-amerikanische Biologe und Genetiker Theodosius Dobzhansky leitete die – wie Julian Huxley später sagen sollte – »moderne Synthese« von Darwinismus und Genetik ein.[4] 1937 postulierte er, dass »jede Betrachtung über die Vielgestaltigkeit der Orga-

2 Peter J. Bowler: *The Eclipse of Darwinism. Anti-Darwinian Evolution Theories in the Decades around 1900*, Baltimore: Johns Hopkins University Press 1983.

3 Vgl. Fox Keller, *Jahrhunderts des Gens*, S. 11-14.

4 Vgl. dazu die populärwissenschaftliche Darstellung in Julian S. Huxley: *Entfaltung des Lebens*, Frankfurt/M.: S. Fischer 1954 (*Evolution in Action*, London 1953); vgl. als kurzen Überblick auch Bowler, *Evoluton*, S. 333-346.

nismen« – wie sie etwa der Genetiker Thomas Hunt Morgan seit 1913 am Beispiel der *Drosophila melanogaster* (Taufliege) vornahm – »sich zunächst mit der Darwinschen Abstammungslehre auseinandersetzen« müsse.[5] Dobzhansky hat die historische Situation, in der sich der Darwinismus und das intellektuelle Erbe Darwins befanden, genau erfasst. Die Evolutionstheorie Darwins besage, »dass sich, könnte man alle Lebewesen, die je gelebt haben, gleichzeitig betrachten, eine ziemlich kontinuierliche Aufeinanderreihung der Formen ergeben würde«. Mit scharfem Blick auf den Darwinismus seit der Jahrhundertwende konstatierte er, dass die Darwinisten ihre Aufgabe darin sahen, mit den Mitteln der vergleichenden Morphologie die langsame Entstehung der »Lücken zwischen den Formengruppen« zu erklären, »weniger aber darin, die Diskontinuität selbst oder die Mittel und Kräfte verständlich zu machen, durch die sie entsteht«. Sie hätten, mit anderen Worten, die experimentelle Überprüfung der Mechanismen der Evolution vernachlässigt, obwohl »all diese Veränderungen durch Ursachen hervorgerufen seien, die auch heutzutage noch wirken und die deshalb auch experimentell untersucht werden können« (was sich die Genetik zur Aufgabe machte).[6] Damit vermochte Dobzhansky auch ein neues Licht auf Darwin zu werfen, der »tatsächlich einer der wenigen Entwicklungstheoretiker des 19. Jahrhunderts [ist], dessen Hauptinteresse sich auf den Mechanismus der Artbildung, also mehr auf das kausale als das historische Problem richtete« – was Foucault abschätzig und genau diese Entwicklungstheoretiker vor Augen »Evolution« nannte. Denn in dem Maße, wie der, so Dobzhansky, nicht rekonstruierbare Prozess der Evolution als Ganzes aus dem Fokus rückte und statt dessen die Entstehung der Diskontinuitäten zwischen den organischen Formen und ihre experimentelle Rekonstruktion das Interesse der Biologen

5 Theodosius Dobzhansky: *Die genetischen Grundlagen der Artbildung*, Jena: Gustav Fischer 1939, S. 4.
6 Ebd.

zu fesseln begannen, zeige sich, dass die »Vererbungswissenschaft wohl mehr als die Entwicklungsmorphologie Darwins Erbe angetreten« habe.[7] Dieser Blick auf die Diskontinuitäten aber war, wie wir wissen und wie sich hier noch weiter zeigen wird, auch jene Spur, der Michel Foucault folgte.

Das Programm, das Dobzhansky skizzierte, bestand darin, die darwinsche Vorstellung der Evolution der Arten hypothetisch – »wenn auch nur zögernd« – mit einem genetischen Konzept der Artbildung zu identifizieren: »[E]in Gleichheitszeichen zwischen den Mechanismen der Makro- und Mikroevolution setzen.«[8] Und als die »wichtigste Ursache der Artveränderung und überhaupt der Mannigfaltigkeit« nahm er, wie alle Genetiker, nicht mehr die *natural selection*, sondern die »Genveränderung, die Mutationen« an.[9] Das müsse aber nicht heißen, so Dobzhansky, sich um die Frage der Evolution gar nicht mehr zu kümmern; vielmehr könne der Prozess der *natural selection* unter dieser Voraussetzung reformuliert und konzeptionell neu gefasst werden: »Wenn ein solches mutiertes Gen dann in die Erbmasse einer Population eingeht, wird sein weiteres Schicksal durch die dynamisch wirkenden, physiologischen Gesetze der Population bestimmt« – das heißt einerseits durch die darwinschen Gesetze des *survival of the fittest*, genauer: der Selektion des von diesem Gen induzierten Merkmals durch Umweltbedingungen, sowie andererseits und nun neuerdings durch die mathematisch zu ermittelnden Gesetze der Vererbungsdynamik in Populationen.[10]

Diese Aufnahme darwinistischer Konzepte in der Genetik des 20. Jahrhunderts – die allerdings sehr viel komplexer ist, als ich es hier auch nur andeuten kann, mitunter, weil die Entwicklung in den angelsächsischen Ländern anders verlief als etwa in Frankreich (Stichwort Lamarckismus) und Deutschland (Stichwort Rassenhygiene) – fand dann im Wesentlichen nach

7 Ebd.
8 Ebd., S. 7.
9 Ebd.
10 Ebd., S. 8, vgl. S. 84 ff.

dem Zweiten Weltkrieg und unter stark veränderten wissenschaftstheoretischen Rahmenbedingungen statt. Vor allem Hans-Jörg Rheinberger und Lily E. Kay haben gezeigt, wie sehr die Genetik sich ab den späten 1940er Jahren von der mit der mendelschen Vererbungsforschung kombinierten Biochemie zur Molekularbiologie zu wandeln begann, indem sie ihre Experimente und Befunde auf ein neues Paradigma und eine neue Sprache ausrichtete: auf die Kybernetik und die Informationstheorie.[11] Diese neuen Wissenschaften wurden in den 1940er Jahren vom MIT-Mathematiker Norbert Wiener und in Teilen parallel dazu vom Mathematiker Claude Shannon in den Bell Laboratories als eine physikalische Theorie von Information, Steuerung und Kontrolle ausgearbeitet; sie waren inspiriert vom »Modell« des Organismus als einem komplexen, sich selbst steuernden, regulierenden und stabilisierenden System,[12] und sie entstanden unter dem Dach der damaligen Leitwissenschaft der Physik auf direkte Nachfrage des militärisch-industriellen Komplexes in den USA nach neuartigen Steuerungs- und Kontrollsystemen vor allem für Fliegerabwehrwaffen.[13] Namentlich Wiener verknüpfte mit seiner Kybernetik allerdings einen Anspruch, der weit über das Feld der *Feedback*-Steuerung und ähnlicher Mechanismen der Waffentechnologie hinausging: Er propagierte nichts weniger als ein

11 Rheinberger, *Experimentalsysteme*, z.B. S. 154f.; Kay, *Das Buch des Lebens*, S. 135-164; dies.: »Cybernetics, Information, Life: The Emergence of Scriptural Representations of Heredity«, in: *Configurations*, 1997, S. 23-91; vgl. zur Geschichte der Kybernetik auch Michael Hagner, Erich Hörl (Hg.): *Die Transformation des Humanen. Beiträge zur Kulturgeschichte der Kybernetik*, Frankfurt/M.: Suhrkamp 2008.

12 Vgl. dazu auch Evelyn Fox Keller: »Der Organismus zwischen Telegraph und Computer: Der Körper einer neuen Maschine«, in: dies.: *Das Leben neu denken. Metaphern der Biologie im 20. Jahrhundert*, München: Antje Kunstmann 1998, S. 105-148.

13 Vgl. auch Peter Galison: »Die Ontologie des Feindes. Norbert Wiener und die Vision der Kybernetik«, in: Hans-Jörg Rheinberger, Michael Hagner, Bettina Wahrig-Schmidt (Hg.): *Räume des Wissens. Repräsentation, Codierung, Spur*, Berlin: Akademie 1997, S. 281-324.

neues, einheitliches Paradigma für die Wissenschaften und insbesondere für die Biologie, und auf den berühmten Macy-Konferenzen 1946 bis 1953 wurde dieses Programm breit und hoffnungsfroh entfaltet.[14] All dies muss hier nicht weiter ausgeführt, sondern nur als jene Etappe in der Geschichte der Biologie in Erinnerung gerufen werden, die dem jungen Foucault zeitgenössisch war. Was die Kybernetik betrifft, hatte sich schließlich kein Geringerer als Claude Lévi-Strauss programmatisch auf Norbert Wiener bezogen, wie man als Leser seiner *Anthropologie structurale* von 1958 wusste (vgl. oben, Kap. 4). Doch wie sehr Foucault diese Entwicklung tatsächlich verfolgte, lässt sich nicht mit Bestimmtheit sagen – der Begriff »Kybernetik« findet sich zumindest nicht im ausführlichen Sachregister der *Schriften*, und ebenso vergeblich ist die Suche nach »Wiener, Norbert« oder auch »Watson, James«. Dass allerdings im Register der *Schriften* auch der Begriff »Genetik« fehlt, über die Foucault ganze Texte verfasst hat, macht stutzig: Offenbar lagen diese biologischen Interessen Foucaults unterhalb der Wahrnehmungsschwelle seiner Herausgeber.

Doch diese spezifische Blindheit scheint ein verbreitetes Phänomen zu sein: Ein Blick in die Register der Zeitschriften *Ésprit*, *Nouvelle Revue Française*, *Critique* und *Les Temps Modernes* der 1960er und frühen 1970er Jahre zeigt, dass sich das intellektuelle Paris damals nicht mit den aktuellen Umbrüchen in der Biologie beschäftigen mochte. Dass das nicht für Foucault gilt (auch Gilles Deleuze und Michel Serres wären hier zu nennen), können wir unterstellen; belegen lässt sich dieses Interesse durch einige Texte aus den 1970er Jahren, die auch gewisse Bemerkungen aus den 1960ern in einem neuen Licht erscheinen lassen. Zum ersten Mal explizit beschäftigte sich Foucault mit der Genetik im Rahmen einer längeren Buchbesprechung, die er im November 1970 in *Le Monde* erscheinen ließ: die Rezension von François Jacobs Buch *La logique du vi-*

14 Vgl. Claus Pias (Hg.): *Cybernetics = Kybernetik. The Macy-Conferences 1946-1953*, Zürich: Diaphanes 2003-2004 (2 Bde).

vant. Une histoire de l'hérédité von 1970. Jacobs Bestseller wird uns nebenbei auch helfen, die Rezeption und Reformulierung des Darwinismus durch die Genetik zumindest in einigen Aspekten besser zu verstehen.

Die Jukebox

Der 1920 geborene François Jacob studierte zunächst Medizin, wandte sich aber nach dem Krieg der Biologie zu. Anfang des Jahres 1957 begann er, zusammen mit dem zehn Jahre älteren Genetiker Jacques Monod am Institut Pasteur in Paris ein Experimentalsystem mit *Escherichia Coli*-Bakterien aufzubauen,[15] das der Analyse genetischer Kontrollmechanismen bei der Enzyminduktion dienen sollte. Es ging, vereinfacht gesagt, um die Frage, ob Gene tatsächlich in monokausaler Weise die Produktion von Enyzmen in *E. Coli* auslösen. Für das aus diesen Arbeiten entwickelte so genannte »Operon-Modell« (eine Theorie der Regulation der Genexpression) und den Nachweis der codierenden Funktion von Genen und speziell der Boten-RNA bei der Enzym- bzw. Proteinproduktion erhielt Jacob 1965 zusammen mit Monod und André Lwoff den Nobelpreis für Medizin und Physiologie.[16] Wie Lily Kay gezeigt hat, haben Jacob und Monod 1958 damit begonnen, in ihren Erklärungsmodellen mit dem kybernetischen Informationsbegriff von Wiener und Shannon zu arbeiten (und sie haben sich dabei die biochemischen Regulationsvorgänge in den Bakterien tatsächlich wie die Steuerung von Bombern und Interkontinentalraketen vorgestellt);[17] sie sollen auch die ersten

15 François Jacob: *Die Logik des Lebenden. Von der Urzeugung zum genetischen Code*, Frankfurt/M.: S. Fischer 1972, S. 286.
16 Eine für Laien zur Not noch knapp verständliche biochemische Darstellung des Operon-Modells finden sich in Jacques Monod: *Zufall und Notwendigkeit. Philosophische Fragen der modernen Biologie*, München: Piper 1971, S. 76-82.
17 Kay, *Buch des Lebens*, S. 276-308, insb. 286.

Genetiker gewesen sein, die das Genom ein »Programm« nannten, einen Steuerungscode für die Zellmaschine.[18] Diese ebenso prominente wie wirkungsvolle, dabei aber, wie Kay unterstreicht, vollständig metaphorische Übernahme des kybernetischen Informationsbegriffs in die Molekulargenetik hatte zur Folge, dass seit etwa 1960 die Gene als »Buchstaben« oder »Worte« eines molekularen »Alphabets« verstanden wurden:[19] Als unterschiedlich lange Sequenzen von binären Kopplungen von je zwei der vier Nukleinsäuren auf dem DNA-Strang werden diese bei der Genexpression auf eine Messenger-RNA-Matrize kopiert und stellen so den »Befehlscode« zur Produktion der verschiedenen Proteine dar. Sehr vereinfacht gesagt bedeutete das, dass dieser »Code« im Zellkern die Struktur und Funktion der biochemischen »Fabrik«[20] nicht nur eines Bakteriums, sondern von *allen*, auch von sehr viel komplexeren und hochgradig spezifizierten Körperzellen determiniert. Der von Monod und Jacob in ihrem Bakterien-System untersuchte DNA-Code wurde von ihnen, mit andern Worten, als »universal«[21] angesehen – mit ihrem berühmten Ausspruch auf einer Konferenz 1961, »dass etwas, was sich von E. coli als wahr erweist, auch von Elefanten als wahr gelten muss«.[22] Bedeutete dies, dass Organismen, wie die unklare Begrifflichkeit der »Information« nahelegt und wie es in den frühen 1960er Jahren der Harvard-Linguist Roman Jakobson propagierte,[23] eine »Sprache« hätten und die Gestalt und Funktion ihres Körpers demnach die »Bedeutung«, ja der »Sinn« darstellten, den diese Sprache ausdrückt? Und würde das auch für unseren Körper gelten? Jacob und Monod scheinen zurückhaltend ge-

18 Fox Keller, *Das Jahrhundert des Gens*, S. 107.

19 Siehe zur Geschichte dieser Metaphorik auch Hans Blumenberg: »Der genetische Code und seine Leser«, in: ders.: *Die Lesbarkeit der Welt*, Frankfurt/M.: Suhrkamp 2000, S. 372-409.

20 Jacob, *Die Logik des Lebenden*, S. 289.

21 Ebd., S. 295.

22 Zitiert in Kay, *Buch des Lebens*, S. 308.

23 Ebd., S. 394-409.

wesen sein, was das Konzept einer genetischen »Semantik« betrifft, bei der gleichsam das Hin und Her genetischer »Befehle« so etwas wie ein »Argument« ergäbe, also eine dialektische Kette von »Sinn«. Jacques Monod hat in seinem ebenfalls 1970 erschienenen und ebenso berühmten Buch *Le hasard et la nécessité* insbesondere solchen Vorstellungen eine klare Absage erteilt: »Der Rezeptor legt die Transkription still; er wird seinerseits durch den Induktor aktiviert«; aus dieser »doppelten Negation« gehe zwar »eine positive Wirkung, eine ›Affirmation‹ hervor«, aber das bedeute nicht, »daß die Logik dieser Negation der Negation [...] dialektisch ist: Sie führt nicht zu einem neuen Satz, sondern zur bloßen Wiederholung des ursprünglichen Satzes, wie er entsprechend dem genetischen Code in der Struktur der DNS [= DNA] niedergeschrieben ist.« Denn »die Logik der biologischen Regelungssysteme gehorcht nicht der Hegelschen Logik, sondern der Booleschen Algebra und der Logik der Elektronenrechner«.[24] Foucault hat Monod nie erwähnt – hier jedenfalls hätte er sich wohl in guter Gesellschaft gefühlt.

Bei Jacob klingt das in *Die Logik des Lebenden* nicht anders. Er nennt eine Botschaft »eine bestimmte Selektion unter allen möglichen Anordnungen«; sie stelle »eine bestimmte Ordnung unter all denen dar, die im Kombinationsspiel der Symbole möglich sind«. Folglich versteht er »Information« als »ein Maß für die Freiheit dieser Wahl, das heißt für die Unwahrscheinlichkeit der Botschaft«. Information ist nicht einfach die gesamte Menge aller möglichen Kombinationen etwa aller 25 Buchstaben, sondern nur die Auswahl jener Kombinationen, die zum Beispiel grammatikalisch richtigen Sätzen entsprechen. Doch ist der genetische Code damit ebenfalls eine »Sprache«? Jacob vermeidet diesen Begriff; er hat sehr genau verstanden, dass Claude Shannon mit »Information« nur eine bestimmte messbare »Menge« bezeichnete, nicht aber einen »Inhalt«, eine »Bedeutung«, und verwendet »Botschaft« im

---

24 Monod, *Zufall und Notwendigkeit*, S. 79.

Sinne von »Programm« oder »Vorschriften«.[25] Er schreibt daher von der Botschaft: »Die Information ignoriert jedoch ihren Sinngehalt«, um gleich fortzufahren: »Jede materielle Struktur kann mit einer Botschaft verglichen werden, insofern als Art und Stellung der aufbauenden Elemente, Atome oder Moleküle Ergebnis einer Wahl unter einer Reihe von Möglichkeiten ist.«[26] Wir werden gleich sehen, dass Michel Foucault Jacobs Abgrenzung von der Semantik der Botschaft besonders hervorgehoben hat.

Doch wie funktioniert dieser »Code«? Für Jacob ist die genetische »Botschaft« wie gesagt das Steuerungsprogramm für die Zellfabrik und damit für die gesamte tierische oder menschliche Organmaschine; »Tiere und Maschinen sind«, wie er mit Referenz auf Wieners Kybernetik deklariert, »Modelle füreinander«. Maschinen können »in anatomischen und physiologischen Begriffen beschrieben werden«, und Tiere umgekehrt als Maschinen: Ihre Organe »tauschen unaufhörlich Signale und Botschaften durch spezifische Interaktionen der Bestandteile aus«; ihr Verhalten beruht auf »rückwirkenden Regulationskreisen«, gleichzeitig aber hängt die »Starrheit der Strukturen« des Organismus, seine auch im Erbgang stabile Gestalt, »von der Durchführung eines streng vorgeschriebenen Programms ab«. Oder genauer noch: »Die Ordnung in einem Lebewesen beruht [...] auf der Struktur eines Riesenmoleküls«, und »die Vererbung arbeitet wie das Gedächtnis einer Rechenmaschine«.[27] Ganz im Sinne von Dobzhansky kann diese neue Genetik auch die darwinsche Evolutionstheorie neu interpretieren. Schon Darwins Konzept der Genealogie hatte ja versucht, mit der Schwierigkeit umzugehen, dass Lebewesen ihre Eigenschaften offensichtlich in stabiler Gestalt vererben, sie sich aber in größeren historischen Zeiträumen dennoch so substantiell verändern, dass sie »andere« werden (vgl. oben,

25 Jacob, *Die Logik des Lebenden*, S. 296.
26 Ebd., S. 269.
27 Ebd., S. 271 f.

Kap. 7). Jacob kann nun schreiben: »Stabilität und Variabilität, jene beiden scheinbar gegensätzlichen Eigenschaften der Lebewesen, beruhen auf der Natur des genetischen Textes selbst.«[28] Zum einen werde das genetische Programm, das die Gestalt und alle Funktionen eines Organismus festlegt, etwa von Bakterien »mit äußerster Genauigkeit, buchstabengetreu kopiert«.[29] Betrachte man hingegen »Bakterienpopulationen oder sogar die Gesamtheit einer Art«, so scheine »der Nukleinsäuretext infolge von Kopierfehlern, Vertauschungen durch Rekombination, Zusätzen und Auslassungen ständig desorganisiert zu werden«. Was also bringt dann den Text »letzten Endes [...] immer wieder in Ordnung«? Natürlich keine göttliche Absicht oder ein »mysteriöse[r] Wille«, sondern die Selektion jener Individuen, die über bestimmte, von abweichenden Genen produzierte positive oder negative Eigenschaften verfügen: Auf der Ebene der Population scheide die Selektion »jede Unregelmäßigkeit aus« (auf seine Bakterienkulturen bezogen konnte Jacob schreiben: »[M]ögen auch einige Milliarden Individuen untergehen ...«[30]). Man kann in Jacobs Text sehr schön sehen, wie die *modern synthesis* von Darwinismus und Genetik beschaffen war: »Darwin« wurde gleichsam ins Systemprogramm der neuen Wissenschaft eingelesen und sein Text zu einem Teil der Natur erklärt: »Die Selektions*idee* liegt in der *Natur* des Lebewesen durch den einfachen Umstand begründet, daß sie nur dann existieren können, wenn sie sich fortpflanzen.«[31] Dass *natural selection* stattfindet und diese dafür sorgt, im Rahmen der Population das »Programm in Ordnung zu halten«, war für Jacob keine Frage. Das bedeute freilich nicht, dass die Umwelt als die Summe aller selektierenden Faktoren auf den Code selbst zurückwirken könnte. Allein ob und wann Gene exprimiert werden und sich ein bestimmtes phänotypisches Merkmal ausbilde, könne von der Umwelt abhängen: »So

28 Ebd., S. 310.
29 Ebd., S. 311.
30 Ebd., S. 309.
31 Ebd., S. 311 (meine Hervorhebung, Ph. S.).

gleicht die Ablesung der genetischen Botschaft der Musikbox im Café: Drückt man auf einen der Knöpfe, so wählt man unter allen Platten der Maschine diejenige aus, die man hören möchte. Es ist jedoch unmöglich, den Text oder das Abspielen der aufgenommenen Musik zu verändern.«[32]

Diese hier noch mit dem schönen, zur Computer-Metaphorik alternativen Medienmodell der Jukebox und der analogen Vinyl-Schallplatte angereicherte, insgesamt sehr ausgeprägte Maschinen- und Steuerungs*metaphorik* – linguistisch ist sie zweifellos nichts anderes – war allerdings weder von Jacob noch von Monod metaphorisch gemeint: Dieses Programm tief in unseren Zellen *ist* unausweichlich, es *ist* der »Code«, der uns ausmacht. Dieser »Code« ist für Jacob buchstäblich das Ursprüngliche, dasjenige, was seit einem fernen, nicht mehr erkennbaren Anfang sich über zwei Milliarden Jahre hindurch durch Teilungs- und Kopiervorgänge bis heute erhalten hat und nur durch Fehler – »Lesefehler«, Verdoppelungen, etc. – von seiner anfänglichen Form in primitivsten Protobakterien entfernt und im Lauf der Evolution komplexere, das heißt zuerst schlicht *längere* Formen angenommen hat und damit auch zur Codierung komplexerer Organismen bis hin zu den höheren Tieren und dem Menschen führte.

Das Neue Testament der Biologie

Das Denkmodell von Jacob und Monod war nicht der »Elefant«,[33] sondern ein Experimentalsystem mit *E. Coli*-Bakterien, und anhand dieses Systems entwickelten sie das Bild von einfachen Organismen mit kurzen DNA-Strängen, die sich teilen, sich gemäß der starren Logik der Nukleotid-Basenpaarungen mit einem neuen Strang ergänzen und so aus einem Koli-

32 Ebd., S. 312.

33 Zitiert in Kay, *Buch des Lebens*, S. 308.

bakterium zwei neue, identische entstehen lassen.[34] Dieses Bild der asexuellen Reproduktion von Bakterien hat Michel Foucault, der Jacobs Buch 1970 für *Le Monde* rezensierte, ganz besonders fasziniert, und dieser Rezension müssen wir uns nun zuwenden. Foucault beginnt mit dem Bekenntnis, dass Jacobs *Logique du Vivant* für ihn schlicht ein »großes Buch der Geschichtsschreibung« sei; es zeige, wie die Genetik das »ältest[e] überkommen[e] Wisse[n] des Okzidents« umwälze, zuerst »im Stillen«, »gleichsam durch unterirdische Gräben hindurch«, die »im letzten Jahrhundert angelegt worden waren«, dann aber »plötzlich unter großem Getöse die alltäglichsten Vertrautheiten raubt«. Nämlich: »Dieses bemerkenswerte Buch sagt uns, wie und warum man das Leben, die Zeit, das Individuum, den Zufall« – also als die Themen, die er anderthalb Jahre zuvor in seinem Cuvier-Vortrag diskutierte und danach im Genealogie-Aufsatz philosophisch bearbeitete – »ganz anders denken muss. Und dies nicht an den Grenzen der Welt, sondern genau hier, in der kleinen Maschine unserer Zellen.«[35]

Wer so beginnt, meint es wohl ernst, und später im Text nennt Foucault daher die »Genetik« und die durch sie ausgelöste »umfassende Neueinteilung [der Biologie] in der gegenwärtigen Epoche«, die sich »vor unseren Augen« vollziehe, »die Grundlegung einer ebenso wichtigen und revolutionären Theorie wie dies zu ihrer Zeit die Theorien von Newton oder Maxwell waren«. Foucault hat nie den Eindruck vermittelt, sich von der Wissenschaft Newtons oder Maxwells mit kulturalistischer Ironie zu distanzieren, und daher sagt er auch von der Genetik trocken: »[E]s handelt sich um die größte Umwälzung des Wissens, die sich um uns herum vollzieht.«[36] Was also war an Jacobs Buch für Foucault so umwälzend? Es reihe sich ein in die Reihe der großen »Enttäuschungen« und »Erschütterungen«, die der abendländische Mensch seit dem Ende des

34 Vgl. Jacob, *Logik des Lebenden*, S. 288 ff.
35 Foucault, »Wachsen und vermehren«, S. 123.
36 Ebd., S. 126 f.

18. Jahrhunderts erfahren habe. Die ersten beiden sind uns bekannt: Cuvier »sprengte die Kette der Wesen und setzte die großen Klassen nebeneinander«. Tiefgreifender, zugleich auch komplexer war die zweite Erschütterung: »Darwin demütigte den Menschen möglicherweise dadurch, dass er ihn vom Affen abstammen ließ«, sehr viel wichtiger sei jedoch gewesen, »dass er durch die Untersuchung der Zufallsvariationen einer Population im Zeitverlauf das Individuum seiner Privilegien beraubte« – Foucault spricht zwar nominell, den *Origin of Species* im Gedächtnis, vom Tier-Individuum, lässt das menschliche Individuum aber deutlich mit anklingen. Die dritte »Enttäuschung« haben »Mendel und später die Genetiker« dem Menschen durch die Einsicht in die kombinatorische Logik der Erbmerkmale bereitet, und schließlich habe »die Molekularbiologie im Zellkern eine Verbindung von Nukleinsäuren und Proteinen entdeckt, die arbiträr ist wie ein Code«.[37] Es ist auffallend, dass Foucault nun nicht die von Jacob (und Monod) betonte »Starrheit« der genetischen Programmierung anspricht, was für einen gewissenhaften Rezensenten Pflicht gewesen wäre – er sie aber auch nicht kritisiert, was ihm zum Beispiel durch einen »diskursanalytischen« Hinweis auf die kybernetische Semantik und ihren militärischen Hintergrund wohl leicht gefallen wäre. Vielmehr schreibt er direkt im Anschluss an die oben zitierte Arbitrarität des Codes (auf die ich zurückkomme) nach einem Semikolon weiter: »[M]ehr noch: sie [die Molekulargenetik] hat bei der Übertragung dieses Codes Irrtümer, Auslassungen, Vertauschungen ermittelt, vergleichbar den Fehlern oder unfreiwilligen Erfindungen eines Schreibers, der einen Augenblick lang zerstreut ist. Das ganze Leben hindurch spielt der Zufall mit dem Diskontinuierlichen.« Das ist nur mit der kopernikanischen Enttäuschung vergleichbar (mit der Nietzsche seinen Aufsatz »Ueber Wahrheit und Lüge im aussermoralischen Sinne« beginnen ließ), doch die »biologische und zelluläre Enttäuschung ist anderer

37 Ebd., S. 124.

Art: sie lehrt uns«, so Foucault weiter, »dass das Diskontinuierliche uns nicht nur begrenzt, sondern zugleich durchdringt: sie lehrt uns, dass die Würfel uns regieren«.[38] Foucault ist offensichtlich weit davon entfernt, die Verwendung der Schrift- und Textmetaphorik der Genetik zu kritisieren, sondern verwendete sie selbst, um das auszusagen, was ihm philosophisch besonders wichtig war: dass das Leben würfelt, dass es mit dem Diskontinuierlichen spielt – ganz analog zu der ein Jahr zuvor mit Nietzsches Worten niedergeschriebenen Passage über »›jene eisernen Hände der Notwendigkeit, welche den Würfelbecher des Zufalls schütteln‹«[39] (vgl. oben, Kap. 7). Die Genetik erschüttert, so Foucaults erste Schlussfolgerung, die er aus Jacobs Buch zieht, das »überkommene« Selbstbild des okzidentalen Menschen, weil sie bis ins Innerste dieses Menschen, bis in »unsere Zellen« hinein den Zufall und die Diskontinuität walten lässt. Sie sagt damit nichts anderes, als was Foucault auf seine Weise seit fünfzehn Jahren, seit seiner Vorlesung über die *Problèmes de l'Anthropologie* in der Ecole Normale Supérieure vom Menschen sagte: dass er kein »Wesen« habe.

Dieser Befund lässt sich mehrfach präzisieren, denn »[d]ie Genetik kränkt uns noch auf vielfältige andere Weisen«. Sie kränke uns, indem sie »einige der grundlegenden Postulate [verletzt], in denen sich, auf konfuse Art und Weise, unsere vergänglichen Wahrheiten bilden und einige unserer alterslosen Träume verdichten« – in den Mythen der philosophischen Anthropologie nämlich. Im Zentrum dieser Träume ortet Foucault die Vorstellung, dass »die Fortpflanzung vom Individuum, seinem Wachstum und seinem Tod abhängig« sei, dass also das »›reife‹ Individuum« sich fortpflanzen und damit ein Stück weit seinen eigenen Tod überwinden könne.[40] Sind die Individualität, der Sex und der Tod nicht die grundlegenden Themen jeder Anthropologie? Allerdings, und deshalb kom-

---

38 Ebd.

39 Foucault, »Nietzsche, die Genealogie, die Historie«, S. 181; vgl. Nietzsche, *Morgenröte*, § 130, S. 122.

40 Foucault, »Wachsen und vermehren«, S. 124.

men ihm Jacobs Bakterien und die Form ihrer Vermehrung gerade recht. Denn was entdeckten die Mikrobiologie und insbesondere Jacob und Monod laut Foucault? »[D]ass die gesamte chemische Miniaturfabrik eines Bakteriums darauf ausgerichtet ist, ein zweites zu produzieren«, und dass – wie Jacob tatsächlich zeigt – »die komplexeren Organisationsformen (mit der Sexualität, dem Tode, ihrem Begleiter«, sowie – was Jacob nicht zeigt – »den Zeichen und der Sprache, ihren fernen Effekten) nichts anderes sind als Umwege, um immer wieder die Reproduktion zu sichern«.[41] Die Reproduktion des Bakteriums ist »reine Wiederholung«, ja, so Foucault: »Im Verlauf der Evolution war das Lebende eine Verdoppelungsmaschine, bevor es individueller Organismus wurde.«[42] Das Leben – »das Lebende« – ist, so zeige Jacob mit seinen Bakterien, nicht notwendig an den Tod oder das Individuum geknüpft, und natürlich auch nicht notwendig an den Sex; vielmehr sind der Tod und der Sex eine bestimmte evolutionäre Strategie – die »Lösung, die die Evolution wählte«, wie Foucault sagt –, um komplexere Verbindungen von Erbmaterial hervorzubringen.[43] Was bedeutet das? Foucault greift zu großen Metaphern, aber offensichtlich nicht, um sich von dieser Biologie zu distanzieren: »Das alte Gesetz schrieb vor: ›Wachset und mehret Euch‹, als ob es zu verstehen gäbe, dass die Vermehrung nach dem Wachstum käme und um sie zu verlängern. Das Neue Testament der Biologie« – so Foucault – »sagt demgegenüber: ›Vermehret Euch, vermehret Euch: Dann werdet Ihr wachsen, als Art und als Individuen; die Sexualität, der Tod werden Euch dabei bereitwillig helfen‹.«[44] Das sei die »zweite große Kränkung« nach jener der Psychoanalyse, die das Subjekt dort auf sein Begehren verweist, wo es dieses leugnen oder zum Schweigen bringen möchte – und immer, wenn Foucault die Psychoanalyse ins Spiel bringt, gewinnt er mit ihr eine tendenziell ne-

41 Ebd., S. 125.
42 Ebd.
43 Ebd.
44 Ebd., S. 126.

gative Folie für sein Argument: Denn ist nicht die Biologie viel radikaler, ja von »erstaunliche[r] Ungeniertheit«, wenn sie »den Reproduktionsdrang sogar vor das Individuelle stellt« ?[45]

Foucault lässt keinen Zweifel daran aufkommen, dass ihm diese Radikalität gefällt und dass alles, was Jacob schreibt, ihm wie die Bestätigung dessen vorkommt, worum er sich seit zehn Jahren in seinen Büchern bemühte. Das Leben ist kein »Geheimnis«[46] mehr, kein »Eigentliches«, von dem alles, was ist, bloße Erscheinungen und doch dessen wahrer Ausdruck wäre; es ist vielmehr nichts anderes als ein kontingentes »Programm«: »[A]lles vollzieht sich so, als ob angesichts eines beliebigen Stimulus eine Konsultation des Programms erfolgte« – das ist die Jukebox –, »Informationen durch Boten übermittelt, Anweisungen weitergegeben, Befehle umgesetzt würden«.[47] Ist das Programm also eine »Sprache« ? Foucault verneint dies: Der Code sei zwar arbiträr und »absolut universell«, aber diese universelle Sprache kennt keine Interpreten, niemand, der sie verstehen würde, weil sie eben keine Sprache, sondern ein Code ohne Semantik sei: »[E]s gibt keinen Leser, keinen Sinn, sondern ein Programm und eine Produktion. Es ist sinnlos, hier von einer Sprache zu sprechen, und sei es die Sprache der ›Natur‹«, denn »die Interpreten sind die Reaktion selbst«.[48] Foucault bezieht sich damit auf jene Passage in *Die Logik des Lebenden*, in der Jacob schreibt: »[D]ie einzigen Elemente, die die genetische Botschaft interpretieren können, sind die Produkte dieser Botschaft. Der genetische Text hat nur für die Strukturen, über deren Natur er selbst bestimmt, einen Sinn.«[49] Der Code produziert unmittelbar, ohne Umweg über den »Sinn«; die »Zeichen« des Codes bleiben vollständig im Realen. Ist es *overinterpretation* (um an eine Warnung von Umberto Eco zu erinnern), wenn man hier jene Passage aus der

45 Ebd.
46 Ebd., S. 127.
47 Ebd.
48 Ebd.
49 Jacob, *Logik des Lebenden*, S. 316.

Archäologie des Wissens anführt, dass Diskurse »Praktiken« seien, »die systematisch die Gegenstände bilden, von denen sie sprechen«?[50] Und dass Foucault in seiner Diskursanalyse versuchte, die Wirksamkeit des symbolischen Systems der Sprache – deren Präsenz ja nicht zu leugnen ist – konzeptionell zu beschränken, indem er jene eigenartigen Kopplungen ins Blickfeld rückte, die eine bestimmte »Information«, im Sinne Jacobs: eine bestimmte, sehr beschränkte Auswahl aus allen möglichen Kombinationen von Zeichen, mit den von ihr »produzierten« Gegenständen bildete, ohne dass diese Einschränkung des Sprechens und Handelns vom individuell intendierten »Sinn« gesteuert wäre? Man sollte wohl nicht behaupten, Foucault hätte beim Schreiben der *Archäologie des Wissens* an die Genetik gedacht, aber das Echo ähnlicher Konzepte, die er bei Jacob mit einiger Begeisterung entdeckt, ist doch unübersehbar.

Die Revolution der Genetik hat für Foucault zwei Konsequenzen. Zum einen bestätige diese neue Biologie schlicht Darwin: »All diese kleinen Maschinerien der Physikochemie untermauern die Darwin'sche Theorie und erklären die wachsende Komplexität der Arten im Laufe der Geschichte der Welt.«[51] Das entspricht der damals allgemein akzeptierten *modern synthesis* in der Biologie, aber für Foucault scheint es wichtig gewesen zu sein, dies auch explizit zu sagen. Allein – so die zweite Konsequenz, die als Frage beginnt –, »[b]edeutet dies die Rückkehr zur Tier-Maschine, den Triumph der Existenz-Fermentation, da nun die mysteriöse Besonderheit des Lebens verschwunden ist?«[52] Löst sich die Vorstellung des Menschen nun in der Weise auf, wie er sie in seiner Vorlesung von 1954/55 in Frage stellte, das heißt im dort explizierten Sinne von »l'homme est un animal«? Nein. Foucault scheint zu erkennen, dass diese Form, die philosophische Anthropologie

---

50 Foucault, *Archäologie des Wissens*, S. 74.
51 Foucault, »Wachsen und vermehren«, S. 128 (Übersetzung angepasst, Ph. S.).
52 Ebd.

und den Glauben an »den Menschen« in Frage zu stellen, veraltet war. Weil man jetzt sagen könne, »in welchem Maße [die Zelle] wie eine Rechenmaschine funktioniert«, ist für Foucault der neue technische Standard des Redens über »den« Menschen gesetzt: »Nunmehr steht der Begriff des Programms im Mittelpunkt der Biologie.«[53]

Nur der Biologie? Wiederum: nein. Foucaults Pointe liegt darin, zu zeigen, wie nah diese neue »Biologie ohne Leben«[54] seiner eigenen Dekonstruktion des Menschen in *Die Ordnung der Dinge* kommt, wo, wie wir uns erinnern, davon die Rede ist, dass ein »künftiges Ereignis« es ermöglichen würde, über die philosophischen Möglichkeiten der nietzscheanischen Dekonstruktion des Subjekts und auch über diejenigen der strukturalistisch-psychoanalytischen Dekonstruktion hinauszugehen. Ein »Ereignis«, das ein neues epistemologisches und möglicherweise auch ein neues technologisches Apriori schaffen werde, welches das Denken über den Menschen nochmals radikal verändert und das Foucault erkennbar *nicht* mit dem Strukturalismus identifizierte (vgl. oben, Kap. 4). Welches »Ereignis«? Foucault schien damals, in dem im April 1966 erschienenen Buch – nur knapp vier Monate nachdem Jacob, Monod und Lwoff für ihre Arbeiten im Dezember 1965 den Nobelpreis erhalten hatten –, in dunkel-nietzscheanischen Worten von der »Identität der Wiederkehr des *Gleichen* und der absoluten Zerstreuung des Menschen«[55] bloß zu raunen, doch wie sich nachträglich in der Besprechung von Jacobs Buch zeigt, hat er damit *de facto* genau das beschrieben, was die Genetik in ihren Bakterien-Modellen als das tief in »unseren Zellen« verankerte »Programm« vorführte: die kopiergenaue Wiederholung des Identischen und gleichzeitig die Zerstreuung des Individuellen in den Teilungsvorgängen der DNA. Ein semantischer Zufall? Wohl kaum. Foucault erinnerte am Schluss seiner Re-

---

53 Ebd.

54 Ebd.

55 Foucault, *Die Ordnung der Dinge*, S. 460 (Übersetzung angepasst, Ph. S.).

zension unüberhörbar an die letzten Passagen aus *Die Ordnung der Dinge*, wenn er jetzt über die Genetik schrieb: »Kann man diese produktive Ernüchterung mit derjenigen vergleichen, die man heute erfährt, wenn man gewahr wird, daß man den ›Menschen‹ und die ›menschliche Natur‹ meiden muß, wenn man die Systeme der Gesellschaft und der Menschen analysieren will?«[56] Kein Zweifel: Man konnte. Denn Foucault lokalisierte seine Arbeit an derselben Front wie jene der Genetiker: dort, wo der Mensch im Verschwinden begriffen war, wie ein Gesicht im Sand.

In der Schlusspassage seiner bemerkenswerten Rezension von *La logique du Vivant* verdichtet Foucault nach der emphatischen Aufforderung an die Leser »Hören wir auf die glänzende Lektion von François Jacob« einen ganzen, die darwinsche Evolutionstheorie und die Molekulargenetik, Strukturanalyse und Geschichte verbindenden Abschnitt des Buchs in einem zusammengedrängten, zur Programmatik gesteigerten Zitat: »›Man untersucht heute in den Labors nicht mehr das Leben. Man sucht nicht mehr dessen Konturen zu erfassen. Man bemüht sich lediglich, lebende Systeme zu analysieren, ihre Struktur, ihr Funktionieren, ihre Geschichte [...]. Ein lebendes System zu beschreiben heißt, sich sowohl auf die Logik seiner Organisation wie auf die seiner Evolution zu beziehen. Die Biologie interessiert sich heute für die Algorithmen der lebenden Welt‹.«[57] Nicht mehr das Leben, sondern Strukturen, Funktionen und ihre Geschichte, nicht mehr die Sprache, sondern die Produktion, nicht mehr den Sinn, sondern die Algorithmen der lebenden Welt: Man kann wahrlich nicht behaupten, das alles hätte mit Foucaults Arbeiten, mit seiner Verbindung von Archäologie und Genealogie nichts zu tun. Vielmehr fiel diese Rezension in eine Zeit, in der er, wie wir wissen, wieder einmal sein ganzes Denken auf den Prüfstand

56 Foucault, »Wachsen und vermehren«, S. 128.

57 Ebd. Vgl. Jacob, *Logik des Lebenden*, S. 318f. (die beiden deutschen Übersetzungen weichen teilweise voneinander ab).

stellte, sich mit Cuvier, Darwin und Nietzsches Genealogie beschäftigte, nach dem Erscheinen der *Archäologie des Wissens* und nach seiner Wahl ans Collège de France seine wachsende Distanz gegenüber der Wissenschaftsgeschichte, die sich vom Sinn nicht völlig lösen kann, bekundete, und er ein neues Projekt in Aussicht stellte: die Geschichte des Gefängnisses, die eine Geschichte der »Produktion« von Körpern und Subjekten werden und sich programmatisch auf einer Ebene von Praktiken »unterhalb des Sagbaren« bewegen sollte.[58] *Überwachen und Strafen* von 1975 präsentierte dann das Gefängnis als eine rationale Maschine mit Zellen, in der die einzelnen Individuen eingesperrt und zentral überwacht werden, als einen Disziplinarapparat, der die Bewegungen des Körpers einem »Code« unterwirft und so neue Körper produziert, ohne dass dieser Prozess vom Verstehen eines Sinns gesteuert würde: »Das Verhältnis des Zuchtmeisters zum Zögling läuft über Signale: Es geht nicht um das Verstehen des Befehls, sondern um die Wahrnehmung des Signals und die alsbaldige Reaktion darauf entsprechend einem vorgegebenen Code. Der Körper befindet sich in einer kleinen Welt von Signalen, denen jeweils eine einzige obligatorische Antwort zugeordnet ist.«[59]

Die Vielgestaltigkeit der Rassen und die Freiheit des Subjekts

Die Rezension von Jacobs *Logique du Vivant* war für Foucault nicht die einzige Gelegenheit, sich zur Genetik zu äußern, aber er hielt sich daran, dazu jeweils die Bücher oder das ganze Werk von französischen Wissenschaftlern, die er bewunderte, zum Anlass zu nehmen. Die, wenn ich recht sehe, zweite Äußerung Foucaults zur Genetik findet sich wiederum in *Le Monde* und widmete sich im Oktober 1976 dem Buch *De la*

---

58 Michel Foucault: »Ein Problem interessiert mich seit langem: das Problem des Strafsystems«, in: Foucault, *Schriften, Band II*, S. 250-255, Zitat S. 253.

59 Foucault, *Überwachen und Strafen*, S. 214.

biologie à la culture von Jacques Ruffié.[60] Foucault, der sich in dieser Zeit intensiv mit dem Rassismus beschäftigt hatte – im Dezember 1976 sollte dann *La Volonté de Savoir* erscheinen, worin er seine Theorie des Staatsrassismus und der Biopolitik entfaltet –, konzentriert sich in seiner Besprechung auf »das, was die Biologie heute über menschliche Rassen zu sagen hat«, weil daran »Methode und Erfolg Jacques Ruffiés wohl am besten deutlich« würden, denn schließlich sei dieser »einer der hervorragendsten Vertreter der neuen natürlichen Anthropologie«.[61] Das sind zweifellos akademische Freundlichkeiten, aber Foucault, der bekanntlich auch anders konnte, meinte das genau so. In seiner Rezension unter dem recht großflächigen Titel »Bio-Geschichte und Bio-Politik« – er lancierte damit nebenbei auch sein neues *catchword* in der breiteren Öffentlichkeit – erinnerte er zuerst an die Fallstricke, ja Abgründe, die hinter einer »Bio-Geschichte« lauern: »Die Erfahrung hat uns gelehrt, den großen monumentalen Synthesen zu misstrauen, die uns vom Kleinsten des Moleküls bis zu den menschlichen Gesellschaften führen und dabei über Tausende von Jahrtausenden hinweg die gesamte Geschichte des Lebens im Galopp durchqueren. Aus dieser ›Philosophie der Natur‹, mit der der Evolutionismus einst freigiebig um sich warf, ist recht häufig das Schlimmste hervorgegangen.«[62] Die jüngste Vergangenheit war noch von den schlimmsten Auswüchsen des »Evolutionismus« geprägt, und auch Ruffié schreibt in einer Zeit, in der, so Foucault, die »wiederholt pauschale Verurteilung des Rassismus, vermischt mit seiner faktischen Tolerierung« immer noch an der Tagesordnung sei. Die Fallhöhe eines Buches, das sich unter dem Titelslogan »von der Biologie zur Kultur« unter anderem dem Rassismus widmet, könnte also kaum höher sein – und daher sei, so Foucault, »eine genaue Überprüfung des Problems der Rassen auf wissenschaftliche Weise un-

---

60 Jacques Ruffié: *De la biologie à la culture*, Paris: Flammarion 1976.

61 Michel Foucault: »Bio-Geschichte und Bio-Politik«, in: Foucault, *Schriften, Band III*, S. 126-128, Zitat S. 127.

62 Ebd., S. 126.

erlässlich«.[63] Diese kurze Bemerkung ist es wert, festgehalten zu werden: Auch wenn Foucault soeben ein Buch zum Verlag getragen und im Frühjahr zuvor eine Vorlesung gehalten hat (»In Verteidigung der Gesellschaft«, 1975/76), in denen der Rassismus nicht zuletzt als ein Produkt der europäischen Wissenschaften seit dem 18. Jahrhundert erscheint, hindert ihn dies keineswegs daran, der Wissenschaft seiner Zeit, konkret der Molekulargenetik, bei allen grundsätzlichen epistemologischen Kautelen doch wahre Aussagen über das Problem der Rassen zuzutrauen – ja, »einige grundsätzliche Aussagen« Ruffiés »sollte man sich, glaube ich, gut merken«.[64]

Foucault fasst dann kurz den Forschungsstand zusammen, wie er ihn bei Ruffié präsentiert findet: eine Art oder auch »Rasse« wird nicht durch einen »Prototyp, sondern durch die Gesamtheit von Variationen« innerhalb einer »Population« definiert; »genetische Vielgestaltigkeit« ist »biologisch nützlich«, während »›Reinheit‹ das Resultat von oft künstlichen Prozessen ist, die zerbrechlich machen und die Adaption erschweren«; Populationen können nicht nach morphologischen Merkmalen bestimmt werden, sondern allein nach molekularbiologischen (»immunologische Struktur und die enzymatische Ausstattung der Zellen«),[65] und all dies laufe darauf hinaus, »die Vorstellung von menschlichen Rassen aufzulösen«. Ganz im Sinne der schon von Darwin formulierten Theorie der Entstehung von Menschenrassen schreibt er dann, Ruffié referierend, »dass es in der menschlichen Art niemals ›Rassen‹ gegeben hat, sondern bestenfalls den mit der Existenz bestimmter isolierter Gruppen verbundenen Prozess der ›Verrassung‹«, der sich aber seit dem Neolithikum umgekehrt habe und durch »Migration, Verschiebungen, Austauschprozesse und diverse Vermischungen [...] von einer beständigen ›Entrassung‹ abgelöst wurde«. Man müsse sich nicht eine Menschheit der »Ras-

---

63 Ebd., S. 127.
64 Ebd.
65 Ebd.

sen« vorstellen, »sondern ›Wolken‹ von Populationen, die sich verflechten und ein genetisches Erbe vermischen, das umso größeren Wert hat, je akzentuierter seine Vielgestaltigkeit ist«.[66] Das ist im Wesentlichen auch der heutige Stand der genetischen Anthropologie, und Foucaults Referat ist nur deshalb erwähnenswert, weil er daraus den weitreichenden Schluss zieht, dass alle diese Analysen Ruffiés zum Rassismus wie auch zu anderen Themen einer »Bio-Geschichte« in einem deutlichen Gegensatz stünden zu jener alten, vom »Evolutionismus« geprägten »Bio-Politik«, die er in *Der Wille zum Wissen* beschreibt. Diese neue, von der Genetik informierte Sichtweise aber böte Anlass zur Hoffnung: sie würden es ermöglichen, »eine ›Bio-Politik‹ aus[zu]formulieren, die nicht diejenige der Teilungen, Erhaltungen und Hierarchien, sondern die der Verbindungen und der Vielgestaltigkeit wäre«.[67]

Wenn es um die Genetik geht, hört Foucault nicht auf, emphatisch zu sein und seine wichtigsten Themen in die Waagschale zu werfen, um den epistemologischen und politischen Wert dieses neuen Wissens abzuschätzen. Das gilt in genau derselben Weise für den letzten Text, den er dem Thema widmete: ein Text, der als Vorwort zur amerikanischen Ausgabe von Georges Canguilhems *The Normal and the Pathologic* im Februar 1978 erschien und den Foucault für eine seinem Lehrer gewidmete Sondernummer der Zeitschrift *Revue de métaphysique et de morale* nochmals ein wenig überarbeitete, um ihn im April 1984 als letzten Text überhaupt in Druck zu geben. Foucault positioniert – um kurz den Hintergrund für das Folgende anzudeuten – die Epistemologie Canguilhems zusammen mit jener Bachelards als Pendant zu jenem kritisch-aufklärerischen Impuls, der in Deutschland ausgehend von Kants Schrift »Was ist Aufklärung?« bis zur »Kritischen Theorie« der Frankfurter Schule sich manifestierte. In beiden Fällen – im deutschen wie

66 Ebd., S. 128 (Übersetzung angepasst, Ph. S.).
67 Ebd.

im französischen – gehe es darum, die Vernunft von ihren eigenen »Dogmatismen und Despotismen« zu befreien.[68]

Wie das? Einiges von dem, was Foucault als das kritische Denken Canguilhems skizziert, haben wir schon kennengelernt – etwa die Betonung des Diskontinuierlichen in der Geschichte der Wissenschaften (vgl. oben, Kap. 5) –, anderes würde hier von unserem Thema wegführen. Einen Punkt aber möchte ich herausheben, bevor dann im engeren Sinn wieder von der Genetik die Rede sein wird: Es geht erneut um die fundamentale Frage, was es denn eigentlich bedeute, dass der Mensch ein sprechendes Tier sei und Begriffe bilden könne und insbesondere fähig sei, mit seiner Sprache das Leben selbst zu erkennen und zu beschreiben. Dieses Problem ist doppelt kompliziert: Zum einen impliziert es die Frage danach, was ein Begriff ist bzw. was Sprache sei, zum anderen aber wirft es die Frage nach unserer Position gegenüber dem epistemischen Objekt »Leben« auf. Canguilhem habe, so Foucault, stets betont, dass die Wissenschaften vom Leben in einer eigentümlichen Weise nicht einfach »objektiv« sein können, sondern ganz im Gegenteil »nicht ohne eine bestimmte Wertposition auskommen, die die Erhaltung, die Regulierung, die Anpassung, die Fortpflanzung markiert«.[69] Etwas schlicht gesagt: Man kann nicht Biologie treiben und dabei vergessen, dass man nicht nur selbst lebt, sondern auch leben möchte.

Es ist klar, dass das erkenntnistheoretische Fragen aufwirft. Denn das Problem der Biologie bestehe nicht einfach nur darin, dass der Erkenntnisgegenstand – das Lebendige – speziell sei, sondern vielmehr darin, dass wir selbst diesem Gegenstand

68 Michel Foucault: »Vorwort von Michel Foucault [zu: Canguilhem, *On the Normal and the Pathological*, Boston, 1978]«, in: Foucault, *Schriften, Band III*, S. 551-567, Zitat S. 556. Ich stütze mich im Folgenden teilweise auf Philipp Sarasin: »Die Sprache des Fehlers. Foucault liest Canguilhem (und Darwin)«, in: Ernst Müller/Falko Schmieder (Hg.): *Begriffsgeschichte der Naturwissenschaften*, Berlin, New York: de Gruyter 2008.

69 Foucault, »Vorwort«, S. 562.

angehören, genauer noch: dass sich unser Lebendigsein gerade in der Erkenntnistätigkeit »manifestiert, vollzieht und entfaltet«.[70] Die doppelte Ausgangsfrage der »Introduction«, die Foucault mit Canguilhem herausstellt – nämlich: Wie kann man das Leben adäquat erfassen?, und wie kann man die Geschichte der Biologie erforschen? –, stellt sich (oder stellt Foucault mit Canguilhem) vor dem Hintergrund der eigentümlichen Reflexionsfigur, dass es, so Foucault, »unter den Lebenden, und zwar weil sie Lebende sind, Wesen gibt, die fähig sind, zu erkennen und die schließlich das Leben selbst erkennen können«.[71] Für Foucault ist diese Selbsterkenntnis des Lebendigen nur möglich, weil er mit Canguilhem eine ganz spezifische Vorstellung vom Wesen des Begriffs hat: Der Begriff ist, so Foucault, »eine der Weisen der Information, die jedes Lebewesen seiner Umwelt entnimmt und durch die es umgekehrt seine Umwelt strukturiert«.[72] Und er fährt fort: »Dass der Mensch in einer begrifflich strukturieren Umwelt lebt, beweist nicht, dass er sich durch irgendein Vergessen vom Leben abgekehrt hätte oder dass ein historisches Drama ihn davon getrennt hätte« – das wäre der ursprüngliche »Schnitt« zwischen Natur und Kultur –, »sondern nur, dass er auf eine bestimmte Weise lebt, dass er zu seiner Umwelt ein Verhältnis hat, das keinen festgelegten Blickwinkel aufweist, dass er auf einem unbegrenzten Territorium beweglich ist, dass er sich fortbewegen muss, um Informationen zu sammeln, dass er die Dinge gegeneinander zu bewegen hat, um sie nutzbar zu machen.«[73] Sprache als solche steht daher für Foucault nicht gegen die Natur, sie ist nicht der Index der Trennung von Natur und Kultur: »Begriffe bilden ist eine Weise zu leben und *nicht*, das Leben zu töten« (das ging gegen Hegel, für den bekanntlich der Begriff der Mord an der Sache ist); »Begriffe bilden« ist vielmehr, so Foucault, »eine Weise, in völliger Mobilität zu leben und nicht,

70 Ebd., S. 564.
71 Ebd.
72 Ebd.
73 Ebd., S. 564 f.

das Leben zu immobilisieren; es bedeutet unter den Milliarden von Lebewesen, die ihre Umwelt formieren und sich von ihr formieren lassen« – das ist die moderne biologische Sichtweise –, »eine Innovation, die man bewerten kann wie man will, als winzig oder als beträchtlich: ein besonderer Typ von Information«.[74] Der Mensch also ist dank der Sprache nur ein ganz besonders flexibles, gut angepasstes Tier; die Sprachfähigkeit hebt ihn nicht grundsätzlich aus der Natur heraus. Damit aber stellt sich die Frage nach der »Wahrheit« dieser Begriffe in besonderer Weise: Sind diese Begriffe nun deswegen »wahr« oder irgendwie »adäquat«, das heißt den Naturdingen angepasst, weil die menschliche Erkenntnistätigkeit, wie Canguilhem sagt – und Foucault zitiert ihn so –, als »allgemeine Methode zur direkten oder indirekten Lösung der Spannungen zwischen dem Menschen und der Umwelt«[75] zu verstehen sei? Sind sie gleichsam dann »wahr«, wenn sie diese Spannung effektiv zu lösen helfen? Was heißt es, dass der Mensch nicht nur das Lebewesen sei, das sich durch Begriffe mit seiner Umwelt auseinandersetzen muss, wenn es überleben will, sondern genauer noch, dass man das, was Foucault »den originären Sinn eines jeden Erkenntnisaktes« nennt, »auf der Seite des ›Lebenden‹ selbst suchen muss« – und nicht, wie etwa die Phänomenologie, im »Erleben«?[76] Welche geheimen Bande oder Kongruenzen zwischen dem »Lebenden« (*le vivant*) und den Begriffen kann es geben, die die Begriffe von bloßen Metaphern unterscheidbar machen, zugleich aber auch nicht einen platten Begriffsrealismus nahelegen würden?

An diesem Punkt bringt Foucault den Informationsbegriff ins Spiel: »Im Zentrum dieser Probleme« – also des Informationsbegriffs in der Biologie – »steht das des Irrtums. Denn auf dem fundamentalsten Niveau des Lebens geben die Spiele des Codes und der Decodierung einem *Zufall* Raum, der, bevor er

74 Ebd., S. 565.
75 Canguilhem, zit. in ebd., S. 564.
76 Ebd.

Krankheit, Mangel oder Missbildung ist, so etwas wie eine Störung im Informationssystem ist, so etwas wie ein ›Versehen‹.«[77] Er spricht von der genetischen Mutation: »In ihr« – das heißt in der fundamentalen Eventualität des genetischen Fehlers – »ist der Grund für die singulären Mutationen zu suchen, für den ›hereditären Irrtum‹, der bewirkt, dass das Leben mit dem Menschen zu einem Wesen geführt hat, das sich nie ganz an seinem Platz befindet [*qui ne se trouve jamais tout à fait à sa place*[78]], das dazu verurteilt ist, zu ›irren‹ und das letztlich zum ›Irrtum‹ bestimmt ist«.[79] Das ist, nebenbei, eine ziemlich ironische Antwort auf zugleich Lacan und Derrida: Der Mensch ist nicht *à sa place* – und zwar nicht, weil ihn die Sprache oder der »Mangel« (wie Lacan sagt) dezentrieren, sondern weil er ein Produkt von genetischen »Mutationen« ist. Wegen des »hereditären Irrtums« hat der Mensch – wie natürlich alle anderen Organismen auch – kein stabiles und in irgendeinem Ursprung schon angelegtes Wesen, das in irgendeiner Reflexions- oder Erinnerungsbewegung wieder erkennbar wäre; er ist nicht mit sich selbst identisch. Foucault bestätigt hier, was er acht Jahre zuvor in seiner Rezension von François Jacobs Buch schon geschrieben hatte: dass er seine »Anthropologie« mit der Genetik in Übereinstimmung sah.

Folgt man Foucault, hat dies weitreichende Konsequenzen. Denn »[w]enn man annimmt, dass der Begriff die Antwort des Lebens auf diesen Zufall ist« – eben die Zufälligkeit der genetischen Mutationen, die zur Evolution des Menschen geführt haben –, »dann muss man darin übereinkommen, dass der Irrtum die Wurzel dessen ist, was das menschliche Denken und seine Geschichte ausmacht«.[80] Der Begriff also sei die *Antwort* des Lebens auf den Zufall der Mutation. Dieser Begriff der »Antwort« (*réponse* im Original) erscheint allerdings ziemlich dun-

---

77 Ebd., S. 565.

78 Michel Foucault: »Introduction par Michel Foucault«, in: ders.: *Dites et Ecrits, Vol. III*, S. 429-442, Zitat 441.

79 Foucault, »Vorwort«, S. 565.

80 Ebd., S. 565 f.

kel. Denn primär würde man denken, dass dies die Antwort eines Geistes auf die Natur sei, die in ganz anderen Verhältnissen begründet wäre als in der Natur selbst – in der als eigengesetzlich gedachten Kultur etwa oder in der Sprache. Das aber ist eindeutig nicht Foucaults Position. Vielmehr muss *réponse* hier so etwas wie »Reaktion«, »Ausdruck« oder »Effekt« bedeuten. Der Begriff wäre also der *Effekt* der Tatsache, dass der Mensch als Naturwesen Produkt von Mutationen, von »Fehlern« ist. Wenn der Begriff als die Wurzel dessen, was das menschliche Denken und seine Geschichte ausmacht, verstanden werden soll, so ist dieses gemäß Foucault zwar nicht unmittelbar Produkt eines genetischen »Programms«; aber es erscheint irgendwie als Effekt der Möglichkeiten der Variation jener beim Kopieren und Neukombinieren fehleranfälligen Codes, die das Leben selbst bestimmen. In diesem Sinne schreibt er, zentrale Motive seines eigenen Denkens ins Spiel bringend: »Die Opposition zwischen dem Wahren und dem Falschen, die Werte, die man dem einen und dem anderen zuschreibt, die Machtwirkungen, die die verschiedenen Gesellschaften und die verschiedenen Institutionen mit dieser Unterscheidung« – wahr und falsch – »verknüpfen, all das ist vielleicht nichts anderes als die letzte Antwort auf diese dem Leben innewohnenden Möglichkeiten des Irrtums.«[81] Es ist also das »Leben« selbst und seine biologischen Eigenarten, in denen Foucault hier zwar spekulativ und in einer zweifellos nicht sehr ausgearbeiteten, dennoch mit anderen Elementen seines Denkens übereinstimmenden Weise die Möglichkeitsbedingung nicht nur des Menschen, sondern auch seiner Freiheit erkennt. Und es ist nicht die Sprache, das Symbolische, sondern das Reale, auf das Foucault hier wiederum rekurriert.

Auffallend ist auch: Es geht Foucault unübersehbar um die Frage nach der Freiheit des Subjekts und um die Möglichkeit der Kritik, um die Fähigkeit auch, Unterscheidungen zwischen wahr und falsch zu treffen. Muss man eigens daran erinnern,

---

81 Ebd., S. 566.

dass er diesen Text in jenen Monaten geschrieben hat, als er die liberalen Theoretiker las, um ihnen dann im Frühjahr 1978 in seiner Vorlesung das Verdienst zuzuschreiben, durch ihre neue Form des kritischen Denkens der Freiheit die Überwindung des »Polizeistaates« ermöglicht zu haben? Doch man könnte einwenden, dass diese Freiheit wohl wenig mit dem »hereditären Irrtum« zu tun habe – ja, man mag sich überhaupt fragen, was denn das genau heißen und was diese gesamte Referenz auf die Genetik bedeuten soll. Es lässt sich zwar zweifellos die auffallende Tatsache festhalten, dass Foucault die gesamte Biologie seiner Zeit gegen den Strich las: Während Jacob und Monod die »Starrheit« der genetisch(-kybernetisch)en Programmierung betonten und die soziobiologisch durchseuchte Populärkultur bis heute »it's all in the genes«[82] echot, entdeckt Foucault in den genetischen Transkriptionsprozessen die Chance zum »Irrtum«, die das »Programm« daran hindere, uns vollständig zu determinieren. Das ist, gelinde gesagt und bei Lichte besehen, eine erstaunliche Lesart. Ist sie mehr als eine sehr abstrakte, sehr »philosophische« Sichtweise, eine späte Form der »natürlichen Anthropologie« Foucaults? Oder ließe sie sich an einem Beispiel exemplifizieren? Hat er sie gar selbst in irgendeiner Weise konkretisiert? Ich denke, dass er dies tat – vielleicht nicht »bewusst«, aber zumindest im selben Jahr.

Der Hermaphrodit und das Symbolische

1978 publizierte Michel Foucault die autobiographischen Aufzeichnungen von Herculine/Abel Barbin genannt Alexina B. aus der Mitte der 1860er Jahre, erstmals publiziert 1874 vom Gerichtsmediziner und Sexualpathologen Ambroise Tardieu: Der Lebensbericht eines Hermaphroditen, der seinem Leben ein Ende setzte, einige Zeit nachdem er in einem medizinisch-

82 Vgl. Dorothy Nelkin, Susan Lindee: »The Mediated Gene. Stories of Gender and Race«, in: Terry/Urla (Hg.), *Deviant Bodies*, S. 387-402.

gerichtlichen Verfahren dazu gezwungen wurde, sein »wahres Geschlecht«[83] als Mann anzunehmen, der/die aber seine/ihre Kindheit als Mädchen verlebte, in katholischen Mädcheninternaten aufwuchs, zur Lehrerin ausgebildet wurde und eine Beziehung mit einer Frau hatte. Foucaults Faszination für die Lebensgeschichte der Alexina B. gründet erklärtermaßen darin, dass dieser Bericht eine Welt der »weiblichen wie der christlichen Monosexualität«[84] schildert: Eine »Welt der Erregung, der Lüste, des Kummers, der Milde, der Zärtlichkeit und der Bitternis [...], in der« – und das ist entscheidend – »die Identität der Partner und besonders die der rätselhaften Person, um die sich alles drehte« – eben Alexina B. – »ohne Bedeutung war«.[85] In diesem Kosmos frommer Frauen und halbwüchsiger Mädchen habe niemand »das grausame Spiel der Wahrheit spielen wollen, das die Ärzte später der ungewissen Anatomie Alexinas aufzwangen«.[86] Alexinas Körper hatte eine faszinierende Vagheit, und sie sagte von sich selbst: »Ich war für die Liebe *geboren.*«[87] Für Foucault jedenfalls war sie ein Modell für seinen eigenen Traum einer Sexualität jenseits der medizinisch-juristischen Festlegungen des Sex und jenseits der Zwänge zum »wahren Geschlecht«, ein Modell für das freie Spiel der Körper und Lüste: »Die Erregung, die seine [Alexinas] seltsame Gegenwart den Berührungen verlieh, den Liebkosungen, den Küssen, die die Augen der Jugendlichen auf sich zogen, wurde von allen mit um so größerer Zärtlichkeit angenommen, als

83 Michel Foucault: »Das wahre Geschlecht«, in: ders. (Hg.): *Über Hermaphrodismus. Der Fall Barbin*, Frankfurt/M.: Suhrkamp 1998, S. 7; die folgenden Abschnitte basieren auf Teilen meines Aufsatzes: »Der Sex und das Symbolische. Zu Michel Foucaults Analyse der modernen Sexualität«, in: Klaus-Michael Bogdal, Achim Geisenhanslücke (Hg.): *Die Abwesenheit des Werks. Nach Foucault*, Heidelberg: Synchron 2006, S. 111-128.
84 Foucault, »Das wahre Geschlecht«, S. 14.
85 Ebd., S. 13
86 Ebd., S. 12.
87 Ebd., S. 43 (Hervorhebung hier und im Folgenden im Original, Ph. S.).

keinerlei Wißbegier daruntergemischt war.«[88] Der Text der Alexina B. bzw. dann des Abel Barbin ist laut Foucault die wehmütige, ja todestraurige Erinnerung an ihre/seine Vergangenheit als nicht auf ein Geschlecht festgelegtes Wesen, an die »Genüsse [...], die sie dabei verspürte, keines zu haben«.[89] Weil man in der weiblichen Welt der Klöster und frommen Pensionate »das seltsame, verbindliche und zugleich verbotene Glück hat, nur ein einziges Geschlecht zu kennen«, war Alexinas auf einem »hereditären Irrtum«[90] beruhende sexuelle »Nicht-Identität« möglich und konnten »die Abstufungen, Maserungen, Halbschatten und schillernde Farbtöne als eigentliche Natur ihrer Natur angenommen werden«. Damit aber wurde sie, »weder Frau, die Frauen liebt, noch Mann, versteckt unter Frauen«, für die Frauen im Kloster »das identitätslose Subjekt eines starken Verlangens«; sie war »Anziehungspunkt ihrer Weiblichkeit und für ihre Weiblichkeit, ohne daß sie irgendwie gezwungen gewesen wären, ihre vollständig weibliche Welt aufzugeben«.[91]

Die Stoßrichtung von Foucaults Argument ist klar: Die »Monosexualität« erscheint als eine Alternative zur festgelegten, definierten Homosexualität, und Herculine/Alexina wird damit, wie gesagt, zum Modell einer Sexualität jenseits der »Sexualität«, jenseits der Festlegungen und Identitäten des Sex, ein Modell für die Freiheit des Subjekts: Diese »intensive Monosexualität« erst »treibt die zarten Lüste hervor, die die sexuelle Nicht-Identität bloßlegt und hervorruft, wenn sie sich zwischen all diesen ähnlichen Körpern verirrt«.[92] Das wirklich große Hindernis gegen das freie Flotieren von Körpern und Lüsten ist die Geschlechterdifferenz selbst, oder genauer noch: das Wissen um diese Differenz im Rahmen einer symbolischen Ordnung, die zumindest Grundmuster sexueller Identitäten

88 Ebd., S. 13.
89 Ebd., S. 14.
90 Foucault, »Vorwort«, S. 565.
91 Foucault, »Das wahre Geschlecht«, S. 15.
92 Ebd.

festlegt. Dort aber, wo in einem »monosexuellen« Raum das Problem der Differenz gar nicht erst erscheint, kann auch die Frage nach der Identität offenbleiben. In diesem Sinne wäre für Foucault das homosexuelle Begehren idealer Weise ein monosexuelles – und es ist wohl genau das, was ihn an Alexina faszinierte –, weil nur das monosexuelle Begehren die Nichtfestlegung von Körpern und Lüsten erlaubt und damit ein größeres Spektrum sexueller Erfahrungen und Möglichkeiten eröffnet, als sie die vom Sexualitätsdispositiv auf ihre entweder hetero- oder homosexuelle Identität festgelegten Positionen erlauben können.[93]

Die Frage ist allerdings, ob Foucault den Aufzeichnungen der Alexina B. gerecht wird und ob uns seine Interpretation wirklich überzeugt. Auffallend an diesem zweifellos ergreifenden Text ist, wie Foucault zu Recht betont, das vage Erotische, das sich den üblichen Kategorien und Geschlechtergrenzen ein Stück weit Entziehende der Neigungen und Empfindungen der Ich-Erzählerin. Manche Passagen lesen sich, wenn man unterstellen würde, Alexina B. sei eine Frau, scheinbar als nicht sehr verhüllte Schilderungen eines lesbischen Begehrens, zumal sie/er ja als Mädchen bzw. Frau erzogen und ausgebildet wurde. Aber – und davon spricht Foucault nicht – Alexinas Text ist auch das Zeugnis eines Leidens, ja einer namenlosen Scham. Abel Barbin erinnert sich, als er als Alexina zum ersten Mal als 17-jährige das Kloster betrat, in der sie zur Lehrerin ausgebildet werden sollte: »Ich weiß nicht, welche unaussprechliche Unruhe mich befiel, als ich über die Schwelle dieses Hauses trat. Es war Schmerz, Scham. Was ich empfand, läßt sich mit menschlichen Worten nicht ausdrücken. [...] Ich las die Freude, die Zufriedenheit auf all diesen jungen Gesichtern, und blieb traurig, *unruhig*! Unwillkürlich regte sich etwas in mir, das mir den Eintritt in dieses Heiligtum der Jungfräulichkeit zu verwehren schien.«[94]

93 Vgl. dazu auch Butler, *Unbehagen*, S. 151-153.
94 Herculine Barbin, genannt Alexina B.: »Meine Erinnerungen«, in: Foucault (Hg.), *Über Hermaphrodismus*, S. 42.

Ist das die Erinnerung des Abel, der nicht mehr weiß, wie er als Alexina empfunden hatte, also die Erinnerung aus der Position des »wahren«, des von den Ärzten fixierten männlichen Geschlechts? Foucault schließt dies kategorisch aus: »[E]s ist klar, daß sie nicht aus der Sicht dieses endlich gefundenen oder wiedergefundenen Geschlechts schreibt. Nicht der Mann spricht zuletzt und versucht, sich an die Empfindungen und an sein Leben zu erinnern, als er noch nicht ›er selbst‹ war.« Vielmehr sei sie »für sich selbst« zur Zeit der Abfassung des Berichts, kurz vor ihrem Selbstmord, »immer noch ohne bestimmtes Geschlecht«.[95] Nun gut. Dann ist die Scham, von der im Text die Rede ist, tatsächlich die Scham Alexinas, die Scham des Hermaphroditen. Welchen Grund für diese Scham gab es? Alexina schildert zum Beispiel einen Ausflug der Schülerinnen mit ihren klösterlichen Leiterinnen an den Strand, in der Hitze des Sommers und ohne, dass jemand daran gedacht hätte, Wasser mitzunehmen. Um sich Linderung zu verschaffen, »war eine Schülerin über den Strand gegangen und tauchte ihre Beine ins Wasser. Das war eine plötzliche Erleuchtung. Augenblicklich entledigten sich alle ihrer oberen Kleidungsstücke, wickelten sich die Unterröcke um die Taille und stürzen sich bis zum Bauch in die wohltuende Flut. Unsere Lehrerinnen taten dasselbe«. Ein Bild wie eine schwüle Filmszene, und der Text spielt auch auf eine scheinbar unschuldige Weise mit erotischen Konnotationen: »Die zudringlichen Wellen reichten oft so *hoch*, dass man sich vor dem Untertauchen hätte retten wollen! Es herrscht daher eine ausgelassene Heiterkeit.« Doch nicht bei allen: »Ich war die *einzige*, die dieses Bad als Zuschauerin verfolgte. Was hinderte mich, daran teilzunehmen? Ich hätte es damals nicht sagen können. Ein Schamgefühl, dem ich beinahe unwillkürlich gehorchte, zwang mich, mich davon fernzuhalten. Es war, als hätte ich gefürchtet, die Blicke derer, die mich ihre Freundin, ihre Schwester nannten,

95 Foucault, »Das wahre Geschlecht«, S. 14.

dadurch zu verletzen, daß ich an diesem Vergnügen teilnahm.«[96]

Alexina schämte sich, ihre Brust zu entblößen, nicht nur damals, sondern immer, wenn es zum Baden ging: »Ich weigerte mich beharrlich, mit ihnen zu gehen.«[97] Nur einmal, in einer Gewitternacht, als sie Zuflucht in den Armen einer Oberin gesucht hatte und in der Aufregung ihr Nachthemd sich öffnete, konnte sie ihre Brust nicht verbergen: »Nachdem sich der erste Schrecken gelegt hatte, wies mich Schwerster Maries-des-Anges sanft auf meine Nacktheit hin. Zwar dachte ich nicht daran, aber ich verstand sie, ohne zu begreifen. Ein *unerhörtes Gefühl* beherrschte mich *völlig* und erfüllte mich mit Scham. Meine Lage läßt sich nicht beschreiben.«[98] Der Bericht lässt wenig Spielraum für die Vorstellung darüber, wie der Oberkörper der Alexina beschaffen war und von der »ungeheuren Distanz, die mich von ihnen« – den Mädchen im Pensionat – »in körperlicher Hinsicht trennte«: »In dem Alter, in dem sich all die Reize der Frau entwickeln, hatte ich weder die ungezwungenen Bewegungen noch die runden Glieder, mit welchen sich die ganze Blüte der Jugend enthüllt. [...] Meine Züge hatten eine gewisse Härte, die nicht zu übersehen war. Ein leichter Flaum, der täglich weiter wuchs, bedeckte meine Oberlippe und einen Teil meiner Wangen. [...] Mein Körper war davon buchstäblich bedeckt; deshalb vermied ich es selbst bei der größten Hitze sorgsam, meine Arme zu entblößen, wie es meine Gefährtinnen taten.«[99]

Natürlich bedeutet das nicht, dass Alexina »eigentlich« ein Mann war. Die Gestalt ihres/seines primären Geschlechtsteils hat eine solche eindeutige Zuordnung ausgeschlossen; Herculine genannt Alexina bzw. Abel war tatsächlich ein »Zwitter«, wenn man darunter in einem sehr eingeschränkten Sinne ihre/seine möglicherweise genetisch bedingte anatomische und mor-

---

96 Barbin, »Meine Erinnerungen«, S. 55.
97 Ebd., S. 50.
98 Ebd., S. 48.
99 Ebd., S. 43.

phologische Uneindeutigkeit des Geschlechtsteils versteht. Aber um Anatomie geht es hier gar nicht. Entscheidend ist, dass Alexina Scham empfand: Sie ahnte, dass sie am falschen Platz – *pas à sa place* – war, ja, dass sie nichts anderes als am falschen Platz sein konnte, dass sie weder auf die Seite der Mädchen noch auf jene der Jungen gehörte: Ihr Körper ließ sich mit den bipolaren Kategorien der Geschlechterdifferenz nicht einordnen, er fiel buchstäblich aus jener symbolischen Ordnung heraus, die zwei unterscheidbare Geschlechter festlegt. Es ist nicht notwendig zu behaupten – auch wenn es plausibel wäre –, dass diese symbolische Ordnung so etwas wie »natürliche« Unterschiede abbilde oder »ausdrücke«. Es reicht zu sagen, dass alle menschlichen Gesellschaften eine bestimmte symbolische Ordnung zur Strukturierung der geschlechtlichen Unterschiede kennen. Alexina empfand Scham, weil ihr Körper es nicht erlaubte, in die Ordnung der Geschlechter aufgenommen zu werden – ihre geschlechtliche Position war »unaussprechlich«, »namenlos«, mit »menschlichen Worten nicht auszudrücken«, wie sie wiederholt sagte. Foucault hat zweifellos recht, wenn er schreibt, die Unbestimmtheiten von Alexinas Körper hätten erotische Möglichkeiten eröffnet, die sie selbst und ihre Geliebte auch nutzten. Er hat recht, darauf zu beharren, dass Körper und Lüste vielfältiger sein können als die überkommenen Schemata, mit denen eine Kultur den Sex ordnen will. Daher ist auch seiner genealogischen Kritik an dem gegenüber Alexina ausgeübten ärztlichen Zwang, sich zu ihrem »wahren« – vielleicht tatsächlich überwiegend »männlichen« – Geschlecht zu bekennen, statt weiterhin in der verführerischen Unbestimmtheit eines erotischen *tricksters* zu leben, nichts hinzuzufügen.

Doch obwohl Foucault damit recht hat, verfehlt er in dieser Geschichte den entscheidenden Punkt: Die geschlechtliche Unbestimmtheit und die sexuelle Nichtidentität mögen Alexina vielleicht das Glück erotischen Flottierens eröffnet haben, aber sie begründeten zuerst und vor allem ihr persönliches Unglück, das eben *nicht* erst dann einsetzte, als sie den Ärzten und

Gerichten überantwortet wurde, sondern mit dem ersten Empfinden von Scham angesichts ihres unfassbaren Dazwischen. Ihre erotischen Gefühle, von denen schwer zu sagen ist, ob es nicht doch »die stürmischen Gefühle« eines jungen Mannes waren, die ihn »angesichts dieser Freizügigkeit« der halbnackt badenden Mädchen »aufwühlten« – einer Freizügigkeit, »die doch unter Mädchen desselben Alters so natürlich« ist,[100] aber eben nicht für ihn –, diese Gefühle jedenfalls wurden von Anfang an und immer wieder von peinigender Scham durchkreuzt und unterlaufen. Dafür gibt es nur ein Erklärung: Das Gefühl der Scham bedeutet, dass Alexina auch im »monosexuellen« Raum der Klöster und Pensionate nicht anders konnte, als das Gesetz der Geschlechterdifferenz zu kennen – »Scham« ist im Text der Alexina B. der Marker für die durch die Anatomie seines/ihres Körpers verletzte symbolische Ordnung. Zum Beginn der Beziehung mit ihrer Mit-»Schwester« Sara notierte sie/er: »Das, was uns nach der natürlichen Ordnung der Dinge in der Welt trennen mußte, hatte uns vereint!!! [...] Da es uns bestimmt war, in der ständigen Intimität zweier Schwestern zu leben, mußten wir das überwältigende Geheimnis, das uns aneinander *band*, jetzt vor allen verheimlichen!!!«[101] Alexina und Sara wussten um eine »natürliche Ordnung der Dinge« – das heißt eine symbolische Ordnung –, die nicht nur die Geschlechterdifferenz strukturierte, sondern damals auch untersagt hätte, dass zwei Frauen jenseits erotischer Vagheiten eine wirkliche sexuelle Beziehung lebten. Aber es war gar keine »lesbische« Beziehung. Der Anschein des Frauseins von Alexina und damit der Schein bloßer »Schwesternschaft« ermöglichte eine Intimität, in deren Raum das Geheimnis verborgen war, dass ihr/sein Geschlechtsteil doch wohl immerhin so sehr »männliche« Züge aufwies, dass es für die beiden frommen Schülerinnen etwas zu verbergen gab: »Man stelle sich, wenn das überhaupt möglich ist, unser beider Lage vor!« So sehr

---

100 Ebd., S. 55.
101 Ebd., S. 67.

Alexina die Beziehung mit Sara als Glück empfand, so sehr empfand sie sie gleichzeitig auch als einen »schreckliche[n] Irrgarten«, aus dem sie selbst einen Ausweg suchte, indem sie sich einem Arzt und einem Priester offenbarte. Den Grund für ihr Leiden jedenfalls hat sie selbst mit aller Klarheit bezeichnet: »daß ich mir einen Platz, einen Titel anmaßte, den mir die göttlichen und menschlichen Gesetze versagten«.[102] Das aber ist, wie Judith Butler hellsichtig kommentierte, ein Zustand »metaphysische[r] Heimatlosigkeit, [...] unstillbarer Sehnsucht und radikaler Einsamkeit«.[103]

Fazit

Ich habe lange gezögert, diese Geschichte der Alexina B. zusammen mit Foucaults Deutung ihres/seines Textes an den Schluss dieses Kapitels und damit auch den Schluss dieses Buches zu stellen. Denn sie vermag leicht den Anschein zu erwecken, damit auf eine etwas einfache Art und Weise doch noch »recht« zu behalten gegen den Versuch Foucaults, von der Biologie, das heißt vom Realen und nicht vom Symbolischen her zu denken. Also doch ...! Diese Geschichte zeigt doch besser als alles andere, dass Lacan recht hatte! Ist es also doch so, dass die verschiedenen, möglicherweise abgestuften körperlichen Differenzen und überhaupt der Unterschied zwischen den Geschlechtern »nur ein animalischer und ein dem Vergessen der Naturnebel geweihter ist«, während erst die symbolische Ordnung die vielgestaltigen und vagen Differenzen des Geschlechts strukturiert, sie aber auch »zur maßlosen Gewalt des ideologischen Krieges mach[t], die unausweichlich ist für die Familien und eine Plage für die Götter«[104] – und trauriger Anlass zur Scham für die Hermaphroditen? Ist Alexinas/Her-

102 Ebd.
103 Butler, *Unbehagen*, S. 147.
104 Jacques Lacan: »Das Drängen des Buchstabens im Unbewussten oder die Vernunft seit Freud«, S. 25.

culines Begehren in seiner unglücklichen wie zugleich auch in seiner transgressiven Form nicht durch das Gesetz der symbolischen Ordnung erst strukturiert worden? »[B]ringt nicht«, so Judith Butler, just »die erotisierende Präsenz des Gesetzes, das die Homosexualität verbietet, die transgressiven Lüste [...] hervor«, am Schluss dann auch noch »in der zwanghaften Form einer Beichte«?[105] Herculine bzw. Alexina B. hat sich nie und in keiner Weise wirklich und gar in glücklicher Weise »außerhalb« des Gesetzes bewegt, sondern höchstens in dessen Lücken, Verwerfungen und Rändern, wie sie im diffusen, »monosexuellen« Raum der Klöster und Pensionate und angesichts einer Anatomie, die Zuordnungen verunmöglichte, sich zeigen konnten. Ist folglich nicht Butler zuzustimmen, wenn sie schreibt: »Herculines Lüste und Begehren verkörpern keineswegs jene bukolische Unschuld, wie sie vor der Auferlegung des juristischen Gesetzes blühte und sich vermehrte«?[106] Und wäre es denn überhaupt denkbar, dass es ein Außerhalb des Gesetzes gäbe, irgendeinen »Code«, der nicht wie eine Sprache funktionierte, der nicht symbolisch ist? Aus Butlers Perspektive ist das unmöglich: »Herculine steht zwar ›außerhalb‹ des Gesetzes, aber gleichzeitig schließt das Gesetz dieses ›Außen‹ ein«:[107] die Lücken, Ränder und Verwerfungen des Gesetzes bestimmen sich immer nur vom Gesetz aus, sind immer nur die Ränder jenes Gesetzes, das auch Herculine kannte und die er/sie immer nur reproduzieren konnte – bis zu und in seinem/ihrem Selbstmord.

Foucault sah das anders, und seine zeitgleiche Besprechung der neusten Errungenschaften der Genetik gibt uns einen Hinweis darauf, von wo er Unterstützung für seine Argumente gegen das Symbolische erhoffte. Zum einen also zeigt seine Faszination für die Genetik eine beeindruckende Aufgeschlossenheit gegenüber der Wissenschaft unserer Zeit sowie seine

---

105 Butler, *Unbehagen*, S. 151.
106 Ebd., S. 158.
107 Ebd.

Bereitschaft, angesichts der »Ungeniertheit« der Biologie nicht länger auf verstaubten Anthropomorphismen zu beharren. Man muss der Realität in die Augen sehen. Wenn es sich darum handelte, den längst bigott gewordenen humanistischen Traum des »Menschen« zu beenden, fühlte er sich mit Genetikern wie François Jacob seelenverwandt. Zum andern aber hatte diese Faszination handfeste philosophische Konsequenzen: Sie impliziert, dass Foucault die Möglichkeiten für die Freiheit des Subjekts in der Biologie selbst suchen musste. Denn das menschliche Gesetz erzwingt unausweichlich Festlegungen und zwingt dem Einzelnen eine, wenn auch prekäre »Identität« auf, um aus ihm ein soziales Wesen zu machen – davon erzählt das Drama des/r Herculine Barbin. Diesen alten Bann – das Spiel der Identität und der heterosexuellen Reproduktion unter dem Zeichen des Gesetzes – mit einem radikalisierten Denken des Nichtidentischen, ja sogar des Nichtindividuellen zu brechen, war offenkundig die etwas vage flackernde Hoffnung im Horizont einiger weniger Texte, die Foucault mit der zeitgenössischen Genetik verbunden hat.

Schluss: Biologie und Kultur

Wenn ein lebenswissenschaftliches Experimentalsystem mit der nötigen Sorgfalt aufgebaut, verfeinert und zum Funktionieren gebracht wird, produziert es eine Weile lang interessante Daten über die untersuchten Organismen oder Zellen, die zu neuen Einsichten in ihre Strukturen und Funktionen führen können. Aber das Experimentalsystem selbst ist kein Organismus, keine außerhalb seiner eigenen Anordnung und außerhalb des Labors existierende »Natur«. Und nach einer gewissen Zeit sind die Daten, die das System hervorbringt, nicht mehr neu, sondern bestätigen zunehmend das, was man schon weiß. Dann wird es Zeit, die Messgeräte, Petrischalen, Kühlaggregate und Zentrifugen zusammenzupacken, die Bakterienkulturen zu vernichten, die Laborjournale zu ordnen und die Publikation vorzubereiten.[1] Mit meinem Experimentalsystem *Darwin und Foucault* verhält es sich nicht anders. Die Texte dieser beiden Autoren nebeneinanderzustellen und sie einer parallelen Lektüre zu unterziehen hat nun eine Weile lang, wie ich meine, einige Einsichten in Strukturen und Mechanismen ihrer Argumente und zumindest starke Hinweise auf den genealogischen Zusammenhang zwischen den beiden Autoren geliefert. Wenn ich die Übung jetzt abbreche, um nicht doch noch den falschen Eindruck zu erwecken, man könne Foucault ausschließlich von Darwin her »erklären«, wird es Zeit, kurz rekapitulierend sich einige Ergebnisse des Experiments vor Augen zu führen.

Der erste Punkt betrifft das Konzept der *Serie*. Beide Autoren rücken Objekte unterschiedlichster Art – Äpfel und Bir-

1 Vgl. Rheinberger, *Experimentalsysteme und epistemische Dinge*, S. 244 f.

nen, *higgeldy-piggeldy* – zu Serien zusammen, weil sie der Meinung sind, dass diese Serien Hinweise zugleich auf die Struktur und die Funktionsweise sowie auf die Genese dieser Objekte liefern. Diese Serien lassen sich demnach nach zwei Achsen ausrichten: Erstens auf einer *horizontalen* Achse, die Darwin mit den Begriffen »Bauplan« und »Existenzbedingungen« umschrieb (also innere und äußere Bedingungen, die das Auftreten einer organischen Form ermöglichen) und die bei Foucault als die archäologische, oft diskursanalytisch zu untersuchende Achse beschrieben wird – oder auch als die Achse disziplinarischer Codes. Dazu kommt zweitens eine *vertikale* Achse, die durch die genealogisch-historische Anordnung von Objekten gebildet wird. Beide Typen von Serien (die *à la longue* ineinander übergehen) entziehen sich strenger Quantifizierbarkeit und sind daher nicht statistisch berechenbar. Sie gehorchen keinem rationalen Gesetz, keiner Logik und keiner philosophischen Regel, ja nicht einmal einer »kontinuierlichen Chronologie der Vernunft«.[2] Ihre Elemente sind in ihrem historischen Auftreten immer kontingent. Hier regieren, wie Foucault mit Darwin, aber auch mit François Jacob feststellt, der Zufall und die Diskontinuität. In diesem Punkt ist, wie sich gezeigt hat, die Beziehung Foucaults zum Denken Darwins besonders ausgeprägt – bzw. zu einer Lektüre Darwins, die namentlich den nachträglichen »Darwinismus« mit seiner Betonung der langsamen, kontinuierlichen Entwicklung, wenn nicht gar »Entfaltung« ablehnt, sondern in Darwins Text das Ziellose dieser »Entwicklung« heraushebt. Es gibt keinen »Großen Plan« und keine dialektischen Synthesen, durch die hindurch sich die Geschichte zu einem wie auch immer konzipierten vernünftigen Ziel hin bewegen würde.

Dennoch halten beide Autoren auf scheinbar paradoxe Weise daran fest, dass in diesem historischen Geschehen strenge Notwendigkeit herrsche: Mit Notwendigkeit setzen sich bei Darwin die besser angepassten Organismen im Kampf

2 Foucault, *Archäologie des Wissens*, S. 17.

ums Dasein durch und können sich die schlechter angepassten weniger häufig fortpflanzen; mit Notwendigkeit erscheinen auch bei Foucault die gesellschaftlichen Verhältnisse als Produkt von – kontingenten – Kräfteverhältnissen und zugleich als ein Produkt ihrer Genealogie, die wiederum wie bei Darwin nichts anderes als die Geschichte dieser Kräfteverhältnisse ist. Aber auch was die horizontale Achse der Baupläne, der Existenzbedingungen und der Archäologie betrifft, scheinen die Elemente der Serie das Produkt eines generativen »Algorithmus« zu sein. Darwin weiß nicht, welcher das sein könnte. Foucault sucht diese Logik namentlich in den Diskursen, die »systematisch die Gegenstände bilden, von denen sie sprechen«, und er scheint die Genetik (die nachträglich Darwins Ansatz bestätigt) als ein Denken zu verstehen, das in genau dieser Weise »Programme« beschreibt, welche etwas produzieren, ohne dabei das Verstehen eines »Sinns« durch einen Interpreten vorauszusetzen. Es scheint daher kein Zufall zu sein, dass Foucault die »kalte Systematik« seiner Archäologie des Wissens mit dem »genetischen Code« in Verbindung brachte und seine Methode der Diskursanalyse nicht nur semantisch, sondern auch der Sache nach in die Nähe einer naturwissenschaftlichen Epistemologie des Konkreten rückte.

Was aber Foucault insbesondere mit Darwin verbindet, ist die genealogische Methode, die – ohne »Stammbäume und Wappenbücher«, wie Darwin sagte – sich auf die Hinweisfunktion beinahe insignifikanter Merkmale stützt, um eine Verbindungslinie in die Vergangenheit zu rekonstruieren. Diese Linie lässt sich nicht als Ausdruck eines »Wesens«, einer durch alle historischen Brüche hindurch sich erhaltenden »Identität« verstehen, sondern kündet von vielfältigen und immer »disparaten« Ursprüngen, von Herkünften, die mit der gegenwärtigen Gestalt und Funktion eines Lebewesens oder einer gesellschaftlichen Erscheinung wenig bis nichts zu tun haben. Im Ursprung, so waren Darwin wie Foucault überzeugt, liegt keine »Idealität« und keine »Wahrheit« – und weder die Geschichte der Evolution noch die Geschichtsschreibung menschlicher Gesellschaften berichten daher von einer irgendwie sinnvollen, »logischen«, vernunftgemäßen oder zielgerichteten Entwicklung, von einem Fortschritt, gar von einer zunehmenden Vervollkommnung oder einer Annäherung an die Wahrheit. Die Genealogie als Methode des Denkens erweist sich damit als fundamental kritisch und radikal modern: Was der Genealoge ins Säurebad seiner Kritik taucht, verliert sein prätendiertes Sosein und erweist sich als Zusammengesetztes, als Konstrukt, als Gewordenes; der Genealoge führt, mit Nietzsche gesprochen, jedes Sein wieder dem Werden zu.

Das bedeutet nicht, dass die historische oder die evolutionäre Entwicklung umkehrbar wären, zirkulär verlaufen würden oder dass gar Sprünge und Formen von *generatio spontanea* möglich wären, wie Cuvier und Lamarck noch angenommen hatten. Vielmehr gilt für Darwin wie für Foucault, dass alles, was existiert, der Unerbittlichkeit einer von unbekannten Anfängen her auf einen offenen Horizont sich zubewegenden Historizität unterworfen ist. Die Linien und Äste der genealogischen »Stammbäume« der Dinge sind Zeitachsen, die nur eine Richtung kennen. Zum andern aber vermögen Baupläne und diskursive Muster diese Entwicklungen jeweils für einen mehr oder weniger langen Moment stillzulegen und zu stabilisieren – dort wird, wenn man so will, die Zeit zyklisch, herrscht die Wiederkehr des Gleichen –; sie geben, wie wir gesehen haben und wie ich hier wiederholt feststelle, auf einer horizontalen Achse dem Tier oder einer Aussage die inneren, die »strukturellen« Bedingungen ihrer aktuellen Existenz vor. Was die Biologie betrifft, so hat die Molekulargenetik dieses Argument hundert Jahre nach Darwin allerdings so stark gemacht, dass die historisch-genealogische, die vertikale Achse der Erklärung trotz der »Versöhnung« von Genetik und Darwinismus in der *modern synthesis* der 1950er Jahre fast aus dem Blick geriet. Es ist daher, nebenbei bemerkt, von besonderem Interesse zu sehen, dass die Genetik, die sich kaum mehr mit der Evolution der Organismen beschäftigt(e), diesen Ansatz in der gegenwärtig als »Evo Devo« vorgestellten und von einigen als »Act III« der Biologie bezeichneten Verbindung von *Evolutions*-Theorie und *Development*-Genetik wiederaufzunehmen scheint.[3]

Was die epistemologischen Fragen der Verbindung von horizontalen und vertikalen Serien betrifft, liegt hier allerdings ein Problem verborgen, das ich kaum angesprochen, geschweige denn gelöst habe: Wie sehr, so ließe sich fragen, impliziert eigentlich Foucaults Epistemologie des Konkreten gleichsam an der verborgenen Rückseite der Diskursanalyse – das heißt dort, wo sie von der vertikalen Achse der Genealogie gekreuzt wird – eine »realistische« Erkenntnistheorie? Wie sehr geht Foucault mit dem Naturforscher Darwin implizit von der Voraussetzung aus, dass zwar Diskurse wie die Klassifikationen der älteren Biologie arbiträre Ordnungsschemata sind, die kein »wahres« Bild der Natur liefern – und folglich auch der eigene Diskurs und die eigene Klassifikation diesem Verdikt nicht entgehen können –, während der *Genealoge* hingegen sehr wohl der Überzeugung sein dürfe, dass seine »graue«, staubige, ins Detail vergrabene Empirie *wirkliche* Zusammenhänge zu erhellen vermag: wirkliche Abstammungs- und Herkunftsverhältnisse, weil sich in der Regel mit Bestimmtheit sagen lässt, aus welchem mütterlichen Körper ein Tier hervorgegangen ist (während allerdings schon der Vater *incertus est*, wie es im römischen Recht heißt)? Ich werfe diese Frage erst hier auf, weil sie zu sehr ins Feld der Erkenntnistheorie reicht, als dass ich sie angemessen hätte diskutieren können. Meine gesamte Darstellung der Genealogie lief allerdings darauf hinaus, dass Foucault von dieser Art der Geschichtsschreibung offenbar nicht einfach annahm, sie sei bloß ein weiterer Diskurs und unser Zugang zur Vergangenheit sei unabwendbar von diskursiven Mustern und damit letztlich von der Sprachlichkeit unserer Erkenntnis abhängig. Man kann, folgt man Foucault, sehr

---

3 Sean B. Carroll, Jamie W. Carroll: *Endless Forms Most Beautiful. The New Science of Evo Devo and the Making of the Animal Kingdom*, New York: Norton 2005, S. 13.

wohl erkennen, wann und wo genau sich – zum Beispiel – das Gefängnis als einzige Form des Strafens durchsetzte, und man kann die genealogischen Gründe für diesen Wandel angeben. Wären solche Geschichten tatsächlich bloß eine weitere, letztlich beliebige Form des Sprechens über Dinge (die damit unerreichbar und unerkennbar blieben), wäre sein grimmiger Ernst als Genealoge kaum erklärbar. Denn Foucault war kein Kulturalist. Auch wenn er einmal ironisch bemerkte, selbstverständlich seien alle seine Geschichten »Erfindungen«, scheinen solche standortgebundenen »Geschichten« – und andere kann es nicht geben – für ihn sich mit dem Anspruch verbinden zu lassen, zumindest partiell Realitäten ans Licht zu bringen. Doch wie genau? Das erkenntnistheoretische Problem, das am Schnittpunkt der horizontalen und der vertikalen Achse der Analyse auftritt, scheint zwar mit dem pragmatischen Glauben an die partielle Wahrheitsfunktion von historischen Dokumenten und damit an die epistemologischen Möglichkeiten einer »realistischen« Historiographie (gemäß des rankeschen Diktums »wie es eigentlich gewesen«[4]) ein Stück weit aufgeschoben, aber theoretisch nicht befriedigend geklärt. Folgen wir allerdings Foucaults These, dass wir als Lebende wie auch als in gesellschaftliche Kräfteverhältnisse Verstrickte zwar partiell zu erkennen vermögen, was der Fall ist und wie die Dinge geworden sind, weil wir selbst Teil dieses Lebens und dieser Kräfteverhältnisse sind und wir anders nicht durch den Tag kämen, wir dabei aber immer nur von unserem beschränkten Standort aus und mit Hilfe von historisch kontingenten diskursiven Mustern auf die Dinge blicken können – nun, dann scheint dieses Problem *als* erkenntnistheoretisches weder länger interessant noch lösbar zu sein.

Ein zweiter Problemkreis von einigem Gewicht, der uns beschäftigte, war die Frage nach der Entstehung und Funktion

---

4 Leopold von Ranke: »Vorrede zu den ›Geschichten der romanischen und germanischen Völker von 1494 bis 1535‹«, in: Wolfgang Hardtwig (Hg.): *Über das Studium der Geschichte*, München 1990, S. 44-46, Zitat S. 45.

von Regeln in menschlichen Gesellschaften. Wir haben ausführlich gesehen, dass Foucault die psychoanalytisch-strukturalistische These von der fundierenden Rolle des Inzesttabus schlicht ablehnte und damit die Funktion des Symbolischen überhaupt bezweifelte – und zwar mit dem ausdrücklichen Gestus des nietzscheanischen Genealogen, der »hinter« jeder Regel den Kampf um Macht, um Lebenschancen, ja vielleicht ums »Dasein« erkennt. Auf eine paradoxe Weise war Foucault in dieser Hinsicht und zusammen mit Nietzsche darwinistischer als Darwin selbst: menschliche Gesellschaften sind strukturiert durch Kräfteverhältnisse (in denen auch der Zugang zu oder der Einsatz von Wissen eine strategische Bedeutung hat), sie sind letztlich nichts als das Produkt kleiner Kämpfe und blutiger Schlachten, von Listen und Hinterlisten, Niederlagen und Überwältigungen. Darwins genealogische Rekonstruktion der Abstammung des Menschen und menschlicher Gesellschaften weiß dagegen noch eine andere, eine zweite Geschichte zu erzählen: Dass der Mensch von einem »schwachen« Tier abstamme und daher nicht über wirksame Waffen wie etwa die großen Eckzähne des Gorillas verfüge, dass er aber diese Schwäche in eine allen anderen Tieren überlegene Stärke habe verwandeln können, weil er auf die Kooperation in der Gruppe angewiesen war und über das zunehmend sprachvermittelte Empfinden und Wissen dieser wechselseitigen Abhängigkeit eine Ethik der »Liebe und Sympathie« entwickelt habe; diese Empfindungsmöglichkeit aber für seine, wie Darwin sagte, »Genossen« könne vom Geltungsradius der ursprünglichen Horde bis – zumindest theoretisch – hinauf zu globaler Ausdehnung skaliert werden, die entsprechenden Verkehrs- und Medienbedingungen vorausgesetzt. Es ist müßig, diesen Traum einer friedlichen Weltgesellschaft idealistisch zu nennen; es ist viel interessanter, Darwins Ansicht ernst zu nehmen, dass die Normen des Zusammenlebens, die sich als Produkt und zur weiteren Stabilisierung von Anerkennungsbeziehungen ausgebildet hätten, arbiträr seien und ihre Inhalte oft »absurd«, sie dennoch aber *als* Normen, *als* Gesetze die Zugehörigkeit zur und die wechselseitige Abhängigkeit von der Gruppe konstituieren und daher für Menschen unhintergehbar seien. Die »schwache« Gattung Homo sapiens hätte demnach nur dank dem – zwar in den Zeichenprozessen der *sexual selection* genealogisch verankerten, aber erst mit der Sprachfähigkeit des Menschen entfalteten – Symbolischen überhaupt überlebt. Das bedeutet allerdings nicht, dass diese darwinsche Konzeption einer Ethik in irgendeiner Weise »evolutionär« wäre, denn es gibt kein Selektionskriterium, um zu entscheiden, ob nun hinduistische Reinheitsgebote oder die männlichen Ehrrituale beim Duell britischer Gentlemen für das »Überleben« dienlicher seien – Kultur funktioniert nicht über Prozesse der Selektion.[5] Darwin hat sich darauf beschränkt zu bemerken, dass diejenigen menschlichen Gruppen, die gut kooperieren, gegenüber anderen einen Vorteil haben – über die »Inhalte« ihrer Sitten, Normen und Gesetze ist damit aber kaum etwas gesagt.

Ich habe mehrfach angedeutet, dass ich diese darwinistische Konzeption des Gesetzes plausibler finde als Foucaults Ablehnung des Symbolischen und seine »Ethik der [eigenen] Existenz«. Denn auf eine paradoxe Weise scheint Foucault, wie wir im zehnten Kapitel gesehen haben, gezwungen zu sein, die Freiheit des Subjekts *letztlich* in der potenziellen Fehlerhaftigkeit des »genetischen Codes« und damit in einer ereignisoffenen, nichtdeterministischen Biologie begründet zu sehen – als die reale Ermöglichungsbedingung für die *souci de soi*, die diese Unbestimmtheit in der Lebenspraxis eines Individuums als Freiheit realisiert –, weil er im Symbolischen immer nur die Schranken des Gesetzes zu erkennen vermochte. Dabei hatte er auf seine, die *communis opinio* wie gewohnt radikal umkehrende Weise zweifellos recht: Die Biologie ist für das einzelne Lebewesen weit weniger determinierend, weniger einschränkend und spielt weniger »Schicksal« (wie Freud es im Hinblick

---

5 Vgl. zum Problem des Selektionskriteriums im Feld des Kulturellen auch den grundsätzlichen Einwand von Jacob, *Logik des Lebenden*, S. 340.

auf die Geschlechterdifferenz von der menschlichen Anatomie sagte) als die »Kultur«, das heißt als die zum Teil kleinlichen Vorschriften des Symbolischen und die engen Schranken sozialer Normen. Denn der Gestaltungsfreiheit von Organismen sind – unter der *einzigen* Voraussetzung, dass sie es schaffen, sich zu reproduzieren – zumindest in evolutionärer Perspektive buchstäblich keine Grenzen gesetzt, und der »genetische Code« legt in seinen endlosen Neukombinationen die Basis für Individuen, deren Individualität nichts »bedeutet«, sondern bloße Zerstreuung ist und die sich daher nicht auf ein »Wesen« des Menschen zurückbinden lassen müssen. Die molekulargenetische Biologie, die Darwins Theorie bestätigt(e), bot Foucault den technisch fortgeschrittensten Ansatzpunkt für seinen genealogischen Hebel, mit dem er »den Menschen« als die *idée fixe* des abendländischen Denkens aus den Angeln heben wollte.

Das entsprach zum einen zweifellos Darwins Vorgabe, der den Menschen wieder »mit einer langen Genealogie« ausgestattet und mit Eigenschaften versehen hatte, die an seine tierischen Vorfahren erinnerten. Doch das bedeutete nicht, dass Darwin den Menschen als Kulturwesen hätte dekonstruieren wollen, schon gar nicht in der von ihm bevorzugten Gestalt des weißen Engländers. Diese Zurückhaltung war nicht nur seinem – gelinde gesagt – ausgeprägten Eurozentrismus geschuldet, sondern beruhte erstens auf seinen ausgedehnten empirischen Beobachtungen, dass Tiere in unterschiedlichem Maße Ansätze von Bewusstsein, Emotionen und Verstand zeigen. In einer langen Passage in *Die Abstammung des Menschen*, die wir nicht näher untersucht haben, spricht Darwin ausführlich über die Ursprünge der geistigen Fähigkeiten des Menschen, und er findet bei den Tieren »Intelligenz«, »Gemütsbewegungen«, »Stolz«, »Humor« und »intellektuelle Fähigkeiten«, er spricht vom »Prinzip der Nachahmung«, von »Aufmerksamkeit«, »Einbildungskraft«, gar »Verstand« und »Verstandesschlüssen«, von »Abstraktion«, »allgemeine[n] Ideen«, von »Selbstbewußtsein«, »geistige[r] Individualität«, ja von »Gottesglaube«

und »Religion«...![6] Diese Belege einer nach heutigen Kriterien zweifellos ziemlich vagen Empirie, die der Gefahr des Anthropomorphismus sicher nicht immer entgeht, mag man im Detail wenig überzeugend finden. Sie sollen uns hier jedoch nur daran erinnern, dass für Darwin als Genealoge kein Anlass bestand, an den Möglichkeiten bewussten, ja vernünftigen Handelns von Tieren auch nur zu zweifeln.

Das ist das eine. Es stellt sich zweitens aber die Frage, wie sich in einer etwas weniger empirischen Weise die biologische Möglichkeit von Kultur begründen ließe – oder ob die Natur, wie die Genetik zu Foucaults Zeiten mit einiger Wirkung zu suggerieren begann, nichts anderes als die Kopierverfahren von molekularen Matrizen kennt. Ich habe argumentiert, dass Darwins »zweites« Prinzip, die *sexual selection,* diese Möglichkeit eröffnet, weil die Wahl eines Geschlechtspartners bei Tieren nach der Logik eines Zeichenprozesses funktioniert. Dieser setzt damit ein, dass das (meist) weibliche Tier unter den Farben und Formen der sich ihm präsentierenden Männchen eine Wahl treffen kann, indem es zum Beispiel ein Pfauenauge mit einem anderen vergleicht. Die verschiedenen Pfauenaugen von einigen stolzen Hähnen sollen der Pfauhenne bestimmte Eigenschaften des jeweiligen Pfaus signalisieren – Potenz, Kraft, Treue, Nestbaufähigkeiten, was auch immer –, aber *ein* Ornament auf dem Gefieder *eines* der Hähne signalisierte etwas von alldem oder alles zusammen in den Augen des wählenden Weibchens ein klein wenig besser als ein anderes, macht auf das Weibchen etwas mehr Eindruck – und diese Differenz entscheidet die Wahl. Ich habe argumentiert, dass dieser Vorgang genau dem Prozess entspricht, den Jacques Derrida mit dem Kunstwort der *différance* bezeichnet hat: Kein Pfauenauge repräsentiert je endgültig eine bestimmte, klar definierte Eigenschaft – das wäre ein Code –, vielmehr ist dieser Signifikations-

6 Darwin, *Abstammung des Menschen*, S. 751-773; vgl. dazu natürlich auch Darwin, *Ausdruck der Gemütsbewegungen bei dem Menschen und den Tieren.*

prozess immer weiteren Verschiebungen und Aufschüben der Bedeutung unterworfen, bleibt auf diese Weise offen und produziert damit einen unendlichen Reichtum von Formen und Farben, der anders gar nicht zu erklären wäre. Darwin, der die Macht dieses »zweiten« Prinzips in *The Descent of Man* ausdrücklich betonte, glaubte tatsächlich zutiefst an die Macht und die Kraft der Kultur (und daher, im Zeitalter des Kolonialismus, kontingenterweise auch an die kulturelle Überlegenheit der Briten). Das mag bei ihm noch sehr nach 19. Jahrhundert riechen, nach der Behaglichkeit bürgerlicher Wohnzimmer, gepflegtem Klavierspiel, dem Bildungsdünkel der Besitzenden und der Arroganz der »Zivilisierten«. Doch wenn man Darwins Text mit heutigen Augen ließt, erscheinen die Wahlmöglichkeiten zwischen Formen, die genau deshalb zu Zeichen werden, weil sie auf etwas hinweisen, was sie selbst nicht sind (und es auch nicht wie eine RNA-Matrize produzieren), im präzisen Sinne als »Kultur«, und diese ist daher nicht bloß eine Eigenschaft oder Fähigkeit erst und einzig des Menschen, sondern ein grundlegende Prinzip der Evolution.

Allein, was gewinnt man mit einer solchen Lektüre? Ich meine, dass sie dazu dienen könnte, das etwas unglückliche, unproduktive Verhältnis von Biologismus und Kulturalismus, in dem sich das gegenwärtige Nachdenken über den Menschen und menschliche Gesellschaften verfangen hat, vielleicht ein wenig zu verschieben oder aufzulockern. Denn sie erlaubt, in einer maximalen Reduktion die Ableitung von zwei widersprüchlichen Prinzipen (und unter der Voraussetzung des »Überlebens« im Rahmen von »Kräfteverhältnissen«): Zum einen jenes *Zeichenprozesses*, den der Biologe in einem wesentlichen Bereich der Reproduktion der Organismen beobachtet, und zum andern der *produzierenden Codes*, die der Kulturtheoretiker in den Diskursen und Subjektivierungspraktiken der Moderne am Werk sieht. Das ist, auf den ersten Blick, natürlich ziemlich paradox, weil unsere beiden Autoren damit jeweils das Gegenteil dessen sagen, was von ihnen erwartet wird und wofür sie vom Biologismus bzw. vom Kulturalismus üblicherweise als wirkmächtige Referenz, ja als heilige Namen angerufen werden. Doch möglicherweise zu Unrecht. Denn offenbar sind Biologie und Kultur auf eine eigentümliche und nur schwer entwirrbare Weise ineinander verschränkt. Ein Tier trifft bei der Paarung eine Wahl, die evolutionär gesehen wirkungsvoll ist – oft aber ist es schlicht der Macht der produzierenden Codes unterworfen und den Anforderungen, ihre Reproduktion zu ermöglichen, indem es erst einmal sein eigenes Leben sichert. Umgekehrt geht es im Feld der Kultur häufig, vielleicht sogar meist nur um die Reproduktion eines Codes, die Sicherung einer Wahrheit, die Produktion von gesellschaftlicher Realität über das nur scheinbare »Verstehen«, tatsächlich aber ohne den Einfluss des »Bewusstseins« eines Subjekts. Und doch ist dabei oft eine Entscheidung, ja eine Wahl nötig, und es ist ein Selbstverhältnis möglich, das diese Wahl beeinflusst. Auch die faktische Interpretation von einem noch so sehr eingeschränkten Satz von Zeichen – von »Information«, wie sie von einem Diskurs oder einem sonstigen kulturellen Setting zur Verfügung gestellt wird – bleibt außerhalb des speziellen Falls der Ausführung von Befehlen im Kasernenhof der *différance* unterworfen, das heißt der eben nicht kopiergenauen Reproduktion des diskursiv Gegebenen. Die Kopien im Feld der Kultur variieren ebenso, wie die DNA im Feld des Biologischen spontan variiert und damit *auch* die Voraussetzung für die *sexual selection* schafft. Nur dank dieser doppelten Verschiebung – Variation und Wahl – ist es möglich, dass das Leben ebenso wie die menschlichen Gesellschaften nicht nur die zyklische Zeit der Wiederholung kennen, sondern auch jene der Geschichte. Es wäre daher eine Illusion zu glauben, dass es allein die Historizität und Kontingenz unseres *Sprechens* ist, die gleichsam in letzter Instanz die Historizität der Dinge begründet, denn die Natur selbst ist historisch, zum Teil sogar »kulturell«.

In epistemologischer Hinsicht bedeutet dies, dass die beiden widersprüchlichen Prozesse der verändernden Wahl und der reproduzierenden Kopie unauflösbar ineinander verzahnt sind:

Die Wahl bei der Paarung erfolgt unter dem Druck, die Codes zu reproduzieren – aber auch beim Kampf ums Überleben kann ein Tier minimal wählen (insofern war das Bakterienmodell Jacobs vielleicht nicht unbedingt die beste Referenz für Foucaults Kritik an den Illusionen der Anthropologie). Und jedes kulturelle Zeichen wird von Subjekten im Horizont eines Sinns interpretiert – dabei aber bleiben sie den generativen Codes des Diskurses unterworfen, deren Kopien wiederum voller Fehler sind ... Am Ende also erweist unser Experiment, dass es keinen Anfang gibt, keinen »ursprünglichen« Grund, auf den wir rekurrieren könnten, wenn wir vom Menschen sprechen, kein »Eigentliches«, »Wesentliches«, über das uns entweder nur der Biologe oder nur der Kulturtheoretiker Auskunft geben könnten: kein Geheimnis hinter den verwirrenden Erscheinungen des Lebens, und nichts, was unter den Bewegungen der Geschichte verborgen wäre, um sie zu ermöglichen.

Quellen- und Literaturverzeichnis

Charles Darwin

Birds, Part 3, hg. v. Charles Darwin, = No. 5 of *The zoology of the voyage of H. M. S. Beagle*, by John Gould, London: Smith Elder and Co. 1841, auf ⟨http://darwin-online.org.uk/⟩.

Charles Darwin's Beagle Diary, hg. v. Richard D. Keynes, Cambridge: Cambridge University Press 2001, auf ⟨http://darwin-online.org.uk/⟩.

»Der Ausdruck der Gemütsbewegungen bei dem Menschen und den Tieren«, in: *Gesammelte Werke*, S. 1163-1370.

»Die Abstammung des Menschen«, in: *Gesammelte Werke*, S. 693-1162.

Die Abstammung des Menschen und die geschlechtliche Zuchtwahl, Stuttgart: E. Schweizerbart'sche Verlagshandlung 1871 (zweite nach der letzten Ausgabe des Originals berichtigte Auflage).

Experiment Book (1855-1867), auf ⟨http://darwin-online.org.uk/⟩.

Gesammelte Werke. Nach Übersetzungen aus dem Englischen von J. Victor Carus, Frankfurt/M.: Zweitausendeins 2006.

Journal and remarks, 1832-1836, London: Henry Colburn 1839 (= Band III von *Narrative of the surveying voyages of His Majesty's Ships Adventure and Beagle between the years 1826 and 1836, describing their examination of the southern shores of South America, and the Beagle's circumnavigation of the globe. Proceedings of the second expedition, 1831-36, under the command of Captain Robert Fitz-Roy, R.N.*, London: Henry Colburn 1839), auf ⟨http://darwin-online.org.uk/⟩.

Living Cirripedia, A monograph on the sub-class Cirripedia, with figures of all the species. The Lepadidæ; or, pedunculated cirripedes, Vol. 1, London: The Ray Society 1852, auf ⟨http://darwin-online.org.uk/⟩.

Living Cirripedia, The Balanidæ (or sessile cirripedes); the Verrucidæ, Vol. 2, London: The Ray Society 1854, auf ⟨http://darwin-online.org.uk/⟩.

Notebook B [Transmutation of species (1837-1838)], auf ⟨http://darwin-online.org.uk/⟩.

On the Origin of Species by Means of Natural Selection, or the Preservation of Favoured Races in the Struggle for Life, London: John Murray 1859 (2. Auflage 1860), auf ⟨http://darwin-online.org.uk/⟩.
»Reise eines Naturforschers um die Welt«, in: *Gesammelte Werke*, S. 7-346.
The Autobiography of Charles Darwin, 1809-1882, hg. v. Nora Barlow, New York, London: W. W. Norton & Company 2005.
The Descent of Man, and Selection in Relation to Sex, London: John Murray 1871, auf ⟨http://darwin-online.org.uk/⟩.
The Variation of Animals and Plants under Domestication, London: John Murray 1868, Vol. 2, auf ⟨http://darwin-online.org.uk/⟩.
»Über die Entstehung der Arten durch natürliche Zuchtwahl oder die Erhaltung der begünstigten Rassen im Kampfe ums Dasein«, in: *Gesammelte Werke*, S. 347-691.

Michel Foucault

Foucault, Michel/Kant, Emmanuel [sic]: *Anthropologie du point de vue pragmatique. Introduction à l'*Anthropologie, Paris: Vrin 2008.
Foucault, Michel/Lagrange, Jacques: *Problèmes de l'anthropologie*, Cours donné à l'École Normale 1954-1955; Photocopie de feuillets manuscrits allographes, 66 feuillets (IMEC Abbé d'Ardenne, Caen, Fonds Michel Foucault, FCL 3.08).
»›Ich bin ein Sprengmeister‹. Ein Gespräch über die Macht, die Wissenschaften, die Genealogie und den Krieg«, in: *Nach Feierabend. Zürcher Jahrbuch für Wissensgeschichte* 1(2005), S. 187-204 (Orig. in Droit, *Michel Foucault, entretiens*, S. 89-136).
»Das wahre Geschlecht«, in: Michel Foucault (Hg.), *Über Hermaphrodismus*, S. 7-18.
»Introduction par Michel Foucault«, in: Michel Foucault: *Dits et écrits 1954-1988, hg. v. Daniel Defert u. François Ewald*, Paris: Gallimard 1994, *Vol. III*, S. 429-442.
Archäologie des Wissens, Frankfurt/M.: Suhrkamp 1995 (Orig.: *L'archéologie de savoir*, Paris: Gallimard 1969).
Der anthropologische Zirkel, Berlin: Merve 2003 (Orig.: »Le Cercle anthropologique«, in: Michel Foucault: *Histoire de la folie à l'âge classique*, Paris: Librairie Plon 1972, S. 531-545 [= Schlusskapitel von *Wahnsinn und Gesellschaft*, fehlt in der deutschen Ausgabe]).
Der Mensch ist ein Erfahrungstier. Gespräch mit Ducio Trombadori,

Frankfurt/M.: Suhrkamp 1996 (Orig.: »Conversazione con Michel Foucault« in: *Il Contributo*, 1980, Nr. 1, S. 23-84).
Der Wille zum Wissen (Sexualität und Wahrheit, Bd. 1), Frankfurt/M.: Suhrkamp 1977 (Orig.: *La volonté de savoir (Histoire de la sexualité, Vol. 1)*, Paris: Gallimard 1976).
Die Anormalen. Vorlesungen am Collège de France (1974-1975), Frankfurt/M.: Suhrkamp 2003 (Orig.: *Les Anormaux*, Paris: Seuil: Gallimard 1999).
Die Geburt der Klinik. Eine Archäologie des ärztlichen Blicks, Frankfurt/M.: Fischer 1991 (Orig.: *La naissance de la clinique. Une archéologie du regard medical*, Paris: Presses Universitaires de France 1963).
Die Ordnung der Dinge. Eine Archäologie der Humanwissenschaften, Frankfurt/M.: Suhrkamp 1978 (Orig.: *Les mots et les choses*, Paris: Gallimard 1966).
Die Ordnung des Diskurses. Inauguralvorlesung am Collège de France – 2. Dezember 1970, Frankfurt/M.: Fischer 1991 (Orig.: *L'ordre du discours*, Paris: Gallimard 1971).
Geschichte der Gouvernementalität I: Sicherheit, Territorium, Bevölkerung. Vorlesung am Collège de France 1977-1978, hg. v. Michel Sennelart, Frankfurt/M.: Suhrkamp 2004 (Orig.: *Sécurité, Territoire et Population*, Paris: Gallimard: Seuil 2004).
Geschichte der Gouvernementalität II: Die Geburt der Biopolitik. Vorlesung am Collège de France 1978-1979, hg. v. Michel Sennelart, Frankfurt/M.: Suhrkamp 2004 (Orig.: *Naissance de la biopolitique*, Paris: Gallimard: Seuil 2004).
Hermeneutik des Subjekts. Vorlesung am Collège de France (1981/82), Frankfurt/M.: Suhrkamp 2004 (Orig.: L'herméneutique du sujet. Cours au Collège de France (1981-1982), Paris: Gallimard: Seuil 2001).
In Verteidigung der Gesellschaft. Vorlesungen am Collège de France (1975-76), Frankfurt/M.: Suhrkamp 1999 (Orig.: *Il faut défendre la societé*, Paris: Gallimard: Seuil 1996).
Schriften in vier Bänden, *Dits et Ecrits*, hg. v. Daniel Defert und François Ewald unter Mitarbeit von Jacques Lagrange, Frankfurt/M.: Suhrkamp 2001-2005, (Orig.: *Dits et écrits*, Paris: Gallimard 1994).
»Antwort auf eine Frage«, in: *Schriften*, *Bd. I*, S. 859-886.
»Bio-Geschichte und Bio-Politik«, in: *Schriften, Bd. III*, S. 126-128.

»Der Wahnsinn, Abwesenheit eines Werks«, in: *Schriften, Bd. I*, S. 539-550.
»Die Ethik der Sorge um sich als Praxis der Freiheit«, in: *Schriften, Bd. IV*, S. 875-902.
»Die Rückkehr der Moral«, in: *Schriften, Bd. IV*, S. 859-875.
»Die Situation Cuviers in der Geschichte der Biologie (Vortrag)«, in: *Schriften, Bd. II*, S. 37-82.
»Die Wahrheit und die juristischen Formen«, in: *Schriften, Bd. II*, S. 669-792.
»Ein endliches System angesichts einer unendlichen Nachfrage«, in: *Schriften, Bd. IV*, S. 440-461.
»Ein Problem interessiert mich seit langem: das Problem des Strafsystems«, in: *Schriften, Bd. II*, S. 250-255.
»Eine Geschichte, die stumm geblieben ist«, in: *Schriften, Bd. I*, S. 703-708.
»Erläuterungen zur Macht. Antwort auf einige Kritiker«, in: *Schriften, Bd. III*, S. 784-795.
»Erwiderung auf Derrida«, in: *Schriften, Bd. II*, S. 347-367.
»Freundschaft als Lebensform«, in: *Schriften, Bd. IV*, S. 200-206.
»Gespräch mit Madeleine Chapsal«, in: *Schriften, Bd. I*, S. 664-670.
»Gespräch mit Michel Foucault [Rio de Janeiro 1971]«, in: *Schriften, Bd. II*, S. 191-211.
»Gespräch über die Macht«, in: *Schriften, Bd. III*, S. 594-608.
»Krise der Medizin oder Krise der Antimedizin?«, in: *Schriften, Bd. III*, S. 54-76.
»Mein Körper, dieses Papier, dieses Feuer«, in: *Schriften, Bd. II*, S. 300-331.
»Michel Foucault, ein Interview: Sex, Macht und die Politik der Identität«, in: *Schriften, Bd. IV*, S. 909-924.
»Michel Foucault: ›Neutralität ist nicht möglich‹«, in: *Schriften, Bd. IV*, S. 405-408.
»Nietzsche, die Genealogie, die Historie«, in: *Schriften, Bd. II*, S. 166-190.
»Nietzsche, Freud, Marx«, in: *Schriften, Bd. I*, S. 727-743.
»Nutzlos, sich zu erheben«, in: *Schriften, Bd. III*, S. 987-992.
»Politik und Ethik: ein Interview«, in: *Schriften, Bd. IV*, S. 715-724.
»Raum, Wissen und Macht. Gespräch mit P. Rabinow«, in: *Schriften, Bd. IV*, S. 324-341.
»Sexuelle Wahl, sexueller Akt«, in: *Schriften, Bd. IV*, S. 382-402.

»Über die Archäologie der Wissenschaften. Antwort auf den *Cercle d'épistémologie*«, in: *Schriften, Bd. I*, S. 887-931.
»Über die Natur des Menschen: Gerechtigkeit versus Macht [Gespräch mit Noam Chomsky, Nov. 1971]«, in: *Schriften, Bd. II*, S. 586-637.
»Über verschiedene Arten, Geschichte zu schreiben«, in: *Schriften, Bd. I*, S. 750-769.
»Von seinen Lüsten träumen. Das *Traumbuch* des Artemidor«, in: *Schriften, Bd. IV*, S. 561-594.
»Vorrede zur Überschreitung«, in: *Schriften, Bd. I*, S. 320-342.
»Vorwort von Michel Foucault [zu: Canguilhem, *On the Normal and the Pathological*, Boston, 1978]«, in: *Schriften, Bd. III*, S. 551-567.
»Wachsen und vermehren«, in: *Schriften, Bd. II*, S. 123-128.
»Was ist ein Autor?«, in: *Schriften, Bd. I*, S. 1003-1042.
»Zur Genealogie der Ethik: Ein Überblick über die laufende Arbeit«, in: *Schriften, Bd. IV*, S. 747-776.
»Zur Geschichte zurückkehren«, in: *Schriften, Bd. II*, S. 331-347.
Über Hermaphrodismus. Der Fall Barbin, hg. v. Michel Foucault, Frankfurt/M.: Suhrkamp 1998 (Orig.: *Herculine Barbin dite Alexina B.*, Paris: Gallimard 1978).
Überwachen und Strafen. Die Geburt des Gefängnisses, Frankfurt/M.: Suhrkamp 1976 (Orig.: *Surveiller et punir. La naissance de la prison*, Paris: Gallimard 1975).
Wahnsinn und Gesellschaft. Eine Geschichte des Wahns im Zeitalter der Vernunft, Frankfurt/M.: Suhrkamp 1973 (Orig.: *Folie et déraison. Histoire de la folie à l'âge classique*, Paris: Librairie Plon 1961).
Was ist Kritik?, Berlin: Merve 1992 (Orig.: »Qu'est-ce que la critique«, in: *Bulletin de la Société Française de Philosophie* 84 (1990), Nr. 2).

Übrige Quellen und Literatur

»Bronn, Heinrich Georg«, in: *Allgemeine Deutsche Biographie*, hg. v. der Historischen Kommission bei der Bayerischen Akademie der Wissenschaften, Band 3(1876), S. 355 ff. (online auf ⟨http://de.wikisource.org⟩).
»The Scientific Basis of Human Unity«, in: *Courier UNESCO* 3(1950), Nr. 6-7 (online).
Ashworth, William J.: »Memory, Efficiency, and Symbolic Analysis:

Charles Babbage, John Herschel, and the Industrial Mind«, in: *Isis* 87(1996), Nr. 4, S. 629-653.
Atterton, Peter: »Power's Blind Struggle for Existence: Foucault, Genealogy and Darwinism«, in: *History of the Human Sciences* 7(1994), Nr. 4, S. 1-20.
Babbage, Charles: *Die Ökonomie der Maschine*, Berlin: Kadmos 1999.
Ballantyne, Tony/Burton, Antoinette (Hg.): *Bodies in Contact. Rethinking Colonial Encounters in World History*, Durham, NC: Duke University Press 2005.
Barbin, Herculine, genannt Alexina B.: »Meine Erinnerungen«, in: Foucault (Hg.), *Über Hermaphrodismus*, S. 19-127.
Barsch, Achim/Hejl, Peter M. (Hg.): *Menschenbilder. Zur Pluralisierung der Vorstellungen von der menschlichen Natur (1850-1914)*, Frankfurt/M.: Suhrkamp 2000.
Becker, Peter Emil: *Wege ins Dritte Reich. Band 1: Zur Geschichte der Rassenhygiene, Band 2: Sozialdarwinismus, Rassismus, Antisemitismus und Völkischer Gedanke*, Stuttgart: Thieme 1988.
Becker, Peter: »Der Verbrecher als ›monstruoser Typus‹. Zur kriminologischen Semiotik der Jahrhundertwende«, in: Hagner (Hg.), *Der falsche Körper*, S. 147-173.
Becker, Peter: »Physiognomie des Bösen. Cesare Lombrosos Bemühungen um eine präventive Entzifferung des Kriminellen«, in: Claudia Schmölders (Hg.), *Der exzentrische Blick. Gespräch über Physiognomik*, Berlin: Akademie 1996, S. 163-186.
Bernard, Claude: *Einführung in das Studium der experimentellen Medizin*, Leipzig: J. A. Barth 1961.
Birken, Lawrence: »Developmentalism and Its Discontents: From Darwin to Foucault and Wallerstein«, in: *Annals of Scholarship* 6(1989), Nr. 2-3, S. 249-265.
Black, Max: »Die Metapher« [1962], in: Anselm Haverkamp (Hg.): *Theorie der Metapher*, Darmstadt: Wissenschaftliche Buchgesellschaft 1996, S. 55-79.
Bloch, Ernst: *Widerstand und Friede. Aufsätze zur Politik*, Frankfurt/M.: Suhrkamp 2008.
Bloch, Marc: *Apologie der Geschichtswissenschaft oder Der Beruf des Historikers*, Stuttgart: Klett-Cotta 2002.
Bloor, David: »The Strong Programme in the Sociology of Knowledge«, in: ders.: *Knowledge and Social Imagery*, London: Routledge and Kegan Paul 1976, S. 1-19.
Blumenberg, Hans: »Der genetische Code und seine Leser«, in: ders.:

Die Lesbarkeit der Welt, Frankfurt a.M: Suhrkamp 2000, S. 372-409.

Bölsche, Wilhelm: *Der Stammbaum der Tiere*, Stuttgart: Franckh'sche Verlagshandlung 1904.

Bölsche, Wilhelm: *Die Abstammung des Menschen*, Stuttgart: Franckh'sche Verlagshandlung 1907.

Bölsche, Wilhelm: *Stirb und Werde! Naturwissenschaftliche und kulturelle Plaudereien*, Jena: Franckh'sche Verlagshandlung 1913.

Bölsche, Wilhelm: *Schutz- und Trutzbündnisse in der Natur*, Stuttgart: Franckh'sche Verlagshandlung 1917.

Bono, James J.: »Science, Discourse, and Literature«, in: Stuart Peterfreund (Hg.), *Literature and Science: Theory and Practice*, Boston: Northeastern University Press 1990, S. 59-89.

Boserup, Anders/Mack, Andrew: *Krieg ohne Waffen? Studie über Möglichkeiten und Erfolge sozialer Verteidigung: Kapp-Putsch 1920, Ruhrkampf 1923, Algerien 1961, ČSSR 1968*, Reinbek bei Hamburg: Rowohlt 1974.

Bowler, Peter J.: *The eclipse of Darwinism. Anti-Darwinian evolution theories in the decades around 1900*, Baltimore: Johns Hopkins University Press 1983.

Bowler, Peter J.: *Evolution. The history of an idea*, Berkeley: University of California Press 2003 (3. Auflage).

Braudel, Fernand: »Geschichte und Sozialwissenschaften. Die *longue durée*«, in: Claudia Honegger (Hg.): *Schrift und Materie der Geschichte. Vorschläge zur systematischen Aneignung historischer Prozesse*, Frankfurt/M.: Suhrkamp 1977.

Bredekamp, Horst: *Darwins Korallen. Die frühen Evolutionsdiagramme und die Tradition der Naturgeschichte*, Berlin: Wagenbach 2005.

Brieler, Ulrich: *Die Unerbittlichkeit der Historizität. Foucault als Historiker*, Köln: Böhlau 1998.

Bröckling, Ulrich/Krasmann, Susanne/Lemke, Thomas (Hg.): *Gouvernementalität der Gegenwart. Studien zur Ökonomisierung des Sozialen*, Frankfurt/M.: Suhrkamp 2000.

Browne, Janet: *Charles Darwin. Voyaging (Volume I of a Biography)*, London: Jonathan Cape 1995.

Browne, Janet: *Charles Darwin. The Power of Place (Volume II of a Biography)*, London: Jonathan Cape 2002.

Browne, Janet: »Commemorating Darwin«, in: *British Journal for the History of Science* 38(2005), Nr. 3, S. 251-174.

Browne, Janet: *Charles Darwin, Die Entstehung der Arten*, München: dtv 2007 (Orig.: *Darwin's Origin of species. A Biography*, New York: Grove Press 2007).

Bublitz, Hannelore et al. (Hg.): *Das Wuchern der Diskurse. Perspektiven der Diskursanalyse Foucaults*, Frankfurt: Campus 1999.

Bublitz, Hannelore: *Diskurs*, Bielefeld: transcript 2003.

Burchell, Graham/Gordon, Colin/Miller, Peter (Hg.): *The Foucault Effect. Studies in Governmentality, with Two Lectures by and an Interview with Michel Foucault*, Chicago: University of Chicago Press 1991.

Burke, Peter: *Offene Geschichte. Die Schule der ›Annales‹*, Berlin: Wagenbach 1991.

Burschel, Peter/Distelrath, Goetz/Lembke, Sven (Hg.): *Das Quälen des Körpers. Eine historische Anthropologie der Folter*, Köln, Weimar, Wien: Böhlau 2000.

Buss, David/Malamuth, Neil (Hg.): *Sex, Power, Conflict. Evolutionary and Feminist Perspectives*, New York u. a.: Oxford University Press 1996.

Butler, Judith: *Das Unbehagen der Geschlechter*, Frankfurt/M.: Suhrkamp 1991 (Orig.: *Gender Trouble: Feminism and the Subversion of Identity. Thinking Gender.* New York & London: Routledge 1990).

Canguilhem, Georges: »Die Logik des Lebenden und die Geschichte der Biologie [1971]«, in: ders.: *Wissenschaft, Technik, Leben. Beiträge zur historischen Epistemologie*, Berlin: Merve 2006, S. 85-102.

Carroll, Sean B./Carroll, Jamie W.: *Endless Forms Most Beautiful. The New Science of Evo Devo and the Making of the Animal Kingdom*, New York: Norton 2005

Crary, Jonathan/Kwinter, Sanford (Hg.): *Incorporations*, New York: Zone 1992.

Crook, Paul: *Darwinism, war and history. The debate over the biology of war from the ›Origin of species‹ to the First World War*, Cambridge: Cambridge University Press 1994.

Davidson, Arnold I.: »Ethics as ascetics. Foucault, the history of ethics, and ancient thought«, in: Gutting (Hg.), *The Cambridge companion to Foucault*, S. 115-140.

Dawkins, Richard: *Das egoistische Gen*, Reinbek bei Hamburg: Rowohlt 2005 (Orig.: *The Selfish Gene*, Oxford: Oxford University Press 1976).

Deleuze, Gilles: *Nietzsche und die Philosophie*, Hamburg: Europäische Verlagsanstalt 1985.
Deleuze, Gilles: *Foucault*, Frankfurt/M.: Suhrkamp 1992.
Deleuze, Gilles/Guattari, Félix: *Anti-Ödipus. Kapitalismus und Schizophrenie I*, Frankfurt/M.: Suhrkamp 1988.
Demel, Walter: »Wie die Chinesen gelb wurden. Ein Beitrag zur Frühgeschichte der Rassentheorien«, in: *Historische Zeitschrift*, 1992, Nr. 255, S. 625-666.
Derrida, Jacques: »Die Struktur, das Zeichen und das Spiel im Diskurs der Wissenschaften vom Menschen«, in: ders.: *Die Schrift und die Differenz*, S. 422-442.
Derrida, Jacques: *Grammatologie*, Frankfurt/M.: Suhrkamp 1990 (Orig.: *De la grammatologie*, Paris: Éditions de Minuit 1967).
Derrida, Jacques: *Die Schrift und die Differenz*, Frankfurt/M.: Suhrkamp 1994.
Derrida, Jacques: »Cogito oder die Geschichte des Wahnsinns«, in: ders.: *Die Schrift und die Differenz*, S. 53-101.
Derrida, Jacques: »Die différance«, in: ders.: *Randgänge der Philosophie*, Wien: Passagen 1988, S. 29-52.
Descartes, René: *Meditationen über die Grundlagen der Philosophie*, Stuttgart: Klett 1994 (Orig.: *Meditationes de prima philosophia, in qua Dei existentia et animae immortalitas demonstratur*, Paris: Soly 1641).
Desmond, Adrian: *Archetypes and Ancestors. Palaeontology in Victorian London 1850-1875*, London: Blond & Briggs 1982.
Desmond, Adrian: *The Politics of Evolution. Morphology, Medicine, and Reform in Radical London*, Chicago: University of Chicago Press 1989.
Desmond, Adrian/Moore, James: *Darwin*, London: Penguin Books 1992.
Desmond, Adrian/Moore, James/Browne, Janet: *Charles Darwin*, Oxford: Oxford University Press 2007.
Dinges, Martin (Hg.): *Männer – Macht – Körper. Hegemoniale Männlichkeiten vom Mittelalter bis heute*, Frankfurt/M.: Campus 2005.
Dosse, François: *Geschichte des Strukturalismus, Bd. 1: Das Feld des Zeichens 1945-1966*, Frankfurt/M.: Fischer 1999 (Orig.: *Histoire du structuralisme, I. Le champ du signe, 1945-1966*, Paris: Èditions la découverte 1991).
Douglas, Mary: *Reinheit und Gefährdung. Eine Studie zu Vorstellungen von Verunreinigung und Tabu*, Frankfurt/M.: Suhrkamp 1988

(Orig.: *Purity and Danger: An Analysis of Concepts of Pollution and Taboo*, New York: Praeger Publishers 1966).
Droit, Roger-Pol: *Michel Foucault, entretiens*, Paris: O. Jacob 2004.
Duden, Barbara: »Geschlecht, Biologie, Körpergeschichte. Bemerkungen zu neuerer Literatur der Körpergeschichte«, in: *Feministische Studien*, 1991, Nr. 2, S. 105-122.
Duden, Barbara: *Geschichte unter der Haut. Ein Eisenacher Arzt und seine Patientinnen um 1730*, Stuttgart: Klett-Cotta 1992 (Erstausgabe 1987).
Duden, Barbara: »Die Frau ohne Unterleib. Zu Judith Butlers Entkörperung. Ein Zeitdokument«, in: *Feministische Studien*, 1993, Nr. 2, S. 24-33.
Dupré, John: *Darwins Vermächtnis. Die Bedeutung der Evolution für die Gegenwart des Menschen*, Frankfurt am Main: Suhrkamp 2005.
Eldredge, Niles: *Time frames*, Princeton: Princeton University Press 1985.
Elias, Norbert: *Über den Prozeß der Zivilisation. Soziogenetische und psychogenetische Untersuchungen*, 2 Bände, Frankfurt/M.: Suhrkamp 1976 (Erstausgabe Basel 1936).
Emch-Dériaz, Antoinette: »The Non-naturals Made Easy«, in: Roy Porter (Hg.): *The Popularization of medicine, 1650-1850*, London: Routledge 1992, S. 134-159.
Endersby, Jim: »Generation, Pangenesis and Sexual Selection«, in: Hodge/Radick (Hg.), *The Cambridge Companion to Darwin*, S. 69-91.
Engels, Eve-Marie: *Charles Darwin*, München: Verlag C. H. Beck 2007.
Engels, Eve-Marie: »Darwins Popularität im Deutschland des 19. Jahrhunderts. Die Herausbildung der Biologie als Leitwissenschaft«, in: Barsch/Hejl (Hg.), *Menschenbilder*, S. 91-145.
Erb, Maurice: *Wahnsinn und Mensch in Michel Foucaults »Frühwerk«*. (unveröffentlichte) Lizenziatsarbeit der Philosophischen Fakultät der Universität Zürich, Juni 2006.
Eribon, Didier: *Michel Foucault. Eine Biographie*, Frankfurt/M.: Suhrkamp 1991.
Eribon, Didier: *Foucault und seine Zeitgenossen*, München: Fink 1998
Evans, Dylan: *Wörterbuch der Lacanschen Psychoanalyse*, Wien: Turia und Kant 2002.
Fausto-Sterling, Anne: *Myths of Gender. Biological Theories about Women and Men*, New York: Basic Books 1985.

Fausto-Sterling, Anne: *Sexing the Body. Gender Politics and the Construction of Sexuality*, New York: Basic Books 2000.

Fausto-Sterling, Anne: »Gender, Race, and Nation: The Comparative Anatomy of ›Hottentot‹ Women in Europe, 1815-1817«, in: Terry/Urla (Hg.), *Deviant Bodies*, S. 19-48.

Featherstone, Mike/Hepworth, Mike/Turner, Bryan S. (Hg.): *The Body. Social Process and Cultural Theory*, London: Sage 1991.

Feher, Michael/Naddaff, Ramona/Tazi, Nadia (Hg.): *Fragments for a History of the Human Body*, New York: Zone 1990 (3 Bände).

Fest, Joachim C.: *Der Untergang. Hitler und das Ende des Dritten Reiches. Eine historische Skizze*, Berlin: Alexander Fest 2002.

Fleck, Ludwik: *Entstehung und Entwicklung einer wissenschaftlichen Tatsache. Einführung in die Lehre vom Denkstil und Denkkollektiv*, Frankfurt/M.: Suhrkamp 1993 (Originalausgabe Basel 1935).

Forel, August: *Mensch und Ameise. Ein Beitrag zur Frage der Vererbung und Fortschrittsfähigkeit*, Wien, Berlin, Leipzig: Rikola 1922.

Fox Keller, Evelyn: »Der Organismus zwischen Telegraph und Computer: Der Körper einer neuen Maschine«, in: dies.: *Das Leben neu denken. Metaphern der Biologie im 20. Jahrhundert*, München: Antje Kunstmann 1998, S. 105-148.

Fox Keller, Evelyn: *Liebe, Macht und Erkenntnis. Männliche oder weibliche Wissenschaft?*, Frankfurt/M.: Fischer 1998 (Orig.: *Reflections on gender and science*, New Haven, London: Yale University Press 1985).

Fox Keller, Evelyn: *Das Jahrhundert des Gens*, Frankfurt/M.: Campus 2001 (Orig.: *The century of the gene*, Harvard University Press 2002).

Fraser, Nancy: »Von der Disziplin zur Flexibilisierung? Foucault im Spiegel der Globalisierung«, in: Axel Honneth, Martin Saar (Hg.), *Michel Foucault. Zwischenbilanz einer Rezeption – Frankfurter Foucault-Konferenz 2001*, Frankfurt/M.: Suhrkamp 2003, S. 239-258.

Freud, Sigmund: *Studienausgabe in zehn Bänden*, hg. v. Alexander Mitscherlich et al., Frankfurt/M.: Fischer 1969-1975.

Freud, Sigmund: »Totem und Tabu (Einige Übereinstimmungen im Seelenleben der Wilden und der Neurotiker)«, in: ders.: *Fragen der Gesellschaft, Ursprünge der Religion*, in: *Studienausgabe*, Band 9, 1974.

Freud, Sigmund: »Vorlesungen zur Einführung in die Psychoanalyse [1917]«, in: ders., Vorlesungen zur Einführung in die Psychoana-

lyse/Neue Folge der Vorlesungen zur Einführung in die Psychoanalyse, in: *Studienausgabe*, Band 1, 1969.
Freud, Sigmund: *Die Traumdeutung*, in: *Studienausgabe*, Band 2, 1971.
Frevert, Ute: *Ehrenmänner. Das Duell in der bürgerlichen Gesellschaft*, München: Beck 1991.
Galison, Peter: »Die Ontologie des Feindes. Norbert Wiener und die Vision der Kybernetik«, in: Hans-Jörg Rheinberger, Michael Hagner, Bettina Wahrig-Schmidt (Hg.): *Räume des Wissens. Repräsentation, Codierung, Spur*, Berlin: Akademie Verlag 1997, S. 281-324.
Galton, Francis: »Hereditary Talent and Character«, in: *Macmillan's Magazine* 12(1865), S. 157-166 und 318-327.
Galton, Francis: *Hereditary Genius. An Inquiry into its Laws and Consequences*, London: Macmillan 1869.
Gamper, Michael: *Masse lesen, Masse schreiben. Eine Diskurs- und Imaginationsgeschichte der Menschenmenge 1765-1930*, München: Fink 2007.
Geary, Patrick J.: *Europäische Völker im frühen Mittelalter. Zur Legende vom Werden der Nationen*, Frankfurt/M.: Fischer 2002.
Gehring, Petra: »Paradigma einer Methode. Der Begriff des Diagramms im Strukturdenken von M. Foucault und M. Serres«, in: dies., Thomas Keuter et al. (Hg.): *Diagrammatik und Philosophie. Akten des 1. Interdisziplinären Kolloquiums der Forschungsgruppe Philosophische Diagrammatik, an der FernUniversität/Gesamthochschule Hagen, 15./16. 12. 1988*, Amsterdam, Atlanta: Rodopi 1992, S. 89-105.
Gehring, Petra: *Foucault – die Philosophie im Archiv*, Frankfurt, New York: Campus 2004.
Geulen, Christian: *Wahlverwandte. Rassendiskurs und Nationalismus im späten 19. Jahrhundert*, Hamburg: Hamburger Edition 2004.
Geulen, Christian: *Geschichte des Rassismus*, München: C.H. Beck 2007.
Geuss, Raymond: »Kritik, Aufklärung, Genealogie«, in: *Deutsche Zeitschrift für Philosophie* 50(2002), Nr. 2, S. 273-281.
Gibson, Mary: »The ›Female Offender‹ and the Italian School of Criminal Anthropology«, in: *Journal of European Studies*, 1982, S. 155-165.
Gilman, Sander L.: *Difference and Pathology. Stereotypes of Sexuality, Race, and Madness*, London: Cornell University Press 1985.

Golinski, Jan: *Making Natural Knowledge. Contructivism and the History of Science*, Cambridge, New York: Cambridge University Press 1998.
Goltermann, Svenja: *Körper der Nation. Habitusformierung und die Politik des Turnens 1860-1890*, Göttingen: Vandenhoeck & Ruprecht 1998.
Gould, Stephen Jay: *Der falsch vermessene Mensch*, Frankfurt/M.: Suhrkamp 1994 (Orig.: *The Mismeasure of Man*, New York: Norton 1996)
Grant, Peter R., B. Rosemary Grant: *How and why species multiply. The radiation of Darwin's finches*, Princeton, NJ: Princeton University Press 2008.
Groebner, Valentin: *Ungestalten. Die visuelle Kultur der Gewalt im Mittelalter*, München: Hanser 2003.
Groebner, Valentin: *Das Mittelalter hört nicht auf. Über historisches Erzählen*, München: Beck 2008.
Gros, Frédéric: »Situierung der Vorlesung«, in: Foucault, *Hermeneutik des Subjekts*, S. 616-668.
Gundling, Tom: *First in Line. Tracing our Ape Ancestry*, New Haven: Yale University Press 2000.
Gutting, Gary (Hg.): *The Cambridge Companion to Foucault*, Cambridge: Cambridge University Press 1994.
Hacking, Ian: *The Taming of Chance*, Cambridge: Cambridge University Press 1990.
Haeckel, Ernst: *Natürliche Schöpfungsgeschichte. Gemeinverständliche wissenschaftliche Vorträge über die Entwickelungslehre im Allgemeinen und diejenige von Darwin, Goethe und Lamarck im Besonderen, über die Anwendung derselben auf den Ursprung des Menschen und andere damit zusammenhängende Grundfragen der Naturwissenschaft*, Berlin: Verlag von Georg Reimer 1868.
Hagner, Michael (Hg.): *Der falsche Körper. Beiträge zu einer Geschichte der Monstrositäten*, Göttingen: Wallstein 1995.
Hagner, Michael/Hörl, Erich (Hg.): *Die Transformation des Humanen. Beiträge zur Kulturgeschichte der Kybernetik*, Frankfurt/M.: Suhrkamp 2008.
Hampe, Michael: *Die Macht des Zufalls. Vom Umgang mit dem Risiko*, Berlin: wjs Verlag 2006.
Hampe, Michael: *Eine kleine Geschichte des Naturgesetzbegriffs*, Frankfurt/M.: Suhrkamp 2007.
Hanke, Christine: *Zwischen Auflösung und Fixierung. Zur Konstitu-*

tion von »Rasse« und »Geschlecht« in der physischen Anthropologie um 1900, Bielefeld: transcript 2007.

Hannaford, Ivan: *Race. The History of an Idea in the West*, Baltimore: Johns Hopkins UP 1996.

Hänseler, Marianne: »Die Metaphern in den Wissenschaften. Die Assimilierung eines Fremdkörpers in den epistemologischen Konzepten der *Science Studies*«, in: *Österreichische Zeitschrift für Geschichtswissenschaften* 16(2005), Nr. 3, S. 123-132.

Haraway, Donna: »In the Beginning Was the Word: The Genesis of Biological Theory«, in: dies. (Hg.): *Simians, Cyborgs, and Women. The Reinvention of Nature*, London: Free Association Books 1991.

Haraway, Donna: »Bescheidener Zeuge@Zweites Jahrtausend. Mann Frau© trifft OncoMouse™. Leviathan und die vier Jots: Die Tatsachen verdrehen«, in: Scheich (Hg.), *Vermittelte Weiblichkeit*, S. 347-389.

Haraway, Donna: »Situiertes Wissen. Die Wissenschaftsfrage im Feminismus und das Privileg einer partialen Perspektive«, in: Scheich (Hg.), *Vermittelte Weiblichkeit*, S. 217-248.

Hauser-Schäublin, Brigitta/Kalitzkus, Vera et al.: *Der geteilte Leib. Die kulturelle Dimension von Reproduktionsmedizin und Organtransplantation in Deutschland*, Frankfurt/M., New York: Campus 2001.

Hawkins, Mike: *Social Darwinism in European and American Thought, 1860-1945. Nature as Model and Nature as Threat*, Cambridge: Cambridge University Press 1997.

Hegel, Georg Wilhelm Friedrich: *Phänomenologie des Geistes*, Frankfurt/M.: Suhrkamp 1973.

Henderson, James P.: »Should Economists Count? The Dickensian View«, in: *Forum for Social Economics* 29(1980), Nr. 2, S. 49-59.

Herschel, John Frederick William: *A Preliminary Discourse on the Study of Natural Philosophy* [1830], Chicago: University of Chicago Press 1987.

Hodge, Jonathan/Radick, Gregory (Hg.): *The Cambridge Companion to Darwin*, Cambridge: Cambridge University Press 2003.

Hodge, Jonathan: »The Notebook Programmes and Projects of Darwin's London Years«, in: Hodge/Radick (Hg.), *The Cambridge Companion to Darwin*, S. 40-68.

Horkheimer, Max/Adorno, Theodor W.: *Dialektik der Aufklärung. Philosophische Fragmente*, Amsterdam: Querido 1947.

Hull, David L.: »Darwin's Science and Victorian Philosophy of

Science«, in: Hodge/Radick (Hg.), *The Cambridge Companion to Darwin*, S. 168-191.

Humboldt, Alexander v./Bonpland, Aimé: *Reise in die Aequinoctial-Gegenden des neuen Continents*, Stuttgart: J. G. Cotta 1859. (Orig.: *Voyage aux régions équinoxiales du Nouveau Continent*, Paris: Schoell 1816)

Huxley, Julian S.: *Entfaltung des Lebens*, Frankfurt/M.: Fischer 1954 (Orig.: *Evolution in Action*, London: Chatto and Windus 1953).

Jablonka, Eva/Lamb, Marion J.: *Evolution in Four Dimensions. Genetic, Epigenetic, Behavioral, and Symbolic Variation in the History of Life*, Cambridge: MIT Press 2006.

Jacob, François: *Die Logik des Lebenden. Von der Urzeugung zum genetischen Code*, Frankfurt/M.: S. Fischer 1972 (Orig.: *La logique du vivant. Une histoire de l'hérédité*, Paris: Gallimard 1970).

Jäger, Ludwig: »Sprachevolution. Neuere Befunde zur Audiovisualität des menschlichen Sprachvermögens«, in: *Nach Feierabend, Zürcher Jahrbuch für Wissensgeschichte* 4(2008), S. 149-169.

Jäger, Siegfried: »Diskurs und Wissen«, in: Reiner Keller, Werner Schneider u. Willy Viehöver (Hg.): *Handbuch Sozialwissenschaftliche Diskursanalyse, Bd. 1: Methoden und Theorien, Band 2: Forschungspraxis*, Opladen: Leske+Budrich 2001, 2003, S. 81-111.

Jansen, Sarah: »Ameisenhügel, Irrenhaus und Bordell. Insektenkunde und Degenerationsdiskurs bei August Forel (1848-1931), Psychiater, Entomologe und Sexualreformer«, in: Norbert Haas et al. (Hg.): *Kontamination*, Eggingen: Edition Klaus Isele 2001, S. 141-184.

Jansen, Sarah: *»Schädlinge«. Geschichte eines wissenschaftlichen und politischen Konstrukts 1840-1920*, Frankfurt/M.: Campus 2003.

Janz, Curt Paul: *Friedrich Nietzsche. Biographie*, München: Hanser 1993 (2., revidierte Auflage).

Jarcho, Saul: »Galen's Six Non-naturals: A Bibliographic Note and Translation, in: *Bulletin of the History of Medicine* 44(1970), S. 372-377.

Johach, Eva: »Termitodoxa. William M. Wheeler und die Aporien eugenischer Sexualpolitik«, in: *Nach Feierabend, Zürcher Jahrbuch für Wissensgeschichte* 4(2008), S. 69-86.

Jordanova, Ludmilla: »Body Image and Sex Roles«, in: dies.: *Sexual Visions: Images of Gender in Science and Medicine Between the Eighteenth and Twentieth Centuries*, Madison: University of Wisconsin Press 1989, S. 43-65.

Kaufmann, Doris (Hg.): *Geschichte der Kaiser-Wilhelm-Gesellschaft im Nationalsozialismus. Bestandsaufnahme und Perspektive der Forschung*, Göttingen: Wallstein 2000 (2 Bde.).

Kay, Lily E.: »Cybernetics, Information, Life: The Emergence of Scriptural Representations of Heredity«, in: *Configurations* 1997, S. 23-91.

Kay, Lily E.: *Das Buch des Lebens. Wer schrieb den genetischen Code?*, München: Hanser 2001 (Orig.: *Who Wrote the Book of Life? A History of the Genetic Code*, Stanford: Stanford University Press 2000).

Kelly, Alfred: *The Descent of Darwin. The Popularization of Darwinism in Germany, 1860-1914*, Chapel Hill: University of North Carolina Press 1981.

Kiesow, Rainer Maria/Simon, Dieter (Hg.): *Auf der Suche nach der verlorenen Wahrheit. Zum Grundlagenstreit in der Geschichtswissenschaft. Mit Beiträgen von Lorraine Daston, Egon Flaig et al.*, Frankfurt/M., New York: Campus 2000.

Kittler, Friedrich A.: *Optische Medien. Berliner Vorlesung 1999*, Berlin: Merve 2002.

Kleeberg, Bernhard: *Theophysis. Ernst Haeckels Philosophie des Naturganzen*, Köln: Böhlau 2005.

Knox, Robert: *The Races of Men: A Philosophical Inquiry into the Influence of Race over the Destinies of Nations, Second Edition, with Supplementary Chapters*, London 1862 (zweite, erweiterte Ausgabe von *The Races of Man: A Fragment*, 1850).

Koselleck, Reinhart: »Richtlinien für das ›Lexikon Politisch-sozialer Begriffe der Neuzeit‹«, in: *Archiv für Begriffsgeschichte*, Band 11, 1967.

Krasmann, Susanne/Volkmer, Michael (Hg.): *Michel Foucaults »Geschichte der Gouvernementalität« in den Sozialwissenschaften. Internationale Beiträge*, Bielefeld: transcript 2007.

Krausse, Erika: »L'influence de Ernst Haeckel sur l'Art nouveau«, in: Jean Clair (Hg.), *L'âme au corps. Arts et sciences, 1793-1993*, Paris: Gallimard 1993, S. 342-351 (= Aussstellungskatalog Galeries nationales du Grand Palais, 19 octobre 1993 à 24 janvier 1994).

Krohs, Ulrich/Toepfer, Georg (Hg.): *Philosophie der Biologie*, Frankfurt/M.: Suhrkamp 2005 (2. Auflage).

Kronfeldner, Maria E.: »Trigger me. Evolutionspsychologie, Genzentrismus und die Idee der Kultur«, in: *Nach Feierabend. Zürcher Jahrbuch für Wissensgeschichte* 4(2008), S. 31-46.

Kuhn, Thomas S.: »Metaphor in Science«, in: Andrew Ortony (Hg.): *Metaphor and Thought*, Cambridge: Cambridge University Press 1993, S. 409-419.
Labarthe, Paul: *Dictionnaire populaire de médicine usuelle, d'hygiène publique et privée* (2 Bände), Paris: Marpon et Flammarion 1885.
Lacan, Jacques: »Das Drängen des Buchstabens im Unbewußten oder die Vernunft seit Freud«, in: Jacques Lacan (Hg.), *Schriften*, hg. v. Norbert Haas und Hans-Joachim Metzger, Berlin: Quadriga 1991, S. 15-55.
Lacan, Jacques: *Seminar III. Die Psychosen (1955-56)*, Weinheim, Berlin: Quadriga 1997.
Laqueur, Thomas: *Making Sex. Body and Gender from Greeks to Freud*, Cambridge/Mass., London: Harvard University Press 1990.
Latour, Bruno: *Wir sind nie modern gewesen. Versuch einer symmetrischen Anthropologie*, Berlin: Akademie 1995.
Latour, Bruno: »Ces réseaux que la raison ignore – laboratoires, bibliothèques, collections«, in: Christian Jacob (Hg.): *Le pouvoir des bibliothèques. La mémoire des livres dans la culture occidentale*, Paris: Albin Michel 1996, S. 23-46.
Le Rider, Jacques: *Nietzsche in Frankreich*, München: Fink 1997.
Le Roy Ladurie, Emmanuel/Dumond, Paul/Aron, Jean-Paul: *Anthropologie du circonstrit français*, Paris: Mouton 1972.
Lefèvre, Wolfgang: »Jean Baptiste Lamarck«, in: Ilse Jahn (Hg.): *Darwin & Co.: Eine Geschichte der Biologie in Portraits*, München: C.H. Beck 2001, S. 176-201.
Levin, David Michael/Solomon, George: »The Discursive Formation of the Body in the History of Medicine«, in: *Journal of Medicine and Philosophy* 1990, S. 515-537.
Lévi-Strauss, Claude: *Strukturale Anthropologie I*, Frankfurt/M.: Suhrkamp 1977 (Orig.: *Anthropologie structurale*, Paris: Librairie Plon 1958).
Lévi-Strauss, Claude: »Sprache und Gesellschaft«, in: ders., *Strukturale Anthropologie I*, S. 68-79.
Lévi-Strauss, Claude: *Die elementaren Strukturen der Verwandtschaft*, Frankfurt/M.: Suhrkamp 1981 (Orig.: *Les structures élémentaires de la parenté*, Paris: Presses universitaires de France 1949, 2. Auflage 1967).
Lévi-Strauss, Claude: »Einleitung in das Werk von Marcel Mauss«, in: Marcel Mauss: *Soziologie und Anthropologie*, Frankfurt/M.: Fischer 1989, Band 1, S. 7-41.

Lindqvist, Sven: *Durch das Herz der Finsternis. Ein Afrika-Reisender auf den Spuren des europäischen Völkermords. Mit einem Vorwort von Urs Widmer*, Frankfurt/M.: Campus 1999 (Orig.: *Utrota varenda jävel*, Stockholm: Bonnier 1992).

Lock, Margaret: »Cultivating the Body: Anthropology and Epistemologies of Bodily Practice and Knowledge«, in: *Annual Review of Anthropology* 22(1993), S. 133-155.

Lorenz, Maren: *Kriminelle Körper – gestörte Gemüter. Die Normierung des Individuums in Gerichtsmedizin und Psychiatrie der Aufklärung*, Hamburg: Hamburger Edition 1998.

Löwy, Ilana: »Unscharfe Begriffe und föderative Experimentalstrategien. Die immunologische Konstruktion des Selbst«, in: Hans-Jörg Rheinberger, Michael Hagner (Hg.): *Die Experimentalisierung des Lebens. Experimentalsysteme in den biologischen Wissenschaften 1850/1950*, Berlin: Akademie 1993, S. 188-206.

Maasen, Sabine/Weingart, Peter: *Metaphors and the Dynamics of Knowledge*, London, New York: Routledge 2000.

Macherey, Pierre: »Foucault: Ethik und Subjektivität«, in: Wilhelm Schmid (Hg.): *Denken und Existenz bei Michel Foucault*, Frankfurt/M.: Suhrkamp 1991, S. 181-196.

Mahner, Martin: »Biologische Klassifikation und Artbegriff«, in: Krohs/Toepfer (Hg.), *Philosophie der Biologie*, S. 231-248.

Mandelbrot, Benoit B.: *Die fraktale Geometrie der Natur*, Basel: Birkhäuser 1991.

Marcuse, Herbert: *Konterrevolution und Revolte*, Frankfurt/M.: Suhrkamp 1973 (2. Auflage; Orig.: *Counterrevolution and Revolt*, Boston: Beacon Press 1972).

Margo, Robert/Steckel, Richard H.: »Heights of Native-Born Whites During the Antebellum Period«, in: *The Journal of Economic History*, 43(1983), Nr. 1, S. 167-174.

Martin, Emily: »The Egg and the Sperm: How Science Has Constructed a Romance Based on Stereotypical Male-Female Roles«, in: *Signs: Journal of Women in Culture and Society* 3(1991), Nr. 16, S. 485-501.

Mayr, Ernst: »Darwin's Impact on Modern Thought«, in: *Proceedings of the American Philosophical Society* 139(1995), Nr. 4, S. 317-325.

Mayr, Ernst: *Das ist Evolution*, München: Goldmann 2005 (Orig.: *What Evolution Is*, New York: Basic Books 2001).

McKinlay, Alan/Starkey, Ken (Hg.): *Foucault, Management and Organization Theory: From Panopticon to Technologies of Self*, London: Sage 1998.

McOuat, Gordon R.: »Species, Rules and Meaning: The Politics of Language and the Ends of Definitions in 19th Century Natural History«, in: *Studies in History and Philosophy of Science*, Vol. 27 (1996), S. 473-519.

Menninghaus, Winfried: *Das Versprechen der Schönheit*, Frankfurt/M.: Suhrkamp 2003.

Mills, Sara: *Discourse*, London: Routledge 1997.

Möhring, Maren: *Marmorleiber. Körperbildung in der deutschen Nacktkultur (1890-1930)*, Köln: Böhlau 2004.

Monod, Jacques: *Zufall und Notwendigkeit. Philosophische Fragen der modernen Biologie*, München: Piper 1971 (Orig.: *Le hasard et la nécessité. Essai sur la philosophie naturelle de la biologie moderne*, Paris: Editions du Seuil 1970).

Mosse, George L.: *Die Geschichte des Rassismus in Europa*, Frankfurt/M.: Fischer 1993 (Orig.: *Towards the Final Solution*, New York: Howard Fertig 1978).

Muhle, Maria: *Eine Genealogie der Biopolitik. Zum Begriff des Lebens bei Foucault und Canguilhem*, Bielefeld: transcript 2008.

Müller-Wille, Staffan: *Botanik und weltweiter Handel. Zur Begründung eines Natürlichen Systems der Pflanzen durch Carl von Linné (1707-78)*, Berlin: VWB Verlag für Wissenschaft und Bildung 1999.

Nelkin, Dorothy/Lindee, Susan M.: *The DNA Mystique. The Gene as a Cultural Icon*, New York: Freeman 1995.

Nelkin, Dorothy/Lindee, Susan: »The Mediated Gene. Stories of Gender and Race«, in: Terry/Urla (Hg.), *Deviant Bodies*, S. 387-402.

Nietzsche, Friedrich: *Sämtliche Werke*, Kritische Studienausgabe, hg. v. G. Colli u. M. Montinari, München: dtv/de Gruyter 1980 (= KSA).

Nietzsche, Friedrich: *Aus dem Nachlass der Achtziger Jahre*, in: Werke, hg. v. Karl Schlechta, Digitale Bibliothek Band 31, CD-ROM, Berlin: Hanser/Directmedia o. J. [ca. 1998].

Nietzsche, Friedrich: *Also sprach Zarathustra*, in: KSA, Band 4, S. 7-408.

Nietzsche, Friedrich: *Die fröhliche Wissenschaft*, in: KSA, Band 3, S. 343-651.

Nietzsche, Friedrich: *Ecce Homo. Wie man wird, was man ist*, in: KSA, Band. 6, S. 255-321.

Nietzsche, Friedrich: *Götzen-Dämmerung*, in: KSA, Band 6, S. 55-162.

Nietzsche, Friedrich: *Menschliches, Allzumenschliches*, in: KSA, Band 2. S. 9-704.
Nietzsche, Friedrich: *Morgenröthe*, in: KSA, Band 3, S. 9-332.
Nietzsche, Friedrich: »Ueber Wahrheit und Lüge im aussermoralischen Sinne«, in: KSA, Band 1, S. 873-890.
Nietzsche, Friedrich: *Unzeitgemässe Betrachtung II:* »Vom Nutzen und Nachtheil der Historie für das Leben«, in: KSA, Band 1, S. 243-334.
Nietzsche, Friedrich: *Unzeitgemässe Betrachtung III:* »Schopenhauer als Erzieher«, in: KSA, Band 1, S. 335-428.
Nietzsche, Friedrich: *Zur Genealogie der Moral*, in: KSA, Band 5, S. 245-412.
O'Leary, Timothy: *Foucault: The Art of Ethics*, London: Continuum 2002.
Orland, Barbara/Scheich, Elvira (Hg.): *Das Geschlecht der Natur. Feministische Beiträge zur Geschichte und Theorie der Naturwissenschaften*, Frankfurt/M.: Suhrkamp 1995.
Pias, Claus (Hg.): *Cybernetics = Kybernetik. The Macy-Conferences 1946-1953*, Zürich: Diaphanes 2003-2004 (2 Bde).
Ploetz, Alfred: *Die Tüchtigkeit unserer Rasse und der Schutz der Schwachen. Ein Versuch über Rassenhygiene und ihr Verhältniss zu den humanen Idealen, besonders zum Socialismus*, Berlin: S. Fischer 1895.
Poliakov, Léon: *Der arische Mythos. Zu den Quellen von Rassismus und Nationalismus*, Hamburg: Junius 1993 (Orig.: *Le mythe aryen*, Paris: Calmann-Lévy 1971, Deutsche Erstausgabe: München, Wien, Zürich: Europaverlag 1977).
Pomian, Krzysztof: *Der Ursprung des Museums. Vom Sammeln*, Berlin: Wagenbach 1988 (Teilübersetzung aus: *Collectionneurs, amateurs et curieux. Paris, Venise: XVIe-XVIIIe siécle*, Paris: Gallimard 1986).
Poovey, Mary: *A History of the Modern Fact: Problems of Knowledge in the Sciences of Wealth and Society*, Chicago: University of Chicago Press 1998.
Porter, Roy: »History of the Body«, in: Peter Burke: *New Perspectives on Historical Writing*, Cambridge: Cambridge University Press 1992.
Porter, Theodore M.: *Trust in Numbers. The Pursuit of Objectivity in Science and Public Life*, Princeton, NJ: Princeton University Press 1995.

Rancière, Jacques: *Die Namen der Geschichte. Versuch einer Poetik des Wissens*, Frankfurt/M.: Fischer 1994.

Randeria, Shalini: »Malthus contra Condorcet: Bevölkerungspolitik, Gender und Kultur aus ethnologischer Perspektive«, in: *Historische Anthropologie*, 2006, Nr. 1, S. 30-48.

Ranke, Leopold von: »Vorrede zu den ›Geschichten der romanischen und germanischen Völker von 1494 bis 1535‹«, in: Wolfgang Hardtwig (Hg.), *Über das Studium der Geschichte*, München 1990, S. 44-46.

Rheinberger, Hans-Jörg/Hagner, Michael (Hg.): *Die Experimentalisierung des Lebens. Experimentalsysteme in den biologischen Wissenschaften 1850/1950*, Berlin: Akademie 1993.

Rheinberger, Hans-Jörg: *Experimentalsysteme und epistemische Dinge. Eine Geschichte der Proteinsynthese im Reagenzglas*, Göttingen: Wallstein 2001 (Orig.: *Toward a History of Epistemic Things. Synthesizing Proteins in the Test Tube*, Stanford: Stanford University Press 1997).

Rheinberger, Hans-Jörg: »Die Politik der Evolution. Darwins Gedanken in der Geschichte«, in: Jost Halfmann (Hg.): *Zwei Kulturen der Wissenschaft: revisited*, Weilerswist: Velbrück Wissenschaft 2007, S. 36-51 (Originalausgabe 2003).

Rheinberger, Hans-Jörg: *Epistemologie des Konkreten. Studien zur Geschichte der modernen Biologie*, Frankfurt/M.: Suhrkamp 2006.

Rheinberger, Hans-Jörg: *Historische Epistemologie zur Einführung*, Hamburg: Junius Hamburg 2007.

Richards, Robert J.: »Darwin on Mind, Morals and Emotions«, in: Hodge/Radick (Hg.), *The Cambridge Companion to Darwin*, S. 92-115.

Ripota, Peter: »Was Darwin uns alles verheimlichte«, in: *PM Magazin*, April 2002 (online).

Rupke, Nicolaas A.: »Richard Owen: Evolution ohne Darwin«, in: Eve-Marie Engels (Hg.): *Die Rezeption von Evolutionstheorien im 19. Jahrhundert*, Frankfurt/M.: Suhrkamp 1995. S. 214-224.

Rütting, Torsten: »Von der Erbsünde zur Eugenik, von Ameisen zu Menschen – Auguste Henri Forel (1848-1931)«, in: *Acta Historica Leopoldina* 39(2004), S. 227-265.

Saar, Martin: *Genealogie als Kritik. Geschichte und Theorie des Subjekts nach Nietzsche und Foucault*, Frankfurt/M., New York: Campus 2007.

Sablonier, Roger: *Gründungszeit ohne Eidgenossen. Politik und*

Gesellschaft in der Innerschweiz um 1300, Baden: hier + jetzt 2008.

Sandmann, Jürgen: *Der Bruch mit der humanitären Tradition. Die Biologisierung der Ethik bei Ernst Haeckel und anderen Darwinisten seiner Zeit*, Stuttgart: Fischer 1990.

Sarasin, Philipp: »Mapping the body. Körpergeschichte zwischen Konstruktivismus, Politik und ›Erfahrung‹«, in: *Historische Anthropologie* 7(1999), Nr. 3, S. 437-451.

Sarasin, Philipp: *Reizbare Maschinen. Eine Geschichte des Körpers 1765-1914*, Frankfurt/M.: Suhrkamp 2001.

Sarasin, Philipp: »Foucault, Burckhardt, Nietzsche – und die Hygieniker«, in: Jürgen Martschukat (Hg.): *Geschichte schreiben mit Foucault*, Frankfurt/M., New York: Campus 2002, S. 195-218.

Sarasin, Philipp: »Infizierte Körper, kontaminierte Sprachen. Metaphern als Gegenstand der Wissenschaftsgeschichte«, in: ders. (Hg.): *Geschichtswissenschaft und Diskursanalyse*, Frankfurt/M.: Suhrkamp 2003, S. 191-230.

Sarasin, Philipp: *Foucault zur Einführung*, Hamburg: Junius 2006 (2. Aufl.).

Sarasin, Philipp: »›Une analyse structurale du signifié‹. Zur Genealogie der Foucault'schen Diskursanalyse«, in: Franz X. Eder (Hg.), *Historische Diskursanalysen. Genealogie, Theorie, Anwendungen*, Wiesbaden: Verlag für Sozialwissenschaften 2006, S. 115-130.

Sarasin, Philipp: »Der Sex und das Symbolische. Zu Michel Foucaults Analyse der modernen Sexualität«, in: Klaus-Michael Bogdal, Achim Geisenhanslücke (Hg.): *Die Abwesenheit des Werks. Nach Foucault*, Heidelberg: Synchron 2006, S. 111-128.

Sarasin, Philipp: »Unternehmer seiner Selbst. Über Michel Foucault: Geschichte der Gouvernementalität, Bd. 1 und 2«, in: *Deutsche Zeitschrift für Philosophie* 55(2007), Nr. 3, S. 473-479.

Sarasin, Philipp: »Diskurs«, in: Hans-Jürgen Goertz (Hg.): *Grundkurs Geschichte* (3., revidierte und erweiterte Auflage), Reinbek bei Hamburg: Rowohlt 2007, S. 199-217.

Sarasin, Philipp: »Die Sprache des Fehlers. Foucault liest Canguilhem (und Darwin)« in Ernst Müller/Falko Schmieder (Hg.): *Begriffsgeschichte der Naturwissenschaften*, Zur historischen und kulturellen Dimension naturwissenschaftlicher Konzepte, Berlin, New York: de Gruyter 2008.

Sarasin, Philipp: »Fehler und Vollkommenheit. Über Darwins *Origin of Species*«, in: Felix Philipp Ingold und Yvette Sánchez (Hg.), *Feh-*

ler im System. Irrtum, Defizit und Katastrophe als Faktoren kultureller Produktivität, Göttingen: Wallstein 2008, S. 145-158.
Sarasin, Philipp/Hagner, Michael: »Wilhelm Bölsche und der ›Geist‹. Populärer Darwinismus in Deutschland 1887-1934«, in: *Nach Feierabend. Zürcher Jahrbuch für Wissensgeschichte* 4(2008), S. 47-68.
Sarasin, Philipp/Sommer, Marianne/Weber, Thomas P. (Hg.): *Handbuch Evolution*, Stuttgart: Metzler Lexikon, erscheint 2010.
Sartre, Jean-Paul: »Jean-Paul Sartre répond« [Interview], in: *L'Arc*, Nr. 30, 1966, S. 87-96.
Sato, Akie/Tichy, Herbert et al.: »On the Origin of Darwin's Finches«, in: *Molecular Biology and Evolution* 18 (2001), S. 299-311.
Scarry, Elaine: *Der Körper im Schmerz – Die Chiffren der Verletzlichkeit und die Erfindung der Kultur*, Frankfurt/M.: Fischer 1992.
Scheich, Elvira (Hg.): *Vermittelte Weiblichkeit. Feministische Wissenschafts- und Gesellschaftstheorie*, Hamburg: Hamburger Edition 1996.
Scheu, René: *Das schwache Subjekt. Zum Denken Pier Aldo Rovattis*, Wien: Turia & Kant 2008.
Schiebinger, Londa: *Nature's Body. Gender in the Making of the Modern Science*, Boston: Beacon Press 1993.
Schipperges, Heinrich: *Am Leitfaden des Leibes. Zur Anthropologik und Therapeutik Friedrich Nietzsches*, Stuttgart: Klett-Cotta 1975.
Schmid, Wilhelm: *Auf der Suche nach einer neuen Lebenskunst. Die Frage nach dem Grund und die Neubegründung der Ethik bei Foucault*, Frankfurt/M.: Suhrkamp 2000.
Schmuhl, Hans-Walter: *Rassenhygiene, Nationalsozialismus, Euthanasie. Von der Verhütung zur Vernichtung »lebensunwerten Lebens«, 1890-1945*, Göttingen 1987.
Schmuhl, Hans-Walter: *Grenzüberschreitungen. Das Kaiser-Wilhelm-Institut für Anthropologie, menschliche Erblehre und Eugenik 1927-1945*, Göttingen: Wallstein 2005.
Schöttler, Peter (Hg.): *Geschichtsschreibung als Legitimationswissenschaft 1918-1945*, Frankfurt/M.: Suhrkamp 1997.
Schweber, Silvan S.: »John Herschel and Charles Darwin. A Study in Parallel Lives«, in: *Journal of the History of Biology* 22(1989), Nr. 1, S. 1-71.
Scott, Joan W.: »Nach der Geschichte?«, in: *WerkstattGeschichte* 17(1997), S. 5-23 (Orig.: »After History?«, in: *Common Knowledge*, 5(1996), No. 3).

Seebach, Swen/Feustel, Robert: »Freiheit im Vollzug: Foucaults Vorlesungen von 1978/79. Eine Replik auf Philipp Sarasin«, in: *Deutsche Zeitschrift für Philosophie* 56(2008), Nr. 1, S. 152-154.

Spolsky, Ellen: »Darwin and Derrida: Cognitive Literary Theory as a Species of Post-Structuralism«, in: *Poetics Today* 23(2002), Nr. 1, S. 43-62.

Stoler, Ann Laura: »Foucaults ›Geschichte der Sexualität‹ und die koloniale Ordnung der Dinge«, in: Sebastian Conrad und Shalini Randeria (Hg.): *Jenseits des Ethnozentrismus. Postkoloniale Perspektiven in den Geschichts- und Kulturwissenschaften*, Frankfurt/M., New York: Campus 2002, S. 313-334.

Stoler, Ann Laura: *Race and the Education of Desire. Foucault's History of Sexuality and the Colonial Order of Things*, London: Duke University Press 1995.

Stone, Alison: »Essentialism and Anti-Essentialism in Feminist Philosophy«, in: *Journal of Moral Philosophy*, 2(2004), Nr. 1, S. 135-153.

Stotz, Karola: »Organismen als Entwicklungssysteme«, in: Krohs/Toepfer (Hg.), *Philosophie der Biologie*, S. 125-143.

Te Heesen, Anke/Spary, Emma C. (Hg.): *Sammeln als Wissen. Das Sammeln und seine wissenschaftliche Bedeutung*, Göttingen: Wallstein 2002.

Terrall, Mary: »Speculation and Experiment in Enlightenment Life Sciences«, in: Staffan Müller-Wille, Hans-Jörg Rheinberger (Hg.): *Heredity Produced. At the Crossroads of Biology, Politics, and Culture, 1500-1870*, Cambridge, Mass: MIT-Press 2007, S. 253-276.

Terry, Jennifer/Urla, Jacqueline (Hg.): *Deviant Bodies. Critical Perspectives on Difference in Science and Popular Culture*, Bloomington, Indianapolis: Indiana University Press 1995.

Theodosius Dobzhansky: *Die genetischen Grundlagen der Artbildung*, Jena: Gustav Fischer 1939 (Orig.: *Genetics and the Origin of Species*, New York: Columbia University Press 1937).

Tomasello, Michael: *Die kulturelle Entwicklung des menschlichen Denkens. Zur Evolution der Kognition*, Frankfurt/M.: Suhrkamp 2006.

Trivers, Robert L.: »Parental Investment and Sexual Selection«, in: Bernard Campell (Hg.): *Sexual Selection and the Descent of Man 1871-1971*, London: Heinemann 1971, S. 136-179.

Uexküll, Jakob von: *Bausteine zu einer biologischen Weltanschauung. Gesammelte Aufsätze, hg. und eingeleitet von Felix Gross*, München: F. Bruckmann 1913.

Veyne, Paul: *Foucault: die Revolutionierung der Geschichte*, Frankfurt/M.: Suhrkamp 1992.
Voss, Julia: *Darwins Bilder. Ansichten der Evolutionstheorie 1837-1874*, Frankfurt/M.: Fischer 2007.
Voss, Julia: *Charles Darwin zur Einführung*, Hamburg: Junius 2008.
Warnke, Ingo (Hg.): *Diskurslinguistik nach Foucault. Theorie und Gegenstände*, Berlin: Walter de Gruyter 2007.
Waters, C. Kenneth: »The Arguments in the *Origin of Species*«, in: Hodge/Radick (Hg.), *The Cambridge Companion to Darwin*, S. 116-139.
Weber, Thomas P.: *Darwin und die neuen Biowissenschaften. Eine Einführung*, Köln: DuMont 2005.
Weigel, Sigrid (Hg.): *Genealogie und Genetik. Schnittstellen zwischen Biologie und Kulturgeschichte*, Berlin: Akademie 2002.
Weigel, Sigrid: *Genea-Logik. Generation, Tradition und Evolution zwischen Kultur- und Naturwissenschaften*, Paderborn: Fink 2006.
Weikart, Richard: »Darwinism and Death: Devaluing Human Life in Germany 1859-1920«, in: *Journal of the History of Ideas*, 2002, S. 323-344.
Weingart, Peter: »›Struggle for Existence‹: Selection and Retention of a Metaphor«, in: Sabine Maasen, Everett Mendelsohn und Peter Weingart (Hg.): *Biology as Society, Society as Biology: Metaphors*, Dordrecht: Kluwer 1995, S. 127-151.
Weingart, Peter/Kroll, Jürgen/Bayertz, Kurt: *Rasse, Blut und Gene. Geschichte der Eugenik und Rassenhygiene in Deutschland*, Frankfurt/M.: Suhrkamp 1992.
Weismann, August: *Die Continuität des Keimplasmas als Grundlage einer Theorie der Vererbung*, Jena: Gustav Fischer 1885.
Wende, Peter: *Das Britische Empire. Geschichte eines Weltreichs*, München: C. H. Beck 2008.
Wilson, Edward O.: *Sociobiology. The New Synthesis*, Cambridge, Mass. etc.: Belknap Press of Harvard University Press 1975.
Wilson, Edward O.: *Biologie als Schicksal. Die soziobiologischen Grundlagen menschlichen Verhaltens*, Frankfurt/M.: Ullstein 1980.
Woitek, Ulrich/Sunder, Marco: »Boom, Bust, and the Human Body: Further Evidence on the Relationship between Height and Business Cycles«, in: *Economics and Human Biology*, 3(2005).
Wolf, Arthur P./Durham, William H. (Hg.): *Inbreeding, Incest, and the Incest Taboo. The State of Knowledge at the Turn of the Century*, Stanford: Stanford University Press 2005.

Žižek, Slavoj: »Wer naiv fragt, wird schockiert. Fragen wir also naiv! Skizze eines Forschungsprogramms über die Selbsttäuschungen der Postmoderne«, in: DIE ZEIT, 1999, Nr. 50 (online).
Zollikofer, Christoph P. E./Ponce de León, Marcia S.: *Virtual Reconstruction. A Primer in Computer-assisted Paleontology and Biomedicine*, Hoboken, N. J.: Wiley-Interscience 2005.
Zollikofer, Christoph P. E./Ponce de León, Marcia S.: »Evolution im Bild«, in: *Nach Feierabend, Zürcher Jahrbuch für Wissensgeschichte* 4(2008), S. 11-30.

Internet-Ressourcen und Mulitmedia

Clay, Jonathan: *Lonesome George and the Battle for Galapagos*, BBC Documentary, Januar 2007, dt. Fassung Schweizer Fernsehen, Oktober 2007.
Darwin-online: ⟨http://darwin-online.org.uk/⟩.
Darwin Correspondence Project: ⟨http://www.darwinproject.ac.uk/⟩.
Michel Foucault Archives: ⟨http://www.michel-foucault-archives.org/⟩.
Natural History Museum London: ⟨http://www.nhm.ac.uk/research-curation/collections/index.html⟩.
Nietzsche, Friedrich: *Werke*, hg. v. Karl Schlechta, Digitale Bibliothek Band 31, CD-ROM, Berlin: Hanser/Directmedia o. J. [ca. 1998].

Namenregister

Ackermann, Rudolph 52
Agassiz, Louis 46, 290
Aristoteles 49, 51, 134
Artaud, Antonin 120, 165
Artemidor von Daldis 323

Babbage, Charles 148 f., 152
Babington, Charles Cardale 42
Bachelard, Gaston 155, 224, 396
Barbin, Herculine/Abel, genannt Alexina B. 402-412
Barthes, Roland 183
Bataille, Georges 13, 56, 120, 165
Bateson, William 93, 373
Beadle, George 374
Bentham, George 42
Bentham, Jeremy 192
Beveridge, William Henry 368
Bichat, Xavier 61, 63, 75, 152, 168, 285 f.
Black, Max 82
Blanchot, Maurice 13
Bloch, Marc 153
Blumenbach, Johann Friedrich 290, 293
Bölsche, Wilhelm 242
Bonnet, Charles 49, 57
Bopp, Franz 69
Bowler, Peter 51
Brandt, Willy 363
Braudel, Fernand 153 f.
Bredekamp, Horst 241
Broca, Paul 294
Bronn, Heinrich Georg 195 f.
Browne, Janet 18, 33, 143
Buffon, Georges-Louis Marie Leclerc de 49, 134, 290
Burke, Edmond 290
Butler, Judith 107 f., 274, 276, 301, 305-308, 312, 410 f.

Camper, Peter 293
Canguilhem, Georges 13, 56, 70 f., 155, 224, 396-399
Carus, Victor 16, 196, 272 f.
Cassirer, Ernst 208
Chambers, Robert 39 f.
Chapsal, Madeleine 97 f., 123, 131
Chaunu, Pierre 153
Chomsky, Noam 170 f.
Clausewitz, Carl von 211
Condorcet, Marie Jean Antoine, Marquis de 79
Correns, Carl Erich 373
Crawfurd, John 290
Crick, Francis 98, 267, 374
Cuvier, Georges 46, 56, 58, 62-66, 68-71, 73-77, 132, 151 f., 173 f., 200, 223, 247, 268, 385 f., 393, 416

Darwin, Emma 78, 315, 353
Darwin, Erasmus 51
Dawkins, Richard 134, 340 f.
Deleuze, Gilles 19, 193 f., 225, 256 f., 323, 378

Derrida, Jacques 54, 105, 109, 111, 156, 159-166, 168, 171, 208, 282, 400, 422
Descartes, René 59, 157-163, 165 f., 168
Desmond, Adrian 39, 339
Desmoulins, Louis Antoine 290
Dickens, Charles 140
Diderot, Denis 57
Dilthey, Wilhelm 112
Dobzhansky, Theodosius 374-376, 382
Droit, Roger-Pol 67
Duden, Barbara 303
Dühring, Eugen 114
Dumézil, Georges 97
Durkheim, Émile 325

Eco, Umberto 389
Edwards, W. W. 143
Ehrenberg, Christian Gottfried 26 f.
Eldredge, Niles 191
Elias, Norbert 343
Endersby, Jim 277
Engels, Eve-Marie 18
Engels, Friedrich 203, 214
Erb, Maurice 111

Faraday, Michael 52
Febvre, Lucien 153
Feuerbach, Ludwig Andreas 111 f.
Fitz Roy, Robert 23-25, 34, 353
Freud, Sigmund 13, 100-102, 106, 112, 115, 124, 182, 204, 206, 209, 245, 321, 323-325, 327, 330, 420
Fukuyama, Francis 259

Galilei, Galileo 148
Galton, Francis 198, 270, 296, 314, 344, 373
Geertz, Clifford 107
Gehring, Petra 193
Gersdorf, Carl von 337
Godard, Jean-Luc 96
Goethe, Johann Wolfgang von 243
Goldmann, Lucien 180
Gould, John 34 f.
Gould, Stephen Jay 191
Guattari, Félix 323

Haeckel, Ernst 26, 89, 198 f., 220, 242, 288
Haraway, Donna 256, 340
Hegel, Georg Wilhelm Friedrich 13, 77, 203, 243, 295, 342, 398
Heidegger, Martin 13 f., 256
Helmholtz, Hermann von 52, 236
Henslow, John Steven 33, 137
Herschel, John 146-150, 152, 184, 242
Hitler, Adolf 198
Hobbes, Thomas 197
Hodge, Jonathan 51, 352
Hölderlin, Friedrich 120, 165
Hooker, Joseph 142 f., 220
Horner, William George 53
Humboldt, Alexander von 25 f., 33, 146
Hunter, John 290
Husserl, Edmund 13
Huxley, Julian 374
Hyppolite, Jean 209

Jacob, François 378-393, 400, 402, 412, 414, 425

Jacquinot, Honoré 290
Jakobson, Roman 98, 380
Johannsen, Wilhelm
Joseph II. 325

Kafka, Franz 301
Kant, Immanuel 13, 72, 112, 290, 339, 341, 396
Kay, Lily E. 377, 379f.
Khomeini, Ruhollah Mussawi, Ayatollah 222
King, Philipp Parker 23
Knox, Robert 200
Kojève, Alexandre 13
Kopernikus, Nikolaus 182
Koselleck, Reinhart 66

Lacan, Jacques 13, 56, 97, 98, 106, 108, 113, 123f., 180, 210, 326, 400, 410
Lagrange, Jacques 111-113, 119
Lamarck, Jean-Baptiste de 33, 51, 57, 63f., 68, 136, 311, 416
Latour, Bruno 110
Leibniz, Gottfried Wilhelm 148
Lévi-Strauss, Claude 13, 97, 99-108, 114, 123f., 151, 210, 316-322, 326, 330f., 345, 347, 378
Linné, Carl von 35, 49, 56, 58-60, 63, 71
Lubbock, John 328
Ludwig XVI. 325
Lwoff, André 379, 391
Lyell, Charles 25f., 39, 51, 147

Malthus, Thomas 79, 83f., 140, 197, 353
Marie Antoinette 325
Marx, Karl 13, 96, 100, 149, 202, 204, 206, 209, 342, 364
Maupertuis, Pierre-Louis Moreau de 57
Mauss, Marcel 317
Maxwell, James Clerk 385
Mayr, Ernst 249
Mendel, Gregor 176, 250, 260, 373, 386
Menninghaus, Winfried 284, 286
Merleau-Ponty, Maurice 97
Mivart, George Jackson 279
Monod, Jacques 379-381, 384, 386, 388, 391, 402
Montaigne, Michel de 157
Moore, James R. 339
Morgan, Thomas Hunt 375
Morton, Samuel 290
Müller, Johannes 26, 236

Nerval, Gérard de 120, 165
Newton, Isaac 146, 148, 150, 385
Nietzsche, Friedrich 13-15, 55, 83, 99, 111-123, 126, 165, 170, 203-206, 208f., 211, 218, 225-230, 253f., 256, 259-262, 271, 280, 296-299, 312, 337, 360, 386f., 393, 416, 419

Owen, Richard 68, 134

Pahlavi, Mohammad Reza, Schah von Persien 222, 351
Pickering, Timothy 290
Pinel, Philipp 125, 321
Plateau, Joseph 52
Ploetz, Alfred 198
Ponce de León, Marcia 53
Pritchett, Lant 80

Rabinow, Paul 262
Rancière, Jacques 260
Reagan, Ronald Wilson 368
Rheinberger, Hans-Jörg 110, 131, 234, 377
Ricardo, David 69f.
Roscelin, Johannes 213
Rousseau, Jean-Jacques 119
Roussel, Raymond 13, 56
Rozas, Juan Manuel José Domingo Ortiz de 31, 287
Ruffié, Jacques 394-396

Sade, Donatien Alphonse François, Marquis de 13, 99, 165
Saint-Vincent, Bory de 33, 136
Sartre, Jean-Paul 13, 96f., 100
Saussure, Ferdinand de 13, 97, 99, 151, 170, 175, 231
Schelling, Friedrich Wilhelm Joseph 243
Schiller, Friedrich 259
Schmidt, Helmut 363
Schweber, Silvan 242
Scott, Joan W. 259f.
Sedgwick, Adam 138
Serres, Michel 378
Shakespeare, William 150
Shannon, Claude 377, 379, 381
Sophokles 322f.
Spencer, Herbert 92, 95, 197, 261
Stampfer, Simon 52f.
Strauss, David 114
Strickland, Hugh 43-45, 69
Symes, Patrick 27

Tatum, Edward 374
Thatcher, Margaret 368
Thwaites, George Henry Kendrick 142
Tomasello, Michael 341, 348
Trivers, Robert L. 284
Tschermak, Erich von 373
Tuke, William 125, 321

Uexküll, Jakob von 89

Veyne, Paul 19
Villermé, Louis-René 310
Virey, Julian-Joseph 290
Vogt, Carl 288
Voss, Julia 18, 190
Vries, Hugo de 373

Wallace, Alfred Russel 39f., 78, 80, 92, 220, 272, 279
Watson, Hewett Cottrell 42, 142
Watson, James 98, 267, 374, 378
Weber, Max 107, 361
Weikart, Richard 198
Weismann, August 248, 311
West, William 190
Wiener, Norbert 103f., 377-379, 382
Wilson, Edward O. 93, 349

Žižek, Slavoj 363
Zollikofer, Christoph E. 53